전략적 리더십의 비밀

리더를 위한 리더십이 아닌
구성원 모두를 위한 리더십 지침서

리더십은 지식 습득에 있는 것이 아닌
실천으로 옮겼을 때 발현 되는 것

전략적 리더십의 비밀 :

Leadership as a Core Competency

이 시대의 바람직한 인재로 거듭나기 위한
전략적 리더십의 요체

한올출판사

전략적 리더십의 비밀

초판1쇄 발행 2007년 12월 18일
초판2쇄 발행 2010년 3월 2일

지은이 김 영 천
펴낸이 임 순 재

펴낸곳 한올출판사
등 록 제11-403호
주 소 서울특별시 마포구 성산동 133-3 한올빌딩 3층
전 화 (02)376-4298(대표)
팩 스 (02)302-8073
홈페이지 www.hanol.co.kr
e-메일 hanol@hanol.co.kr

값 12,000원 ISBN 978-89-8325-939-4

프/롤/로/그

조직 내의 리더는 한 사람이 아닌 여러 사람이다. 따라서 리더십도 집중되어 있는 것이 아니라 골고루 분산되어 있게 마련이다. 즉, 최고위치에 있는 한 명의 개인에게만 리더십이 있어야 하는 것이 아니라 여러 계층의 다양한 사람들에게 존재해야 한다. 그리고 조직 내 리더들은 나름의 방식으로 그들을 믿고 따르는 집단에 영향을 미친다. 그들이 어떤 위치를 차지하고 있는 리더든지 간에 이 책은 그들 모두를 위한 결과물이다.

저자가 대학 강단에서, 기업체 및 공공부문 특강에서, 그리고 수많은 최고경영자들과의 만남의 자리를 통해 느꼈던 공통된 점은 '조직의 성과를 위해서 가장 중요한 것은 실행이다' 는 것이었다. 그리고 실행의 주체는 조직의 최고위층이 아닌 구성원이며, 그들의 팀워크가 결국 성과의 열쇠가 된다는 점을 뼈저리게 실감하면서 이 책을 쓰기로 결심하였다. 서점에는 오늘도 수많은 자기계발과 리더십, 처세에 관한 책들이 쏟아져 나오고 있지만 그 중에서 팀워크와 실행의 리더십을 강조하는 책은 아쉽게도 많지 않다.

이 책은 2006년에 완성되어 저자가 몸담고 있는 포항공과대학교에서 '조직사회와 리더십' 교과목의 주교재로 2개 학기동안 사용하면서, 그리고 각종 기업체 특강에 사용하면서 여러 제언들을 받아들여 내용을 대폭 가감하고, 독자들이 읽고 시사점을 얻을 수 있도록 이야기들을 많이 추가하였다. 책을 집필하면서 가장 중점을 둔 것은 저자의 눈높이가 아닌 독자의 눈높이에서 해설하듯이 쓰려고 애썼다.

또한 팀 수준에서 본 책의 내용을 최대한 활용할 수 있도록 각 장의 끝에는 '리더십 레크리에이션'을 수록하여 현장에서 실천하고, 조직의 분위기에 맞는 시사점을 얻을 수 있도록 유도하였다. 재미있는 게임을 통해 조직구성원들과의 팀워크가 더욱 돈독해지고, 서로를 더욱 잘 이해할 수 있도록 '실행'에 강조점을 두기 위한 아이디어에서 비롯된 것이다.

책의 구성을 소개하자면, 서두에 해당하는 1, 2장에서는 리더십이 타고난 자질에 의해 생기기도 하지만 오늘날에는 후천적인 실행에 의해 얻게 되는 자질임을 설명하기 위하여 리더십 이론의 변천과정을 수록하였고, 리더들이 혹은 리더가 되고자 하는 사람들이 지녀야 할 리더십 자질에 대하여 설명하였다.

다음으로 3장부터는 '각론'에 해당되는데 비전 및 목표의 설정과 실현방안, 목표 달성을 위한 개개인의 시간관리 전략에 대해 소개하였고, 이후 조직 구성의 원리와 팀워크 향상을 위한 팀 빌딩에 대해 설명하면서 바람직한 팀 조직 운영방안을 제시하였다.

책의 중반부에서는 구성원 사이의 소통을 중요한 테마로 설정하였다. 조직 내에서뿐만 아니라 일상생활을 하는 데 있어서도 의사결정, 문제해결, 갈등조정이나 협상 등은 대단히 중요하다. 그리고 이러한 활동을 영위하기 위해서 기본 바탕이 되는 것은 커뮤니케이션이다. 이에 타인에게 설명, 설득을 하는 방법, 조직 내에서의 바람직한 소통방법에 대한 내용, 의사결정과 문제해결에 필요한 주도적 역량, 갈등 조정이나 협상에 대처하는 바람직한 자세를 수록하여 팀워크를 증진시킬 수 있는 리더십 역량에 대해 소개하였다.

책의 후반부에서는 변화와 혁신의 리더십, 그리고 글로벌 환경변화에 따라 인재들이 갖추어야 할 역량을 중점적으로 소개하면서 여러분이 이 책을 읽는 동안에도 끊임없이 변화하고 있는 세상에 어떻게 대처해야 하는가, 왜 조직이 으뜸가는 위치에 있어도 혁신을 하지 않으면 안 되는가 혁신을 추진하기 위해서는 어떠한 흐름에 따라 실행해야 하는 가에 중점을 두어 설명하였다.

세상의 모든 지식이 그러하지만 어느 날 갑자기 발견된 지식은 거의 존재하지 않는다. 기존의 수많은 지식들이 상황에 맞게 다시 조정되고, 부연되면서 새로운 지식이 만들어지는 것이다. 그런 측면에서 저자는 리더십과 인적자원개발, 그리고 경영학 분야의 수많은 학자들과 저자들에게 빚을 진 셈이다. 선학(先學)들에게 진 빚은 독자 여러분들이 리더십에 대한 새로운 깨달음을 얻게 된다면 그것으로 충분히 갚을 수 있는 것이라 생각한다.

책을 출판하게 되면서 감사해야 할 분들이 너무나 많다. 항상 연구에 몰입하는 즐거움을 만들어주시고 격려해주셨던 포항공과대학교 박찬모 전 총장님, 홍기상 교수님, 김수영 교수님, 조현보 교수님께 특히 감사드린다. 또한 저자가 이러한 졸고를 쓸 수 있도록 가르쳐주신 홍익대학교 임창희 교수님께 감사드린다. 임창희 교수님의 날카로운 통찰력과 지식, 자식처럼 돌보아주신 배려가 오늘날의 저자를 있게 하였기 때문에 그 분 앞에서 저자는 항상 천진난만한 제자일 수밖에 없다.

또한 저자의 인생을 교정 보아주는 사랑하는 아내 정민, 그리고 연구에 몰두한다는 핑계로 효도를 잘 실천하지 못함에도 항상 아껴주시고 위해주시는 아버님과 어머님, 그리고 장인어른과 장모님께도 감사드린다. 가끔 안부전화를 하면서 겉으론 무뚝뚝하지만 정이 많은 동생 영수에게도 고맙다는 인사를 전한다.

졸고의 출판을 흔쾌히 허락하여 주신 한올출판사 임순재 사장님과 저자의 꼼꼼한 성격 때문에 여러 번 애 먹으면서도 항상 웃음으로 대해주신 최혜숙 실장님과 편집실 이효은님께도 감사드린다.

리더십은 아는 만큼 길러지는 것이 아니라 실행하는 만큼 길러진다고 한다. 또한 아는 만큼 보이고, 보이는 만큼 실행하고 싶어지며, 실행하는 만큼 경험이 생기고, 경험이 생기는 만큼 역량이 쌓인다고 한다. 모쪼록 이 책을 통해 독자 여러분들의 리더십 역량이 증가하여 '인재강국 코리아'를 만드는 역군이 되시기를 희망한다.

눈이 내릴 것 같은 초겨울,
포항공대 무은재기념관에서
김 영 천

차 / 례

3 비전과 목표설정

4 리더의 시간관리 전략

5 조직구조와 리더십

6 팀 빌딩과 리더십

10 조직변화와 리더십

11 글로벌 환경과 리더십

리더십 이론의 변천과정

1

본 장에서는 리더십 연구흐름의 역사를 살펴봄으로써 오늘날 주목받는 리더십의 근간을 파악해 볼 수 있을 것이다. 리더십 연구는 행동이론, 특성이론, 상황이론, 현대이론으로 크게 나뉘는데, 연구의 흐름에 따라서 관점도 다양하게 바뀌어 오고 있다.

리더십의 개념

리더십에 대한 정의는 너무나 다양해서 리더십을 연구하는 사람마다 각자의 정의를 가지고 있다고 할 정도이며, 일부 학자들의 주장을 빌린다면 리더십의 정의는 350가지가 넘는다고 한다. 하지만 리더십이 리더의 구성원들에 대한 영향력 발휘와 관련이 있다는 점에는 학자들 사이에 이견이 없다.

조직 내에서는 다양한 힘(power)이 존재하고 있는데 이 중에서 가장 많이 연구되고, 관심을 갖는 부문이 권력과 리더십이다. 따라서 권력과 리더십의 차이를 살펴보면 일반적으로 사람들이 리더십에 대해 갖고 있는 오해를 제거하고 리더십의 실체를 보다 명확히 파악할 수 있을 것이다.

권력은 개인(집단)이 어떤 결정을 내린다거나, 어떤 과업이 완성될 수 있도록 하기 위해 다른 사람이나 집단을 움직일 수 있는 능력이라고 할 수 있다. 또한 사회적 관계 속에 있는 한 개인이 다른 개인이나 집단의 저항에도 불구하고 자신의 의지를 관철시킬 수 있는 능력으로 정의되기도 한다. 조직 내에서 관리자들이 권력을 가져야만 구성원들로 하여금 조직에서 요구하는 행동을 하도록 하며, 지원할 수 있는 것이다.

일반적으로 사람들은 리더십과 권력에 대해 개념적 혼란을 가지고 있다고 한다. 또한 조직 내에서 권력을 어떻게 행사할 것인가? 리더십을 어떻게 발전시킬 것인가에 대해서도 많은 고민들을 하고 있다. 권력은 쌍방적으로 가지고 있지만 리더십은 구성원이 리더를 자발적으로 따르는 것에 차이점이 있다.

리더십의 특성으로는 인간관계 속에서 비롯된 힘(자발성), 상급자와 하급자 간의 목표 일치(목적성), 계발할 수 있는 것(계발가능성), 구성원이 리더를 따르는 것(일방성) 등이 있으며, 학자들이 리더십을 개념정립 하는 데 있어서 공통적으로 인용하거나 사용하는 용어들을 〈도표 1.1〉에 정리해 보았다.

도표 1.1 리더십, 개념정립에 사용되는 공통 용어들

공통 용어	설 명
목표의 비전화 (envisioning goals)	리더는 조직이 달성해야 할 궁극적인 가치를 구체적인 목표를 통해 표현할 수 있어야 한다. 하지만 단순히 목표를 지시하는 것만으로는 불충분하다. 구성원들로 하여금 역동적 그림 혹은 영상으로 상상할 수 있을 만큼 꿈을 불어 넣어야 한다.
가치 정립 (affirming value)	리더는 조직이 존재하는 목적을 가치로 승화시켜 조직 구성원들이 이에 맞추어 행동할 수 있도록 근거를 만드는 것이 중요하다. 가치는 조직 구성원들 사이에 묵시적으로 형성되어 있는 옳고 그름, 좋고 나쁨을 판단할 수 있는 기준이다.
동기부여 (motivation)	리더는 조직의 목표를 세우고 난 뒤, 목표를 달성하는 것이 어떠한 가치를 얻게 되는가를 구성원들에게 명확히 설명하여 자발적인 참여를 이끌어내야 할 것이다. 동기를 부여하기 위해서는 구성원들을 설득하는 방법도 있고, 인센티브를 도입하는 방법도 있을 것이다.
목표달성 (achieving goal)	리더는 목표를 달성하기 위한 기획과 우선순위의 설정, 팀의 정비, 아젠다 설정과 의사결정 등 많은 일을 해야 한다. 바람직한 리더가 되기 위해서 적절한 관리능력은 필수조건이다. 하지만 모든 것을 직접 할 필요는 없다. 경중에 따라 적절히 권한을 위임한다면 더욱 많은 추종자들을 확보하게 될 것이다.

조직의 단결 (workable unity)	목표가 설정되고 그 목표를 달성하기 위한 전략이 수립되면 조직은 목표달성을 위하여 모든 자원과 역량을 결집해야 한다. 리더는 모든 구성원에게 구체적으로 주어진 임무를 완성할 수 있도록 독려해야 한다. 조직의 생명은 구성원들 사이의 신뢰에서 나오는 단결력이다.
설명하기 (explaining)	리더는 구성원들의 자발적 참여를 이끌어내기 위하여 현안이 무엇인지, 왜 목표달성을 위해 행동해야 하는지, 어떻게 달성할 것인지를 설득할 수 있어야 한다. 구성원들이 이해할 수 있도록 설명하기 위해서는 적절한 단어의 선택, 분명한 메시지, 효과적인 매체를 활용하는 것이 필수적이다.
집단을 대표함 (representing the group)	리더는 곧 그 조직의 대표이자 상징이 되어야 한다. 최고의 리더는 조직이 추구하는 정체성의 표상이다. 집단이나 조직을 대표할 수 있기 위해서는 리더의 소신이 조직의 가치증대에 부합되어야 하며, 적절한 카리스마와 특별한 능력을 지니고 있다면 더욱 바람직하다. 예를 들면 GE하면 잭 웰치가 떠오르며, 잭 웰치 하면 GE가 연상된다. 조직뿐만 아니라 팀도 마찬가지이다.
혁신하기 (renewing)	환경이 변화를 요구하게 되면 리더는 개혁과 혁신에 앞장서야 한다. 리더가 꼭 개혁성향을 가져야 하는 것은 아니다. 하지만 최근의 환경변화는 너무나도 빠르게 이루어지고 있기 때문에 과거의 방식이나 목적을 그대로 가지고 있으면 도태되는 것은 자명하다. 이러한 업무는 다른 사람에게 위임할 수 없는 대단히 중요한 일이다.

자료 : 김영천 (2006a)을 수정하여 인용함.

리더십은 결국 비전과 목표를 성취하기 위해 구성원들에게 긍정적인 영향력을 행사한다는 것으로 정의해 볼 수 있다. 그런데 논의의 본질은 '어떻게 긍정적인 영향력을 행사할 것인가?' 가 되므로 리더십에 대한 연구는

리더십(leadership)의 정의

조직의 성취지향적 비전과 목표를 수립하고, 이를 실현하기 위하여 구성원들의 자발적 참여를 이끌어내고, 상호존중의 인간관계 속에서 긍정적인 영향력을 행사하는 것

특정 상황에서 영향력을 행사하기 위한 기법(skill)에 관심이 치우칠 수밖에 없는 것이다.

〈도표 1.2〉는 허버트(C. K. Herbert)가 제시한 권력을 받아들이는 유형을 권력과 리더십의 두 차원으로 세분화하여 현대적 관점에서 재해석한 것이다. 복종(compliance)한다는 것은 마지못해 따르는 것이기 때문에 권력이나 권한을 행사하였을 때 구성원들의 반응행동으로 설명할 수 있고, 내면화(internalization)된다는 것은 마음에서 우러나서 따르는 것이기 때문에 리더십 발휘에 대한 구성원들의 반응행동으로 설명할 수 있다.

조직 내의 모든 상황과 순간에 있어서 리더십만 발휘하는 것이 아니기 때문에 적절한 권력 및 권한을 행사하는 전략도 알아둘 필요가 있다. 왜냐하면 리더십과 권력 및 권한 모두 조직 내에서 발생하는 정치적 영향력(political influence)의 일종이기 때문이다.

권력을 연구한 사람들에 따르면 권력을 가진 사람들은 자신이 원하는 바를 얻기 위해 권력을 사용하는 일정한 행동패턴을 가지고 있다고 한다. 특히 기업 조직 내에서 사원들이 자신의 목적 달성을 위하여 사용하는 권력행사의 대표적인 전략으로는 다음과 같이 일곱 가지를 꼽을 수 있다. 이

도표 1.2 권력과 리더십을 받아들이는 유형적 차이

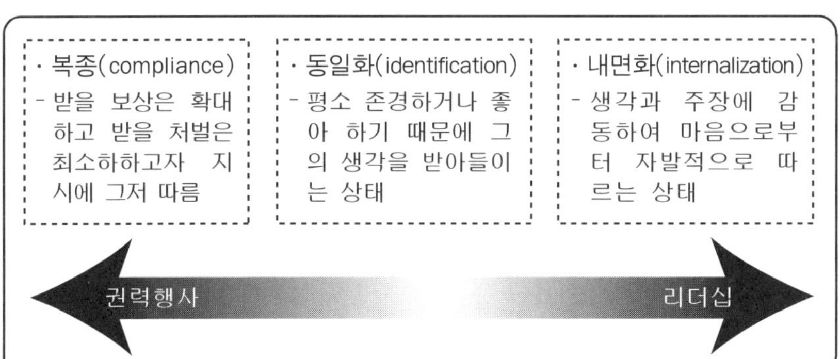

자료 : Herbert (1958)를 현대적 관점에서 재해석하여 그림으로 표현함.

① 논리성 확보: 정보와 증거를 확보하여 논리에 어긋남이 없으면 상대방이 꼼짝 못할 것이다.
② 친절한 호소: 인간적인 호소나 겸손함, 심한 경우에는 아첨까지 동원하여 자신의 원하는 바를 관철시키려 한다.
③ 연대와 연고: 다른 사람이나 집단의 힘을 얻어 밀어붙이려 한다.
④ 계약 및 거래: 타협과 양보 혹은 다른 것과 교환하면서 상대의 허락을 받아내려 한다.
⑤ 강한 주장: 요구를 반복하면서 강요하고 명령하면서 고집을 피운다.
⑥ 권한의 남용: 더 직급이 높은 사람의 도움을 청하여 자기 뜻을 관철하려 한다.
⑦ 위협: 상대에게 벌을 주거나 위협을 하면서 순종하도록 만든다.

자료 : 임창희 (2004)를 인용함.

중에서 일부 전략은 상식적으로 생각해보아도 합리적인 방법이라고 할 수 없다. 하지만 이러한 일들이 조직 내에서 빈번하게 발생하기 때문에 조직정치가 발생하는 것이고, 파벌이 형성되며, 집단따돌림 현상이 발생하게 되는 것이다.

하지만 리더십의 스킬(〈도표 1.1〉 참조)은 리더 자신의 안일이나 이익을 위해서 하는 것이 아니라 보다 나은 결과를 도출하고, 목표를 달성하여 조직을 지금 상태보다 훨씬 더 좋은 상태로 발전시키기 위하여 사용하는 것이기 때문에 구성원들이 자발적으로 따르게 되는 것이다.

권력행사전략과 리더십의 스킬을 비교해 보면, 리더가 희생을 어느 정도 감수해야 하는 것임을 알 수 있다. 권력은 자신의 이익을 위하여 행사할 수도 있는 것이지만 리더십은 조직을 위하여 구성원들로 하여금 자신을 기꺼이 따르도록 많은 노력을 해야 하기 때문이다. 리더십이 희생을 감내해야 한다는 측면은 6세기 중국의 철학자 노자도 “지도자는 섬기는 사람이다”라고 말하며 강조한 바 있다.

리더십을 발휘하면 할수록 자신이 행사할 수 있는 영향력의 크기는 점점

거래비용 관점(Transaction Cost Perspective)이란?

1937년 로널드 코즈(R. H. Coase)가 "The Nature of the Firm"이라는 연구논문에서 기업은 제품과 서비스를 생산하고, 팔고, 유통하는 데에 반복적으로 들어가는 비용을 절감하기 위해 조직된다고 발표하며 처음으로 사용한 용어가 거래비용(transaction cost)이다. 즉, 개인들이 시장에서 1 : 1로 거래를 할 때 수반되는 비용보다 기업을 조직하고 유지하는 비용이 오히려 싸기 때문에 기업이 조직된다는 논리이다.

이러한 코즈(R. H. Coase)의 논리로 외부(시장)에서 구매하는 것(buy)이 비용이 적게 드는가, 내부(조직)에서 만드는 것(make)이 비용이 적게 드는가의 논리를 인간 행동 및 조직 운영을 분석하는데 적용하는 일련의 연구흐름을 거래비용 관점 혹은 조직경제학 분석(Organizational Economics Analysis)이라고 한다.

더 커질 것이며, 조직으로부터 인정을 받을 수 있고, 자신의 역량이 더욱 커지는 것이기 때문에 거래비용 관점(transaction cost perspective)에서 리더십 발휘를 해석해보면, 단기적으로는 희생이라는 비용을 지불해야 하겠지만 장기적으로는 자신이 얻어가는 것이 훨씬 더 커질 수도 있는 것이다.

결국 리더 자신이 희생을 감수하면서 리더십을 발휘하는 것은 zero-sum game이 아니라 positive-sum game을 실천하는 것이 된다. 일반적으로 타인과 협력을 하였을 때, 승-승(win-win)이라는 표현을 자주 사용하며, 상승작용 이라고도 하는데, 여기에서의 '승-승의 원칙' 이 곧 positive-sum game으로 설명될 수 있다.

조직 내에서 힘이 없으면 많은 것을 성취할 수 없다. 또한 힘을 이해하지 못하면 리더십 자질을 가지고 있다고 하더라도 리더십을 적절히 발휘하지 못할 수도 있다. 잘 사용된 힘은 뛰어난 접착제 구실을 함으로써 사람들을 결속시키고, 자원을 활성화시킬 수 있다. 리더가 힘을 잘 사용하면 구성원들은 리더를 믿게 되고 나아가서는 리더에게 충성과 존경을 가지게 되는 것이다.

힘을 이해하지 못한다는 것은 힘을 사용해야 할 때에 사용하지 못할 수도 있고, 또한 그 힘을 남용할 수도 있다는 것이다. 리더가 힘을 남용하게 되면 구성원들은 어쩔 수 없이 방어 기제(defense mechanism)를 구축하게 된다. 자신을 끊임없이 방어하기 시작하면 창의성이나 자신이 가진 재능을 자유롭게 발산하지 못하게 되고, 위험을 감수하는 의사결정을 하지 않고 자아실현을 하지 못하므로 조직의 입장에서 본다면 대단히 비생산적인 것이 된다.

권한이나 권력은 제도나 법이 바뀌게 되면 한 순간에 사라져 버릴 수도 있다. 하지만 리더십은 제도나 법이 바뀌더라도 리더 자신이 나쁘게 변하지 않는 한, 다시 말해 사람들로부터 신뢰를 잃지 않는 한은 비교적 안정적인 특성을 가진다.

리더십은 조직의 고위층이 발휘해야 하는 전유물이라는 오해를 가진 사

이 야 기 보 따 리

오징어 같은 리더는 되지 말자

직원들이 스트레스를 풀기 위해 술자리에서 상사를 안주 삼아 오징어처럼 씹고 있다는 사실을 깨달아야 한다. 특히, 부서관리자나 최고경영자가 권위적인 리더십을 선호하여 독단적인 의사결정을 한다면 많은 문제점이 발생하게 된다. 위에서부터의 권위적인 리더십은 '헤드십(headship)'이라고 하는데, 헤드십은 그다지 생산적이지 못하다는 것이 실무계의 중론이다.

따라서 구성원들의 자발적 참여를 이끌어낼 수 있는 민주적인 리더십으로 전환하면 구성원들의 사기가 올라가고 생산성이 높아질 수 있다. 부서관리자나 최고경영자와 같은 리더는 '나도 틀릴 수 있다.'는 겸손한 자세를 가져야 한다. 자기는 항상 옳다고 생각하는 데서 인간관계의 틈은 벌어지기 시작한다. 그리고 자신이 한 말에 대해서 자문자답하는 자세가 필요하다. 리더십은 솔선수범이 뒷받침되지 못하면 바로 부메랑이 되어 자신에게 되돌아온다는 것을 명심해야 한다.

람들이 많이 있다. 그리고 리더십은 남을 단지 이끌어가는 것이라고 오해하는 경우도 있다. 하지만 리더십은 조직 내 특정 계층의 전유물이 아니라, 모든 계층의 사람들이 발휘해야 하는 능력이며, 남을 이끌어가는 것이

도표 1.3 리더십 컵 모형에 따른 계발 단계

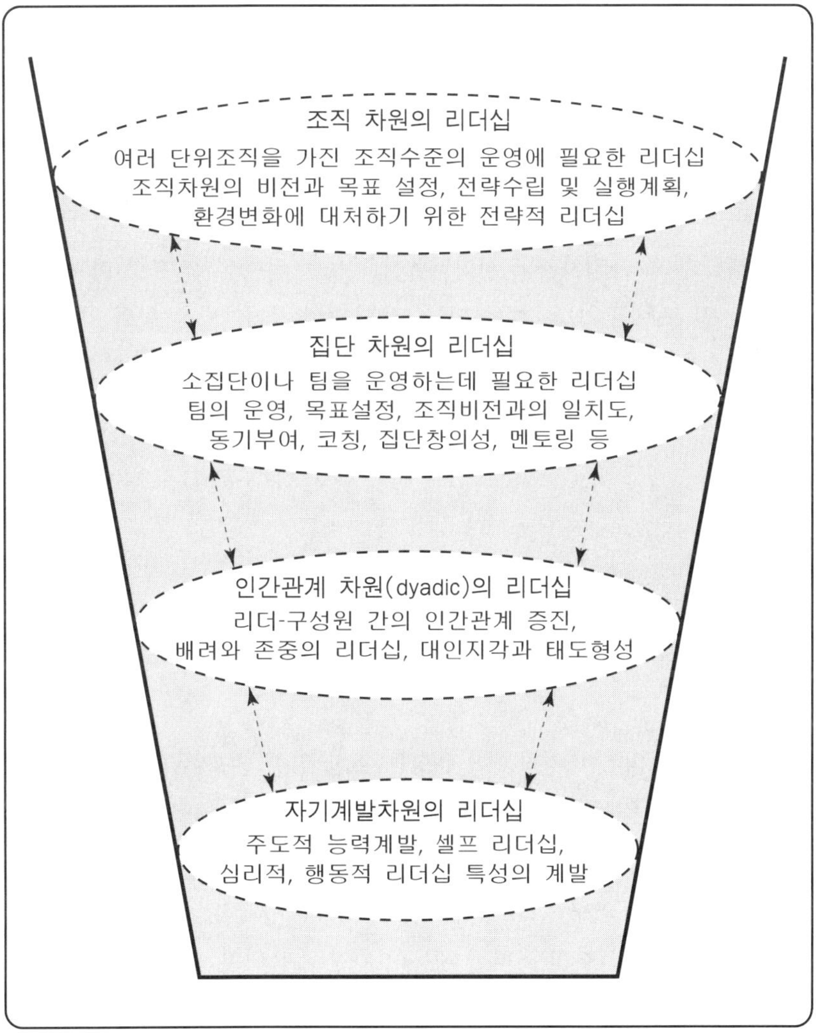

아니라 타인이 자발적으로 나를 따르도록 만들어가는 것이다.

이를 위해서 리더십 계발의 시작은 자기계발에서부터 비롯되어야 하며, 대인관계에서의 리더십 발휘로, 소집단(팀) 수준에서의 리더십 발휘로, 조직 수준에서의 리더십 발휘로 차츰 발전해 나가야 한다. 결국, 조직 수준에서의 리더십을 발휘하기 위해서는 자기계발 차원의 리더십 역량증진을 기초로 하여 대인관계에서의 리더십, 소집단(팀) 수준에서의 리더십 역량을 모두 함양하고 있을 때, 올바르게 발휘될 수 있는 것이다(〈도포 1.3 참조〉).

리더십은 모든 계층에서 습들할 수 있고, 계발할 수 있다는 측면에서 개인 내부 수준, 개인 간 수준, 집단 수준, 조직 수준으로 나뉘어 리더십 연구가 수행되고 있는데, 이러한 수준별 리더십 계발단계를 컵 모양에 빗대어 이해하기 쉽게 저자가 도식화하였다. 이를 '리더십 컵 모형' 이라고 명명하며, 컵 모형의 가장 낮은 부분에 해당되는 자기계발 차원의 리더십부터 역량을 증진시켜나가면, 나중에 조직 차원의 리더십까지 배양할 수 있게 되어, '큰 그릇' 의 리더가 될 수 있을 것이다.

리더십의 연구흐름과 유형

리더십의 정의가 다양하듯이 유형들 또한 많이 존재한다. 리더십에 대한 연구의 흐름을 살펴보면 리더십의 유형이 어떻게 바뀌어 오고, 얼마나 다양하게 존재하는지에 대해서 가늠해볼 수 있을 것이다.

리더십에 대한 연구는 크게 나누어서 리더의 신체적, 성격적 특성을 강조한 특성이론과 리더의 어떠한 행동이 가장 효율적인 리더십을 발휘하는지를 알고자 했던 행동이론, 리더의 이상적 유형은 독립적으로 존재하는

도표 1.4 리더십 유형연구의 변천과정

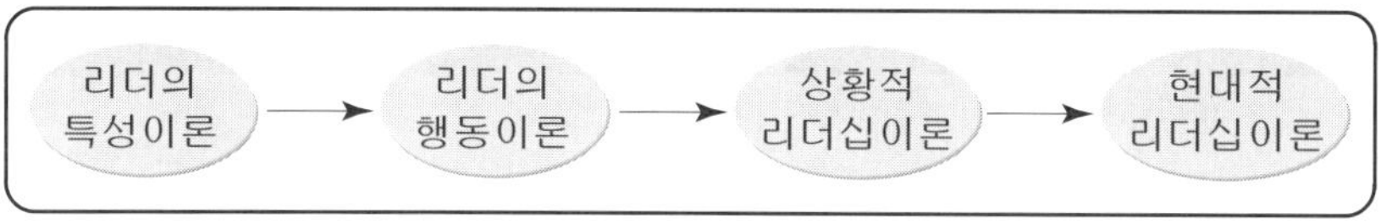

것이 아니라 상황에 알맞아야 한다는 상황이론, 불확실하고 빠른 환경변화라는 현대적 추세에 맞추어 보편적으로 적용 가능한 유형을 대안적으로 제시하는 현대이론 등의 네 가지 흐름으로 볼 수 있다(〈도표 1.4〉 참조).

리더의 특성이론

리더십 연구 초기에 많은 학자 및 일반인들은 "리더는 태어나는 것이지 만들어지는 것이 아니다"라고 믿어왔다. 이러한 흐름이 한동안 지속되어 2차대전 전까지 훌륭한 리더들이 갖추고 있는 특성이 무엇인가에 대한 연구가 끊이지 않았고, 이러한 학문적 흐름을 특성이론이라고 통칭한다.

영리조직, 비영리조직, 순수 친목모임 등과 같이 모든 조직이나 집단을 불문하고 리더는 존재한다. 공식적 권한이 없음에도 불구하고 집단이 형성되면 자연스럽게 구성원들로부터 많은 지지를 받는 누군가가 생겨난다. 그러한 특정 사람을 우리는 '리더'라고 부를 수 있는 것이다.

사회심리학에서는 집단 내의 우상과 같은 존재들에 대하여 과연 어떠한 특성을 가지고 있는지를 분석대상으로 삼아왔다. 사회심리학자들은 여러 견해들을 제시하였지만, 공통적으로 '카리스마(charisma)'가 있기 때문에 사람들이 자발적으로 따른다고 생각하였다.

하지만 카리스마가 있는 리더라고 해서 똑같은 매력을 갖고 있지는 않다. 인도의 마하트마 간디와 북한의 김일성은 둘 다 카리스마가 있지만 실

도표 1.5 리더십 특성이론의 연구대상

연구차원	연구대상
신체특성	연령, 신장, 체중, 용모
성격특성	독립성, 자신감, 지배욕구, 진취성
사회적 배경	교육수준, 신분, 사교성, 거주지역, 출신지역
지 능	판단력, 결단력, 표현력
인간관계능력	관리능력, 협조성, 사교성, 청렴성
업무능력	성취욕구, 솔선수범, 책임감, 목표지향성

자료 : Jago (1982)의 내용을 수정 인용한 임창희 (2004)를 재인용함.

제로 카리스마의 매력은 전혀 다른 색깔을 지니고 있다. 사회심리학에서 리더의 특성분석으로부터 촉발된 카리스마라는 개념은 위인이론(the great man theory)으로 연장되기에 이른다.

1959년 만(R. D. Mann)은 리더의 일곱 가지 성격특성과 리더십의 관계를 조사한 결과 상관관계 계수가 0.15로 매우 낮았다. 또한 스토그딜(R. Stogdill)은 리더십에 대한 특성, 행동적 분석을 종합적으로 기술한 자신의 책에서 리더의 특성으로 ① 지성, ② 지배력, ③ 자신감, ④ 추진력, ⑤ 실력을 제시하기도 하였다. 하지만 이러한 특성을 지녔지만 리더가 안 된 사람도 많다는 것을 스토그딜 자신도 많이 발견하였다. 그 외에도 많은 학자들이 리더의 특성을 알기 위하여 많은 시도를 했지만 아직까지도 명확한 특성을 발견하지는 못하고 있다(〈도표 1.5〉 참조).

행동이론

특성이론과는 정 반대로 행동이론에서는 "리더는 만들어지는 것이지 태어나는 것이 아니다"라고 주장한다. 부하들의 눈에 비치는 리더의 모습은 행동이지 특성이 아니라는 것이 주된 관점이다. 따라서 행동이론에서의 리더십 관점은 가장 바람직한 리더십 행동이 무엇인가에 대한 연구인 것이다.

리더가 리더십을 발휘하기 위해 취하는 행동의 초점이 구성원들 개개인의 인간관계관리에 있는지 아니면 그 집단이나 조직이 완수해야 하는 업무관리에 있는지에 따라 인간 중심적 리더십과 과업 중심적 리더십으로 크게 분류하게 되는데, 이러한 일련의 연구들은 1950년대 오하이오 대학 연구팀과 미시건 대학 연구팀에 의해 촉발되었다.

오하이오 리더십학파에서는 구조주도 리더십과 배려 리더십으로, 미시건 리더십학파에서는 생산 중심적 리더십과 부하 중심적 리더십으로, 하버드 리더십학파에서는 과업기능과 인간관계기능으로 분류하였는데, 이 시기에 이루어진 대부분의 연구는 리더의 행동이 일을 더 중요시 하는가, 구성원들과의 인간관계 형성을 더 중요시 하는가의 문제였다(〈도표 1.6〉 참조).

〈도표 1.6〉에 나타난 리더십 요인들은 대부분 과업 중심적 리더십이 강한가, 인간 중심적 리더십이 강한가를 구분하기 위한 용도로 사용되었다. 이러한 흐름과 관련해서 비판을 받은 내용은 과연 위의 두 가지 리더십 차원이 상호배타적인 요인인가의 문제이다. 즉, 어느 한 쪽에는 강하고 다른

도표 1.6 행동이론에서 분류한 리더십의 주된 관점

연구자	과업 중심적 리더십	인간 중심적 리더십
Ohio State 학파	initiating structure	consideration
Michigan 학파	production orientation	employee orientation
Harvard 학파	task function	socio-emotional function
Blake & Mouton	concern for production	concern for people
Tannenbaum & Schmidt	boss-centered	subordinate-centered
공통적 리더십 내용	업무수행, 목표달성 성과향상에 많은 관심	갈등해결, 공동체의식, 협조, 의사소통에 많은 관심

자료 : Fleishmann & Harris (1962), Likert (1961), Bales (1958), Fleishmann (1951), Tannenbaum & Schmidt (1973)를 인용하여 표로 정리함.

한 쪽에는 약할 수도 있고, 둘 다 강하거나 혹은 둘 다 약한 경우가 생기기 때문이다.

그렇다면 훌륭한 리더는 어떤 차원에 더 강해야 하느냐의 문제가 대두되는데, 이에 대한 해답은 간단하지가 않다. 1960년대에 2차원적 리더십의 분류를 집대성하면서 관리격자(managerial grid)를 고안한 블레이크와 머튼(R. R. Blake & J. S. Mouton)은 인간 중심적 리더십과 과업 중심적 리더십 모두를 강조하였다.

결국 블레이크와 머튼은 리더십의 두 차원(과업성과-인간관계)이 상호 배타적이지 않다는 것을 제안하면서 새로운 분석 틀을 만든 것이었다. 관리격자 모형은 오늘날까지도 기업에서 리더의 유형을 파악하기 위하여 유용한 도구로 사용되고 있다.

- 독재형(9.1형): 리더 혼자 계획, 통제, 명령을 하고 구성원들을 생산도구로 생각하며 리더 자신을 따르기만 하라는 유형이다.

도표 1.7 Blake와 Mouton의 관리격자 모형

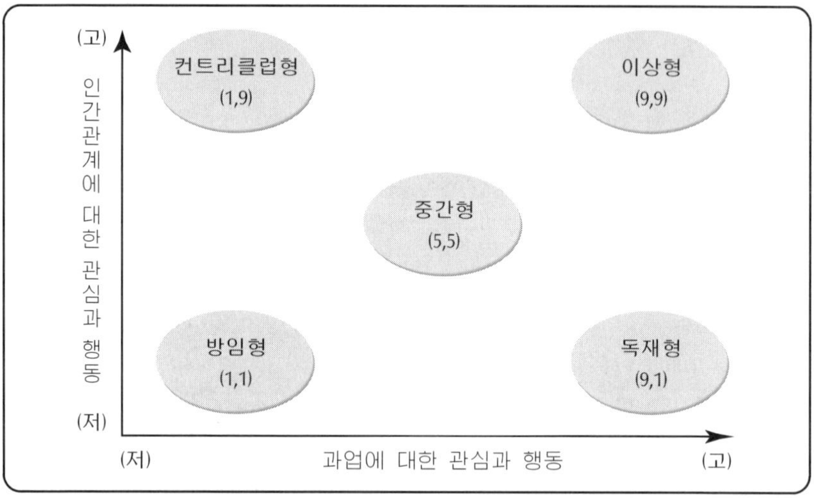

자료 : Blake & Mouton (1964)의 바둑판 모형 그림을 유형별로 분류하여 표시함.

관리격자(managerial grid)는 1991년에 리더십격자(Leadership Grid)로 고유명사화 되었다. 하지만 본 책에서는 원문을 인용하였기 때문에 관리격자라고 사용하였다.

· **컨트리클럽형(1.9형)**: 리더 자신에 대한 신뢰만을 확보하기 위하여 집단을 좋은 분위기로 만드는 것에만 신경을 쓰는 유형이다.
· **방임형(1.1형)**: 불간섭, 자유방임 상태로 내버려두는 유형인데, 이 경우 리더의 무능력에서 비롯된 것일 수도 있다.
· **중간형(5.5형)**: 인간관계, 과업 모두에 관심은 있으나 일정량의 성과만 나타나면 그것으로 만족하며 더 재촉하지 않는 유형이다.
· **이상형(9.9형)**: 가장 이상적인 리더로서 업무계획과 추진에 부하들의 참여와 단결을 호소하고 열심히 노력하는 분위기를 만들어 적극적으로 목표달성을 추구하도록 지도하는 이상적 유형이다.

탄넨바움과 슈미트(R. Tannenbaum & W. H. Schmidt)는 리더십스타일을 리더 중심(boss-centered)형과 부하 중심(subordinate-centered)형으로 나누고 모든 리더들은 이 양극단 사이에 존재하는 연속선상 위의

도표 1.8 Tannenbaum과 Schmidt의 민주-독재 리더십 유형

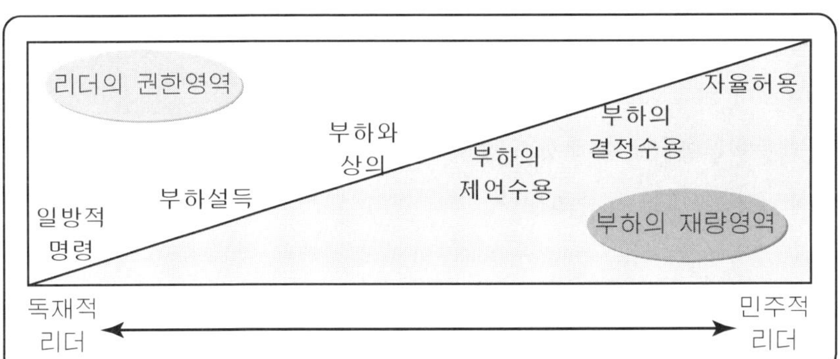

자료 : Tannenbaum & Schmidt (1973)를 인용함.

어떤 지점에 존재한다고 보았다(〈도표 1.8〉 참조). 이들은 리더에게 작용하는 힘(리더의 확신, 기호, 부하에 대한 신뢰도)과 부하에게 작용하는 힘(자율성에 대한 욕구, 책임의식, 목표이해도)이 상충하면서 합의점을 찾게 되는데 그것이 리더십 행동으로 나타난다고 주장하였다. 결국 이들 두 학자가 생각한 리더십은 리더와 부하 사이에 심리적인 파워게임의 산물로 표출되는 리더의 행동으로 보았던 것이다.

상황이론

과업 중심적 리더냐 인간 중심적 리더냐의 문제는 "리더십의 효율성은 리더에 달렸다"의 관점에서 본 것이다. 그러나 상황이론은 리더와 상황이 잘 맞아떨어져야 성과가 높다는 관점에서 리더십의 유효성을 보고 있다. 즉, 이상적 리더의 유형이 독립적으로 존재하는 것이 아니라 상황에 알맞은 것이라면 독재적 리더십이라 할지라도 높은 성과를 내고 구성원들이 만족할 수도 있다는 견해이다.

예를 들어 어떠한 팀이 다른 팀과 경쟁관계에 있다면 팀을 더욱 결속시키고, 경쟁관계에서 승리할 수 있도록 밀어붙이는 것이 경쟁에서 승리하는 방안인데, 이런 상황에서의 리더는 민주적 리더보다는 독재적 리더가 유효성이 더 높을 수도 있다는 의미이다.

행동이론에서의 리더십 유효성과 상황이론에서의 리더십 유효성은 다음과 같은 차이를 가지고 있다.

- Good Leadership (행동이론) = *f* (Leader, Subordinates)
- Good Leadership (상황이론) = *f* (Leader, Subordinates, Situation)

도표 1.9 Fiedler의 상황적 리더십 모형

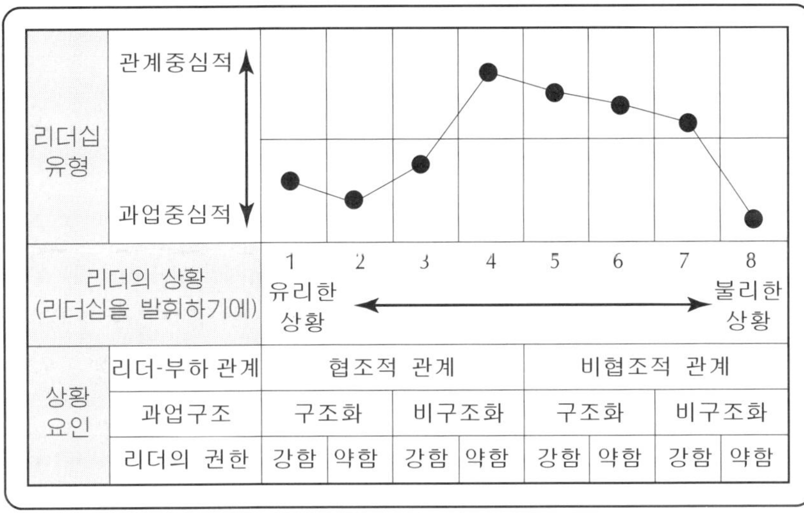

자료 : Fiedler (1967)의 연구결과 그림을 인용함.

피들러(F. E. Fiedler)는 리더십 상황이론의 대표적 학자인데 리더와 상황의 조화를 대단히 강조하였고, 리더의 특정 행동은 상황이 어떠하냐에 따라 유효성이 높을 수도, 그렇지 못할 수도 있다고 주장하면서 3차원적 모형을 제시하였다. 피들러가 제시한 상황요인은 과업구조, 리더-부하 관계, 리더의 권한 등 세 가지 요인을 제시하여 현장조사를 실시하였고, 각각의 상황요인은 유리한(favorable) 상황과 불리한(unfavorable) 상황으로 나누어 8가지 경우의 수로 분류하여 각 상황에 맞는 리더십 유형도 따로 있다고 주장하였다(〈도표 1.9〉 참조).

상황요인에 대한 설명은 다음과 같다.

① **리더-부하 관계**: 조직 내의 분위기가 원래 부하가 리더를 신뢰하고 존경하는 협조적 분위기인지 아니면 리더가 누구든지 간에 눈치를 보고 서로 불신하는 비협조적 분위기인지로 나누었다.

② **과업구조**: 늘 되풀이 되는 일인지, 복잡한 일인지, 과업목표가 구체

적이고 분명한지, 의사결정체제가 잘 정비되어 있는지에 따라 과업 구조를 구조화와 비구조화로 나누었다.

③ **리더의 권한:** 조직 내 제도와 법규, 그리고 분위기가 원래 리더에게 막강한 권한이 부여되어 있는 상황인지, 리더의 자리는 부하의 승진, 상벌에 대한 영향력을 행사할 수 없는 허상의 자리인지에 따라서 강함, 약함으로 나누었다.

피들러가 제시하였던 연구결과를 정리하면, 리더에게 매우 유리한 상황(1)이거나 매우 불리한 상황(8)일 때에는 과업 중심적 리더십을 행사하는 경우가 많았고, 어중간한 상황(4, 5)일 때에는 관계 중심적 리더십을 행사하는 경우가 많았다는 결론을 내리고 있다.

하지만 이 연구는 1960년대 미국의 생산 중심적 기업조직을 대상으로 실시한 연구이기 때문에 오늘날과 같은 시점에서 다시 분석해보면, 고도로 업무가 복잡하고, 창의성을 요구하는 과업구조를 가진 대부분의 기업조직에서는 3 혹은 4의 상황이 대부분일 것이므로 지나친 과업 중심적 리더보다는 관계 중심적 리더가 적합하다고 볼 수 있다. 그렇기 때문에 오늘날 인재육성의 측면과 바람직한 리더의 행동측면으로 임파워먼트(empowerment)를 강조하는 것은 논리적으로도 이치에 맞다.

또 하나 주목받았던 리더십 상황이론이 있다. 하우스(R. J. House)의

Fiedler 연구에 대한 현대적 관점의 재해석

Fiedler의 연구가 이루어진 1960년대 상황에서는 리더에게 유리하거나 혹은 불리한 상황이 명백한 경우에는 과업 중심적 리더가, 리더에게 유리하지도 불리하지도 않은 어중간한 상황에서는 관계 중심적 리더가 효과적이라는 주장을 했다.Fiedler의 관점은 창의성을 요구하는 과업환경에서는 관계 중심적 리더의 유효성이 더 높을 수 있다.

그렇기 때문에 부하의 능력과 권한을 키워주는 임파워먼트(empowerment)가 오늘날 유효한 리더십 활동으로 각광받고 있는 것이다.

경로-목표(path goal)이론이 그것인데, 리더의 역할은 부하들이 목적지(goal)에 잘 도착할 수 있도록 길과 방향(path)을 가르쳐주고 따라가면서 코치해주고 도와주는 것이라고 하면서 다음의 4가지 리더십 유형을 제시하였다.

① **지도형 리더(directive leader)**: 부하가 무슨 일을 해야 할 지 잘 제시해주고, 스케줄도 만들어주고, 방법도 지도해주는 과업 중심적 리더이다.

② **지원형 리더(supportive leader)**: 친절하게 부하의 심중을 읽고 필요한 것을 마련해 주는 관계 중심적 리더이다.

③ **참여형 리더(participative leader)**: 부하들을 의사결정에 참여시키고, 그들의 의견을 존중하는 관계 중심적 리더이다.

④ **성취지향형 리더(achievement oriented leader)**: 도전적인 목표를 제시하고 성취를 반드시 하도록 독려하는 과업 중심적 리더이다.

하우스는 피들러와는 달리 리더의 융통성을 강조하면서 위의 네 가지

도표 1.10 House의 경로-목표 이론 개념도

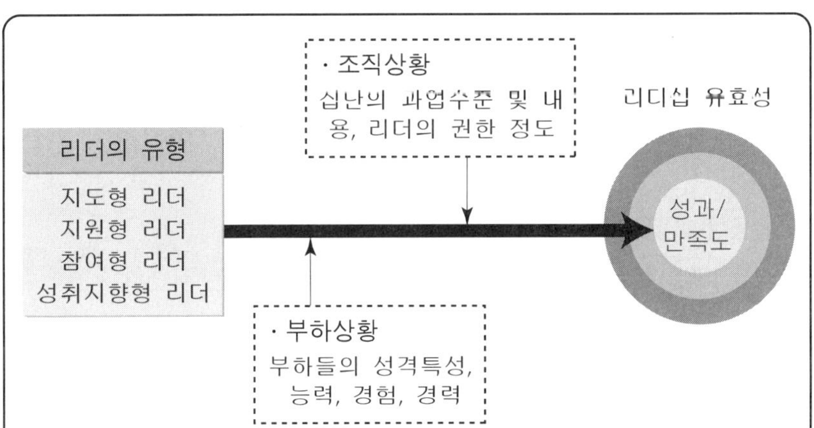

자료 : House (1971)를 인용함.

유형을 상황에 따라 수시로 바꾸어가며 행사해야만 리더십의 유효성이 높아진다고 하였다. 즉, 훌륭한 리더의 리더십은 부하들의 성격이나 능력, 그리고 그 집단의 과업과 분위기에 적합할 때 비로소 성립되는 것이지 애초부터 유일무이한 리더십은 존재하지 않는다는 것을 의미한다(〈도표 1.10〉 참조).

현대이론

1990년대에 들어오면서 리더십에 대한 새로운 조명이 이루어지고 있고, 그 추세는 21세기인 지금까지도 지속되어 리더십 관련 연구들이 대단히 많이 발표되고 있다. 현대이론의 특성은 철학적으로 새로운 사실의 발견보다는 기존에 이루어진 특성이론, 행동이론, 상황이론 등이 새로운 상황변화에 따라 재조명되고 있다는 것이다.

대표적인 예로, 코우즈와 포스너(J. M. Kouzes & B. Z. Posner)는 세계 각국의 회사원 2만여 명에게 "귀하는 귀하가 속한 부서의 리더에 대하여 어떤 특성을 높이 평가합니까?"라는 질문의 응답을 분석하여 정직/청렴성(integrity), 영감(inspiring), 능력(competency), 통찰력(forward-looking)의 특성을 많이 가지고 있을수록 리더가 될 자질이 충분하다고 발표하였다. 결국 신뢰를 바탕으로 하여 비전과 강한 지도력을 갖춘 사람이 훌륭한 리더가 될 가능성이 높다는 의미가 된다.

또한 1992년에 스칸디나비아 리더십학파는 변화하는 최근의 환경에 있어서 가장 훌륭한 리더의 행동은 항상 새로움을 찾으며, 변화를 추구하고 새로운 시도를 추구하는 것을 의미하는 발전지향 행동(development-oriented behavior)이라고 주장하였다. 스칸디나비아 리더십학파는 과거 1950년대의 오하이오 리더십학파의 리더십 행동이론에 사용되었던 척도

리더십의 현대이론에서 강조하는 리더의 행동

- 정직 / 청렴성 (integrity)
- 영감 (inspiring)
- 능력 (competency)
- 통찰력 (forward-looking)
- 발전지향(development-oriented) 행동
  "항상 새로움을 찾으며, 변화를 추구하고, 새로운 시도를 추구하는 행동"
- 봉사지향(servant-oriented) 행농

를 다시 측정하여 새로운 사실을 발견했던 것이다.

봉사지향 행동(servant-oriented behavior)은 리더 자신보다는 부하, 고객, 지역사회에 봉사하는 것을 우선으로 여기는 것이며, 장기적 관점에서 부하들의 생활과 과업수행방식의 변화에 초점을 두고 접근하는 리더이다. 즉, 생산이나 업적보다는 인간을 최대한 배려하는 리더십을 강조하고 있다.

봉사지향 행동은 오늘날 서번트 리더십(servant leadership)으로 명명되면서 활발한 연구가 이어져 오고 있다. 서번트 리더십은 최근에 등장한 개념이 아니라, 1977년 AT&T에서 경영관련교육과 연구를 담당했던 그린리프(R. K. Greenleaf)가 저술한 'Servant Leadership'에서 처음으로 제시되었는데, 그 당시에는 주목을 받지 못하다가 20년이 지난 1996년부터 많은 주목을 받게 되었다.

그린리프에 따르면 서번트 리더십은 '타인을 위한 봉사에 초점을 두며, 종업원, 고객, 및 커뮤니티를 우선으로 여기고 그들의 욕구를 만족시키기 위해 헌신하는 리더십'으로 정의하고 있다.

그린리프 연구소에서 제시한 서번트 리더십의 주요 핵심사항 6가지는 경청, 공감, 치유, 봉사정신, 부하의 성장을 위한 헌신, 공동체 형성이다. 그린리프 연구소는 서번트 리더십 프로그램에 대하여 세계적으로 명성을

도표 1.11 서번트 리더십의 핵심 사항들

핵심사항	내 용
경청 (listening)	경청은 부하에 대한 존중과 수용적인 태도로 이해하는 것이다. 리더는 적극적이고 능동적인 경청을 해야 부하가 바라는 욕구를 명확히 알 수 있다.
공감 (empathy)	공감이란 차원 높은 이해심이라고 할 수 있는데 리더는 부하의 감정을 이해하고 이를 통해 부하가 필요한 것이 무엇인가를 알아내고 리드해야 한다.
치유 (healing)	치유는 리더가 부하들을 이끌어 가면서 보살펴 주어야 할 문제가 있는가를 살피는 것이다.
봉사정신 (stewardship)	서번트 리더는 부하들을 위해 자원을 관리하고 봉사해야 한다.
부하의 성장을 위한 헌신 (commitment to the growth of people)	리더는 부하들의 개인적 성장, 정신적 성숙 및 전문분야에서의 발전을 위한 기회와 자원을 제공해야 한다.
공동체 형성 (building community)	리더는 조직구성원들이 서로 존중하며, 봉사하는 진정한 의미의 공동체를 만들어 가야 한다.

자료 : Greenleaf 연구소의 servant leadership program중 일부를 인용.

얻고 있는 기관이며, 서번트 리더십과 관련된 연구들을 주도하고 있다(〈도표 1.11〉 참조).

미국의 경우 3M, Intel, Hewlett-Packard 등을 비롯한 많은 기업들이 리더십 교육훈련 프로그램에 서번트 리더십 워크숍을 포함시키고 있지만 우리나라 기업에서는 아직까지 서번트 리더십에 대한 이해가 미흡하다고 볼 수 있다. 그렇기 때문에 우리나라 기업들은 리더십 교육훈련을 실시할 때, 서번트 리더십에 관한 내용을 포함시키는 것을 고려해야 할 것이다.

결국 종합하면 과거의 과업 중심적 리더십 행동이 현대적 의미로는 발전지향 행동과 유사하며, 관계 중심적 리더십 행동이 현대적 의미로는 봉사지향 행동 및 서번트 리더십과 유사한 것으로 정리할 수 있다.

이야기 보따리

시각장애인의 코끼리 만지기

다섯 명의 시각장애인이 있었다. 이들은 코끼리를 만져 보도록 안내되었고, 각자 코끼리를 만져보고 나서 코끼리가 어떤 동물인지에 대해 묘사하도록 했다. 귀를 만져본 시각장애인은 "배의 돛과 같다."고 말했으며, 코를 만져본 시각장애인은 "긴 양말 같다."며 각기 다른 설명을 하였다. 같은 코끼리를 만져 보았음에도 왜 서로 다른 이야기를 하였을까?

우리는 조직 내에서 생활하면서 '마음의 시각장애인'이 되고 있지는 않은가를 유심히 생각해보아야 한다. 코끼리를 만져 본 시각장애인들은 틀린 이야기를 한 것은 아니다. 하지만 코끼리의 전체를 묘사하지는 못하였다. 리더들도 마찬가지이다. 당면과제나 눈 앞에 보이는 정보만을 가지고 의사결정을 하거나 구성원들을 이끌어간다면 올바른 방향으로 나아갈 수 없다.

리더는 부분이 아닌 전체를 볼 줄 알아야만 한다. 그러면 어떻게 전체를 볼 수 있을까? 그것은 리더 자신이 가진 한계가 무엇인지 올바로 이해할 때 가능하다. 자신의 한계를 정확히 알고 있는 사람만이 전체를 볼 수 있다. 타인은 내 한계에 대한 정보를 주는 사람들이다. 활발한 타인과의 커뮤니케이션을 통해 "나의 문제점과 한계점은 무엇인가?"에 대한 답을 찾는다면 진정한 리더의 모습에 더욱 다가갈 것이다.

상황이론 측면에서의 현대이론으로는 혁신주도형 리더십이 주목을 받고 있다. 그간의 전통적 리더 상은 주어진 목표를 위해 부하들에게 업무를 할당하고 역할을 부여하고, 지도하고, 동기부여 시키는 존재였다. 즉, 리더와 부하 간에 거래에 기반한 관계만 설정되었던 것이다. 하지만 오늘날에는 미래에 대한 통찰력, 비전제시능력, 인재육성능력 등의 복합적이고 포괄적인 능력들을 필요로 하고 있다(〈도표 1.12〉 참조).

혁신주도형 리더(transformational leader)는 부하들로 하여금 자신의 관심사를 조직발전 속에서 찾도록 영감을 불러일으키며, 항상 새로운 창조와 혁신을 할 수 있도록 비전을 제시한다. 혁신주도형 리더는 나무가

도표 1.12 거래형 리더와 혁신주도형 리더

거래형 리더(transactional leader)	혁신주도형 리더(transformational leader)
· 부하의 노력/업적에 따라 보상과 칭찬을 함	· 부하들에게 비전과 미션을 제시하고 신뢰하며 자긍심을 유발시킴
· 높은 성과에 보상한다는 약속 내지 언질을 함	· 부하들의 지혜와 논리성, 문제해결력 등을 일깨워 줌
· 부하 행동이 규정이나 관례에 어긋남이 없는지 감독, 관찰, 시정해 줌	· 부하 한 사람 한 사람을 존중하며 개별적 관심을 쏟음
· 책임을 피하고 중요결정사항은 위, 아래로 미룸	· 목표를 쉽게 설명해주고 높은 기대를 갖도록 동기부여 시키며 영감을 불어넣음

자료 : Bass (1990)를 인용함.

아닌 숲을 볼 줄 아는 능력이 있어야만 한다. 혁신주도형 리더는 부하들과의 관계에 있어서 다음과 같은 네 가지 자질을 갖추어야 한다.

① **비전을 통한 단결능력**: 부하들에게 조직의 미래 비전을 제시하며, 주도권을 쥐고 부하들을 독려하는 능력이 있어야 한다. 리더는 미래의 장기적 목표인 비전을 제시함으로써 현재와 미래를 연결해주며 부하의 사기와 가치관을 자극하여 조직 내부의 분위기와 문화를 바꾸어야 한다.

② **비전의 전달능력**: 비전은 제시하는 것으로 끝나서는 안 된다. 부하들이 비전을 이해하고 자기 것으로 만들어 스스로 나아갈 방향과 해야 할 바를 분명히 알도록 해야 한다. 그래서 부하들에게 비전을 완전히 전달하는 것이 리더의 역할이며, 또한 조직의 비전과 구성원 개인의 비전을 일치시킬 수 있도록 촉진자의 역할을 하여야 한다.

③ **신뢰의 확보**: 부하들로부터 전적으로 충성과 신뢰를 받는 능력도 필요하다. 그래야 반론에 대처하면서 강력하게 계획을 추진해 나갈 수 있는 힘이 생기기 때문이다. 리더도 사람이기 때문에 실패나 실수를 할 수 있다. 이럴 경우 강한 신뢰가 있다면 구성원들 다수의 지지를 받아서 지속적으로 집단 혹은 조직을 안정적으로 운영할 수 있는 밑거름이 된다.

혁신주도형 리더의 주요 자질

- 비전제시를 통한 단결 능력
- 비전의 전달 능력
- 신뢰 확보를 위한 노력
- 자기 이미지 관리 능력

④ **자기 이미지 관리**: 리더 스스로 자신의 관리에 능통해야 한다. 능력과 지식의 함양은 물론 행동과 처신에 부족함이 없도록 자기계발을 계속해야 할 뿐만 아니라 긍정적인 이미지를 심는 자기연출 능력도 필요하다.

약 10여 년 전부터 조직의 효율성을 획기적으로 제고하기 위하여 조직구조를 다시 설계하는 조직혁신이 대단히 유행했었다. 이른바 '팀 조직구조'가 그것인데, 이제 팀은 조직 내에서 대표적인 작업집단이 되었으며, 기업조직은 물론 행정조직, 병원, 대학조직에서도 모든 업무는 팀 단위로 이루어지고 있다.

그렇기 때문에 팀장의 리더십 또한 대단히 중요하게 되었는데 팀장은 과거의 부서 관리자와는 전혀 다른 모습을 지녀야 한다. 팀장은 업무를 할당하고 규정에 따라 규제하고 감독, 평가하는 존재가 아니라 팀 내외의 정보흐름과 의사소통을 촉진하고 팀원들의 역량을 계발시키는 역할이 더 중요하다. 팀장의 리더십은 스포츠 팀의 '코치'와 유사한 역할을 수행한다고 생각하면 이해하기 쉽다.

또한 조직 전체차원에서 리더의 유형을 분류하려는 시도들도 있다(〈도표 1.13〉 참조).

스포츠 팀 코치와 같은 역할을 수행하는 팀장 리더십

- 선수(구성원)에 대한 관찰
- 선수(구성원)의 역량 계발
- 선수(구성원)의 특기 발굴
- 선수(구성원)의 멘토(mentor)

도표 1.13 조직 전체차원에서 요구되는 리더의 유형

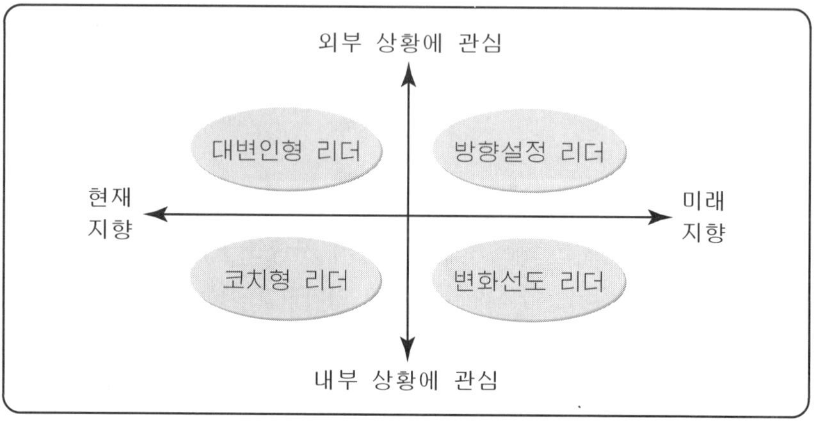

자료 : Nanus (1992)를 인용함.

과거 행동이론, 특성이론, 상황이론의 분석 대상이 집단(팀)이었다면 최근의 현대이론은 분석 대상을 조직 전체 차원으로 확대한 것으로 볼 수 있다. 또한 유형 분류에 그치는 것이 아니라 각 분류에 맞는 역할을 제시함으로써 기업의 전략적 아젠다(agenda)와 역할을 일치시키고자 하였다.

① **방향설정 리더**: 조직의 비전과 전략을 수립하고, 조직 외부환경의 급격한 변화에 대응하면서 미래에 대한 통찰력을 구성원들에게 심어주는 역할을 하는 리더

② **대변인형 리더**: 현재의 조직을 대외적으로 대표하면서 다양한 이해관계자들과 원만한 관계를 구축하고 유지하는 역할을 하는 리더

③ **코치형 리더**: 조직구성원의 동기부여와 임파워먼트에 많은 관심을 가지고 있으며, 자발적 참여를 유도하여 목표를 달성하고 개인의 역량을 계발하는데 많은 관심을 가지는 리더

④ **변화선도 리더**: 현재의 상태에 만족하지 않고 지속적인 혁신과 변화를 추진하면서 미래의 바람직한 조직을 설계하고 구현하는 역할을 하는 리더

이 야 기 보 따 리

리더십은 모든 계층, 모든 사람에게 필요한 자질이다.

모든 조직에는 계층이 존재하며 계층에 따라 필요한 리더십 역량은 각기 다르다. 본 책에서 다루게 되는 각각의 주제들은 조직 내의 각 계층에서 필요한 리더십 역량과 관련된 내용들로 구성되어 있다.

조직의 가장 하위에 있는 일반 직원들은 공식적인 리더로서의 지위는 가지고 있지 않지만 타인과 관계를 형성하면서 일을 한다는 점에서 기초적인 리더십을 필요로 한다. 과장급의 초급관리자들은 실행계획에 담긴 각종 직무들을 직원들이 성공적으로 수행할 수 있도록 인적자원을 관리하는 역할을 맡는다. 초급관리자로서의 리더는 구성원들이 협동적이며, 경쟁적인 관계를 유지할 수 있도록 분위기를 조성해야 한다. 차장이나 부장급의 중급관리자들은 의사소통 능력과 문제해결 능력이 요구된다. 중급관리자들은 조직비전과 경영전략을 구체화하고 이를 실행할 수 있는 능력이 필요하다. 이를 위하여 구체적인 계획수립과 실천을 주도하고 코칭과 팀워크를 효과적으로 활용할 수 있어야만 한다. 임원이나 CEO와 같은 고급관리자들은 전략적 리더로서 조직을 이끌기 위한 거시적인 사고와 행동을 보여야 한다.

¤ 3분 토의를 해 봅시다

1. 리더의 특성이론, 행동이론, 상황이론의 차이점은 무엇인지 살펴보자.
2. 최근 각광받고 있는 리더십 유형 중에서 혁신주도형 리더십의 특징은 무엇인지 토의해보자.
3. 조직 내에서 발전지향행동을 적용시킨다면 어떠한 구체적인 행동으로 나타날 수 있을 것인지를 토의해보자.
4. 과학기술 리더로서의 봉사지향행동은 어떠한 것이 있을지를 토의해보자.
5. 팀장 리더십의 실체는 무엇이며, 내가 팀이나 소규모 그룹을 운영하게 된다면 어떻게 리더십을 발휘할 것인지 구체적인 대안을 제시해보자.

리·더·십·레·크·리·에·이·션

Ice-breaking(1) 감정표현하기

목적 및 요약	다양한 감정을 길잡이로 활용해 서로 정보를 공유하게 한다. 어색한 분위기를 깨는 데 효과가 있고, 새로운 멤버를 집단에 소개하거나 팀원들이 서로 정보를 공유하고자 할 때 활용하면 좋다.
소요시간	30분 (감정에 대해 브레인스토밍을 시킬 경우) 10~20분 (진행자가 감정이 그려진 종이를 준비할 경우)
준비물	플립 차트와 매직펜 (혹은 감정이 그려져 있는 종이 몇 장)
팀 구성	1조 5명 이하
진행요령	참여자들에게 브레인스토밍 한 몇 가지 감정을 묻고, 각각을 플립차트에 적도록 한다. 행복, 분노, 슬픔, 두려움, 놀람과 같은 응답이 나오는 것이 일반적이지만, 그보다 특이한 감정, 이를테면 설렘이나 혼란, 자랑스러움 등을 생각해 낼 수 있다면 게임이 좀 더 흥미로울 것이다. 긍정적인 감정과 부정적인 감정을 적절히 혼합하도록 한다. 또는 교육진행자가 미리 몇 가지 감정을 골라 플립차트를 준비해 놓는다. 각 감정마다 얼굴 표정을 그려 넣어도 좋다(아래 그림 참조). 감정을 적은 목록을 보면서 참여자들은 순서대로 자신이 지난 몇 주나 몇 달 사이 구체적으로 어떤 사건 때문에 그러한 감정을 느꼈는지 다른 참여자들에게 이야기한다. 소규모 그룹이라면 모든 사람이 차례로 자신이 겪은 사건에 대해 이야기한다.
기타 아이디어	· 신입 멤버 오리엔테이션에서 이 게임을 활용한다. · 누군가가 집단에 새롭게 합류했을 때 이 게임을 활용한다. · 새로운 교육을 시작할 때 Ice Breaking 용도로 사용할 수 있다. · 긴 회의나 교육 세미나 중간에 '감정표현' 시간을 끼워 넣는다. 예를 들어 쉬는 시간 전후를 누군가가 자신이 겪은 사건에 대해 이야기 하는 시간으로 활용하면 좋다.

리더의 역량과 자질

2

본 장에서는 최근의 조직 내 인적특성을 살펴봄으로써 리더가 가져야 할 역량과 자질을 도출하고, 그에 대해 구체적인 내용들을 학습한다. 그리고 리더십 수준을 자가 진단하여 리더로써 자신이 가진 강점과 약점을 분석할 수 있도록 한다.

좋은 리더는 태어나는 것이 아니라 만들어지는 것이다. 뛰어난 리더는 열망과 의지력이 대단히 높으며, 스스로 배우고자 하는 열의가 있으며, 교육이나 훈련 등을 주도하는 특성을 가지고 있다.

여러분이 맡게 되는 팀이나 조직을 더욱 성과가 높아지도록 만들기 위해서는 여러분이 리더로서의 역량과 자질을 발휘하고 보유하는 것도 대단히 중요하지만 팀이나 조직을 구성하고 있는 구성원들의 성향을 빨리 파악하는 것도 대단히 중요하다. 본 장에서는 조직 내 인적특성과 리더들이 가져야 할 역량과 자질에 대하여 살펴보고, 여러분 스스로가 리더로서의 역량을 어느 정도 가지고 있는 지를 평가할 수 있는 기회가 주어진다.

최근의 조직 내 인적특성

1980년대부터 90년대까지만 해도 같은 회사 소속이라는 것만으로도 '우리' 라는 결속력이 자연스럽게 만들어졌다. 그 시기에는 오히려 다양성 부족이 문제가 될 정도로 사람들 사이에 유사한 속성을 가지고 있었기 때문이다. 그러나 2000년대 들어오면서 같은 팀 내에서도 성별, 세대, 국적, 가치관과 경험 등의 다양성이 급속히 증가함에 따라 이들 모두를 같은 방향으로 이끌기 위한 리더십이 부족한 형편이다.

대부분의 대기업에서는(물론, 연구소나 대학의 실험실, 공공기관에서도 예외는 아니다) 거침없는 행동과 튀는 발언을 하는 신세대들, 남성 중심의 조직문화에 자신이 소외당하고 있다고 느끼는 여성들, 팀장보다 나이가 많아 업무지시를 내리기가 불편한 부하직원, 우리나라 말이 서툰 푸른 눈의 외국인, 팀의 분위기에 적응하지 못한 타 조직출신 경력사원 등과 같이 이질적 개인들이 하나의 과업집단(팀)을 형성하고 있는 경우가 많다.

글로벌화가 진전되면서 학교조직에도 타 학교 출신의 대학원생, 교환학생으로 와 있는 외국인 학생, 이공계특성상 나타나는 성비불균형 등의 현상들이 대기업조직 못지않게 심화되면서 과연 실험실 내에서 어떠한 관계형성을 해야 할 지, 어떻게 협력하여 생산성을 높여야 할지에 대하여 실험실의 모든 구성원이 고민해야 하는 상황이 생겨난 것이다. 점점 복잡하고 이질적으로 변해가고 있는 구성원들을 같은 방향으로 이끌어가기 위해 리더에게 요구되는 다중적인 역할에 대하여 살펴보자.

IT 사용에 능한 젊은 세대

손으로 리포트를 쓰고 민주화 운동에 관심이 많던 지금의 중견세대들은 칠판의 강의 내용을 핸드폰으로 찍어 출력해 공부하고 지하철에서 위성

젊은 세대의 주요 특성

- 자기 의사표현이 자유로움
- 권위적 행동을 쉽게 수용하지 못함
- 인터넷을 매개로 한 의사소통에 대단히 능숙함
- 정보통신기기의 사용빈도가 높으며, 다루는 방법을 잘 알고 있음

DMB폰으로 TV를 시청하는 신세대와 함께 일해야 할 시대가 왔다. 자기 의사표현이 자유롭고 '시키는 대로 해라' 는 식의 권위적인 행동을 쉽게 수용하지 못하는 젊은 세대들이 구성원의 다수를 차지할 날도 머지않았다.

이렇듯 신세대와 중견세대는 분명히 다르며, 세대간 가치관과 문화의 차이가 조직을 이끄는 리더들이 풀어야 할 가장 큰 과제가 되고 있다. 메신저로 웬만한 일상사에 대한 이야기를 모두 하고, 싸이월드(cyworld)나 블로그(blog)를 통해 유대감을 쌓는 신세대 인재들과 공감대를 형성하는 팀 리더들이 몇이나 될까? 오히려 '요즘 젊은 세대는 말이야~' 하며 삐딱한 시선으로 그들을 바라보고 있지는 않은가? 진정한 리더가 되기 위해서는 그들의 코드를 이해하면서 자신을 바꿔나가는 노력이 필요하다.

여성파워의 강화

모 제약회사의 임원 회의에서 여성 인력관리 방안을 두고 난상토론을 벌였지만 뚜렷한 결론에 이르지 못하고 있었다. 논의의 내용은 대략 다음과 같다. "열정적인 여성인력도 있지만, 대부분 야근을 시키기도 어렵고, 결혼하거나 출산하면 퇴사하는 것이 문제다." 라고 한 임원이 주장을 하자, 다른 임원이 반박한다. "아니, 요즘이 어떤 시대인데 채용에서 남녀차별 운운하십니까? 10년 후를 보셔야죠!"

출산율 저하로 인구가 줄고 이로 인해 노동 인력이 감소하고 있기 때문에 더 이상 남성 인력만으로는 기업의 인력 수요를 채우기 어려워지고 있는 것이 현실이다. 게다가 뛰어난 자질과 전문성을 갖춘 여성 고급인력의 수도 증가하고 있어, 기업 현장에서 보다 적극적으로 여성 인력을 활용하게 될 것으로 전망되고 있다.

하지만 문제는 지금의 리더들이 다수의 여성 인력과 함께 일해 본 경험이 없다는 데에 있다. 무조건 남성과 같이 여성을 대우해서는 안 된다. 여성과 남성의 본질적 차이(gender difference)를 이해하려 노력하고 그들이 능력을 발휘할 수 있도록 분위기를 만들어주는 리더십을 계발해야 하는 시대적 요청을 받고 있다.

글로벌 인재의 영입

많은 기업들이 점차 내국인 중심의 채용 관행에서 벗어나 국가나 인종을 초월한 글로벌 시장에서 인재를 확보하는 전략을 전개하고 있다. 글로벌 인재의 경험과 노하우를 활용하기 위해 새로운 노동시장 개척에 나서고 있는 것이다. 지금 같은 추세라면 머지않아 팀원 중에 한 두 명 정도는 국적이 다른 외국인이 되는 경우를 어렵지 않게 볼 수 있을 것으로 전망된다.

글로벌 인재를 영입함으로 인하여 외국인들이 점차 조직의 일원으로 자리매김하게 된다면, 이들을 이끌어가는 리더의 역할은 인적 구성의 다양성을 고려한 조직운영에 초점이 맞추어져야 한다. 외국인이 조직의 일원이 된다는 것은 노동력뿐만 아니라 그들이 습득한 문화도 함께 조직 내부로 들어온다는 것을 의미하기 때문에 글로벌 인재들이 조직에 적응하는 과정에서 마찰이나 갈등이 발생할 가능성도 있다.

따라서 리더들은 글로벌 인재들이 조직에 잘 적응하고, 능력을 발휘할 수 있도록 문화적 거리감을 좁히는 훌륭한 조정자의 역할을 해야 한다. 조정자가 되기 위해서 리더들은 다양한 문화적 배경을 이해할 수 있는 능력을 다른 구성원들보다도 먼저 갖추어야 할 것이다.

리더에게 필요한 역량

리더십은 이제 조직뿐만 아니라 개인의 성장에 핵심적인 요소로 간주되어 개인의 경력개발이나 자기계발에 있어서 대단히 중요한 관심을 받고 있다.

개인들은 자신의 리더십 수준이 어느 정도인지를 객관적으로 진단하고 싶어 하지만, 절대적인 수준은 존재하지 않으며, 개인별로 강점과 약점이 다르게 나타나는 것이 현실이다. 또한 조직이나 업무의 특성에 따라 요구되는 리더십 자질이나 리더의 역량이 각기 다르기 때문에 '최선의 리더십은 무엇이다'라고 확신할 수는 없지만 학자들이 대체적으로 많이 강조하고 있는 자질이나 역량에 대해 자신이 어느 정도의 수준에 도달하여 있는지를 살펴보는 것은 대단히 의미 있는 일이며, 향후 어떻게 성장해가야 할 것인가에 대한 해답을 얻는 것이기도 하다.

본 책의 구성도 조직 내에서 보편타당하게 요구되는 리더의 자질이나 역량에 초점을 최대한 맞추고자 하였기 때문에 이번 장에서 제시되는 리더의 역량과 자질을 이해한다면 왜 조직 내에서의 보편타당한 리더십에 대하여 공부해야 하는 가를 알 수 있을 것이다.

리더는 인적자원을 어떻게 관리해야 하는가?

유전학에서는 순수혈통의 경우 열성 인자가 나타나게 되어 종(種)의 생존능력이 약화된다는 견해가 있다. 조직에서도 마찬가지로 다양성을 인정하였을 때, 조직이 훨씬 건강하고 활기차며, 외부환경에 잘 대응한다는 생물학적 법칙이 유사하게 적용된다.

혁신을 자극하는 창의적 아이디어는 다른 생각, 다른 경험이 결합되었을 때 더욱 촉진된다. 비슷한 생각을 가진 사람끼리 모이면, 다양성을 인정하지 않으려는 폐쇄적인 문화가 형성되고 집단동조압력에 쉽게 노출되어 집단사고의 함정에 빠질 수도 있다. 집단사고는 집단의사결정의 부정적 측면을 이야기 할 때 사용되는 용어이다.

리더들은 소극적, 방어적 차원에서 구성원의 다양성을 관리하기 보다는 인적 다양성이 창조적 혁신의 밑거름이 된다는 확신을 갖고 다양성을 적극적으로 활용할 수 있어야 한다. 다양성 관리의 첫 출발은 열린 눈과 귀를 갖는 것이다. 나의 가치관이나 시각으로 부하들을 대하기보다는 그들의 코드로 보아야 이해를 할 수 있다.

다양성 관리에 실패하는 리더들은 대부분 구성원들과 열린 마음으로 대화하지 못하는 권위주의적 리더들이다. 예를 들어, 항상 자신의 업무 스타일에 맞추도록 강요하기 때문에 부하들이 주눅 들어 자신감을 상실하거나, 자신의 아이디어와 다른 생각이나 비판적 의견을 제시하면 권위를 내세워 자신의 주장을 관철하려 한다. 또한 최악의 경우 반발하는 사람들을 소외시키고 동조하는 사람들만을 중심으로 일을 추진하는 경우도 있다. 결국 이런 리더들이 이끄는 조직에서 비판적인 의견을 제시하는 사람들은

집단사고(groupthink) 현상

응집력이 큰 집단의 구성원들이 모여 의사결정을 할 때 주로 나타나는 사고의 형태로서 집단사고(groupthink)가 있다. 개인들이 집단을 형성하면 각자의 감정과 사상은 하나의 동일한 방향으로 향하고 각 개인의 고유한 사고와 성격은 사라지며, 집단이라는 새로운 의사결정 주체가 하나의 인격체인 것처럼 생각하고 행동한다는 것이다.

집단사고 현상을 발견한 자니스(I. L. Janis)는 제한된 정보, 부적합한 대안 평가, 일방적이고 독재적인 리더십, 자아의식의 결핍, 높은 스트레스 상황에서 집단사고가 빈번하게 발생한다고 주장하였다.

이 야 기 보 따 리

집단사고의 비극적 결과 - 미국의 쿠바 침공

1961년 4월 17일 -피그만 침공의 날- CIA의 구체적인 계획은 완전히 빗나가고 말았다. 아주 무기력하게 추측되었던 쿠바의 공군은 미국의 해상공격을 위한 탄약 운송선을 물 속에 가라앉히고 공중지원에 나선 여러 대의 폭격기들을 격추시켰다. 또한 200명의 상륙군이 죽고 잔여병력 1,200여명이 포로로 잡혀버렸다.

무엇이 잘못되었을까? 어떻게 해서 위원회는 그렇게 명백한 문제들을 간과했을까? 위원회의 지도자였던 Kennedy대통령은 위원들 사이에 절대부동의 위치에 있었으며, 다른 위원들은 정부차원의 중요한 결정을 내리는데 다년간의 경험으로 의기양양한 사람들이었다. 사실 그들은 CIA나 군 관계 업무에 전문가들이었고, 전략에 포함된 여러 복잡한 문제들을 잘 분석할 수 있는 해박한 지식을 갖추고 있었다. 그래서 위원들 사이에 상호 존경하는 마음이 있었고 친분관계도 대단히 좋았기 때문에 위원회의 응집력이 높았다.

사실 집단의 아주 높은 긍정적인 사고는 대부분의 위원들이 자신의 의사결정이 실패로 끝날 것이라는 예측을 전혀 못하게 만들었던 것이다. 또한 그들은 계획상에서 나타난 조그만 문제들, 예를 들어 현저히 부족한 상대방의 비밀을 캐는 능력 그리고 조그만 국가(쿠바)를 침략하는 거대한 미국 군대에 대한 도덕성 등을 논의조차 없이 소홀히 취급하였다. 대통령은 침략을 선호하는 방향으로 토의를 계속함으로써 부적절한 회의 일체를 무시했고 반대자나 반대의견에 대해서도 얼버무리고 말았다. 결과적으로 위원회는 침략계획에 결정적인 타격을 줄 수 있는 세세한 사항을 간과해 버렸고 그래서 역사상에 부끄러운 흔적을 남기게 된 집단사고의 비극적 결과였다.

질책이나 비판을 받을 것이라는 두려움이 만연해 있기 때문에 누구도 쉽게 아이디어를 제시하지 않을 것이다.

세대, 성별, 국적, 출신지역 및 학교 등이 유사한 소수의 사람들끼리 강한 네트워크를 형성하는 것은 어찌 보면 당연한 일이다. 하지만 문제는 조직 내에 동질적인 집단끼리 폐쇄적인 네트워크를 형성할 때이다. 폐쇄된

글로벌 리더가 되기 위해 하지 말아야 할 말들

- "우리 때는 안 그랬는데 요즘 세대들은 ~." 과 같은 세대차이 불인정의 말
- "여자들은 항상 ~." 과 같은 성 고정관념(gender stereotype)의 말
- "하여튼 ㅇㅇ나라 사람들은" 과 같은 인종차별 혹은 후진국 비하발언의 말

소수집단은 다양성이 초래할 수 있는 부정적인 영향을 유발하고 리더의 조직 장악력을 약화시킨다. 소수 집단 내에서 리더에 대한 부정적인 시각이 형성될 경우, 비생산적인 갈등이나 알력싸움을 일으킬 수도 있다.

인적구성의 다양성은 이제 불가피한 현실이 되고 있다. 리더에게 이러한 변화는 도전이자 기회이며, 이를 어떻게 활용하느냐에 따라 조직의 성과가 크게 바뀔 수도 있다. 성공하는 리더가 되기 위해서는 구성원들의 인구학적, 문화적 차이점을 인정하고, 차이를 줄일 수 있는 교각의 역할을 해야만 할 것이다.

리더에게 필요한 역량

리더십의 역량은 크게 전략역량, 관계역량, 인지역량으로 크게 나누어 볼 수 있다. 전략역량은 단순히 관리를 넘어서서 조직의 비전과 목표, 계획, 방향을 종합적으로 고려하여 가장 올바른 일을 추진할 수 있는 능력으로 볼 수 있다. 이를 위하여 먼저 글로벌 환경에 대응할 수 있는 통찰력, 비전수립능력은 필수이다. 다음으로 비전을 달성하기 위한 팀 빌딩을 성공적으로 수행할 수 있어야 하며, 팀이 운영되는 데 있어서 성과를 창출할 수 있는 생산적 조직을 구성해야 한다.

관계역량은 조직 내의 다른 구성원들과의 인간관계에서부터 비롯된다. 다른 구성원은 리더십을 발휘하기 위한 대상이며, 리더십의 유효성을 판

관리자와 리더의 차이

유명한 리더십 학자인 워런 베니스(W. Bennis)는 관리자와 리더의 차이를 이렇게 표현했다. "훌륭한 관리자는 일을 올바르게 수행하지만, 리더는 올바르고 필요한 일을 수행한다(A good manager does things right, a leader does the right things)."

단하는 잣대가 된다. 앞 장에서 살펴보았던 행동이론의 중요한 관심사가 리더십의 유효성이 성과중심리더가 높은가 관계중심리더가 높은가에 대하여 논의했던 것이었는데, 관계역량은 오늘날까지도 대단히 중요한 리더십 변수임에는 틀림없다. 왜냐하면 조직은 사람들이 모여서 만들었기 때문에 리더의 관계역량이 어떠한가에 따라서 조직의 분위기도 바뀌게 되고 생산성도 다르게 나타나기 때문이다.

대인관계를 원만히 형성하고 유지하기 위해서는 정서관리능력이 필수적으로 요구된다. 리더십이 뛰어난 사람은 감정이입을 통해 다른 구성원

이야기 보따리

뱃사공과 리더

뱃사공은 배를 앞으로 가도록 하기 위해 왼쪽과 오른쪽의 노를 번갈아 젓는다. 만일 한쪽 노를 지나치게 많이 저으면 배는 궤도를 벗어나게 된다. 전략역량과 관계역량은 두 개의 노와 같다. 만일 리더가 어느 한 역량에 치우치면 리더십의 유효성은 낮아지게 된다. 전략역량이 강한 리더는 조직의 성과는 잘 낼 수 있을지 모르나 구성원들의 지지를 받지 못할 수 있다. 반면 관계역량이 강한 리더는 조직의 분위기는 부드럽게 하고, 자율성을 많이 부과할 수 있겠지만 일의 성과는 떨어질 수 있다. 리더십의 행동이론에서의 시사점과 마찬가지로 두 가지 역량 모두를 균형 있게 발휘해야 리더십의 유효성은 높아지게 된다. 뱃사공이 양 쪽의 노를 번갈아 저어주면 배가 원하는 방향으로 나아가듯이 말이다.

들을 이해하고 자신의 감정을 조절하는 능력이 우수하다. 그리고 정서관리를 제대로 하지 못한다면 커뮤니케이션이나 갈등관리, 협상 등을 잘 수행하기가 어렵다. 효과적으로 갈등을 관리하고 개방적인 커뮤니케이션이 이루어질 때, 올바른 협상과 조직운영이 가능하다.

인지역량은 개인의 내적 특성에 결정적인 영향을 받는다. 개인이 가지고 있는 성격이나 가치관, 신념, 태도, 경험 등이 모두 다르기 때문에 같은 현상을 판단하는 결과가 모두 다르게 나타나는 것도 인지구조가 다르기 때문이다. 인지구조는 인식 틀(framework of cognition)로서 세상을 바라

도표 2.1 리더십 역량 3차원구조 모형

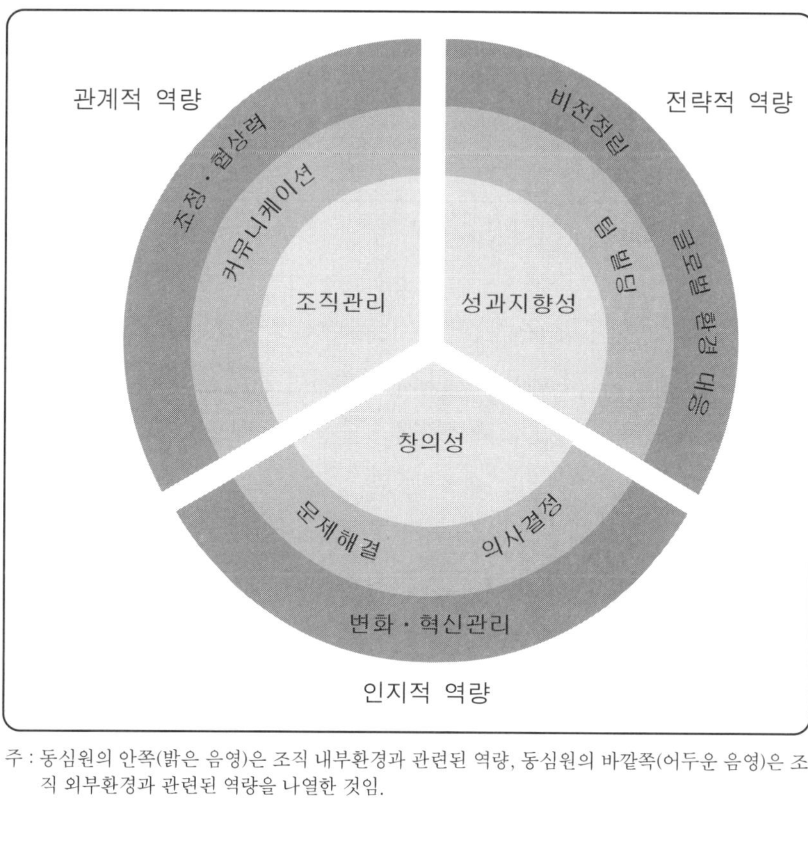

주 : 동심원의 안쪽(밝은 음영)은 조직 내부환경과 관련된 역량, 동심원의 바깥쪽(어두운 음영)은 조직 외부환경과 관련된 역량을 나열한 것임.

보는 창과 같은 역할을 한다. 창의 색깔이 어떠한가에 따라서 외부환경의 전체적인 색상은 다르게 보인다.

조직을 변화시키고, 혁신하는 데 있어서 인식 틀은 대단히 중요한 역할을 한다. 조직을 어떠한 관점에서 바라보고 있는가에 따라 변화의 방향이나 강도가 달라질 수 있기 때문이다. 의사결정이나 문제해결 방식 또한 사람에 따라서 모두 다르며, 그 배경에는 창의성이 자리 잡고 있다.

전략적 역량, 관계적 역량, 인지적 역량과 핵심요소들을 환경요인과 결합하여 도식화하면 〈도표 2.1〉과 같다.

리더로서 갖추어야 할 자질

바나드가 제시한 '리더의 자질'

바나드(C. I. Barnard)는 그의 저서 「경영자의 역할(The Function of the Executive, 1938)」에서 리더십과 관련하여 리더의 자질에 관련되는 문제를 국부적 · 일시적인 것과 일반적 · 불변적인 것으로 크게 양분하여 이야기 하고 있다.

바나드의 자질에 대한 견해를 보면 결단력, 불굴의 정신, 인내력, 용기는 기업가의 기능을 수행할 때 필요한 자질이라고 한다면, 지식, 기능, 기억력 등은 관리자 기능과 관련이 있는 자질이라고 볼 수 있다. 바람직한 경영자의 자질은 위에서 설명한 두 가지 측면의 자질요소가 결합되어 조화를 이루어야 한다. 그리고 바나드는 리더가 되려면 활력과 인내력, 결단력, 설득력, 책임감, 지적능력을 가져야 한다고 주장하였다(〈도표 2.2〉 참조).

바나드(C.I.Barnard)의 "리더의 자질에 관련된" 이야기

리더십에는 두 가지 측면에 있는데, 하나는 국부적 · 일시적인 것으로서 체력, 기능, 지각, 지식, 기억력에 있어서의 개인적 우위성의 측면이고, 또 다른 하나는 일반적 · 불변적인 것으로서 결단력, 불굴의 정신, 인내력, 용기에 있어서의 개인적 우위성의 측면이다. 이 중에서 일반적 · 불변적 자질은 육성하기가 대단히 어렵다.

도표 2.2 바나드가 주장한 리더의 5대 자질

5대 자질	구체적 내용
활력과 인내력	경험과 지식을 지속적으로 얻을 수 있는 중요한 자질 환경변화와 시간적 제약을 극복하면서 리더와 조직에게 부여된 임무를 충실히 수행하기 위해서는 육체적 · 정신적으로 강한 활력과 인내력이 대단히 요구됨
결단력	결단을 위한 성향, 의욕, 그리고 실천할 수 있는 능력을 포함 결단력은 타당한 과업을 적시에 설정하고 잘못된 행동을 방지하는 적극적인 행동을 의미함. 결단력은 결정과 행동으로 나누어 볼 수 있는데 결정에서 행동까지 일관된 신념이 있어야만 결단력이 강한 것임
설득력	타인이나 교섭이 필요한 상대에게 효과적으로 대화하거나 설명할 수 있는 능력, 그리고 육체적 기교를 포함하는 개념 설득력은 리더의 개인특성, 상황판단력, 이해력과 관련되어 있으며, 조직 내에서 설득력이 부족하면 다른 자질들이 무의미 할 수 있음
책임감	리더가 특수한 상황 하에서 결정을 하고 도덕적으로 행동할 수 있는가에 대한 결정과 행동의 안정성을 말하며, 주어진 임무를 완수하고자 하는 자세를 의미함
지적 능력	지식사회에 있어서는 어느 수준 이상의 지적 능력을 갖추어야 하고, 앞으로 더더욱 전문적 지식의 보유가 사람들에게 영향력을 행사할 수 있음 지적 능력은 위의 4가지 요소가 갖추어져 있음을 전제할 때 의미가 있으며, 지적 능력만으로는 다른 자질을 대체할 수 없음

자료 : Barnard (1938)의 내용을 표로 정리함.

바나드는 리더십을 갖추는 데 있어서 지식의 필요성은 인정하면서도 지식 편중현상이 나타나는 것에 대해서는 부정적 태도를 취하고 있다. 다른 자질들은 부족하면서 지적 능력만 뛰어난 사람은 구성원들에게 지적 능력을 강조하면서 지적 능력 이외의 다른 개인적 자질들은 과소평가하는 경우가 많으며, 또한 조직 내부에 여러 문제가 발생하거나 실패요인이 발생하였을 경우 리더는 구성원들의 지적 능력의 부족 때문으로 인식하는 경향이 강하다고 하였다. 그리고 리더는 자신의 우월성을 의식적으로 나타내면서 조직의 분위기를 악화시키는 경우가 있다고 설명하였다.

바나드가 주장한 자질 이외에도 다른 여러 학자들이 공통적으로 강조한

이 야 기 보 따 리

마이클 델의 리더십

마이클 델은 겨우 34세에 세계 5대 부자가 된 사나이, 자신의 사업을 포춘(Fortune) 500대 기업으로 끌어올린 최연소 기업가, 40세 미만 청년갑부 중 1위를 차지한 부자로 명성이 자자했다.

겉보기에 매우 소박해 보이는 델은 어렸을 때부터 도무지 특별한 구석이라고는 없었다. 중·고등학교 시절에는 자신의 '애플2' 컴퓨터를 분해해 마더보드를 살펴보는 데 많은 시간을 보냈고, 록그룹 '롤링 스톤스'에 열광하던 평범한 학생이었다.

텍사스 주립대학 의대에 입학했지만 전공에는 별 관심이 없었고, 컴퓨터를 다루는 일로 시간을 보냈다. 어느 날 낡은 컴퓨터를 만지던 델에게 아이디어가 떠올랐다. 중고 IBM PC를 사들여 업그레이드 한 후 인근 사업체를 직접 방문해 팔기 시작한 것이다. 몇 달 후 학교를 그만두고 1천 달러를 가지고 사업을 시작해 한 달 만에 18만 달러어치의 컴퓨터를 파는 놀라운 수완을 보였다.

단기간에 엄청난 성취를 이룬 마이클 델의 특징은 놀라운 집중력이다. 일단 뭔가에 집중하면 옆에서 폭탄이 터져도 모를 정도로 몰두해야 한다. 또 하나의 특징은 한번 옳다고 생각한 것은 즉시 실천으로 옮겨 끝까지 밀고나가는 추진력이 타의 추종을 불허한다는 점이다.

자질들이 많이 있다. 이 중에서 인용빈도가 높은 것들만을 소개하도록 하겠다.

직관력

직관력은 일반적으로 추리나 판단 등의 사유(思惟) 작용을 가하지 않고 대상을 직접 파악할 수 있는 능력으로서 논리적 추리나 분석보다 항상 앞서는 경향이 있다.

리더가 새로운 정보를 접하였을 때 논리적 체계를 추리하지 않고 전체의 내용과 그 정보의 파급효과에 대하여 일시에 파악해야 하는 경우가 많이 발생하는데, 이때 필요한 능력이 직관력이다. 리더가 직관력을 갖지 못한다면 환경변화에 능동적으로 대응하기가 어렵다.

리더가 갖고 있는 직관력은 많은 반성과 풍부한 경험에 의해서 강화될 수도 있고, 직관의 정확성이 거듭 확인되면 자신감을 갖게 되어 직관력이 강해질 수 있다. 직관력은 환경변화가 극심할 때, 조직이 빠른 성장을 거듭하고 있을 때에는 분석력보다 더욱 중요한 능력으로 작용한다.

기업가정신

우리가 흔히 말하는 기업가정신(entrepreneurship)은 기업가로서 가져야 하는 능력, 성격, 기능을 포함하는 개념이다. 기업가는 '사업을 일으킨 사람' 이라는 뜻이기 때문에 위험감수능력, 혁신, 진취성 등의 개념이 기업가정신을 정의하는데 있어서 반드시 포함된다. 결국 기업가정신은 변화하

리스크 매니지먼트

"High Risk, High Return(높은 위험이 높은 수익을 가져다준다)"이란 말이 있다. 위험과 조직의 성과 사이의 관계를 나타내는 말인데, 일반적으로 고위험은 경쟁자가 적기 때문에 좋은 기회가 될 수 있어서 결과가 좋으면 많은 수익을 창출할 수 있기 때문이다.

하지만 도전하기 위해서는 주도면밀한 계획이 필요하며, 만에 하나 실패한다면 큰 손해를 입을 수 있기 때문에 실패했을 경우에 대한 대책이 필요하다.

는 환경을 빨리 통찰하여 스스로 위험부담을 안으면서 새로운 정보에 따라 의사결정을 하고 곧바로 실천에 옮길 수 있는 능력으로 정의할 수 있다.

슘페터(J. A. Schumpeter)는 기업가는 기업의 위험을 무릅쓰고 생산요소를 새롭게 결합하여 새로운 제품이나 서비스를 창출해내는 사람이라 하였다. 그러면서 기업가의 진취적인 성격, 미래예측능력, 모험정신 등을

이야기 보따리

위험을 두려워하면 얻는 것도 적다

어떤 사람이 농부에게 보리를 심었냐고 물었다. 농부가 대답했다. "아니오. 비가 오지 않을까 걱정이 되어서요." 그 사람이 다시 물었다. "그럼 목화를 심었습니까?" 농부가 답했다. "아니오, 벌레가 목화를 먹어버릴까 봐 심지 않았습니다." 그래서 그 사람이 다시 물었다. "그럼 무엇을 심었습니까?" 농부가 힘없이 말했다. "아무것도 심지 않았습니다. 나는 안전을 보장받고 싶어요."

많은 사람들이 이 농부처럼 어떠한 위험도 무릅쓰고 싶지 않아 아무것도 하지 않는다. 결국 그들은 아무것도 얻을 수 없다. 어떤 위험도 무릅쓰고 싶지 않아 새로운 기회들을 포기하면 고통과 슬픔을 피할 수 있을 지라도 학습, 변화, 성장의 기회를 잃어버리게 된다.

의외로 성공한 사람들 중에는 대단히 뛰어난 능력이 있어서라기보다는 용기 있게 과감히 도전했기 때문인 경우가 많다. 어찌 보면 인생에서 가장 위험한 행동은 바로 위험을 두려워하여 안전한 길만 추구하는 것일지도 모른다.

기업가정신으로 보았다. 플라허티(J. E. Flaherty)는 기업가의 혁신성을 중시하면서 불확실성에 대한 인내, 위험부담, 변화에 대처하는 능력, 주체적인 의사결정을 하는 사람으로 기업가정신을 정의하였다.

통찰력

통찰력은 사물의 본질을 꿰뚫어 볼 수 있는 힘으로서 리더의 능력은 통찰력에 의해서 크게 향상되고 강화될 수 있다. 리더가 조직의 미래에 대한 구상과 중요한 의사결정을 하려고 할 때 무엇을 기준으로 결정해야 하는가는 실로 어려운 문제이다. 이럴 경우 리더에게는 정신집중을 동반한 통찰력이 필요하다. 통찰력은 각종 자료나 정보를 분석하는 것만으로는 강화되지 않는다. 물론 논리적인 사고를 많이 한 사람의 경우 미래에 대한 예측력이 강화되는 경우는 많이 존재한다.

통찰력을 강화하기 위해서는 특정 상황에 사로잡히지 않는 마음가짐이 중요하며, 원점에서 생각하고 되돌아보는 습관을 갖는 것이 중요하다. 또한 과거에서 현재까지의 연속성에 대하여 분석을 해 보는 것은 현재에서 미래로 가는 추이를 가늠해볼 수 있기 때문에 정확한 상황분석능력을 수행하는 것도 통찰력을 기르는 데 도움이 될 수 있다.

포용력

타인을 허용하고 이해할 수 있는 힘으로서 상대방의 입장에서 생각하는 것을 의미한다. 그리고 타인의 성공을 기뻐하는 성숙된 마음이라고도 할 수 있다. 다시 말해 포용력은 상대와 매우 불편한 사이라 할지라도 자기를 무(無)로 돌리는 마음자세에 가까운 것으로서 소위 인간적 스케일이 큰 것을 말한다.

리더는 구성원들과 대화를 할 때 상대방으로 하여금 무엇이든지 얘기할 수 있도록 하고, 수용하기 어려운 내용이라도 도중에 대화를 중단시키지 않으며, 그리고 가능한 한 상대가 얘기하는 것을 수용하면서 이해해야 한다. 따라서 포용력을 일컬어 조직 생활에서 상대를 크게 옹호하고 이해할 수 있는 능력이라고 한다.

리더가 포용력을 기르기 위해서는 조직 내 구성원들에게 적대감을 갖지 말아야 하고, 넓은 시야를 가져야 하며, 미래에 대한 구상에 자신감을 가져야 한다. 리더가 구성원들과 동등한 시야를 가지고 있을 때에는 경쟁의식 및 적대의식이 생길 수 있기 때문에 좀처럼 상대방을 이해하고 허용할 수 없게 된다. 미래에 대한 통찰력이나 비전이 명확하게 정립되어 있다면

이야기 보따리

포용과 사랑의 경영

타인을 사랑하면 사랑받을 것이고, 타인을 미워하면 미움을 받을 것이다. 만약 여러분이 자신에게, 타인에게, 모든 아름다운 사물에게 사랑으로 대하면 즐거움, 행복, 기회, 성공 등을 얻을 수 있다.

세상에서 가장 아름답고 소중한 것은 바로 사랑하는 마음이다. 여러분이 마음속의 사랑을 베풀 때 여러분의 영혼은 만족을 얻을 것이고 동시에 다른 사람으로부터 사랑과 존경을 받을 것이다. 사랑하는 마음은 상호보완적이기 때문에 여러분에게 사랑하는 마음이 가득하다면 여러분도 다른 사람의 사랑으로 충만해 질 것이고 반드시 성공할 수 있다.

타인을 사랑하는 것은 바로 자신을 사랑하는 것이다. 여러분이 타인에게 장미꽃 한 다발을 선물하면 여러분의 손에도 향기가 남아 있다. 따라서 성공하고 싶으면 사랑과 포용을 해야만 한다. 여러분의 상사, 동료, 부하, 고객을 사랑하고 포용하며, 여러분 주변의 모든 사람을 사랑하라. 그러면 여러분도 타인으로부터 소중한 존재로 대우받을 것이다.

조직이 어떻게 나아가야 할지를 알 수 있기 때문에 포용력을 가질 수 있게 된다.

광범위한 지식

지식은 리더가 장래구상을 체계화하고, 효율적인 의사결정과 과학적인 조직운영을 하는 데 반드시 필요한 요소이다. 리더가 조직을 이끌어 가기 위해서는 경험의 축적이나 업무수행에 있어서의 노하우와 같은 암묵적 지식이 책이나 매뉴얼과 같은 형식적 지식보다도 더욱 필요하다.

리더의 지식은 조직에 대한 비전정립, 전략적 의사결정이나 조직운영에 활용함으로써 강화될 수 있고, 특히 타인과의 많은 토론과 논쟁을 지속적으로 함으로써 새로운 지식을 습득할 수도 있다. 또한 암묵적 지식들은 시간이 지날수록 기억에서 사라질 수 있기 때문에 지식을 새롭게 적용하려는

이야기 보따리

배스킨라빈스의 교훈

아이스크림은 알렉산더 대왕이 페르시아를 침공할 때 더위에 지친 병사들을 달래기 위해 만년설의 눈을 떠오게 하여 과실즙을 넣어 만든 보너스였다. 아이스크림을 판매하는 대표적 업체인 배스킨라빈스에 가면 31가지 아이스크림 중에서 골라먹는 재미가 있다. 바닐라, 초콜릿, 딸기 아이스크림이 전형처럼 여겨지던 생각을 깨고 다양한 향과 맛이 가미된 아이스크림들을 신제품의 모토로 하여 대단한 시장점유율을 확보하고 있다.

리더의 조직운영도 마찬가지이다. 다양한 타인들로부터 많은 이야기를 듣고 필요한 부분은 자신의 지식으로 만들어야 한다. 그렇게 쌓인 지식은 구성원들의 다양한 욕구를 충족시켜 줄 수 있으며, 그러한 리더를 따르지 않을 구성원은 없을 것이다.

노력이 필요하며, 구성원들에게 전파, 공유하려는 자세가 필요하다.

또한 리더는 구성원들이 무엇을 생각하고 있으며, 무엇을 원하고 있는지, 그리고 구성원들의 고민이 무엇인지 등에 대하여 구성원의 입장에서 생각하고 행동해야 한다. 구성원들에 관한 지식을 증대시키기 위해서는 구성원들과 개인적으로, 비공식적으로 대면하고 상담할 수 있는 기회를 많이 가질수록 좋다.

사명감

사명감은 작은 일이라도 다른 사람들을 도우려고 시작한 일에서 출발하게 된다. "자, 난 이제부터 위대한 사명을 가진 리더가 될 꺼야."라고 말하는 사람은 드물다. 사명감은 흔히 세상을 향해 봉사하려는 마음에서 비롯된다.

어떤 사명은 몇 시간을 할애하면 완수할 수 있고, 어떤 사명은 평생 걸려서 달성해야 하는 것이기도 하다. 하지만 사명감은 항상 마음속에 어떠한 사명의식을 가진 상태, 나에게 주어진 임무를 완수하겠다는 의지와 타인을 돕고, 사회의 정의를 실현하기 위해 나를 희생하겠다는 마음가짐이다.

최근 기업조직에서 유행하는 리더십 유형 중 서번트 리더십(servant leadership)도 사명감에서 비롯된 개념으로 볼 수 있다. 서번트 리더십은 리더가 자기중심적이 아니라 구성원의 요구에 응하고 구성원을 위하여 무엇을 할 것인가, 어떻게 배려하고 존중할 것인가에 대한 리더십이다.

당장에는 자신에게 손해라고 생각되더라도, 그것이 타인에게 도움이 되었다면 분명 사회적 효용가치는 증가한 것이고, 그런 행동이 장기적으로 지속되면 자신에게도 명성이나 신뢰 등의 무형적 자산으로 되돌아오는 것이다. 그러므로 리더는 자신에게 당장 돌아오는 이익이 없더라도 세상을 더 나은 모습으로 변화시키겠다는 사명감을 가져야 한다.

사명감을 갖기 위해서 나이나 배경, 혹은 사회적, 경제적, 교육적 지위 때문에 위축될 필요는 없다. 자신의 삶을 살피고, 자신에게 주어진 일을 생각하며, 타인을 위해 할 것이 있는가를 생각하는 것에서부터 시작하면 된다.

성공한 사람들은 딱히 의도하지 않아도 다른 사람들에게 영향력을 끼질 수 있다. 하지만 성공한 사람들이 모두 사명감을 지닌 리더는 아니다. 어떤 사람이 진정한 리더로서의 자질을 갖추고 있는 지를 알아보는 좋은 방법은 "당신의 사명은 무엇입니까?"라고 물어보면 된다.

사명감을 고취시키기 위한 자기 질문

- 나에게 가장 중요한 것은 무엇인가?
  - 사명감은 세상과 내 삶에서 중요한 것이 무엇인지를 판단하는 가치관에서 비롯되는 경우가 많다.
- 어디에서 어떻게 시작해야 하는가?
  - 무슨 일이든 첫발을 내딛기가 가장 힘든 법이다. 영감을 얻고 방향을 찾아야 한다.
- 사명에 얼마나 많은 시간을 투자할 수 있는가?
  - 우리는 삶에서 사명이 차지하는 몫을 정해야 한다. 모든 것을 쏟아 부어야 하는 일인가?, 아니면 필요한 시간을 세심하게 배분해야 할 일인가?를 결정해야 한다.
- 필요한 기술과 지식이 있는가? 새로운 지식을 얻기 위해 기꺼이 노력할 용의가 있는가?
  - 사명감을 고취시키기 위해 필요한 지식을 얻는 방법은 많이 있다. 중요한 것은 배우고자 하는 자세에 있다.
- 모든 가능성에 대해 문을 열어 놓았는가?
  - 열린 마음과 유연한 사고를 가진 사람은 스스로의 한계를 뛰어넘을 수 있다.

윤리의식

윤리 · 도덕의식은 인간의 내면에 존재하는 품성이며, 인간을 존경하게 만드는 중요한 원천이다. 같은 논리로, 윤리 · 도덕의식이 충만한 리더에 대해서는 구성원들이 제일 많이 자발적으로 따르는 모습을 보인다. 그리고 이러한 윤리 · 도덕의식은 개인의 신념과도 관련이 있으며, 인간관계에서 타인으로부터 신뢰를 얻는 밑거름이 된다.

과학기술계는 자연의 순리와 순차적인 인과관계를 진솔하게 받아들이려는 성향이 강한 편이다. '콩 심은데 콩 나고, 팥 심은데 팥 난다.'는 자연의 순리를 학문적으로 깊이 이해하고 실천해 왔기 때문이다. 실제로 과학기술에는 거짓이 없다. 일시적인 오류를 눈감고 지나가면 훗날 황당하고 엄청난 대가를 치를 수도 있기 때문이다.

기업에서도 윤리의식을 강조하고 있으며, 최근 들어 '기업의 사회적 책임 라운드(Corporate Social Responsibility Round)'에 대한 관심이 높아지고 있다. 기업의 사회적 책임은 양심에 기초한 올바른 기업활동을 통해 수익을 창출하고, 정당하게 얻은 수익 중의 일부는 사회를 위하여 환원하려는 노력을 의미하기 때문에, 기업의 도덕성이라고도 평가받는 개념이다. 그만큼 모든 사회가 성숙된 윤리의식을 요구하고 있는 것이다.

2005년 TV에서 방영되었던 '불멸의 이순신'을 통하여 최근 이순신 리더십에 대해 많은 연구가 이루어지고 시사점을 얻기 위하여 많은 논의가 이어지고 있다. 이순신 리더십은 윤리적, 도덕적으로 흔들리지 않으면서 사람들의 신뢰를 얻으면 자발적인 충성과 지지를 얻을 수 있다는 것을 보여주는 좋은 사례이다.

윤리적 기업가의 예를 살펴보자. '컴퓨터 백신' 프로그램 개발자로 유명한 안철수 사장은 컴퓨터 업계의 슈바이처, 직장인들이 가장 닮고 싶어하는 사람, 가장 존경받는 벤처기업가, 가장 신뢰받는 리더로 유명하다.

이야기 보따리

이순신 장군의 윤리적, 과학적 리더십

이순신 장군의 리더십도 신뢰에 기반을 두고 있다. 직접 전쟁에 참여하지 못하는 노인이나 아녀자들도 이순신 장군에게 무엇인가 도움이 되고 싶어 애를 쓸 정도로 백성들의 마음을 얻고 있었다. 이순신 장군은 백성들의 신뢰를 쉽게 얻은 것이 아니었다. 그가 일관되게 겸손과 책임의식을 지속적으로 보여주었기 때문에 백성들의 신뢰가 그토록 탄탄했던 것이다. 이순신 장군은 임금에게 올리는 승전보에 항상 부하의 이름을 함께 올렸다. 심지어 말단 병사들의 이름까지 함께 올렸다.

또한 이순신 장군은 과학기술적 리더십도 가지고 있었다. 그는 세계 최초의 철갑선인 거북선을 건조하였고, 천지현황의 대포를 개량한 기술자이며, 발명가였다. 그러한 과학기술적 지식을 소유하였기 때문에 다른 장군들이나 장교들도 진심어린 충성을 보일 수 있었고, 부하들을 위하는 따뜻한 마음과 절대 불의에 굴복하지 않는 충직한 모습으로 솔선수범하였기 때문에 병사들과 일반 백성들의 지지도 함께 얻어냈던 것이다.

기업인이면서도 기업인 같지 않은 철학, 경쟁을 하면서도 경쟁을 올바르게 세우려는 접근방식이 그만큼 많은 사람에게 감동을 주었다.

안철수 사장이 '해커들과의 전쟁' 보다 더 근본적으로 염려하는 것은 컴퓨터를 쓰는 사람들의 윤리관이라고 한다. 그러면서 그는 컴퓨터 전문가들에게도 '컴퓨터 윤리강령' 이 있어야 한다고 주장한다. 다음의 '이야기 보따리' 에서는 안철수 사장이 신뢰를 얼마나 중요시 하는지에 대한 일화를 보여주면서 신뢰형성의 출발점은 약속이행이라는 시사점을 주고 있다.

신뢰를 얻기 위해서는 상대방을 자신의 이익을 위해 이용하지 않겠다는 진실한 마음가짐이 우선이다. 그리고 나아가 사람이 아닌 다른 자원이나 다른 기업, 사회에 대해서도 자신의 이익을 위해 피해를 주지 않겠다는 진솔한 의식이 요구된다. 또한 솔선수범을 통해 스스로 일관성 있게 원칙을 지키고, 성실하게 상대방과의 약속을 지키는 모습을 보이는 것이 반드시 필요하다.

이야기 보따리

안철수 사장의 신뢰 얻기 전략

어떤 사람과 얘기를 나누다가 약속을 지키는 문제가 화제가 된 적이 있다. 그때 나는 한번 한 약속은 반드시 지킨다고 말했다. 그러자 그 사람이 이렇게 되물었다.

"말도 안돼요. 소소한 것은 회사 사정 때문에 몇 번 어겼을 꺼 아니에요?"

나는 주저함 없이 이렇게 답했다. "그런 적 없는데요."

나의 이 말은 진실이었는데, 상대방은 여전히 믿기지 않는다는 표정이었다. 이런 경우, 항상 되돌아오는 질문이 있다. 그것이 어떻게 가능하냐는 것이다. 나의 대답은 싱거울 정도로 간단하다.

"지키지 못할 약속은 처음부터 안 하니까요."

윤리 · 도덕적 리더들이 가지는 공통특성

- 추종자들이 리더를 진심으로 존경한다. 리더가 추종자들의 필요와 열망을 동시에 충족시켜 주고, 인간 본성과 가치관을 자극하기 때문이다.
- 훌륭한 교육자의 모습을 보인다. 성숙한 대화를 통해 추종자들을 안내하기 때문이다. 존 스튜어트 밀이 말한 '공공의 마인드를 가르치는 선생'의 역할을 하는 것이다.
- 리더와 추종자 사이에 신뢰가 있다. 리더의 윤리적, 도덕적 품성은 인격과 성품에서 나온다. 추종자들은 리더의 올곧은 성품에 매료되어 더 깊은 충성심을 느끼게 된다.

시스템적 사고

리더는 시스템적 사고를 함으로써 보다 과학적이고 합리적인 판단이 가능하다. 시스템적 사고는 보다 큰 범위나 조직전체(total system)에 미치는 영향을 생각하면서 최적 대안을 추구해 가는 것을 의미한다. 그렇기 때문에 시스템적 사고는 협의적으로는 다소 손해가 생기는 부문이 발생할 가능성도 있다. 하지만 조직전체 측면이나 장기적 측면에서 조직에 이익이 되는 부분이 더 크다면 실행하는 방향으로 생각하는 것이다.

예를 들면 기업이 불황에 처해 있을 때 우수한 인재를 채용할 것인가의 여부에 대하여 인사팀장과 재무팀장 사이에 대립이 있을 경우 기업의 최고경영자는 기업의 장기적 유지 및 발전이라는 조직전체(total system)의

이 야 기 보 따 리

시스템적 사고를 하지 못한 폐해

세상을 떠들썩하게 했던 엔론(Enron)사가 망한 이유는 잘 알려진 바대로 회계부정 때문만은 아니었다. 엘론은 단기적인 성과만을 강조하며 직원들을 벼랑 끝으로 몰아 넣는 조직문화가 결국 엔론을 망하게 한 것이었으며, 근본적으로는 시스템적 사고를 하지 못하고, 단기적인 성과를 내기위하여 미봉책을 열심히 내놓은 직원들을 '교육' 시키지 못한 것에서 비롯된다.

시스템적 사고를 할 수 없는 조직구성원들은 항상 단기적 성과를 높이려는 유혹에 노출되어 있다고 생각해야 한다. 합법이건 불법이건 간에 단기적으로 눈에 띌 만한 성과를 상부에 보고해야만 자신의 가치를 증명할 수 있기 때문이다. 이것은 조직을 망하게 하는 고속도로를 질주하는 것과 같다.

우리나라 정부도 시스템적 사고를 하지 못하여 실패한 정책을 내놓은 사례가 있다. 바로 시화호 개발사업을 추진하면서 수질오염문제가 빌생하자 근본적으로 오염문제를 해결하기 보다는 수질오염 자체만 감소시키기 위해 해수를 유입시키고, 오염된 물을 시화호 밖으로 방류하는 방법을 선택하여 오염을 더욱 심각하게 만든 정책실패의 대표적인 사례이다.

시스템적 사고를 하기 위해서는 조직 전체가 항상 학습하려는 자세를 취해야 한다. 학습은 문제의 인식에서부터 비롯되며, 창조적 긴장(creative tension)이 조직분위기를 지배해야 한다. 다양한 대안을 받아들일 수 있어야 하고, 구성원들의 의견수렴을 위한 '수시 회의'를 자주 개최함으로써 문제의 새로운 인식에서부터 해결과정까지 특정인의 독단적 판단에서 벗어나 종합적인 판단을 할 수 있게 된다.

입장에서 보아 우수한 인재가 기업 성장의 중요한 동력이 될 수 있다고 판단되면 자금 측면에서 약간 무리가 수반되더라도 인재를 채용하는 방향으로 의사결정 할 수 있는 것이다.

인간의 사고(思考)에는 반드시 제약이 있기 마련이다. 특히 조직의 리더는 시간의 제약을 많이 받는다. 조직운영에 있어서의 시간 낭비는 경영전반에 관한 예측결여, 정보부족, 회의과다 등에 기인한다. 하지만 리더의 문제의식 결여가 더 큰 시간낭비를 초래할 수 있다. 따라서 리더는 조직전반에 대하여 끊임없는 문제의식을 가져야 하며, 적절한 긴장상태를 항상 유지하는 능력이 요구된다.

이 야 기 보 따 리

넓은 가슴과 시야를 가져라

어떤 사람이 앵무새를 사러 갔다. 한 앵무새의 가격표에는 '이 앵무새는 두 가지 언어를 할 줄 압니다. 가격 2만원'이라고 써 있었고 다른 한 마리 앵무새의 가격표에는 '이 앵무새는 네 가지 언어를 할 줄 압니다. 가격 4만원'이라고 써 있었다. 결정을 내리지 못하고 두리번거리다가 이상한 앵무새를 발견했다. 늙고 볼품없는 앵무새인데도 '8만원'이었다. 그 사람은 주인에게 물었다. "이 앵무새는 8만원인 걸 보니 여덟 가지 언어를 하나 보죠?", "아니오." 주인이 대답했다. 그는 반문했다. "그럼 왜 이렇게 비싼가요?" 다시 주인이 대답했다. "다른 두 마리 앵무새가 이 앵무새를 '대장'으로 여기기 때문이죠."

리더는 꼭 모든 면에서 우수할 필요는 없지만 반드시 구성원들로부터 신임을 얻어야 하고, 전체를 아우를 수 있는 능력이 필요하다. 만약 여러분이 젊은 나이에 높은 자리에 올랐다면 전문 지식이 부족하다고 불안할 필요가 없다. 능력 있는 사람들을 적재적소에 배치하고, 그들이 최선의 성과를 낼 수 있도록 지원하는 것으로도 충분히 리더의 자격이 있다. 추가적으로 조직이 나아갈 바를 명확하게 인식하여 구성원들에게 설명해 준다면 전문지식의 정도나 나이, 경험은 그리 문제되지 않을 것이다.

열정

일반적으로 열정에 대해 이야기할 때 빼놓지 않고 등장하는 키워드들이 있다. 바로 '활력이 넘치는', '에너지로 가득 찬', '신명 나게 일하는' 등이 그것이다. 하지만 이는 단지 표면적으로 드러난 행동특성에 대한 느낌을 묘사한 것이지 열정의 근본적 실체라고는 할 수 없다. 열정의 근본 실체는 누가 강요하지 않았는데도 자발적으로 일에 몰입하고 활력 넘치게 일에 매진하는 모습 그 자체에 있다.

"자신을 불태우지 못하는 사람은 다른 사람을 불태울 수 없다."는 구절이 있다. 이 말은 열정은 다른 사람에게 전이될 수 있다는 뜻으로 해석될 수 있다. 열정은 비전을 달성하기 위한 추진력이기도 하고, 소속의식과 사명감을 더욱 공고히 하는 촉매제가 되기도 한다.

열정은 혼신의 힘을 다해 끊임없이 노력하여 목표를 달성하려는 노력으로 정의될 수 있다. 열정은 자신과의 싸움에서 승리한 사람만이 가질 수 있는 것이며, 전염성이 있기 때문에 누군가가 열정적인 모습으로 무엇인가를 하고 있다면 다른 사람들은 그 모습에 매료되어, 열정적인 모습을 본받고 싶어 한다. 리더는 '받는 사람'이기보다는 '주는 사람'이기 때문에 리더가 먼저 열정적으로 행동한다면 다른 구성원들도 열정적인 활동으로 일에 동참할 수 있을 것이다.

월마트의 샘 월튼(S. Walton), GE의 잭 웰치(J. Welch), 인텔의 앤디 그로브(A. Grove) 등 위대한 경영자로 칭송받는 대다수의 리더들은 열정 에너지가 넘친다는 공통점이 있다. 더욱이 이들은 자신이 보유한 것과 똑같은 열정을 구성원들이 갖추기를 희망한다. 특히 사업을 담당하고 구성원들을 이끄는 리더가 될 인력들에 대해서는 가장 중요한 리더십 덕목의 하나로 열정을 중요시한다.

열정이 없는 리더의 모습은 조직 구성원의 열정을 앗아가는 원인이 된

열정적인 조직을 만들기 위한 리더의 행동 포인트

- 핵심가치의 내재화
  - 구성원의 자긍심과 열정을 불러일으킬 수 있는 핵심가치를 보유하고, 또한 구성원들로 하여금 핵심가치를 종교적 신념처럼 항상 따를 수 있도록 설득해야 한다.
- 성과지표의 명확화
  - 성취여부를 계량적으로 측정 가능하게 만든다면 일에 전념할 수 있는 분위기를 만들 수 있다. 모호한 상황에서 사람들은 타인에게 책임을 전가하려는 성향이 강하다.
- 비금전적 보상의 활용
  - 열정을 이끌어내는 것은 금전적 보상보다도 감성을 자극하는 편이 훨씬 유리하다. 의미 있고, 명예로운 인정(recognition)이나 칭찬, 격려를 하는 것은 훨씬 더 열정적으로 일하게 만드는 밑거름이 된다.
- 강한 주인의식 고취
  - 구성원들로 하여금 자신이 수행하는 임무와 자신이 소속된 조직에 대하여 자부심을 가질 수 있도록 만드는 것이 필요하다. 자부심은 열정과 강한 소속감을 고취시킨다.

다. 부하 직원의 등 뒤에서 그저 사태를 관망하며 지시와 통제만을 일삼는 리더가 되어서는 구성원의 열정을 이끌어낼 수 없다. 리더 스스로 먼저 소매를 걷어 붙이고 직접 문제를 해결하려는 열정을 구성원들에게 보여줄 수 있어야 열정이 가득한 조직으로 만들 수 있다.

리더십 자가진단

여러분의 리더십이 과연 어느 정도 수준인지를 알아보는데 도움을 주기 위해 리더십 간이진단 테스트를 만들었다. 여러분들은 아래의 지시에 따라 리더십 역량수준을 스스로 진단해 볼 수 있다.

다음의 각 문항은 리더들이 과업을 수행하면서 보이는 리더십 행동들을 서술한 것이다. 평소 여러분들의 의견과 일치하는 정도를 나타내는 곳에 체크(v)표시한다. 숫자가 작을수록 여러분의 의견과 다른 것이고, 숫자가 클수록 여러분의 의견과 일치하는 것이다.

①	②	③	④	⑤

① 전혀그렇지않다
② 그렇지않다
③ 보통이다
④ 그렇다
⑤ 매우그렇다

도표 2.3 리더십 간이진단테스트

번호	항 목	응답란
1	새롭고 독특한 아이디어로 곤란한 상황을 돌파한다.	① ② ③ ④ ⑤
2	당면한 문제나 복잡한 상황을 처리하기 쉽도록 세분화한다.	① ② ③ ④ ⑤
3	결정 사항이 조직구성원이나 과업에 어떠한 영향을 미치게 될지 폭넓게 고려하는 편이다.	① ② ③ ④ ⑤
4	기존에 하던 방식을 따르기보다 새로운 방식을 도입하여 개선을 시도한다.	① ② ③ ④ ⑤
5	갈등 당사자들이 서로 실익을 얻을 수 있는 타협점을 찾아 제시한다.	① ② ③ ④ ⑤
6	상황이 좋지 않더라도 감정을 즉흥적으로 드러내지 않는다.	① ② ③ ④ ⑤
7	공유해야 할 사항이나 중요한 회의결과를 구성원에게 정확히 전달한다.	① ② ③ ④ ⑤
8	조직의 이익을 위해서 조직의 이해관계자들과 최대한 합의를 이끌어낸다.	① ② ③ ④ ⑤

번호	항목	응답란
9	실행가능한 단계별 세부목표를 설정하고 달성정도를 지속적으로 점검한다.	① ② ③ ④ ⑤
10	구성원들의 기여를 인정하여 각자의 역할에 자부심을 느끼게 한다.	① ② ③ ④ ⑤
11	구성원들의 관심을 유도할 수 있는 긍정적 비전과 목표를 제시한다.	① ② ③ ④ ⑤
12	조직의 미래를 예측하여 관련 해외정보를 꾸준히 습득하는 편이다.	① ② ③ ④ ⑤
13	틀에 갇힌 사고를 하기보다 유연하게 생각하며 독창적인 아이디어를 낸다.	① ② ③ ④ ⑤
14	일시적 해결보다는 문제의 근본원인을 파악하여 해결하려고 한다.	① ② ③ ④ ⑤
15	혼란스러운 상황에서도 다양한 관점에서 문제를 분석하고 원인을 찾는다.	① ② ③ ④ ⑤
16	구성원들이 변화에 동요하지 않고 적응할 수 있도록 도와준다.	① ② ③ ④ ⑤
17	갈등 당사자의 의견을 충분히 듣는 편이다.	① ② ③ ④ ⑤
18	구성원들이 좌절하거나 의기소침하지 않도록 도와준다.	① ② ③ ④ ⑤
19	자신의 생각을 구성원들이 수용하고 지지하도록 설득력 있게 말한다.	① ② ③ ④ ⑤
20	이해관계자들의 입장을 균형 있게 고려하여 모두가 만족할 만한 결정을 이끌어낸다.	① ② ③ ④ ⑤
21	도전적 목표를 설정하고 구체적인 목표달성지표를 알려준다.	① ② ③ ④ ⑤
22	사적인 이해관계보다는 공동체 의식을 강조하여 구성원을 격려한다.	① ② ③ ④ ⑤
23	조직 비전과 전략에 부합하는 목표를 설정하고 구성원과 공유한다.	① ② ③ ④ ⑤
24	다양한 국가의 문화에 적응할 자세가 되어 있고, 특정 국가에 대한 선입견을 가지고 있지 않다.	① ② ③ ④ ⑤

리더십 간이진단테스트에 모두 응답을 한 뒤에는 다음의 〈도표 2.4〉에서 설문번호에 해당되는 여러분의 응답점수를 기입한다. 기록을 완료한 뒤에는 역량별 해당 점수의 합을 가장 오른쪽 합계점수 란에 적는다.

리더십 계발 관점에서 판단할 때, 어떤 부분을 계발 대상으로 할 것인지에 대해서는 개인의 성향에 따라 다를 수 있다. 즉, 강점으로 나타난 리더

도표 2.4 리더십 자가진단 분석표

역량군(群)	역 량	번 호	응답점수	번 호	응답점수	합계점수
인지역량	창의성	1		13		
	문제해결	2		14		
	의사결정	3		15		
	혁신성	4		16		
관계역량	갈등관리	5		17		
	정서관리	6		18		
	의사소통	7		19		
	조정 · 협상	8		20		
전략역량	성과지향성	9		21		
	팀 빌딩	10		22		
	비전제시	11		23		
	글로벌환경대응	12		24		

- 역량 점수의 합이 가장 큰 것부터 4개 역량을 선정한다. 이들 역량이 강점이다.(점수가 같은 것이 많으면 3개나 5개를 선정해도 됨)
- 역량 점수의 합이 가장 작은 것부터 4개 역량을 선정한다. 이들 역량이 약점이다.(점수가 같은 것이 많으면 3개나 5개를 선정해도 됨)
- 강점 역량이 많은 역량 군(群)을 확인한다.
- 3개 역량 군의 종합점수를 비교하고 어느 역량 군이 가장 점수가 낮은 지를 본다.

십 역량을 더욱 발휘하여 리더십의 효과를 높일 것인지, 아니면 약점으로 나타난 리더십 역량을 교육 및 훈련을 통해 리더십의 효과를 높일 것인지를 선택해야 한다.

리더십을 구성하는 역량들이 조직목표를 달성하는 데 전략적으로 중요한 역량인지의 여부에 따라 역량의 상대적 중요성을 판단하여야 하며, 조직의 계층에 따라서 역량의 상대적 중요성은 달라질 수 있기 때문에 자신의 경력계발계획에 맞추어 리더십 역량을 계발하는 것이 많은 도움이 될 것이다. 다음 〈도표 2.5〉에 있는 리더십 역량계발 분석표를 한번 살펴보자.

앞서 여러분이 간이진단을 수행한 결과에서 나타난 강점 역량과 약점 역량 각 4가지 중에서 여러분이 이미 나의 강점이라고 알고 있었으면 ①에 그 역량을 기입하고, 미처 몰랐지만 점수가 높게 나와서 강점이 되었다면 ③에 기입한다. 같은 방법으로 이미 나의 약점이라고 알고 있었으면 ②에 역량을 기입하고, 미처 몰랐지만 점수가 낮게 나타났다면 ④에 기입한다.

가장 먼저 계발하여야 할 역량은 ④에 속하는 것이다. 리더십 역량이 약한데도 불구하고 여러분 자신이 전혀 약점으로 생각하지 못한 역량이기 때문이다. 다시 말해 잠재된 약점으로 볼 수 있다. 이러한 약점이 많을수록 리

도표 2.5 리더십 역량계발 분석표

	이미 알고 있었던 것	미처 모르고 있었던 것
강 점	①	③
약 점	②	④

더십을 발휘하는 상황에서 문제점이 생길 때, 자신이 아닌 타인이나 환경에 의해 문제점이 생긴 것으로 오인할 수 있다.

다음으로 계발할 대상은 ②에 속하는 것이다. 이곳에 적혀 있는 역량들은 여러분이 이미 약점으로 인지하고 있기 때문에 예전의 경험을 통해서 이로 인한 문제점을 알고 이을 가능성이 높다. 그리고 어떻게 계발할 것인지 주변에 조언도 구해보았을 가능성이 높다. 따라서 약점을 강점으로 바꾸는 데 걸림돌이 되는 요소들을 찾아서 그것을 제거하는 것이 중요한 교육 · 훈련 내용이 된다.

강점으로 나타난 역량 중에서 ③에 속해 있는 역량은 여러분 스스로가 강점임을 몰랐던 역량이다. 이 영역에 속하는 역량에 대해서는 더욱 긍정적인 생각으로 적극적으로 발휘하려는 노력이 요구된다.

마지막으로 ①에 속한 역량은 꾸준히 유지할 수 있도록 하며, 타인에게 여러분이 가진 강점 역량을 지도하거나 코칭할 수 있어야 한다. 또한 환경이 변화함에 따라서 강점 역량이 약점으로 변할 수도 있기 때문에 효과적으로 활용하여야 할 것이다.

도표 2.6 리더십 역량 계발계획 사례

리더십 역량 계발 계획

학번: (20051248)　　학과: (화학공학과)　　학번: (강현준)

리더십 역량 자가진단 결과

이미 알고 있었던 약점	미처 모르고 있었던 약점
창의성	혁신성, 글로벌 환경대응

부족 역량 계발 계획(자신의 최종 결정)

이미 알고 있었던 약점	미처 모르고 있었던 약점
창의성 - 조언자에 의한 창의성 개발의 핵심은 주제에 대한 끊임없는 생각이며, 모방으로 시작해 주위에서 관련 아이디어를 찾아가는 능력을 기르는 것이다.	혁신성 - 조언자에 의한 혁신성 개발의 핵심은 주제에 대한 기본서들로 지식 습득 후 비판적인 시각으로 문제점을 발견하고, 그에 대한 생각을 이어가되 가치를 생각하며, 글로써 구체화를 시키고 실행에 들어가는 것이다.

이미 알고 있었던 약점	미처 모르고 있었던 약점
1. 창의적인 생각을 요하는 주제 선정 - 주제를 바꾸는 기간은 정해두지 않고, 한 주제가 끝난 후 다음 주제를 생각한다. - 첫 주제는 '학기 중에 내가 가진 자본만으로 가장 시간 투입이 적게 돈을 벌 수 있는 방법의 고안'으로 한다. 2. 주제를 모니터 위에 써 붙여놓고 매일 아침마다 확인하여 끊임없는 생각을 가능케 한다. 3. 주제에 대한 검색을 하여, 모방할 수 있는 것을 찾아 나의 실정에 맞게 벤치마킹 해본다. - 벤치마킹 과정 중에 발생하는 문제점 등은 모두 기록해 둔다. 4. 문제점 해결이나, 주제에 대한 더 좋은 방법이 나타날 때까지 주변의 모든 것들을 연결 지어 생각해 본다. - 떠오르는 아이디어는 핸드폰이나 수첩에 바로바로 기록해 둔다.	1. 혁신적인 생각을 요하는 주제 선정 - 매주 일요일에 그 주에 가장 혁신이 필요한 주제를 선정한다. 2. 주제에 대한 대표적인 개론서나 자료를 1~2권 읽는다. 3. 주제에대한 가치를 생각해 본다. - 왜 혁신이 필요한가에 대한 답을 중점적으로 생각한다. 4. 주제에 대해 비판적인 시각을 가지고 문제점을 파악해 기록해본다. 5. 그 문제점을 해결하기 위한 방법, 대안들을 생각해 본다. - 필요하다면 왼쪽의 창의적인 생각법을 이용해도 좋을 듯 하다. 6. 생각들 중 실천 가능한 것을 1개 뽑아서 구체화를 시켜본다. - 생각의 내용을 글로 작성 후 3일에 한번씩 수정, 보완한다. 7. 구체화 된 계획을 바탕으로 실천해본다.

5. 1주일에 한번씩 기록들을 보고 창의적인 아이디어가 나왔는지 평가한다. 주제에 대해 만족할 만한 창의적 아이디어가 충분히 나왔으면 다음 주제를 시작한다.	- 실천은 한없이 더뎌질 수 있으므로, 구체화가 3회째 수정, 보완된 그 다음날 바로 시작한다.

나에게 도움을 준 사람들(조언해준 내용, 조언자)

조언자	조언해준 내용
최성우 (산경05, 방돌이, 이번 포카전에서 큰 센세이션을 일으킨 학교 응원가를 여러 곡 만들어낸 장본인이며, 항상 톡톡 튀고 참신한, 때로는 재밌는 아이디어를 끊임없이 제시하는 창의	창의성 Q. 창의성을 개발하려면? A1. 모방 모순일 수도 있지만, 창의적인 생각을 하려면 모방을 잘 해야 한다. 아무런 바탕도 없이 맨바닥에서 전혀 새로운 것을 생각하기란 굉장히 어려운 일이며 오히려 창의적인 생각이 더 떠오르지 않는다. 따라서 굉장히 잘 되고 있는, 잘 하고 있는 일들을 따라하는 것으로부터 시작한다. 그것을 따라하다 보면 그것이 가진 문제점이 보이고, 그것을 개선하는 과정에서 창의적인 생각이 떠오를 수 있다. 예를 들어 이번 학교 응원가를 만들 때, 아무 베이스도 없이 시작하는 게 아니라 연고대의 응원가들을 계속 듣는 것부터 출발하는 것과 같다. A2. 이미지 내가 원하는 어떤 것을 머릿속에서 이미지화 시켜보는 것도 좋다. 어떤 말이나 글, 문자, 그림(?) 등으로 보고 생각하는 것도 좋지만, 내가 원하는 어떤 모습이나 분위기(?)등을 이미지화 시켜서 상상해야 한다. 예를 들어, 응원가를 만든다면 수많은 관중들이 그 응원가를 듣고 환호하고 함께 어울려서 응원가를 부르는 모습을 상상하는 것이다. 그러면 거기에 맞는 음악등의 방향이 잡히고 그에 걸맞은 응원가를 만들 수 있게 된다.

	A3. 시간대 생각의 시간대도 중요하다. 나는 아침에 일어난 직 후나 자기 직전에 눈을 감고 생각할 때가 많다. 하루 일과 중에는 할일도 많고 다른 생각들도 많기 때문에 내가 필요한 일에 대한 생각에 집중하기가 어렵다. 하지만 기상 직후나 취침 전에는 모든 게 다 끝난 상태이므로 그 생각만 할 수 있다. A4. 주위에서 영감얻기 그 생각만 하는 것 뿐만 아니라 그와 동시에 주변과도 계속 교감을 하고 있어야 한다. 밥을 먹다가 옆 테이블에서 하는 얘기를 듣는다던지, 길을 가면서 무언가를 본다던지, 강의시간에 교수님 말씀을 듣는다던지 하는 식으로 계속 주위를 보고, 주위의 소리를 듣는다. 그러다보면 그쪽에서는 의도하지 않았지만 내가 생각하고 있는 것과 매칭이 되는 것들이 있으며 그런데서 창의적인 아이디어 '번뜩' 생긴다. 어떤 체계적인 생각의 진행이 아니라 일상적인 생활 속에서 말 그대로 '번뜩'아이디어가 떠오르는 것이다. Q. 핵심은 끊임없는 생각인 거 같은데 생각을 계속 하는게 쉬운 일인가? A. 나는 해야만하는 일이라면 그 생각이 머리에서 떠나질 않기 때문에 생각을 계속 할 수 밖에 없다. 공부를 하다가도 그 생각이 나면 그쪽으로 빠져들게 된다.
	혁신성 Q. 혁신성을 개발하려면? A. 일단 뭐든 지 비판적인 시각(약간은 부정적일 수도)으로 봐야한다. 비판적인 시각으로 보면 문제점이 보이고, 그 문제점을 해결하는 과정에서 혁신적인 생각이나 창의적인 아이디어가 떠오른다. 예를 들어, 이번 포카전에서 우리가 응원은 성공적으로 잘했지만, 그 와중에도 우리가 잘 못하는 부분은 무엇인가, 카이스트 응원단과 비교해서 우리가 무엇이 부족한가, 무엇을 더 개선해야 하는가를 끊임없이 생각하는 것과 같다.

지윤석 (화학 06, 동아리 후배, 각종 단체의 장을 도맡으며 개혁적인 일들과 새로운 일들을 강한 추진력으로 이루어낸 혁신의 대가)	그렇게 계속 생각을 하다보면 여러 가지 생각들이 떠오르고 그런 생각을 거듭하면 할수록 더 새롭고 좋은 개선 방안들이 떠오른다. Q. 생각을 한 다음에는 어떻게 해야 하나? A. 많은 생각들을 구체화 시키는 작업이 우선시 되어야 한다. 생각은 많이 떠올라도 구체화 시키지 않으면 생각으로 끝난다. 떠오른 생각들 중 실현 가능한 것들을 종이에 써보고 생각을 깊이 있게 발전시켜 나가야 한다. 기록으로 남기는 것이 중요하다. 내가 써놓은 깊이 있게 발전시켜 나가야 한다. 기록으로 남기는 것이 중요하다. 내가 써놓은 글을 일주일 후에 다시 보면 또 새로운 생각이 떠오르고, 그 글에도 살이 더 붙게 되면서 구체화가 진행된다. Q. 혁신을 위해서는 실천이 중요한데, 그런 생각들을 실제로 실천하려면? A. 일단 내가 할 수 있는 범위까지 일을 벌려놓는다. 구체화 된 생각을 바탕으로 일을 벌려놓고, 계속 밀어붙이면 실천으로 넘어갈 수 있다.
김광수 교수님 (산경과, 산업경영공학특론: 경영혁신 강의)	직접 조언받은 것은 아니고 수업시간에 들은 좋은 말씀 중 혁신과 관련 된 부분을 발췌 혁신성 A1. 많이 읽어라.(기본이 필요) 어떤 혁신을 위한 심도 있는 지식이나 방법들을 배우기 위해서는 '기본'이 필요하다. 기초지식이 없다면 아무리 좋은 조언이나 아무리 좋은 지식, 이론을 갖다 주어도 그것의 가치를 모르며 수용을 할 수가 없다. 그러한 기초 지식, '기본'을 만들어 주는 게 기본서의 다도이다. 한 분야에서 가장 기본이 되고 가장 많이 읽히는 책 50여권 정도는 읽어서 기본을 닦아놔야 그 위에 새로운 지식을 쌓을 수 있고, 거기서 더 나아가 혁신적인 생각이 가능해 진다. A2. 가치 혁신에서 가장 중요한 것, 즉 무엇을 위해 혁신하는가에 대한 답은 바로 '가치'이다. 가치를 생각하고, 가치를 제공할 때 혁신이 가능하다.

	A3. 자기 자신 만의 관점 혁신을 위해서 방법론만 배워서는 써먹을 수 없다. 방법론만 배운 대로 쓰는 것에는 항상 한계가 존재한다. 따라서 하나를 배웠을 때 그것을 자기 것으로 소화시키고, 그것을 다시 자기 자신만의 관점(view)을 통해서 볼 줄 알아야 한다. 그럴 때 보다 창의적이고 혁신적인 아이디어가 나올 수 있다.

자료 : 포항공과대학교(POSTECH) 화학공학과 05학번 강현준 학생의 사례.

☐ 3분 토의를 해 봅시다

1. 여러분들의 소속집단 혹은 또래집단의 특성은 어떠한 것들이 있는지를 토의해보자.
2. 본 책에서 제시하였던 리더의 자질 중에서 상대적으로 더 중요하다고 생각되는 자질 3가지를 골라보고, 왜 그러한지 집단의 의견을 공유하여 발표해보자.
3. 각 리더십 자질이 뛰어났던 리더의 사례를 조사하여 발표해보자.
4. 리더십 자가진단 이후, 자신의 약점으로 지적된 역량을 어떻게 계발하여야 할 지 조언을 구한 다음, 계획을 세워보자(양식은 〈도표 2.6〉 참조).

리 · 더 · 십 · 레 · 크 · 리 · 에 · 이 · 션

리더의 인용문 탐구하여 공유하기

목적 및 요약	유명한 리더들이 남긴 인용문을 적어서 전체가 공유함으로써 서로 리더가 될 수 있다는 자신감을 가지며, 꼭 그렇게 될 것이라는 다짐을 한다. 향후 일상생활에서도 필요한 내용들을 메모하여 수시로 살펴봄으로써 의지를 재확인하는 용도로 활용한다.
소요시간	20~30분
준비물	참가자 각자가 리더의 인용문을 조사하여 종이비행기를 접어 올 것
팀 구성	1조 5명 이하
진행요령	팀 별로 리더의 인용문을 조사하여 각자가 서로 다른 인용문 하나씩을 A4종이에 크게 적은 다음(타이핑해도 관계없음) 종이비행기를 접어 온다. 종이비행기를 접은 다음에 각 조의 명칭을 식별 가능하도록 겉에 쓴 다음 '시작' 구호와 함께 날려 보낸다. 각자 1개씩의 종이비행기를 집어 든다. 단, 자신의 조에서 날린 종이비행기는 잡을 수 없다(만약 이러한 경우, 혼란을 방지하기 위해 차후 교환시키도록 한다). 돌아가면서 종이비행기를 펼쳐서 인용문을 낭독한 뒤에 그 인용문이 시사하는바 혹은 자신이 느낀 점을 함께 이야기 한다.
기타 아이디어	· Ice-Breaking 용도로 활용할 경우, 유머를 적어 와서 공유하여도 된다. · 혹은 무기명 의견조사를 실시하여 전체가 공유하고자 할 때에도 응용할 수 있는 방법이다. · 가장 와 닿은 인용문을 적어서 책상 앞에 붙여놓고 지속적으로 마인드컨트롤 하도록 지시한다.

리·더·십·레·크·리·에·이·션

Ice-breaking(2) 연 만들기

목적 및 요약	구성원들의 창의성을 일깨우고, 팀워크를 증진시키기 위한 게임이다. 준비물에 제약조건을 만들어 구성원들이 창의성을 발휘해 연을 함께 만들고, 이 과정에서 서로 토의와 소통을 하도록 유도함으로써 어색한 분위기를 깨는 효과도 있다. 교육시간이 많을 때, ice-breaking 용도로 활용하면 좋다.
소요시간	120분(개요 설명 5분, 연 만들기 90분, 연 품평회 10분, 연 날리기 10분, 시상 5분)
준비물	가위와 풀, 연살(튼튼한 낚싯줄로 대체가능)
팀 구성	1조 5~7명
진행요령	참여자들의 테이블 위에 준비물을 올려둔다. 준비물에서 종이가 빠져 있는 것은 참가자들의 창의성을 일깨우기 위함이다. 실제 진행하다보면, 일반 종이, 잡지, 신문, 냅킨 등을 엮어서 만들기도 하고, 심지어는 큰 나뭇잎이나 헝겊조각(속옷)으로 만드는 경우도 있다. 연의 형태는 관계없으며, 가장 오래 떠 있는 조, 혹은 5분 이상 떠 있는 조에게 상품을 준다고 경쟁을 유도한다. 진행자는 연 만들기를 하는 과정에 일체 개입하지 않는다. 90분간 연을 만들었으면, 10분 동안 각 조에서 만든 연을 진행자가 소개하면서 각 조의 반응들을 이끌어낸다(가급적이면 칭찬을 하도록 유도한다). 그리고 연 품평회가 끝나면 모두 밖으로 잠시 나가서 10분간 연 날리기를 진행한 후, 교육장소로 돌아와서 시상을 한다.
기타 아이디어	· 구성원들에게 연 만들기 게임을 하면서 느낀 점에 대하여 공유하도록 유도한다.

비전과 목표설정

3

비전과 목표수립의 필요성과 중요성에 대하여 이해하고, 실제 비전을 효과적으로 설정할 수 있는 방법을 안내한다. 또한 목표설정이론의 실용성을 바탕으로 한 목표관리의 절차에 대하여 학습함으로써 프로젝트 및 과업수행에 있어서의 목표관리의 중요성에 대하여 깨닫는다.

비전과 미션, 그리고 핵심가치

정보통신 기술과 인터넷의 발달로 인하여 세계는 통합되고 있는 추세이다. 산업에서는 글로벌 과점체제로 재편되려는 분위기가 감지되고 있다. 일례로 자동차산업은 국가 차원을 뛰어넘어 전 세계적으로 6개 정도의 기업만 살아남는다는 시나리오가 있을 정도이고, 시장의 개방으로 인해 어떤 제품이든 국제적 수준의 경쟁력을 확보하지 못하면 살아남기 어렵게 될 것으로 전문가들은 예측하고 있다.

조직운영에서도 환경변화에 대해 대응할 수 있는 적절한 전략을 수립하는 것은 대단히 중요하다. 하지만 전략수립 전에 선행되어야 하는 것이 바로 조직의 목적을 설정하는 일이다. 분명한 목적을 근거로 조직의 존재이유가 설명되어야만 전략을 수립하고 실천하는 과정에서 구성원들이 목표의식을 가지고 참여할 수 있다. 즉, 조직의 목적은 비전과 목표를 통해 정의되고 만들어진다.

구체적인 비전정립 및 제시의 행동

- 외부상황분석을 통해 수립한 비전과 조직 내부가치를 통합할 수 있어야 함
- 비전을 구성원들과 공유하고 지속적인 지지를 얻어내어야 함
- 조직전체의 비전에 합치되는 개인비전을 가질 수 있도록 장려해야 함

개인에게 있어서도 비전은 대단히 중요하다. 대부분의 성공한 사람들은 분명한 개인 비전을 가지고 있으며, 이는 성공을 향한 지도와 같은 역할을 한다. 개인 비전은 어떠한 역경에 처하더라도 고난을 극복할 수 있는 원동력으로 작용하기 때문이다. 여러 가지 역경들을 극복해내기만 한다면 성공에 이르는 것은 시간 문제이다.

다시 말해, 역경에 처했을 때 비전이 없는 개인은 역경에서 도망치거나 그 역경을 잊으려고 다른 활동에 몰두한다. 그러나 확고한 비전을 가진 개인은 도망칠 수도 외면할 수도 없다. 왜냐하면 포기할 수 없는 비전이 자신 안에 확고히 자리하고 있기 때문이다. 결국 확고한 자기 비전을 가진 사람들은 역경에 정면으로 과감히 도전하고, 이를 통해 자기 성장을 이끌어낸다.

헬렌 켈러(H.A.Keller)는 "맹인으로 태어난 것 보다 더 불행한 것은 무엇인가?"라는 물음에 "시력은 있되 비전이 없는 것이다."라고 말했다. 인생을 살아가는데 있어서 비전이 매우 중요하다는 점을 역설한 것이다.

과학기술부문 리더들의 비전제시 능력

- 해당 분야의 전문적인 지식을 쌓아야한다.
- 전문지식을 바탕으로 하여 미래에 대한 통찰력을 가져야 한다.
- 미래에 대한 통찰력을 조직의 비전제시와 개인적 확신으로 연결시켜야 한다.

과학기술부문에서 비전제시 능력이 있기 위해서는 더욱 많은 전문적 지식이 있어야만 한다. 연구나 기술의 흐름을 파악하지 못하고는 절대로 향후 예측을 할 수 없는 것과 같은 이치이다. 향후 10-20년간은 과학기술의 혁명적인 발달이 이루어질 것으로 예측되고 있으며, 그것이 사회 전반에 미치는 영향만큼 큰 환경변화는 없을 것으로 보인다. 따라서 전문지식으로 무장된 과학기술계의 리더가 비전제시능력에 있어서 탁월한 모습을 보일 것으로 생각된다.

마이크로소프트 빌 게이츠 회장은 과학기술 발전의 위대함을 표현할

이야기 보따리

애플(Apple)사의 스티브 잡스가 보여준 통찰력

스티브 잡스(S. Jobs)는 애플사를 창립한 사람이다. 처음에 집 주차장에 만든 작은 창고에서 애플 컴퓨터를 만들었다. 기능은 엉성하고 디자인은 볼품없었지만 책상 위에 올려놓을 수 있는 개인용 컴퓨터를 만드는 데 성공했다. 그 당시 IBM은 개인용 컴퓨터(PC)는 아이들의 몽상에 불과하다며 개의치 않았다. 하지만 잡스는 엄청난 미래 청사진을 제시하면서 고객들에게 자신만의 컴퓨터를 가질 수 있다는 꿈을 심어주기 시작했다. 그 결과 학교의 단체구매가 이루어지고, 기업에서도 애플컴퓨터를 구매하기 시작했다. IBM은 뒤늦게 PC시장에 뛰어들었다.

스티브 잡스는 IBM의 협력제의를 거절하고, 정면으로 도전했다. 고객에게 더 친근하게 다가서기 위해 '애플(Apple)' 이라고 제품명을 사용하였다. 하지만 IBM은 자금력과 영업력을 동원하여 애플의 시장점유율을 잠식하기 시작했다. 그리고 규모의 경제를 활용한 비용경쟁력을 활용하여 애플보다 저렴한 가격의 호환용 컴퓨터 제작에 성공하였다.

경영위기에 봉착한 애플을 살리기 위한 스티브 잡스의 전략은 '새로운 기술' 에 있었다. 문자로 명령어를 치는 'Syntax' 방식을 버리고 'Mouse' 라는 새로운 장치를 만들어 신제품을 출시했다. 매킨토시가 탄생한 것이었다. 소비자들은 마우스를 이용해 클릭만 하면 되는 편리한 기능을 선호하였고, 애플은 다시 시장에서 점유율을 높여가기 시작했다.

1985년 스티브 잡스는 독선적 의사결정 때문에 해고되었지만, 다시 10년 후 애플이 위기상황에 직면하였을 때 복귀하면서 제시했던 해결책은 또 다시 '기술' 이었다. 소비자들의 사용편리성을 극대화시킨 아이맥(iMac)과 아이북(iBook)을 출시하게 되었다. 스티브 잡스는 기술이 모든 것을 설명할 수 있다고 믿었다. 그는 자신이 가진 기술에서 미래를 보는 통찰력을 키웠기 때문에 항상 기술 중심의 비전으로 어려운 상황에서 승부를 걸 수 있었던 것이다.

때, "최근 10년간의 과학기술 발전이 과거 1만년의 발전보다도 훨씬 크다."고 말하곤 한다. 또 소프트뱅크의 손정의 회장은 "21세기 전반에는 원칩 마이크로컴퓨터가 사람 뇌세포의 수백 배, 수천 배로 커지고 그것들이 초고속 네트워크로 연결될 것이 불을 보듯 명확합니다. 컴퓨터가 인간을 초월하는 세계가 금방 옵니다."라고 강조한다.

삼성전자의 황창규 사장은 "반도체 용량은 1년마다 2배씩 증가할 것입니다."라고 주장하였고, 이를 '황의 법칙'이라고 명명하였다. 세 명의 유명인사가 말한 것에서도 나타나듯이 자신의 전문분야에 대한 체계적이고 포괄적인 지식이 뒷받침되었기 때문에 미래에 대한 예측과 확신, 그리고 기술 분야의 비전제시가 가능한 것이다.

비전은 조직이나 개인이 전략적으로 지향하는 바람직한 미래상을 의미한다. 또한 비전은 막연한 꿈이나 희망사항이 아니라 현재 조직 및 개인의 역량을 분석하고, 미래에 대한 예측을 통하여 구체적이고 강렬한 인상을 줄 수 있을 정도의 역동적 그림이나 영상물로 상상이 가능해야 한다. 비전 정립 및 제시는 다음과 같은 행동으로 나타나야 한다.

구체적인 비전정립 및 제시의 행동에 들어있는 핵심요소는 방향성, 이해성, 공감성, 참여성, 실현가능성이다. 각각의 자세한 내용을 살펴보자.

① **방향성**: 구성원 및 이해관계자들에게 조직이 나아가야 할 방향을 명확히 제시해야 한다.

② **이해성**: 구성원들이 공감하고 따라갈 수 있도록 간결하고 이해하기 쉽게 제시되어야 한다.

③ **공감성**: 비전에 대한 공감대가 형성되고 공유할 수 있는 내용이어야 한다.

④ **참여성**: 목표와 비전을 위해 몰입할 수 있도록 참여여건을 강화하고 의욕을 고취해야 한다.

⑤ **실현가능성:** 막연한 꿈이 아니라, 도전적이면서도 실현가능성이 있도록 생동감 있게 제시되어야 한다.

여러 형태의 조직 중에서도 기업조직이 특히 간결하면서도 메시지가 강한 비전을 잘 선택하고 있다. 삼성의 경우, 2004년에 '신뢰와 존경받는 글로벌 일류기업'에서 2005년 '세계 초일류기업'으로 더욱 간결하게 만들었다. 현대자동차의 비전은 '세계적인 기업', LG는 '일등 LG'로 기업별로 비전은 비슷하다. 하지만 비전이 어떻게 설정되고 제시되었는가에 따라 구체적인 전략과 방침은 천차만별로 달라지기 때문에 비전성취를 위한 도전방식은 매년 달라지는 것이다.

비전은 앞서 설명하였듯이, 바람직한 미래상이라고 하였다. 그럼 미션과 핵심가치는 무엇이며, 비전과 어떻게 관련이 있을까에 대하여 알아보기로 한다.

미션은 조직이 존재하는 근본적인 이유를 말한다. 기업조직의 목적은 이

도표 3.1 비전, 미션, 핵심가치의 관련성

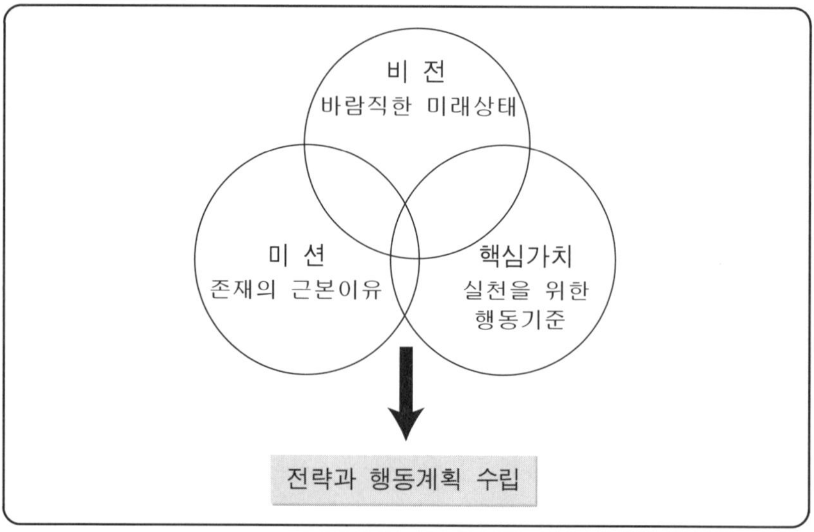

윤창출에 있으며, 대학조직의 목적은 인재양성에 있다. 하지만 미션은 목적과는 달라서 왜 이윤을 창출해야 하며, 인재를 양성해야 하는가를 생각하는 것이다. 일반적으로 기업조직의 미션은 고객, 주주, 종업원 및 사회에 가치를 창조하고 기여를 하기 위한 것이다. 결국 비전정립의 당위성을 확보하고 조직의 존재이유를 찾아서 명분을 가지는 것이 미션이라고 할 수 있다.

핵심가치는 비전과 미션을 달성하기 위해 구성원들의 행동기준이 되는 주요 원칙을 말한다. 핵심가치는 리더의 경영철학이 반영되는 경우가 많고, 조직문화 형성의 기초를 이루게 된다. 핵심가치는 구성원들이 쉽게 이해할 수 있도록 간단한 키워드 중심으로 표현하는 경우가 많다. 핵심가치는 비전을 실행하는 데 있어서의 행동강령과도 같은 역할을 한다.

비전은 제시하는 것으로 끝나서는 안 된다. 강력한 추진력이 뒷받침 되지 않으면 비전은 '개인이나 조직의 욕망'에 불과한 것이 되어버린다. 그러나 달성이 불가능할 정도의 비전을 설정하는 것은 당장의 방침이나 전략, 목표를 설정하는 것에서부터 무리하게 되고, 이것은 오히려 조직에 패배의식을 안기거나 구성원들을 무기력하게 만들어버리기 때문에 비전을 설정할 때에는 조직이 처해 있는 역량의 수준보다 달성할 정도의 도전적인 것을 설정하는 것이 좋다.

이야기 보따리

비전실행이 불가능할 때는 과감히 바꾸어라

어떤 나무꾼이 산에 올라 나무를 하다 낭떠러지로 떨어졌다. 위험한 순간 그는 산허리 중간에 비어져 나온 나무줄기를 잡았다. 허공에 매달려 있는데 절벽은 미끄럽고 험준했다. 무슨 방법을 써도 기어 올라갈 수 없는 상황인 데다 아래는 계곡이었다. 어떻게 해야 좋을지 모르고 있을 때 노승 한 분이 지나가면서 그에게 말했다.

"손을 놓아라."

리더는 비전을 어떻게 잘 만들어서 제안했는지를 평가받는 것이 아니라, 설정하고 제시한 비전을 어떻게 잘 달성했는지를 평가받게 된다. 그만큼 비전의 정립과 제시도 중요하지만 비전의 실행과 실천은 더욱 중요하다.

앞의 이야기에서 왜 손을 놓아야 하는가? 좀 더 낮은 목표(안전하게 계곡 아래로 도착하는 것)라도 성취할 만한 체력이 남아 있을 때 빨리 행동에 옮기라는 것이다. 만약 기존의 목표(절벽을 기어 올라가는 것)를 고수하고 허공에서 힘을 다 써버린다면 결국 생존 자체가 불투명해 질 수 있는 것이다.

현실 세계에서도 마찬가지이다. 상황은 언제든지 급변할 수 있으며, 내가 실행에 옮기는 동안 환경은 계속 변화하고 있다. 그렇기 때문에 때로는 임기응변의 묘가 요구되고, 때로는 비전을 바꾸어서라도 실행을 하는 것이 중요하다. 리더는 비전을 얼마나 멋있게 제시하였는지를 평가받는 것이 아니라 비전을 얼마만큼 의미 있게 달성했는지를 평가받는다.

그리고 현재 상태와 비전과의 거리를 항상 염두에 두어야 한다. 그리고 실행을 할 때에는 절대 무리하면 안 된다. 그렇기 때문에 '로드 맵(road

도표 3.2 비전과 현재상태의 갭 줄이기

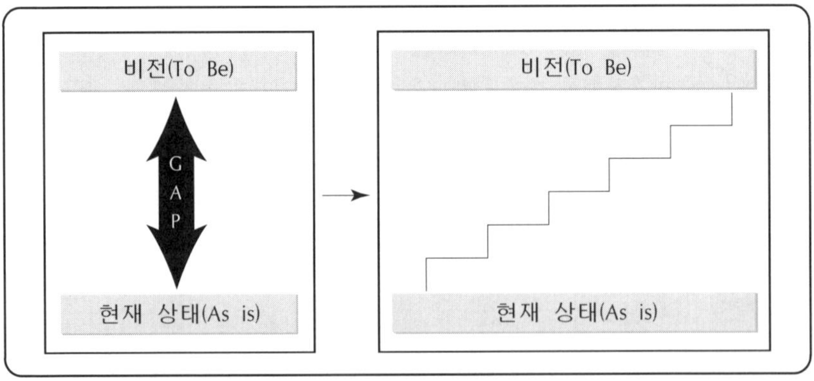

map)' 을 만들어서 단계별로 실행에 옮겨야 한다. 한 단계씩 현재 상태에서 비전으로 가는 계단을 만들어서 천천히 걸어 올라가면(step-by-step) 결국에는 '비전' 이라는 곳에 도착해 있을 것이다(〈도표 3.2〉 참조).

리더로서의 비전 정립하기

모든 조직들이 미래를 향해 새로운 목표를 정하고 조직을 정비하기 위하여 '비전' 이라는 카드를 활용하고 있다. 그렇다면 조직과 리더에게 있어서 비전이란 어떤 의미를 가지고 있는지, 나아가 비전이 담고 있어야 할 핵심 요소가 무엇이고 성공적으로 비전을 만들 수 있는 방법에는 어떠한 것이 있는지 살펴보기로 하자.

비전이 필요한 이유

1) 새로운 비전은 구성원들과의 커뮤니케이션을 필요로 한다.

새로운 리더가 조직 내부에 자연 발생하면서(혹은 선임되면서) 반드시 챙겨야 할 과제가 바로 구성원들과의 적극적인 커뮤니케이션이다. 이를 통해 자신이 전임 리더와 무엇이 다르고 무엇이 같은지를 알려주어야 하며, 혹은 신설된 조직인 경우에는 자신이 어떠한 성향을 가지고 있고, 조직이 왜 만들어졌는가에 대하여 충분한 의사교환이 이루어져야 한다. 그렇지 않으면 구성원들이 리더와 같은 생각을 갖거나 같은 방향으로 나아갈 수 없기 때문이다.

이와 같은 목적을 이루기 위하여 리더가 구성원들과 함께 커뮤니케이션 프로그램을 만드는 방법과 조직의 비전을 새롭게 수립하는 방법이 있다. 새로운 비전을 만드는 과정은 구성원들이 가지고 있는 꿈과 열망이 무엇이고 그들이 지향하는 가치가 무엇인지를 알 수 있게 한다. 조직이 앞으로 나아갈 방향과 목적지가 어디이고, 비전을 달성하기 위한 전략적 과제가 무엇인지를 논의하는 과정에서 리더와 구성원들은 자신과 다른 상대방의

이 야 기 보 따 리

닛산(Nissan) 자동차의 기적, 카를로스 곤

일본의 대표적 만성 적자 기업이었던 닛산(日産, Nissan) 자동차가 화려하게 재기했다. 닛산은 1933년에 설립되어 자동차를 미국에 수출해서 많은 수익을 낳았던 기업이었지만 경영진의 무리한 토요타 따라잡기가 낳은 경영 부실과 국내외의 악재가 겹쳐서 부실기업으로 전락했던 기업이었다.

그런 닛산이 지난 2003년 회계연도에 6조 8,500억 엔의 매출과 4,950억 엔의 순이익을 거두며 화려하게 부활하였다. 그 중심에는 프랑스 르노사에서 파견된 "카를로스 곤" 사장이 있다는 점에 주목해야 한다. "미스터 코스트 커터"(Mr. Cost Cutter)라는 별명대로 구조조정 전문가로 통하던 곤은 5년 내 무차입 경영 달성을 내세우는 "닛산 재생 프로그램"을 제시하면서 구조조정을 단행하여 5개 공장을 폐쇄하고, 2만 1,000명의 인원을 감축시켰으며 계열사 거래를 철폐하였다.

닛산 사원들은 자신들은 최고의 기술력을 소유하고 있지만 회사가 문제라고 생각했는데, 곤은 "닛산의 경쟁자는 토요타도, 혼다도 아니고, 닛산 자신이다."라고 가르쳤다. 또한 곤은 모든 회사들이 임금을 동결할 때 사원들의 기본급을 1,000엔 씩 인상시켜 주었던 일화는 유명하다. 카를로스 곤은 사원들에 대한 확실한 비전 제시, 사원들에게 대한 구체적인 격려와 열린 커뮤니케이션 등을 바탕으로 하여 놀라운 성장을 거듭하도록 만들었다.

카를로스 곤이 남긴 유명한 말이 있다. "아마추어는 문제를 복잡하게 만들지만 프로는 단순 명쾌하게 만든다."

생각을 알게 되고, 그러면서 서로를 이해할 수 있게 된다.

새로운 비전을 만드는 과정이 아니고서는 구성원들이 조직의 본질적 문제를 논의하기란 결코 쉬운 일이 아니다. '비전'이라는 원론적이고 본질적인 질문 속에서 리더와 구성원들은 자신의 위치와 역할을 재점검하고 이정표를 다시 설정하는 계기를 마련하게 될 것이다.

2) 새로운 비전은 조직에 활력을 불어넣는다.

리더가 우선적으로 해결해야 할 과제 중의 하나가 기존의 조직구조와 의사결정과정을 재정비하거나 새롭게 만드는 일이다. 조직구조의 변화는 조직 내부에 건전한 긴장감을 불어넣음으로써 조직 내부의 원활한 신진대사를 돕는다. 많은 조직 하부구조들이 당장의 필요와 목적에 의해 만들어지기 때문에 조직 전체가 일관된 체계를 갖추지 못하는 경우가 많이 존재한다. 따라서 기존의 조직구조를 체계적으로 정비하여, 전략을 효과적으로 수행할 수 있는 기반을 조성하는 것이 필요하다.

이를 위해서는 조직의 비전과 중 · 장기 전략방향이 일치해야 한다. 새로운 비전을 만드는 것은 조직의 전략 방향과 사업구조를 재검토하게 하여 조직구조를 재정비할 수 있는 기회가 된다. 리더가 뚜렷한 명분도 없이 조직을 개편하기 보다는 오히려 새로운 비전을 만드는 과정에서 구성원들이 스스로 조직구조의 변화에 대한 필요성을 느끼도록 만드는 것이 바람직하다. 자칫 잘못하면 구성원들은 리더의 조직구조 개편을 '자기 사람 심기'라고 오해할 수도 있다.

3) 새로운 비전은 조직의 과거와 미래를 연결해준다.

새로운 비전을 만드는 과정에서 조직은 과거의 성공과 실패에 대해 깊은 반성을 하게 되고 여기서 얻은 교훈을 바탕으로 미래의 방향과 목표를 정하게 된다. 이러한 과정 속에서 리더와 구성원들은 지금 해야 할 것과 하지 말아야 할 것이 무엇인지를 알 수 있게 되고 앞으로 해야 할 과제가 무엇이고 그 우선순위가 어떻게 달라져야 할지도 알게 될 것이다.

어제의 핵심역량이 과연 내일까지 핵심역량이 될 수 있을 지, 어제까지 해 오던 방식이 내일까지도 여전히 유효할 지를 점검하면서 구성원들은 과거의 성공이 미래의 성공으로 이어지도록 노력을 기울이게 될 것이다.

성공적인 비전이 되기 위한 요소

조직이 새로운 비전을 성공적으로 정착시키기 위하여 필요한 요건은 무엇인지 알아보기로 하자.

1) 구성원의 꿈과 열망을 담은 비전

구성원들의 생각과 가치가 반영되지 않은 비전, 그래서 구성원들의 가슴 속에 남아 있지 못한 비전은 달성되기 어렵다. 따라서 구성원들이 현재 그리고 미래에 바라는 것이 무엇이고, 그들이 열정을 다해 얻고자 하는 것은 무엇인가가 비전에 담겨져 있어야 한다. 따라서 구성원들의 의견과 생각을 적극 수렴할 수 있는 공식적인 합의과정이 반드시 필요하다.

이러한 합의과정에서 보다 많은 구성원들이 참여하고 관심을 가질 수 있도록 '비전 및 핵심가치 만들기 경연대회' 나 '비전 수립과 공표를 위한 타운 미팅' 등과 같은 이벤트 활동이 필요하다. 또한 '앞으로 10년 후 우리 조직은 구체적으로 어떤 모습일까?' , '향후 우리 조직에 위협요소는 무엇

비전을 표현할때 고려해야 할 필수요소

- 간결하고 기억하기 쉬워야 한다.
- 구성원들에게 상상을 불어넣고 도전적이어야 한다.
- 이상적인 상태에 대한 묘사여야 한다.
- 조직의 모든 이해관계자들에게 호소력이 있어야 한다.
- 미래에 해야 할 바를 서술하고 있어야 한다.

이고 기회요소는 무엇인가?' 등의 미래 조직의 모습에 대하여 구체적인 질문을 하고, 가상 해법을 찾는 노력도 필요하다.

이와 같은 합의과정은 구성원 스스로가 비전을 만드는 작업에 참여하여 일정한 역할을 담당하였다는 자부심을 갖도록 만들어 줄 것이다. 적어도 구성원들로 하여금 새로운 비전에 각별한 애정을 가질 수 있는 기회를 제공하는 것이 무엇보다도 중요하다. 성공적인 조직들이 제시하는 비전을 보면 하나 같이 구성원들의 도전정신을 고취하고 꿈을 갖게 한다는 공통점이 있다.

2) 달성 가능하고 공감을 형성하는 비전

비전은 미래의 특정 시점을 고려하여 조직의 역량과 전략으로서 충분히 달성 가능한 정도여야 구성원들로 하여금 비전을 달성하도록 움직일 수 있다.

반대로 열심히 노력하지 않고서도 현재의 역량으로 충분히 달성 가능한 비전과 목표를 제시한다면, 구성원들에게 꿈과 열망을 주지 못할 것이다. 그런 비전에는 도전의 짜릿함도 없고, 열망에 대한 벅참도 없다. 조직의 비전은 구성원 개개인의 비전과도 직결된다. 따라서 정체되어 있는 조직의 미래 모습을 보면서 구성원들은 실망할 수밖에 없을 것이다.

또한 구성원들이 비전에 공감하는 것이 대단히 중요한데, 비전에 공감

이야기 보따리

사자를 이기는 얼룩말

아프리카의 초원을 누비는 얼룩말은 연약한 동물이어서 맹수가 쫓아오면 그저 열심히 달아날 뿐이다. 그러나 이처럼 연약한 얼룩말도 막다른 곳에 이르게 되면 맹수에 대항하기 위한 진을 친다. 서로의 머리를 맞대고 둥그런 원을 그린 뒤, 강한 뒷발로 달려드는 사자나 표범을 찰 채비를 하는 것이다.

경쟁이 치열한 기업사회에서도 도저히 상대가 안 되는 대기업을 상대로 전 사원이 일치단결하여 경쟁에서 이긴 일화가 많다. 구성원들의 결집이 이러한 결과를 창출한 것이다. 미래에 대한 확실한 비전과 리더의 강한 동기부여, 구성원들의 자발의식이 합쳐지면 몰입과 헌신이 발생하기 때문에 대단히 뛰어난 결과를 얻게 되는 것이다.

하도록 하기 위해서는 먼저 비전에 대해 주인의식을 가져야 한다. 그렇기 때문에 비전을 정립하는 데 있어 구성원들을 참여시키는 것이 대단히 중요하며, 구성원 개인의 비전과 일치시키는 것도 중요한 것이다.

다음으로 비전은 구성원들에게 강하고 역동적인 조직의 미래모습을 보여주어야 한다. 그렇게 되면 강한 몰입(involvement)과 헌신(commitment)을 이끌어낼 수 있고, 집단 정체성을 확보하여 소속의식을 높일 수 있기 때문이다.

3) 신뢰할 수 있는 비전

구성원들이 신뢰할 수 있는 비전은 절차적 정당성을 가지면서도 목표 실현을 위한 구체적이고 현실적인 처방전이 담겨 있는 것을 의미한다.

현재의 여건이나 현황분석 결과의 비전의 차이점과 같은 현실적인 처방 없이 목표와 과제만을 담고 있는 비전은 구성원들로 하여금 불확실한 것에 대한 불안감을 크게 함으로써 비전에 대한 신뢰도를 떨어뜨리게 될 것이다.

이야기 보따리

피그말리온 효과(Pygmalion effect)

그리스 신화에 나오는 조각가 피그말리온(Pygmalion)은 자신이 만든 아름다운 여인상 작품을 사랑하게 되고, 그가 실제 사람이 되기를 간절히 바랐다. 이러한 사실을 안 아프로디테 여신이 그의 소망대로 그 여인상을 인간으로 만들어 주어 그의 기대가 현실이 된 것이다. 이를 피그말리온 효과라고 한다.

리더가 비전을 제시하는 것도 피그말리온 효과가 나타날 수 있도록 구성원들에게 꿈과 열망을 불어넣어야 한다. 또한 구성원들을 비전 달성에 적합한 구성원으로 만들기 위해 많은 노력을 기울여야 한다. 즉, 구성원들을 임파워시키고, 자율성과 책임을 부여하면 구성원들도 리더의 기대에 부응하게 될 것이다. 진정으로 바라고 최선을 다하면 이루지 못할 것은 없다.

신뢰도가 떨어지는 비전은 그 자체가 구성원들로 하여금 의욕을 잃게 하고, 비전의 가치와 의미도 없어지는 것이다. 그렇기 때문에 막연한 비전보다는 구체적이고 명확한 비전을 설정해야 하는 것이며, 그림처럼 정적인 비전 보다는 동영상처럼 동적인 비전을 설정해야 한다는 것이다.

실현가능한 비전 정립하기

1) 마인드맵을 활용한 비전 정립하기

일반적으로 특정 주제데 대한 연관된 아이디어들을 찾기 위해 마인드맵(mind map)을 활용한다. 마인드맵을 활용하면 실현가능한 비전을 정립하는 데 대단히 도움된다는 사실을 아는 사람은 드물다.

어떤 사람은 "나는 그림을 잘 그릴 줄 몰라"라고 하며 마인드맵 그리는

■ 도표 3.3 마인드맵을 활용한 개인비전 만들기 사례

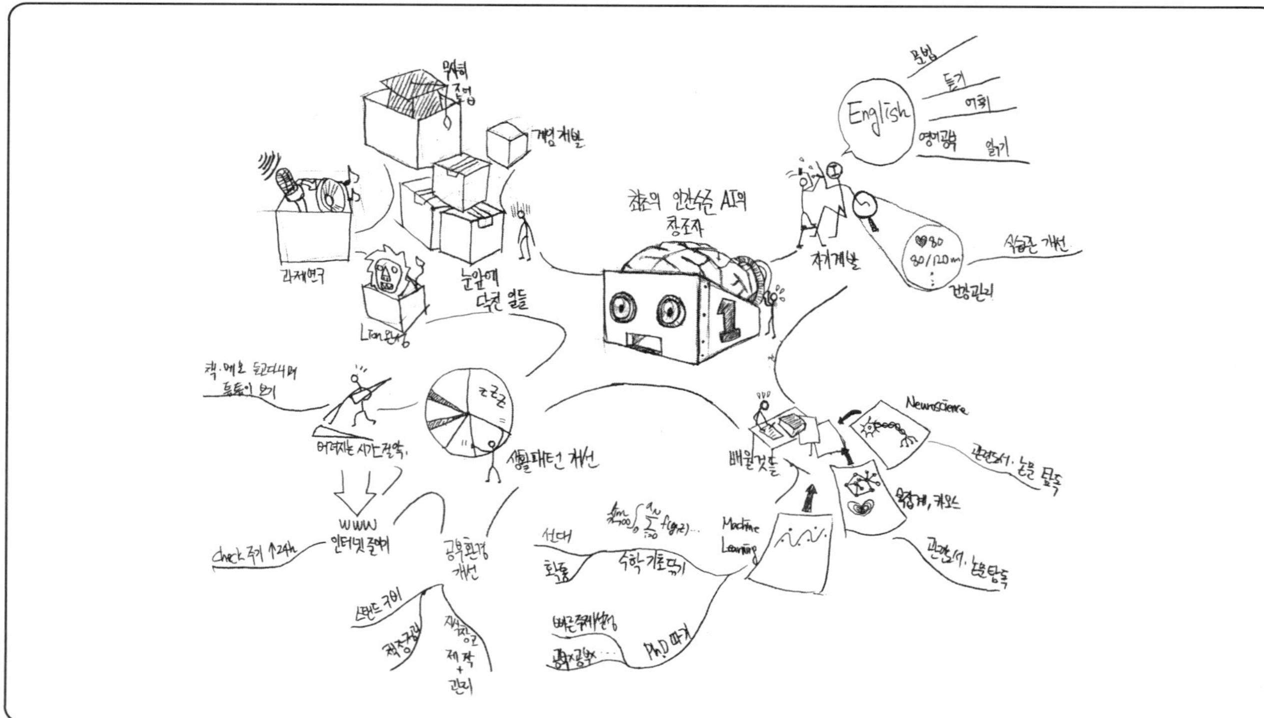

자료 : 포항공과대학교(POSTECH) 컴퓨터공학과 04학번 강윤섭 학생의 사례

마인드맵을 작성하는 요령

마인드맵을 작성하는 방법은 간단하다. 종이의 가운데에 도형을 하나 그리고 그 안에 중심 주제를 쓴다. 다음에는 중심 주제를 세분화하여 가지를 펼쳐나간다. 각 중심 주제를 또 다시 세분화하거나 더 이상 세분화할 필요가 없을 경우에는 어떻게 달성할 것인가를 메모하면 된다.

것을 꺼릴수도 있겠지만, 마인드맵을 작성하는 방법은 정해져 있는 것이 아니다. 도형과 선을 그릴 수 있으면 되고, 도형이나 선이 반듯할 필요도 없다. 자신만의 개인 비전을 설정하고자 한다면 A_4 용지를 가로로 놓고 작

이야기 보따리

하버드 아이들의 목표설정을 통한 자기계발

하버드의 아이들은 열여덟, 열아홉의 나이에 부모를 떠나 경쟁자이자 친구인 또래 집단의 세계로 들어간다. 세계 최고의 교육기관인 하버드에서, 국제적으로 명성을 날리는 기라성 같은 교수들 밑에서, 저마다 깜짝 놀랄 만한 재능을 적어도 하나씩은 숨기고 있다는 동기생들과 경쟁하고 생활하면서 서로 영향을 끼치며 자신을 만들어간다.

하버드 아이들은 자기 시간을 어떻게 쓰는가에 대하여 대단히 인색하다. 아무 조건 없이 시간을 남에게 내주는 경우를 거의 볼 수 없다고 한다. 다들 인간관계 보다는 공부를 더 중요시 하는 것이다. 결국 철저한 거래마인드를 가지고 자기 경영을 시작하고 있는 것이다.

하버드 아이들은 학교 내에 엄청난 기회와 가능성과 자원이 있지만 자신의 목표가 뚜렷하지 않으면 그 모든 것이 그림의 떡에 불과하다는 것을 알고 있다. 이러한 인식을 통해 자기 내부에서 끊임없이 동기부여를 할 수 있는 인간으로 성장해간다.

스스로 비전을 만들지 못하면 남의 비전에 무임승차할 수밖에 없고, 그것은 결국 남을 따라하는 일에 불과하며, 그렇게 되면 성공할 수도 행복해질 수도 없다는 것을 잘 알고 있기 때문이다.

성하면 되고, 조직의 비전을 정립하기 위해서는 플립차트나 대형 화이트 보드를 사용하면 된다.

마인드맵을 작성하게 되면 주제의 핵심을 얼마나 빨리 잡아낼 수 있는지 깨닫고 놀라게 될 것이며, 초점이 명확해지고, 어떻게 일을 추진해 나갈 것인가가 분명해진다. 또한 달성가능여부의 판단도 비교적 용이하기 때문에 실현가능한 비전으로 수정도 가능하다. 무엇보다 중요한 것은 개인 스스로가 만들었거나 조직의 구성원들이 참여하여 만든 비전이기 때문에 실천에 대한 강한 동기부여가 되며, 마인드맵에 작성된 대로 실행하고 싶은 강한 열정이 생겨나게 된다.

2) 갭 분석을 응용한 비전 정립하기

비전은 조직의 과거나 현재 모습에서 미래에 어떻게 바뀌어야 할지를 포함하고 있기 때문에 변화를 내포하고 있다. 따라서 조직이 변하기 위해서 먼저 구성원들이 어떻게 변해야 할 것인지를 구체화하고 이미지화하는 것이 필요하다. 변화 영역별로 구성원들의 바람직한 미래상(To be)과 지

도표 3.4 비전정립을 위한 구성원 차원의 해결과제 리스트 양식

변화영역	구성원	바람직한 미래상	현재(과거) 상태	해결 과제
역 할	리 더			
	팀 원			
역 량	리 더			
	팀 원			
태 도	리 더			
	팀 원			

주 : 실제 사용하고자 할 때에는 A_4 크기에 가로로 확대 인쇄하여 실제 메모할 수 있도록 한다.

금 현재 상태(As is)를 적고 비교해 보아야 한다. 만약에 차이가 있다면 그 차이를 해결해야 할 과제로 구체화한다(〈도표 3.4〉 참조).

비전 정립에 있어서 리더의 솔선수범의 자세는 무엇보다 중요하다. 리더가 강하게 앞에서 이끌지 않는데 어떤 팀원도 나서려고 하지 않는다. 리더가 솔선수범하여 해결과제를 먼저 제시한다면 팀원들도 자신의 해결과제를 제시하려고 할 것이다.

비전은 구체적으로 적는다 하여도 미래의 모습이기 때문에 불확실성을 내포하고 있다. 따라서 어느 정도의 추상적 요소를 가지고 있는 것이 보통이다. 즉 "어디로 가야 하나?"에 대해서는 알 수 있지만 "어떻게 가야 하나?", "가기 위해서 무엇을 해야 하나?"에 대해서는 알 수가 없다. 또한 조직 내에서 지위나 직급이 낮을수록 무엇을 어떻게 해야 할 지는 더더욱 이해하기 어려울 것이다. 자신의 역할과 책임 관점에서 비전이 제시하는 시사점을 이해하고 추진해야 할 과제를 정의해 보는 것이 필요하다(〈도표 3.5〉 참조)

비전정립은 미래의 모습을 지금 미리 그려본다는 측면에서 긍정적이지만, 과거에 여러 번 비전을 정립하였지만 실천되지 못하고 있다면 구성원들이 비전에 대한 신뢰도가 낮을 것이며, 공감을 얻기가 어렵다. 따라서 비전을 정립할 때에는 구성원들의 반대의견도 충분히 검토하고 반영하려는 노력이 필요하다. 앞서 성공적인 비전 설정에서 커뮤니케이션을 강조

도표 3.5 구체적 비전정립을 위한 구성원의 추진과제 도출 양식

비 전	영 역	구성원	시사점	추진 과제
	역 할	리 더		
		팀 원		
	책 임	리 더		
		팀 원		

주 : 실제 사용하고자 할 때에는 A_4 크기에 가로로 확대 인쇄하여 실제 메모할 수 있도록 한다.

비전정립 단계에서 실시해야 할 사항

- 조직의 비전을 실행하는 데 있어 걸림돌이 될 만한 것은 무엇인지 적어본다.
- 조직의 비전이 달성되면 어떠한 변화가 올 지 문장으로 써본다.
- 걸림돌과 비전달성 이후의 느낌이 구체적으로 어떠한지 상상해본다.
- 상상한 내용을 종이 위에 그려본다.
- 리더가 팀원들에게 설명하거나 게시판에 부착하여 공감대를 형성한다.

한 것도 이러한 맥락이다. 반대의견 검토는 비전이 구성원 모두의 의견을 반영한 결과라는 인식을 통해 당위성을 확보한다는 의미가 있다.

목표의 설정과 관리

목표는 리더와 구성원 사이에 평등하게 공유된 것이다. 리더의 기본적 임무는 목표를 세우는 것과 목표달성을 위해 동기를 부여하는 것이다. 결국 리더십은 비전과 목표 없이는 형성될 수 없다고도 볼 수 있다. 아인슈타인(A. Einstein)은 "우리 시대에는 수단은 완벽하지만 목표가 불확실하다."고 하였다. 그만큼 목표를 달성하기 위한 자원과 에너지는 충분하지만 목표가 없어서 낭비되고 있다는 뜻이다. 또 다른 한편으로는 리더십이 제 역할을 다 하지 못한다는 비판의 목소리이기도 하다.

리더는 다양한 방식으로 목표를 세울 수 있다. 어떤 학자들은 목표에 대해 조직의 문제를 해결하기 위한 새로운 대안이라고도 설명한다. 조직 내부가 분열되어 있는 경우에는 분열된 부문을 통합하는 거시적인 목표를 제시하여 결집을 도모할 수도 있다.

목표가 가지는 특징

목표는 우선 조직 내에서 공유되어야 한다. 비전과 마찬가지로 목표도 구성원들과 함께 설정해야만 자발적인 추종을 이끌어낼 수 있다. 만약 리더 혼자서 설정한 목표라면 반드시 구성원들 모두에게 전달하여 공감을 얻어야 한다. 구성원들로부터 외면 받는 목표는 절대로 달성될 수 없기 때문이다.

또한 목표는 명확하면서도 잠재적인 의미를 내포해야 한다. 목표가 분명하지 않으면 혼란을 느끼게 되어 자원을 동원할 수 없게 된다. 목표는 비전을 달성하기 위한 중간 이정표(milestone)의 역할을 한다고 생각하면 이해가 빠를 것이다.

가장 좋은 목표는 숫자로 표시되는 것이다. '올해 매출액 ○○○억 원', '불량률 0.001% 이하', '순이익 50% 증가' 등과 같은 것이다. 여기에서 숫자가 가지는 중요성과 의미를 명확하게 제시할 수 있어야 목표를 달성하기 위한 전략이나 계획수립이 수월해진다.

이 야 기 보 따 리

폴라로이드 카메라의 개발

어느 누구도 사진을 찍으면서 현상까지 되는 카메라를 원하지 않았다. 그러나 촬영과 인화의 신기함과 편리함 때문에 폴라로이드 카메라가 시장에서 성공을 거두었다. 폴라로이드를 개발한 에드윈 랜드(E. Land)가 고객의 필요에 따라 제품을 만든 것은 아니었다. 대신 그는 자신이 갖고 있는 현상 기술을 이용해 제품을 만들었고, 그것이 고객의 욕구를 자극하고 부추겼던 것이다.

폴라로이드 카메라의 예를 통해 리더가 목표에 대해 어떻게 생각해야 하는지 알 수 있다. 리더는 자극에 대해 반응적이기 보다는 적극적이어야 하고, 아이디어에 반응하기 보다는 아이디어를 만들어야 한다. 이러한 생각들이 목표에 녹아있어야만 혁신적인 성과를 얻을 수 있다.

목표를 설정하는 과정은 조직마다 다를 수밖에 없다. 또한 리더와 구성원의 관계에 따라 달라지기도 한다. 대학 동아리의 목표설정은 비교적 단순하지만 대기업이나 정부의 목표설정은 복잡할 수밖에 없다. 왜냐하면 수많은 거시 · 미시 요소들과 내 · 외부적인 요인들을 고려해야 하기 때문이다.

고려할 요인이 많기 때문에 때로는 장기적 목표와 단기적 목표가 상충될 수도 있는데, 단기적인 목표에는 반대하면서도 장기적인 목표에는 찬성할 수도 있다. 사람들은 비교적 최근에 일어난 일을 뚜렷이 기억하기 때문에 구성원들은 단기적 목표의 실패에 대해 더 크게 느끼는 지각오류를 범하므로 리더의 입장에서는 단기적 목표의 달성을 위해 장기 목표를 포기하는 경우도 발생하기 때문이다.

리더는 목표를 향해 적극적인 태도를 가져야 한다. 또한 분위기를 쇄신하고, 이미지와 기대를 불어 넣고, 구체적인 목표를 세우기 위해 영향력을 발휘해야 한다. 이런 영향력이 조직의 운명을 결정하는 중요한 열쇠가 된다.

목표설정이론

목표설정이론의 발전에 공헌했던 여러 학자들이 공통적으로 주장한 목표관련 변수들과 내용에 대하여 〈도표 3.6〉에 정리하였다.

조직 생활에서는 개인이 마음대로 도전할 목표라고 제시해도, 상급자나 리더가 목표를 인정해주지 않으면 의미가 없다. 결국 리더와 구성원의 목표는 연동되어야 한다. 최근 영리조직뿐만 아니라 비영리조직에서도 성과주의의 흐름이 고조됨에 따라, 현장에서는 성과목표를 낮게 잡으려 하는 경향이 있다. 이러한 현상들 때문에 조직 내에서 리더와 구성원 사이에는

도표 3.6 성과에 영향을 주는 목표관련 변수

목표관련 변수		내 용
목표의 특성	난이도	수행자의 능력범위 내에서 약간 어렵고 도전적인 목표를 설정할수록 성과가 높음
	구체성	수량, 기간, 절차, 범위가 구체적으로 정해진 목표일수록 목표달성을 위해 동기부여 되어 성과가 높음
목표의 종류	수용성	일방적으로 지시만 이루어진 목표보다는 수행자가 받아들인 목표가 성과가 높음
	참여성	목표설정과정에 구성원이 참여할수록 목표를 잘 받아들이고 실행함
	자기설정	외부의 자극(경쟁자 등)에 의해서 스스로 설정한 목표인 경우 달성이 용이하며, 성과도 높음
상황 요인	피드백	목표이행정도에 대하여 당사자에게 알려주면(피드백하면) 성과가 높음
	단순성	과업 목표는 단순할수록(단계적으로 세분화할수록) 좋음
	합리적 보상	목표를 달성했을 경우, 그에 상응하는 보상이 주어져야 다음번 목표수행에 적극적이 되며 성과도 높아짐
	경 쟁	구성원들 사이에 선의의 경쟁을 할 수 있도록 목표를 설정하고, 이행과정을 비교하면 성과가 높음
	능 력	능력이 있는 사람일수록 보다 어려운 목표를 제시하는 것이 효과적임(목표가 어려울수록 능력과 성과의 상관관계가 높음)

목표와 관련한 이해상충이나 갈등이 반드시 발생하기 마련이다.

특히, 기업조직에서는 매출액이나 순이익과 같은 목표를 설정할 때, 경영자는 전년도 실적을 밑도는 목표를 인정하지 않는다. 경영자가 가능한 한 목표수치를 올리려고 하는 데 반하여 일선(first-line)에서는 가능한 한 달성하기 쉬운 목표를 내걸고 싶어 한다.

따라서 목표에 대한 인식의 차이를 줄이려는 운영의 묘가 요구되며, 목표가 달성되면 기업의 발전뿐만 아니라 구성원 개개인의 발전으로도 연결되어야 지속적인 동기부여가 이루어질 수 있다.

환경의 변화가 심할 때에는 리더와 구성원이 상호간의 지혜를 모아 전체 조직의 목표와 개인의 목표를 함께 설정하는 것이 좋으며, 조직 목표와 개인 목표 사이의 갭(gap)을 예측하여 그 갭을 어떻게 줄여나갈 것인가를 심도 있게 논의하는 것이 필요하다. 이것이 목표설정에 있어서의 참여인 것이다.

기업조직은 환경 변화에 대응하기 위하여 목표를 3가지로 나누어 설정하고 있다. 순풍이 불 때의 '맑은 목표', 그럭저럭 예정대로 될 듯한 '흐린 목표', 역풍이 불 경우의 '비 목표'이다. 결국 환경 변화에 따라서 시나리오 목표를 설정함으로써 미래에 대한 불확실성을 줄이는 것이다.

많은 기업들이 실시하고 있는 목표관리제도 역시 리더(상급자)와 구성원이 서로 이야기를 나눠 합의 하에 목표를 정해가는 형식을 취하고 있다. 그러나 이야기를 나누는 양쪽이 현재 정말 필요한 목표가 무엇인가를 알지 못한다면 단지 형식적인 이야기로 끝날 수밖에 없는 것이다.

가장 중요한 것은 개인의 역량과 목표 수준을 맞추는 것이다. 왜냐하면 목표의 달성은 보상과도 밀접한 관련이 있기 때문이다. 다시 말해 자기 나름대로 높은 목표를 세우고 달성하기 위해 노력한 사람이 결과적으로 그다지 성과를 내지 못한 채 낮은 평가를 받고, 이루기 쉬운 목표를 제시한 사람이 높은 평가를 받는 역전 현상이 발생하지 않도록 리더의 임무는 구성원의 역량을 파악하고, 그들의 능력을 최대한 발휘할 수 있도록 동기부여를 하는 것이다.

목표설정의 포인트

- 목표달성을 했을 때, 조직과 구성원이 함께 성장 및 발전하여야 한다.
- 리더와 구성원의 가치관이 통일되어야 한다.
- 최고경영자, 리더, 구성원이 합의 하에 목표를 설정하여야 한다.
- 환경의 변화에 대응할 수 있도록 시나리오 목표를 설정하는 것이 필요하다.
- 능력에 따른 목표달성의 역전현상(능력 있는 사람이 더 어려운 목표를 달성하지 못하여 받는 불이익)이 발생하지 않도록 세심한 배려가 요구된다.

목표관리(MBO)

목표관리(MBO)는 'management by objectives'의 줄임말로써 정확한 번역은 '목표에 의한 관리'이지만 그냥 목표관리라고 통칭하고 있다. 목표관리 기법은 목표설정이론(goal setting theory)을 경영활동에 접목시킨 것으로 이해하면 되는데, 그만큼 목표설정이론이 실용적인 이론이며, 적용

도표 3.7 목표관리의 논리적 절차

목표의 발견	조직이 생존하고 성장하기 위하여 꼭 필요한 거시적 조직목표를 발견하는 단계이다. 이 단계에서는 조직의 현황을 분석할뿐만 아니라 조직이 무엇을 이루어야 하는지를 분석하게 된다.
↓	
목표의 설정	조직이 무엇을 이루고자 하는가를 확고하게 정립시키는 단계이다. 이 단계에서는 개인별, 집단별로 목표가 설정되고, 설정된 목표는 구성원들의 업적을 평가하고 피드백 하는 기준이 되며, 개인과 집단의 활동을 조직 전체의 목표와 결합시킨다.
↓	
목표의 확인	설정된 목표가 실제로 수행될 수 있는가를 검토하는 단계이다. 설정된 목표의 수행가능성, 시간 내 달성가능성, 목표 수행상의 장애요인 등을 주의 깊게 분석하여야 한다.
↓	
목표의 실행	설정되고 확인된 목표들을 수행하기 위한 구체적인 전략을 수립하고 실제로 행동에 옮기는 단계이다.
↓	
평가 및 피드백	설정된 목표가 계획대로 수행되었는지를 평가하는 단계로서 미진한 부분에 대해서는 차기의 계획을 조정하는 단계이다. 목표와 실적 간의 차이를 평가하고 그것을 담당집단에게 피드백하고 원인을 발견하여 수정하도록 한다.

에 문제가 없을 정도로 타당성과 신뢰성이 확보되었다는 것을 의미한다.

목표관리는 보통 세 가지 단계를 거치는데, 첫째는 여러 조건이나 상황들을 감안하여 목표를 설정하는 단계이다. 목표 설정 기준은 수행자의 과거 실적, 리더의 의지, 외부제약조건, 조직의 운영방침이나 전략 등이지만 수행자의 능력보다 다소 어렵고 구체적인 목표가 달성의지를 높게 만든다. 개인의 역량이나 기술수준이 각기 다르기 때문에 개인별로 목표를 다르게 설정해야 하지만 형평성을 잃지 않도록 주의해야 한다. 일반적으로 자신감과 능력이 있는 사람에게 다소 어려운 목표를 설정하는 것이 전체성과를 높이는 데 도움이 된다.

둘째는 목표수용도를 높이는 단계이다. 여기에서는 목표의 중요성과 의미를 자세히 설명함으로써 설득효과를 얻을 수 있도록 하고, 구성원들로 하여금 강제로 목표를 수행하도록 하기 보다는 구성원들의 능력에 맞는 목표를 설정한다거나 목표달성에 대한 보상을 제공함으로써 목표를 수용하도록 도와준다. 또한 리더들에게는 목표추진과정을 관리하는 방식에 대하여 교육을 실시해야 한다.

셋째는 구성원들이 목표달성에 필요한 능력과 기술을 확보할 수 있도록 교육, 훈련을 실시하고 얼마나 잘 하고 있는지에 대하여 목표달성과정 중에 피드백을 제공하는 단계이다.

실제 조직에서 적용하고 있는 목표관리는 훨씬 더 복잡하다. 하지만 위의 논리적 적용을 그대로 따르고 있으며, 조직의 장기, 단기목표로 세분화되고, 계획의 수립과 수정, 인적자원관리 측면이 추가된다는 점이 차이점이다(〈도표 3.8〉 참조).

목표관리가 대단히 실용적이어서 기업조직에서 많이 사용되고 있지만, 목표달성 정도의 평가와 보상의 문제는 모든 조직 내에서 대단히 민감한 사안이기 때문에 목표를 계량화해야 구성원 간에 불만이 많이 제거된다. 하지만 목표를 계량화하기는 그리 쉽지 않다.

▌도표 3.8 Raia가 제시한 MBO의 구체적 단계

단계 및 절차		구체적인 MBO 활동 내용
	1단계	장기목표와 전략계획을 수립한다.
	2단계	장기계획 하에 정해진 기간 내에 성취할 수 있는 구체적인 목표들을 개발한다.
	3단계	주요부서나 단위조직에 대하여 하부목표들을 설정한다.
피드백	4단계	구성원들을 위한 실현가능하고 도전적인 성과목표와 기준을 수립한다.
	5단계	3, 4단계에서 수립한 목표를 달성하기 위한 행동계획(action plan)을 수립한다.
	6단계	목표달성을 위해서 필요한 경우 행동계획을 수정한다(참여식).
	7단계	설정된 목표에 대비하여 개인과 조직의 성과를 점검한다(중간평가).
	8단계	전체적인 성과를 평가하고 관리자의 교육 · 훈련이나 보상 또는 경력계획 등을 통하여 동기와 바람직한 행동을 강화해 나아간다(최종평가).

자료 : Raia (1974)의 자료를 토대로, 실제 기업조직에서 활용하는 방식들을 정리함.

또한 조직의 비전을 달성하기 위해서는 복수의 목표를 설정하고, 단계적으로 설정할 필요성이 있는데, 이 때 어떤 목표가 더 중요하고 덜 중요한가의 우선순위 문제나 서로 상충되는 관계에 있는 목표가 존재한다. 예를 들면, 생산팀에서 불량률을 줄이기 위한 목표를 달성하기 위하여 새로운 설비를 도입하고, 연차적으로 인력을 감축하기로 결정했다면, 단기적으로는 비용이 많이 발생하기 때문에 경영관리팀에서 설정한 회사의 비용절감 목표와 상충될 수 있는 것이다. 이 때 조직의 리더가 팀 간에 갈등이 생기지 않도록 중재하고 조정하는 역할을 수행해야만 하는 것이다.

그 외에도 장기적 목표를 설정하고 목표를 달성하기 위한 활동을 수행하면 자연스레 수행기간이 길어지게 된다. 이러한 경우 도중에 지속적인

이야기 보따리

큰 목표는 작은 목표들로 나누어서 실천하라

농부의 아들이 부모와 김을 매었다. 아들은 평소에 농사일을 해보지 않았기 때문에 잠깐 일을 하고는 참지 못하고 아버지에게 언제 쉬냐고 물었다. 아버지는 까마득한 두렁 끝을 가리키며 말했다. "저 끝까지 김을 매야 한다." 아들은 두렁 끝을 쳐다보고는 탄식하며 말했다. "저렇게 멀리요?" 이를 본 어머니는 "얘야, 사실은 그리 멀지 않단다. 길가의 나무들이 보이지? 일단 두 번째 나무 밑동까지만 김을 매보렴." 하고 말했다. 아들은 다시 힘을 내서 김을 매었고, 두 번째 나무에 다다른 다음 다시 네 번째 나무까지 가기를 반복하여 어느새 너른 밭 끝에 도달했다.

방대한 목표를 위해 자신감을 가지라고 자신에게 강요하지 말아야 한다. 왜냐하면 지나치게 강요된 자신감은 부담이 될 수 있기 때문이다. 어려움을 겪거나 시간이 흐르면 자신감이 흔들려서 무너질 수도 있다. 하지만 큰 목표를 하나하나의 작은 목표로 나누어 달성한다면 자연스럽게 성취감과 자신감이 생길 것이고, 이렇게 쌓인 성취감과 자신감은 방대한 목표를 성취하는 데 큰 도움이 될 것이다.

동기부여를 해 주어야 하는데, 동기부여 또한 하나의 자극이므로 구성원들은 같은 형태의 동기부여에는 식상해질 수 있다. 그렇게 되면 처음에는 성과가 대단히 높았다가도 수개월 후에는 성과수준이 떨어질 수도 있는 것

목표관리가 풀어야 할 과제와 리더의 역할

- 목표를 계량화하거나 측정이 용이하도록 설정
- 목표달성정도를 평가하는데 있어서 리더의 평가에 대한 공정성 확립
- 복수의 목표를 설정하는 경우, 목표의 우선순위 문제와 복수 목표 간 상충되는 문제의 해결
- 장기 목표의 경우 구성원들을 지속적으로 동기부여 시킬 수 있는 아이디어 필요

이다. 이러한 경우에 리더는 높은 성과수준을 계속 유지할 수 있는 방안을 모색해야만 할 것이다.

¤ 3분 토의를 해 봅시다

1. 조직의 비전을 설정하는 데 있어서 가장 중요한 요소는 무엇인지 토의해 보자.
2. 팀이나 프로젝트를 주도한 경험을 이야기 하되, 목표와 계획을 어떻게 설정하였고, 어떻게 실행하였는가에 중점을 두고 이야기 해보자.
3. 목표를 달성하지 못했던 경험을 이야기 하고, 왜 달성하지 못했는가에 대하여 원인을 생각해보자.
4. 각자 책상 앞에 붙여놓을 수 있을 비전을 하나씩 만들어 보고, 팀원들에게 비전수립이유와 어떻게 달성할 지를 공유해보자.

리 · 더 · 십 · 레 · 크 · 리 · 에 · 이 · 션

프로젝트 매니저 되기

목적 및 요약	업무 세분화 시뮬레이션을 통해 어떤 목표이든지 간에 작은 목표들로 세분화하고, 나누어 처리하면 충분히 달성 가능하다는 것을 깨닫게 한다. 목표 달성을 위한 계획 측면은 창의성을 계발할 수 있고, 구성원들 간의 협동이 중요하다는 점을 깨닫도록 하는 것이 목표이다.
소요시간	30분
준비물	노트와 펜 (참가자), 프로젝트 과제를 적은 종이 (진행자)
팀 구성	1조 5명 이하
진행요령	구성원들에게 지금까지 자신이 맡아본 가장 큰 프로젝트에 대하여 이야기 하도록 한다(다양한 이야기가 나올 수 있도록 유도). 프로젝트 과제를 적은 종이를 각 그룹에 하나씩 나누어 준 다음, 20분동안 프로젝트를 달성할 수 있도록 구체적인 프로세스로 세분화하라고 이야기 한다(업무들을 쪼개고 또 쪼개어야 한다). 과제를 처리하는 데 있어서 필요한 전문지식은 없어도 되고, 상상과 추측, 그리고 팀원들 간의 많은 대화를 유도한다. 팀원 중 1명에게 발표를 시킨다(프로젝트 목표(how to를 강조), 세분화된 업무프로세스를 발표함).
기타 아이디어	· 팀원들이 직접 대규모 프로젝트 몇 가지를 브레인스토밍 하도록 한 뒤, 다른 팀에 과제로 주는 방법이 있음(이 경우 진행시간은 40분) · 프로젝트를 적은 종이를 접어서 팀원들이 제비뽑기로 결정하면 훨씬 스릴 있게 진행할 수 있음 · 전체 프로젝트 보다는 세부 프로세스에 더 많이 집중해야 한다고 지속적으로 자극해야 함. 그리고 게임을 통해 느낀 점을 실생활에 적용해 볼 것을 권장함

큰 강 위에 다리를 건설한다.

백과사전을 한 질 제작한다.

70개국의 대표가 참가하는
국제회의를 기획한다.

히말라야 원정대의
대장이 되었다.

동아리 내에서 1달에 1회
동아리 소식지를 제작한다.

새로운 신도시 개발을 계획한다.

남극 탐험을 준비한다.

전 세계의 기아(饑餓)를 해소한다.

리 · 더 · 십 · 레 · 크 · 리 · 에 · 이 · 션

Ice-breaking(3) 티셔츠 만들기

목적 및 요약	구성원들의 화합과 소속의식을 고취시키기 위한 게임이다. 무늬가 없는 백색 반팔 티셔츠를 인원수에 맞게 나누어주고, 정해진 시간 동안에 팀 로고나 그림을 전사지에 출력하면 티셔츠에 인쇄하여 교육기간 동안 입을 것이라고 이야기한다. 구성원들의 다양한 의견들이 종합되어, 추상적인 형태의 결과물로 나타나게 되는 것을 보면서 팀원 간 커뮤니케이션과 팀워크를 향상시키고, 소속의식을 높이는 것이 목적이다.
소요시간	60분(개요 설명 5분, 그림제작 30분 전사지 인쇄 10분 티셔츠 프린팅 15분)
준비물	참가자 수만큼의 티셔츠와 A_4 종이, 전사지(여유 있게 준비), 컬러 잉크젯 프린터 1대, 노트북 1대, 스캐너 1대, 다리미
팀 구성	1조 5~7명
진행요령	참여자들의 테이블 위에 티셔츠와 A_4 종이를 올려둔다. 30분간 팀 고유의 로고나 그림을 만드는데, 이번에 만든 티셔츠는 교육이 이루어지는 동안 입을 것이라고 이야기한다. 그래야 참가자들이 진지하게 만든다. 30분 제한시간 동안에 노트북의 그림판을 이용하여 그리면 전사지에 출력을 하고, 노트북을 이용하지 않는다고 하면 A_4 종이에 컬러 펜이나 매직으로 그림을 그리면 스캐너를 이용하여 전사지에 출력한다. 팀의 인원수에 맞게 컬러 프린터로 출력한 전사지를 다리미를 이용하여 티셔츠에 인쇄 한 다음, 각자 입어보도록 한다.
기타 아이디어	· 팀 티셔츠를 만들어서 팀 구호나 팀 이름을 함께 만들도록 유도하면 단합을 목적으로 하는 교육이나 연수에 대단히 효과적이다. · 소속 조직의 로고를 티셔츠의 뒷면에 미리 인쇄하면, 티셔츠의 앞면에는 팀의 로고나 그림이 있고, 뒷면에는 조직의 로고가 있어서 일체감이 더욱 높아질 수 있다.

리더의 시간관리 전략

4

모든 사람들에게 시간은 평등하게 주어진 자산인데, 이를 어떻게 활용하는가에 따라서 생산성은 크게 달라진다. 리더에게는 철저한 자기계발과 자기관리가 필수적으로 요구된다. 뿐만 아니라, 리더는 조직과 구성원의 발전을 도모해야 할 사명이 있기 때문에 많은 일을 하기 위해서 더더욱 시간 관리 전략이 필요하다.

시간 관리의 중요성과 필요성

시간 관리, 왜 필요한가?

일주일에 60시간 이상을 일하지만 성과는 나지 않고 늘 일에 쫓기듯 사는 사람이 있다. 친구도 만나지 못하고, 스트레스는 쌓이고, 건강도 좋지 않고 가족과의 생활도 평안하지 못하다. 반면 정시에 퇴근하고, 주말이면 가족과 여행을 다니고, 주중에도 친구들을 만나면서 여유 있게 지내면서도 일의 성과도 높아 가정과 조직에서 모두 멋진 리더로 살아가는 사람도 있다.

두 사례에서 보이는 차이점은 주어진 시간에 일을 얼마나 효과적으로 하는가에 기인하는 것으로, 과업을 수행하는 데 있어 시간 관리를 어떻게 했는가에 따라 발생할 수 있는 결과이다.

"인생이란 시간 그 자체"라는 벤저민 프랭클린의 말처럼 시간 관리에 성공한 사람은 인생 관리에도 성공할 수 있다. 세계 60억 인구는 날마다 24시간이라는 시간을 공평하게 무상으로 받아 60억 가지 각기 다른 방법으로 사용한다. 시간은 저장하거나 저축할 수는 없지만 누구나 원하는 방식대로 사용할 수 있는 평등자산이다. 오늘날, 사람들이 매일 분주하게 일하고는 있지만 정작 자신의 삶에 있어서 가장 중요한 일이 무엇인지를 생각하고 실천할 여유가 없는 불만족스러운 삶을 살아가는 경우가 많다. 발등에 떨어진 불을 끄느라 분주해 정작 삶에 행복을 가져오는 일에는 신경을 쓰지 못하고 있는 것이다.

그렇다면 인생에서의 성공과 실패를 가늠하는 시간이 행복한 삶을 달성하기 위한 가치 있는 수단으로 활용될 수 있는 방법은 무엇일까?

시간을 효과적으로 활용하기 위해 반드시 선행되어야 할 것은 인생의 목적 혹은 사명을 분명하게 세우는 것이다. 사명을 분명히 하면 소중한 일과 소중하지 않은 일을 구별할 수 있다. 우리는 항상 모든 것을 한꺼번에 할 수 없기 때문에 선택을 해야만 하는데, 매 순간 선택과 판단의 기준이 바로 사명이다. 사명이 분명하다면 선택의 순간에 매번 소중한 것을 중심으로 판단을 내리고 소중하지 않은 것들에 대해서는 'NO' 라고 말할 수 있는 용기와 분별력이 생긴다.

사회적으로 성공했거나 리더의 위치에 오른 사람들은 대부분 중요한 일에 시간을 많이 사용한다는 공통점이 있다. 반면에 시간을 효과적으로 활용하지 못하는 사람들은 당장 닥친 급한 일을 처리하거나 중요하지 않은 일을 하느라 낭비하는 시간이 많다. 불시에 걸려온 전화응대, 불쑥 찾아온 방문객의 면담, 눈앞에 벌어진 다급한 일들과 회의들, 그리고 반복되는 모임참석 등, 급하지만 중요하지 않은 일에 소비하는 시간을 줄여야 한다. 물론 지나친 TV시청이나 시간을 낭비하는 잡담, 쓸데없는 우편물 점검 등 급하지도 않고 중요하지도 않은 일에 낭비하는 시간도 줄여야 한다.

시간을 효과적으로 관리해 성공한 사람이 되고 싶다면 중요하고 긴급한 일에 많은 시간을 할애할 수 있도록 도와주는 시간 관리 도구를 사용하기를 권한다. 플래너나 다이어리를 활용하면 급하지만 중요하지 않는 일의 영역을 줄일 수 있다. 계획과 준비, 예방을 통해 다급하게 처리해야 할 문제들이 줄어들기 때문이다.

도표 4.1 시간 관리를 해야 할 주요대상

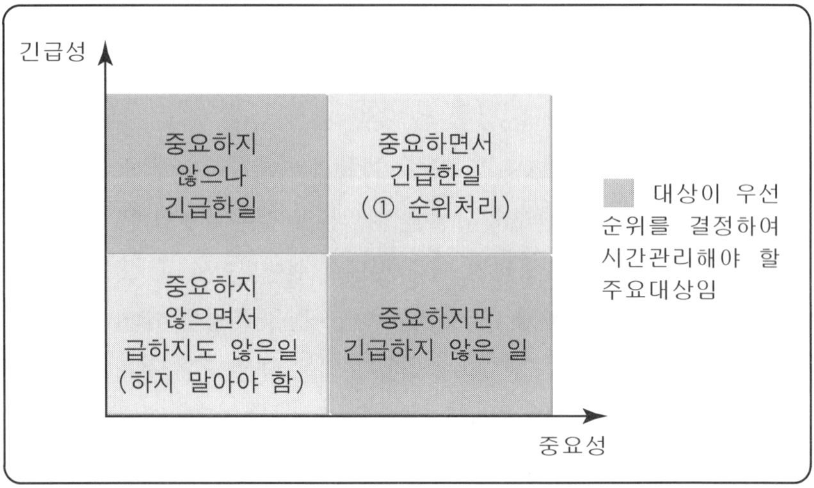

시간 관리의 핵심요소 중 하나는 우선순위를 정하고 그에 따라 계획을 세우는 것이다. 미국의 제 34대 대통령을 지낸 아이젠하워(D. D. Eisenhower)는 "정말로 중요한 일은 대개 급한 일이 아니다. 또한 급한 일은 대부분 정말로 중요한 일이 아니다."라고 말했다. 일을 중요성과 긴급성에 따라 분류하고, 우선순위에 의거하여 처리해야 한다는 점을 강조하는 유명한 격언이다.

만약 사람들에게 "하루에 단 10분에서 15분 사이를 투자해서 하루 종일 혜택을 볼 수 있는 놀라운 투자가 있다면 투자하시겠습니까?"라고 물으면 모두 "네."라고 답변을 할 것이다. 하루를 시작하기 전에 하루의 계획을 세우는 단 몇 분의 시간, 그것이 바로 그 놀라운 투자이다. 계획에 시간을 투자하면 투자할수록 일에 소요되는 총 시간은 훨씬 작아진다는 사실을 명심해야 한다.

여러 가지 일에 쫓길 때는 어려운 일을 집중해서 먼저 하는 것도 하나의 방법이다. 그렇게 하고 나면 나머지 일은 쉽게 할 수 있다. 만약 어려운 일을 오래 끌면 스트레스를 받아 다른 일조차 효과적으로 처리하지 못한다.

이야기 보따리

벤저민 프랭클린의 성공비결

시간 관리의 대가인 벤저민 프랭클린의 자기관리전략에 관한 일화를 한번 살펴보자. 프랭클린의 공식 학교교육은 열 살 때 끝났지만 계속 공부하고 싶다는 일념으로 야간에 산수공부를 시작하였으며, 열두 살 때에는 작문 공부를 시작했고, 스무 살이 되기 전에 프랑스어, 이탈리아어, 스페인어 및 라틴어를 익히게 되었다. 그는 과학자, 발명가, 정치가 및 작가로 크게 성공했고, 비교적 단시일에 빈곤을 벗어나 갑부가 되었다. 오늘날 많은 사람들이 그의 발명품 덕분에 더 나은 생활을 하고 있다.

프랭클린이 성공한 비결 중의 하나는 학문적 재능이 아니라 자기평가시스템, 즉 태도에 있었다. 그는 성인이 된 후, 관용, 정직, 덕성 및 시간엄수를 포함한 12가지 주요 속성을 점수화한 시스템을 운영했다. 그 점수를 꾸준히 높여나가기 위한 노력을 실천한 결과, 그의 단점들은 보완되었고 마침내 당대의 가장 유명하고 존경받는 사람 중의 한 명이 되었다. 행동으로 옮기겠다는 강한 결심은 절반의 성공을 보증하는 경우가 대부분이다.

집중력이 필요한 일과 집중력이 덜한 일을 구분해 처리하는 것도 좋은 방법이다.

지식근로자의 경우 가장 필요한 것은 방해요인을 최소화하고 집중력을 높이는 것이다. 조직에서 제도적으로 아무도 방해를 하지 않는 집중시간제를 만드는 것도 필요하다. 이메일을 정해진 시간에만 열어보거나, 휴대폰을 꺼두는 시간을 정하여 집중력을 높이는 방안도 고려해 볼 수 있다.

시간의 중요성을 모르는 사람은 없다. 효과적으로 일을 하고 싶지 않은 사람도 없다. 일과 생활 사이의 균형을 맞추고 싶지 않은 사람도 없다. 중요한 것은 너무나 복잡하고 많은 일들이 우리의 균형을 깨고, 시간을 빼앗고, 리듬을 잃게 한다는 것이다.

전략적 시간 관리는 모든 이에게 똑같이 주어진 1일 24시간을 적절한 휴식을 통해 매일매일 재충전하는 것과 더불어 어떻게 시간을 효과적이고

이야기 보따리

신호등 만들기

창의적인 업무를 수행하는 부서나 조직들은 많다. 오늘날 거의 모든 조직에서 창의성이라는 것은 대단히 중요한 역량으로 인지하고 있다. 하지만 개인이 가지고 있는 창의성을 조직차원에서 이끌어내기란 그리 쉬운 일이 아니다. 조직 창의성을 가장 잘 운영하는 조직은 아마도 광고기획 및 제작 부문일 것인데, 이들 기업조직은 최대한 아이디어를 끌어내기 위하여 일반 조직들과는 다른 형태의 조직운영방식을 가지고 있는 경우가 많다.

실제로 D사에서는 구성원들의 창의성을 최대한 보장하여 독특한 아이디어를 생산하기 위하여 신호등을 만들어서 각자의 책상 파티션에 부착하여 창의적인 생각 및 집중을 독려하고 있다. 신호등은 '적색 등'과 '녹색 등' 2개로 구성되어 있는데, '녹색 등'이 켜져 있을 때에는 누구나 와서 용건을 전달할 수 있고, 이야기를 나눌 수 있지만 '적색 등'이 켜져 있을 때에는 어느 누구도(심지어는 팀장이나 사장까지도) 방해할 수 없다.

어느 것에도 방해받지 않고 집중력을 발휘할 수 있는 시간이 주어진다면 아이디어의 생산뿐만 아니라 모든 일을 효과적으로 처리할 수 있을 것이다. 우리 조직이나 부서에도 '신호등 시스템'을 상황에 맞게 도입해보는 방법을 생각해보자. 그러면 생산성이 크게 향상될 것이다.

집중적으로 활용하는가의 문제이기 때문에 단순히 시간기록표(time log)를 통해 시간배분을 바꾸는 것과는 다른 문제이다. 뿐만 아니라 전략적 시간 관리는 삶의 목적이나 당면한 목표들을 달성하기 위하여 어떻게 시간을 쪼개고, 할애할 것인가를 진지하게 고민하는 인생 컨설팅과도 같다.

시간 관리로 얻게 되는 것

시간 낭비 요인을 없애고, 자신의 시간을 체계적으로 관리한다는 것은 상당히 도전적인 일임과 동시에 활기를 주는 경험이다. 시간의 낭비 요인이 없어질수록 여러분의 삶에도 변화가 일어나고 있음을 알 수 있게 된다. 그러한 변화가 습관화되면 여러분은 이제 더 이상 아침 11시까지 전날 미루었던 일을 처리하기 위해 정신없이 보낸다거나, 오후 5시쯤에는 완전히 지쳐서 다음날로 해야할 일을 미루는 일은 점차 줄어들게 될 것이다.

게다가 하루 종일 쳇바퀴 돌듯이 시간을 보낸 것이 아니라 실제로 많은 일을 수행하고, 매일매일 새로운 하루를 보낸다는 만족감을 가지게 될 것이며, 나아가 여러분의 생산성은 더욱 향상될 것이다.

시간 관리로 얻게 되는 좋은 점들

- 스트레스 감소로 인한 활력
- 목표 달성을 통한 성취감
- 생산성의 향상을 통한 자신감
- 일과 삶의 균형을 통한 자아실현

시간 관리로 얻게 되는 좋은 점들이 꼭 필요한 것이라면 지금 바로 시간 관리에 대한 생각의 변화를 실천해보자. 만약 하루나 이틀 정도의 시간을 투자하여 여러분의 시간 관리 전략을 새롭게 수립할 기회를 갖게 된다면, 장기적으로는 몇 백 시간에서 몇 천 시간을 버는 결과를 가져올 것이다.

시간 관리 전략을 새롭게 하여 하루 30분을 새로운 일에 투자할 수만 있다면 일년이 지난 뒤에는 182시간을 투자한 결과를 낳는다. 20년간 일을 더 한다고 가정하면 3,650시간을 투자한 셈이 된다. 3,650시간을 새로운 일에 투자한다면 반드시 많은 성취를 이루어낼 수 있고, 그에 따라 금전적인 이익뿐만 아니라 자신감과 같은 무형적 이익도 따라올 것이다.

"천리 길도 한 걸음부터", "낙숫물이 바위를 뚫는다."는 격언을 되새겨 보자. 이 격언은 여러분이 시간 관리에 대한 태도를 바꾸는데 도움을 줄 것이다.

시간 관리 자가 진단

〈도표 4.1〉의 15개 질문에 대하여 매우 동의하면 ⑤에, 보통이면 ③에, 전혀 동의하지 않으면 ①에 응답해보자. 오래 생각하여 답할 필요는 없으며, 여러분의 평소 습관이나 행동에 비추어 응답하면 된다.

도표 4.1 시간 관리 유형 진단을 위한 질문 표

	항 목	점 수
1	내 책상 위에는 계획표나 표어 등이 붙어 있다	①②③④⑤
2	나는 어떤 결심을 하는 경우 주변에 알린다	①②③④⑤
3	나는 업무에 있어서 닮고자 하는 이상적 모델이 있다	①②③④⑤
	1~3 점수의 합계	
4	나는 모은 정보를 잘 분류한다	①②③④⑤
5	나의 컴퓨터에는 폴더 정리가 잘 되어 있다	①②③④⑤
6	나는 일의 우선순위를 먼저 생각하고 일을 한다	①②③④⑤
	4~6 점수의 합계	
7	나는 업무상 일이나 일상생활에서 비교적 규칙적이다	①②③④⑤
8	나는 생각과 행동에 일관성이 있다	①②③④⑤
9	나는 앞을 내다보는 능력이 있다	①②③④⑤
	7~9 점수의 합계	
10	나는 나 자신을 사랑한다	①②③④⑤

11	나는 나만의 스트레스 해소 방법을 알고 있다	①②③④⑤
12	일과 쉬는 시간의 구별이 확실하다	①②③④⑤
	10~12 점수의 합계	
13	나는 수입이 적어도 저축한다	①②③④⑤
14	나는 계획하는 시간을 따로 마련한다	①②③④⑤
15	나는 스케줄을 잘 짠다	①②③④⑤
	13~15 점수의 합계	
	총 합계	

도표 4.2 시간 관리 유형 결과에 대한 처방

유형결과	설 명	처 방
1~3의 합계가 가장 낮은 경우 Visualize 시각화하라	목표를 이루는 데 있어 실패를 극복하고 실행력을 강화하기 위한 시각화에 취약한 편이다. 사전에 계산된 위험을 받아들이고 실패에 대한 두려움을 극복하기 위해서는 목표를 시각화하는 습관이 필요하다.	성공한 사람의 주변에는 그들의 목표를 자각시키는 그들만의 문구가 있다. 시각화한다는 것은 장애물을 극복하기 위한 방법인데, 스스로에게 힘이 되는 요인을 구체적으로 떠올려 자신의 편으로 만드는 작업이다. 이상형 또는 문구 등을 준비하는 것이 시각화의 가장 보편적인 방법이며, 주변에 공고하여 책임감을 갖는 것도 효과적이다.
4~6의 합계가 가장 낮은 경우 Objective 목적을 확인하라	일을 하는 데 있어 목적을 규명하기보다 실행이 먼저 이루어지는 유형이다. 자신에 관하여 앞으로 해결해야 할 것이 어떤 핵심주제이고, 목표나 요구사항은 무엇인지를 확인하는 것은 일의 성과를 좌우하는 아주 중요한 절차이다. 나 자신을 학습한다는 생각으로 내부의 목적을 발견할 수 있도록 숙고한다. 이것은 자신의 기대사항이나 목표를 밖으로 표출하는 것으로부터 시작된다.	일의 목적을 진솔하게 재정립한다. "나는 왜 이 일을 하는가?"에서부터 시작하는 것이 가장 보편적인 방법이다. 생각날 때마다 기록할 수 있는 종이를 벽에 붙여놓고 기대사항, 해야 할 일 등 현재 업무에 대한 부분을 기록한다. 이러한 것들은 한꺼번에 쏟아져 나오는 것이 아니라 상황에 따라서 발생하므로 언제든지 기록할 수 있는 종이를 마련해 놓고 발견할 때마다 적어본다. 다른 주제에 대해서도 이 같은 방법을 사용하게 되면 좀 더 자세하고 확실한 목적을 알고 일을 추진할 수 있게 될 것이다.

7~9의 합계가 가장 낮은 경우 Executive 실행하라	계획이나 목적을 규명하는 데는 무리가 없지만 실행력이 부족한 유형이다. 하지만 계획은 실행하기 위해 세우는 것임을 명심해야 한다. 먼저 실행에 방해되는 장애물이나 자신이 만든 핑계거리가 있는지 확인한다. 실행을 통한 결과는 지속적인 사후관리가 뒷받침될 수 있어야 더욱 효과적이다.	무엇인가 이루고자 할 때에는 응원군과 장애물이 생기는 법이다. 그 가운데 장애물 제거가 더욱 중요하다. 성공은 장애의 문턱을 넘느냐 넘지 못하느냐에 따라 결정된다. 힘든 상황이 왔을 때, 당신이 이 일을 하지 않으면 어떤 결과가 나타날지 먼저 생각해 보는 것이 도움이 된다. 그런 후에 미세한 조정 작업을 지속적으로 수행하면 된다.
10~12의 합계가 가장 낮은 경우 Self-Partnership 스스로를 인정하라	대체적으로 자기 칭찬에 인색한 사람일 가능성이 높은 유형이다. 따라서 스스로의 능력을 인정하고 자신감과 적극적인 마인드를 심는 것이 가장 중요하다. 매사에 낙관적으로 생각하여 자신과의 파트너십을 형성하는 것부터 시작해본다.	거울이나 매개체를 이용하여 자신과의 대화를 시도해 보자. 자신의 감정, 문제점, 열망 등을 규칙적으로 점검하려고 시도하고, 자신이 성공한 부분 및 가치를 인정하고 자부심을 가지도록 스스로 격려한다. 자신을 인정하는 것은 어느 단계에나 중요하게 여겨지는 부분이므로 실행하다 지칠 때, 계획을 세우다 고민될 때 자신에게 적용할 수 있다.
13~15의 합계가 가장 낮은 경우 Layout 계획을 세워라	계획수립에 익숙하지 않은 유형이다. 계획이 구체적일수록 실행하기가 용이하므로, 정해진 목표를 달성하기 위해 필요한 요소를 먼저 생각하고, 구체적인 계획을 수립하는 것이 효과적이다. 크게 월 단위, 작게 주 단위의 범위를 설정하고 실행 기간 중에 닥칠 수 있는 위협 요소들에 대한 대처 방안을 생각해 둔다.	긍정적인 미래상에 대해 미리 시나리오를 구성해 본다. 장단점과 장애요소를 분석해 결정적 성공 요소와 준비 마련, 내 · 외부적으로 지원되어야 하는 자원들을 미리 생각하여 정리한다. 갑작스런 변수가 생기면 그 이후의 스케줄이 모두 흐트러질 가능성이 높기 때문에 할당량에 따른 구성이 핵심 포인트이다. 예를 들어 하루에 외울 영어 단어 10개, 한자 20개 등을 설정하는 것이다.

도표 4.3 나의 시간 관리 역량은 어느 정도인가?

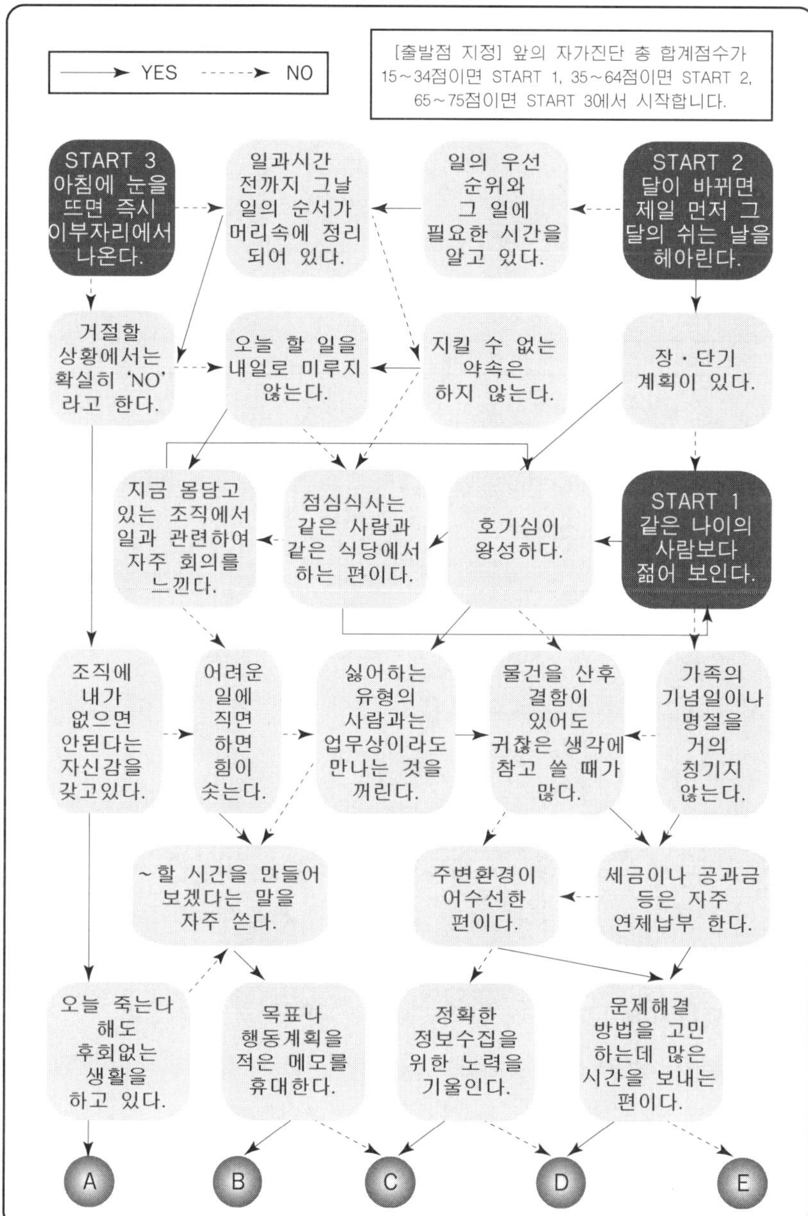

도표 4.4 시간 관리 역량 진단표

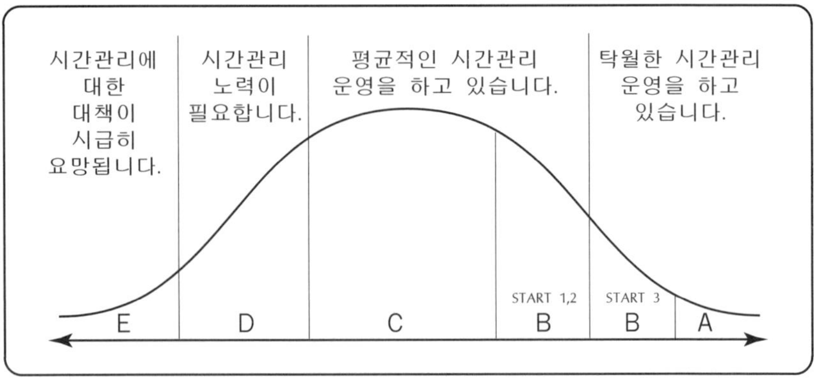

시간 관리 전략 수립

시간 관리 전략 수립을 위한 준비

대부분의 성공한 사람들의 일대기를 살펴보면, 공통적으로 주장하는 것이 인생이나 자신을 바라보는 태도가 행동이나 습관을 바꾸게 되며, 좋은 습관이나 목표들을 성취하다보면 자연스럽게 성공은 따라온다는 내용이 주류이다. 결국 '사람의 마음가짐 하나로도 무엇이든 이룰 수 있다.'는 결론에 도달하게 되는데, 시간 관리도 예외는 아니어서 어떠한 좋은 시간 관리 방법론을 찾는가 보다는 내가 생각하기에 시도해볼 만한 가치가 있거나 신선하다고 생각되는 방법론을 먼저 실천에 옮기는 것이 중요하다.

지나친 생각이나 고민은 오히려 사람을 잘못되게도 한다. 그만큼 빠른 결정을 내리고 신속하게 실천에 옮기면서 시행착오를 경험할 때 좋은 결과에 도달하는 경우가 많다는 뜻이다. 물론 모든 상황이 신속한 결정을 한다고 해서 좋은 것만은 아니겠지만 시간 관리에 있어서는 특히 빠른 결정과 행동이 좋은 결과를 가져오는 경우가 많다.

따라서 여러분이 시간 관리 전략을 수립하기 위해서는 먼저 스스로 각오나 다짐을 설정하는 과정이 필요하다. 아래의 몇 가지 질문에 대하여 성실하게 작성하여 보자.

도표 4.5 당신에게 남아 있는 시간은?

질 문	응답란
1. 당신은 현재 몇 살입니까?	(세)
2. 당신은 몇 살에 은퇴하고 싶습니까? (몇 살까지 성공하고 행복하게 살고 싶습니까?)	(세)
3. 앞으로 몇 년 후면 '질문 2'에 응답한 은퇴연령이 됩니까?	(년)
4. 20세에 성년이 된 후 몇 년이 지났습니까?	(년)
5. '질문 3'과 '질문 4'에 응답한 연 수의 차이를 비교했을 때 어떤 느낌이 듭니까? (자세히 기술하십시오)	

가용시간을 늘리기 위한 지침

시간은 추상적이며, 눈에 보이지 않는 자원이기 때문에 공간이나 서류를 관리하는 것보다 훨씬 어렵다. 어디에서부터 시작해야 할지를 모르는 것도, 관리의 필요성을 느끼지 못하는 것도 시간이 가진 추상성 때문이다.

하지만 시간이란 정말 그렇게 관리하기가 어렵기만 한 대상일까? 여러분이 생각하는 것만큼 그렇게 손에 잡히지 않는 것은 아니다. 일단 시간은 숫자로 정형화시킬 수 있다. 하루 24시간, 일주일에 7일, 1년 365일이 주어진다. 따라서 우리는 시간을 관리하는 것이 아니라, 언제 무엇을 하는가(주어진 시간에 해야 할 일)를 관리해야 하는 것이다.

1) 잘 하고 있는 부분은 무엇인가?

먼저 여러분이 잘 하고 있는 일들에 대하여 한번 써 보도록 하자. 아래의 예와 같이 자유롭게 기술하되, 최대한 구체적으로 쓰려고 노력해야 한다.

일단 시간이 정해져 있으면 문제없어요. 출근 시간, 약속, 회의에 늦는 법이 없죠. 문제는 남는 시간들이에요. [은행원]

일주일 중에서 일요일이 제일 좋아요. 스트레스 받을 일도 없고, 하고 싶은 일을 할 수 있으니까요. 저는 일요일에는 집 정리도 하고, 고장 난 물건을 고치기도 하고, 좋아하는 테니스도 치면서 알차게 보낸답니다. [직장인]

2) 잘 안되는 부분은 무엇인가?

이번에는 여러분이 해야 하는 일 중에서 잘 안되는 부분은 무엇인지 써 보도록 하자. 여러분 자신만이 볼 것이기 때문에 부끄러워 할 필요는 없다. 최대한 솔직하게 여러분이 충분히 수긍할 수 있는 점을 써보자. 여러 가지를 쓸수록 보다 더 좋은 시간 관리 계획을 짤 수 있게 될 것이다. 아래의 예를 참조하여 유사한 형식으로 작성해보자.

> 생활의 균형점을 찾기가 힘들어요. 직장, 아이들, 남편, 친구들, 취미생활을 챙기다 보면 항상 바쁜데도, 뭔가 중요한 걸 놓치고 있다는 기분이 들어요.
> [기혼여성, 인테리어 디자이너]
>
> 하루 종일 눈코 뜰 새 없이 바쁜데, 문제는 하나같이 그 일들이 사소한 일이면서도 꼭 해야만 하는 거죠. 그 때문에 만나고 싶은 사람, 하고 싶은 연구에 투자할 시간이 없어요. 누군가에게 끌려가는 인생을 사는 기분이랍니다. [대학원생, 연구원]

3) 시간 관리가 왜 필요하다고 생각하는가?

시간관리가 왜 필요한 것인가를 알아보기 위해서 여러분이 시간을 관리한 대가로 무엇을 더 하고 싶은가를 한번 써 보도록 하자. "정말 이것은 꼭 해야 하는 건데 지금 내 생활로는 전혀 할 수 없어." 혹은 "내가 더욱 발전하기 위해서 반드시 앞으로 이렇게 해야 해."가 있을 것이다. 없다면 지금부터라도 고민해야 한다. 여러분에게 중요하고 꼭 필요하다고 생각되는 것을 한번 써 보자.

업무 관련 지식을 넓히면서도 수입은 현재 상태를 유지하고 싶다. 이를 위해서는 강의를 듣고, 세미나에 참석하고, 책을 읽고, 연구를 구상할 시간이 필요하다. [대기업 연구소 임원]

규모가 점점 커져가는 조직을 성공적으로 관리하기 위해서는 서류작성, 전화통화, 기안서 결재, 강의 준비, 구성원과의 면담, 전략적 파트너와 회의할 시간이 제일 중요하다. [벤처창업가]

우수한 성적으로 졸업을 하여 유명한 외국 대학원에 진학하기 위해서는 현재 하고 있는 전공수업과 동아리 활동 이외에도 TOEFL과 GRE를 공부해야만 한다. [대학생]

시간 관리가 필요한 이유나 시간 관리의 중요성에 대하여 인식하였다면 여러분은 시간 관리를 본격적으로 시작한 것이나 다름없다. 저자가 그동

- 가족들과 더 많은 시간을 보내고 싶어서
- 고객의 숫자를 늘리고 수입을 증대하고 싶어서
- 적은 시간에 더 많은 일을 하고 싶어서
- 현재 보다 더 나은 상태의 자신으로 발전하고 싶어서
- 뭔가 중요한 일을 하고 있다는 기분을 느끼고 싶어서
- 납기(deadline)를 지키고 싶어서
- 스트레스를 줄이고 좀 더 편안한 생활을 누리고 싶어서
- 인생을 최대한 즐기고 싶어서
- 날마다 뿌듯하게 하루를 마감하고 싶어서
- 창업의 꿈을 이루고 싶어서

안 여러 차례 시간 관리와 관련한 워크숍이나 강연을 진행해본 바에 따르면, 사람들이 앞과 같은 10가지의 보편적 이유 때문에 시간 관리의 필요성을 인식하고 있다는 것이다.

시간 관리를 잘 하지 못했다고 느끼는 직접적인 원인은 스케줄이 뒤죽박죽되었거나 일을 제 시간에 처리 못했기 때문이다. 스케줄이 엉망이 되었거나 일을 잘 처리하지 못한 이유는 개인차가 있겠지만 대부분 〈도표 4.6〉에 있는 이유 때문이다.

도표 4.6 시간 관리에 실패하는 이유

실패요인	구체적인 내용
할 일이 너무 많다	주어진 시간보다 많은 일을 하려고 할 때 시간 관리에 문제가 생긴다. 필요 없는 스케줄을 솎아내는 방법을 터득해야 한다.
사람들을 피하고 싶다	복잡한 인간관계나 결혼생활, 새로운 조직에의 부적응 등 골치 아픈 일을 잊기 위해 일에 파묻히는 사람이 많다고 한다. 스케줄을 바쁘게 짜되, 골치 아픈 일을 해결할 수 있는 행동도 포함시키도록 하자.
복잡해야 마음이 놓인다	'불가능을 가능으로 만드는' 스릴을 즐기기 때문에 마지막 순간까지 해야 할 일을 미루고 스케줄을 빡빡하게 만든다. 잡다한 일 대신 좋아하는 일로 스케줄을 채우고, 여가시간 또한 체계적으로 계획을 잡는다면 알차게 보낼 수 있다.
일의 목표나 순서가 불분명하다	일의 목표나 순서가 불분명하면 스케줄이 산만해진다. 오늘날처럼 바쁘게 돌아가는 생활 속에서는 몇 가지 목표를 동시에 달성하기란 쉬운 일이 아니다. 시간 관리에 선행하여 일의 목표나 우선순위를 부여하는 방법을 터득해야 한다.

시간계획 수립과 실천

할 일을 구역별로 나누기

시간은 눈에 보이지 않고 추상적인 자원이다. 그렇기 때문에 시간을 관리하기 위해서는 먼저 구체적인 자원으로 인식해야 서류를 정리하거나 방

도표 4.7 구역별 시간 관리 분류

구 역	해야 할 일
개인 시간	운동, 병원 진료, 사우나, 취미활동
일하는 시간	서류 작성, 회의, 참고 서적 읽기, 세미나, 워크숍, 강의 수강, 보고서 작성, 아이디어 정리
자기계발 시간	독서, 외국어 공부, 악기 배우기, 리더십 특강 수강
가족과 함께 하는 시간	영화 보기, 휴가, 가사 분담, 대화하기

구 역	해야 할 일

* 적을 양이 많은 사람을 대비하여 칸의 개수가 많다. 모든 칸을 다 채울 필요는 없으며, 여러분의 상황에 맞게 분류하면 된다.

을 정리하는 것처럼 명확하게 조정할 수 있다. 목표를 중심으로 하여 할 일들을 구역별로 나누는 것이 제일 먼저 필요하다.

시간 관리에 있어서의 구역은 잠을 자는 동안에는 일을 할 수 없기 때문에 깨어 있는 동안의 시간만 가능하다. 그 외에도 잠에서 깨어나 활동하기까지의 시간이나 식사를 하는 시간 등은 매일 고정되어 있는 스케줄이다. 물론 식사를 하면서도 신문을 보거나 회의를 병행할 수 있지만, 대부분의 식사 시간은 휴식을 목적으로 하기 때문에 고정된 스케줄로 분류하는 것이 좋다. 〈도표 4.7〉을 참조하여 아래의 빈 양식에 구역별 시간 관리를 작성해 보자. 예를 들어 친구가 신발을 사는 데 같이 가기로 했다면 '인간관계 증진' 에 분류한다. 참고하라며 건네받은 자료가 있다면 서류함에 넣어두었다가 '자기계발' 의 독서로 분류한다. 보고서를 써야 한다는 게 생각났다면 '일하는 시간' 의 보고서 작성에 분류하면 된다.

시간을 늘리기 위한 아이디어

시간 관리를 변화시킨다는 것은 쉽게 말하여 습관을 바꾸는 것이기 때문에 서류정리나 공간재배치처럼 하루 이틀에 끝나는 것이 아니다. 1달 이상의 시간을 두고 천천히 습관을 고쳐나가는 것이 필요하며, 단기간에 성과를 낼 수 없는 것이기 때문에 어느 정도의 인내심을 필요로 한다.

1) 여러 가지 일을 동시에 진행한다.

몇 가지 일을 합리적으로 묶어서 진행하면 여러 가지 목표를 동시에 추구할 수 있다. 예를 들어 유학을 준비하기 위해 TOEFL 준비와 학과 공부를 병행하는 목표를 세웠다면 수강신청 과목 중 영어 관련 과목을 신청하는 것이다. 영어 능력을 향상시킬 수 있고, 열심히 하여 좋은 학점을 받는다면 졸업을 위한 소요학점도 채우는 일석이조의 효과가 있다. 또한 발표력을 계발하고 싶은 생각이 있으면, 동아리나 전공소모임에서 좀 더 인정받고 싶다는 목표와 결합시켜서 세미나나 회의에 정기적으로 진행을 자청하거나 발표할 기회를 자주 얻는 것이 필요하겠다.

2) 기분전환이 될 만한 재미있는 일을 스케줄에 섞는다.

아무리 바쁘더라도 즐거운 활력소를 적절히 섞어야 일의 능률이 오르고, 오히려 짬이 많아진다. 주말이나 평일 중 꾸준히 비어있는 시간을 활용하여 좋아하는 일이나 재미있는 일을 스케줄에 넣으면 좋다. 예를 들면 자전거 타는 것을 즐긴다면 매주 수요일 공강 시간을 이용하여 1시간씩 자전거를 타거나, 주말마다 등산을 다니는 것과 같이 기분전환 할 수 있는 일에 대해 공식적으로 시간을 비워두는 것이다. 무료한 일상을 보내면서도 기분전환 할 수 있다는 기대감으로 시간을 알차게 보낼 수 있게 될 것이다.

3) 몇 가지 목표는 뒤로 미룬다.

모든 목표를 한꺼번에 추구하기는 어렵다. "이번 달은 이것, 다음 달은 저것"하는 식으로 차근차근 진행시킨다. 한 번에 이룰 수 있는 목표에는 한계가 있다. 몇 가지 계획은 내일로 미루어야 오늘 시간에 여유가 생긴다는 점을 명심하자. 급하게 서두르다가는 오히려 많은 것을 놓치는 경우가 발생할 수도 있다. 예를 들어 다양한 지식을 습득하는 게 목표인 사람이라면 해마다 관심 있는 주제를 하나씩 정해서 공부하면 될 것이다.

4) 여러 가지 일을 번갈아 한다.

지루함과 완벽주의는 시간을 허비하는 최대 요인이다. 30분이나 1시간, 혹은 2시간 마다 하는 일을 바꾸면 지루하지 않게 일을 진행할 수 있어서 일처리 속도가 빨라진다. 또한 꼼꼼하게 해야 할 일과 납기가 정해진 일을 구별할 줄 알아야 한다. 모든 것을 완벽하게 끝내려고 하면 자신뿐만 아니라 같이 일하는 사람들이 힘들어한다. 어느 정도의 융통성을 발휘할 수 있어야 하지만, 정말 양보할 수 없거나 중요한 일인 경우에만 완벽주의를 강조하도록 하자.

5) 에너지 사이클에 맞추어 활동하자.

만약 밤늦게까지 일하는 것이 아침에 일하는 것보다 효율적이라면 해야 할 일을 밤에 많이 수행하도록 하자. 사람들은 누구나 일이 잘 되고, 집중력이 높아지는 시간대가 각기 다르게 존재한다. 그 시간을 최대한 활용하는 것이 주어진 시간에 보다 많은 일을 할 수 있어서 남는 시간을 활용할 수 있다.

시간 관리 계획을 수립하는 순서

1. 고정적인 시간을 먼저 계획표에 배치한다.
   (예를 들면 수면시간, 반복되는 수업, 정기회의 시간 등)
2. 그리고 남아있는 시간에 구역별로 나눈 해야 할 일들을 배치한다.
   (집중력이나 개인의 동기부여 정도에 따라 잘게 나눌 수도, 연속적으로 배치할 수도 있다)
3. 시간이 부족하면 목표를 다시 점검하거나, 수면시간과 같은 줄일 수 있는 시간들을 고려해 다시 배치한다. 시간이 남는 경우에는 추가로 할 일이나 취미활동 등을 배치한다.

시간 계획의 실천

시간을 분류하여 시간표 만들기

시간표를 복사해서 사무실 벽에 걸어놓거나 지갑 혹은 수첩에 넣고 다닌다. 새로운 할 일을 계획하거나 다른 사람으로부터 어떤 일을 부탁 받았을 때에는 시간표를 참고하여 가용시간이 있는지 먼저 확인하도록 한다.

앞서 여러분이 작성하였던 구역별 시간 분류하기를 토대로 하여 작성된 할 일들이 이제 시간표 속으로 알맞게 배치되어야 효과적인 시간표 작성이 완성된 것이다.

이렇게 시간표를 작성하게 되면 무엇을 언제 어떻게 할 것인지에 대해 정확한 판단을 내릴 수 있고, 거시적인 안목을 가질 수 있게 된다. 만약 예기치 못한 '돌발 상황'이 계획을 계속 어긋나게 만든다면 시간표의 빈 칸(해야 할 일이 없는 시간)을 늘려서 돌발상황에 대처할 수 있어야 목표달성을 위한 중요한 일들을 차질없이 진행할 수 있다.

시간표는 시중에 판매되는 수첩을 활용해도 되지만, 노트의 밑줄을 활용하거나 여러분의 취향에 맞는 독특한 양식으로 만들어서 플래너나 수첩에 붙이고 다니면 된다. 어떤 양식의 시간표를 만들것인가보다는 얼마나 친숙한 양식이어서 자주 살펴보게 되는가가 중요하다. 학생들의 경우에는 수업시간은 고정된 시간이 된다. 일주일 분량으로 작성하기 때문에 이번 주에 어떠한 일들이 있는지를 알 수 있다.

도표 4.8 시간표 만들기 사례

시 간	(4/2) 월	(4/3) 화	(4/4) 수	(4/5) 목	(4/6) 금
07 : 00	일주일계획				
08 : 00	아침식사, 출근				
09 : 00	회의	강의준비	(학생면담) *5/1특강준비*	*연구보고서 집필*	*행정업무*
10 : 00					*인재개발원 방문*
11 : 00					
12 : 00	점심식사(약속 없는 날은 e-Mail 점검 병행)				*교, 강사간담회 (점심식사포함)*
13 : 00	*저서집필*	*저서집필*	학부강의	*연구보고서 집필*	
14 : 00					*센터현안정리*
15 : 00	자기계발-운동	(학생면담) *2명예정 자료수집*		자기계발-운동	
16 : 00	*저서집필*				*참고문헌자료 정리/분류*
17 : 00				*긴급회의*	
18 : 00	저녁식사, 가족과 대화			저녁식사, 가족과 대화	
19 : 00	가족과 산책	SLEST 세미나	저녁식사		가족과 산책
20 : 00				자기계발-영어강좌 수강	
21 : 00		*강의준비 (추가)*	*여름휴가 여행정보 수집*		
22 : 00					독서 *(올해 읽을 책 50권 중)*
23 : 00		*Q채널 시청 다큐멘터리*		*영어복습*	
24 : 00					

* 저서 집필과 연구보고서 집필은 능률에 따라 바꾸어 진행할 수 있고, 1시간 단위로 나눠서 진행할 수 있음.

* 학생면담은 면담 신청한 학생이 없을 경우, 빈 시간이 되므로, 다른 해야 할 일을 예비로 만들어 두어야 함(이번 주에는 5월 1일 실시하는 특강 준비와 자료수집).

* 여러분의 상황에 맞추어 주말과 휴일을 포함해도 되고, 집중할 수 있는 시간에 따라 30분 단위나 2시간 단위로 구성해도 된다.

* 진한 음영의 칸은 일정기간 동안 고정된 스케줄을, 이탤릭체는 계획수립에 따라 새롭게 발생한 일을, 빈 칸은 남아 있는 시간을 의미한다.

* 저자의 경우, 10% 정도의 시간 버퍼를 만들면 갑자기 발생하는 일들을 처리할 수 있기 때문에 일주일 가용시간 중에서 10% 정도의 비어 있는 시간을 두는 편인데, 독자들의 경우에는 상황에 따라 20~40%의 버퍼를 두기를 권장한다.

시간 정리하기와 실천하기

시간표가 있으면 모든 일을 목표에 견주어 평가하고, 시작하기 전에 과연 시간이 아깝지 않은 일인지를 생각할 수 있게 된다. "이것이 과연 스케줄의 한 부분을 차지해도 될 만한 일일까?"라고 자문자답해 보자. 만약 아니라는 결론이 내려지면 시간표에서 과감히 삭제한다. 이렇게 하면 목표와 아무런 관련이 없는데도 습관적으로 하는 일이 얼마나 많은지 깜짝 놀랄 것이다.

시간표를 보면 개인생활과 업무생활의 각 부분에 쏟을 수 있는 시간이 얼마나 모자란 지 피부로 느낄 수 있다. 따라서 시간을 좀 더 신중하게 투자하게 된다. 시간을 정리한다는 것은 현재 목표와 연관 없는 할 일들을 솎아낸다는 의미이다. 또한 목표달성에 도움이 되기는 하지만 다른 사람에게 맡겼을 때 더욱 쉽고 빠르게 처리될 수 있는 일도 정리대상이 된다. 이른바 '이양' 할 것들을 제외하는 것도 필요하다.

지금까지의 내용을 실행했다면 시간이라는 추상적인 자원을 내 편으로 끌어들여 멋진 스케줄을 만들었을 것이다. 이제 시간은 부담스러운 존재가 아닌 너무나 친숙한 존재가 되었으며, 내 목표를 이룰 수 있도록, 내 방식대로 삶을 살아갈 수 있도록 도와주는 동반자가 되었다. 하지만 스케줄을 지속적으로 잘 관리하기 위해서는 다음과 같은 노력이 필요하다.

1) 날마다 해야 할 일

매일 저녁 15분씩만 짬을 내어 플래너나 다이어리 혹은 수첩을 펼쳐 다음 날 해야 할 일을 훑어보고, 서로 겹치는 일정이 있으면 어떤 할 일을 선택할 것인지를 정한다. 급하게 생긴 약속이나 처리할 일을 메모한 종이를 놓고 다음 날 시간표에 정리해 둔다.

2) 꾸준히 해야 할 일

목표를 책상 위나, 수첩 등 눈에 자주 띄는 곳에 붙여둔다. 누군가의 부탁이나 유혹이 있을 때마다 '이 일이 목표를 달성하는 데 도움이 될까?' 라는 질문을 던진다. 아니라는 결론이 내려지면 정중하게 거절한다.

그리고 얻는 게 있으면 잃는 게 있다는 믿음을 가져야 한다. 다시 말하면 빡빡한 스케줄을 이미 작성했는데 새롭게 추가하고 싶은 항목이 생겼다면 기존의 항목 중에서 하나를 포기해야 한다는 것이다. 이러한 사고가 습관화 되어 있다면 새로 시작하는 일이 기존의 할 일을 포기하면서까지 해야 하는가에 대한 판단을 내릴 수 있다.

3) 주기적으로 해야 할 일

1년에 적어도 2번 이상(분기별 1회씩 4번 정도가 좋음) 목표와 해야 할 일들을 점검하며 맡은 임무에 따른 일의 중요도나 관심분야 측면에서 달라진 부분이 없는지 확인한다. 그리고 시간표가 목표 달성에 도움이 되는 방향으로 반영되고 있는지 다시 한 번 확인한다. 만약 지켜지지 못한 목표가 많거나 해야 할 일이 여전히 밀려 있다면 본 장을 처음부터 다시 한번 정독하며 각오를 다질 것을 권한다.

¤ 3분 토의를 해 봅시다

1. 자신만의 시간관리 요령이나 노하우가 있다면, 팀원들과 함께 공유해보자.
2. 플래너나 다이어리를 현재 사용하고 있다면, 어떤 계기로 사용하게 되었는지에 대하여 발표해보자.

리 · 더 · 십 · 레 · 크 · 리 · 에 · 이 · 션

시간기록표(time log) 작성하기

<table>
<tr><td>목적 및 요약</td><td>시간 계획 및 전략을 수립하기에 앞서 시간을 얼마나 잘 활용하고 있는가를 진단하는 것이 필요하다. 이것은 여러분들이 시간관리를 시작하기로 다짐한 첫 단계에서 반드시 실시해야 할 통과의례와도 같은 것이다. 나 자신만이 볼 것이므로 최대한 솔직하고 정확하게 작성하도록 하자.</td></tr>
<tr><td>소요시간</td><td>3일~7일 (몇 일간을 정한 다음, 습관처럼 메모해야 한다)</td></tr>
<tr><td>준비물</td><td>편하게 휴대가능한 수첩, 필기도구</td></tr>
<tr><td>팀 구성</td><td>없음. 개인적으로 수행해야 함.</td></tr>
<tr><td>진행요령</td><td>미리 정해둔 일정(3일~7일)동안, 자신이 수행한 일을 시각과 함께 적은 다음, 소요시간을 계산하여 메모한다.
예를 들어, 07:28분 기상 / 07:34분 세면 / 07:55분 식사완료 / 08:40분 직장(학교)도착 / 08:50분 커피 마심 이 첫 번째 날에 실시한 행동이었다면 수첩에 한 줄에 하나씩 메모하는 것이다.

<table>
<tr><th>시 각</th><th>소요시간</th><th>수행한 일</th><th>어떻게 바꿀까?</th></tr>
<tr><td>07:28</td><td>-</td><td>기상</td><td>07:00 기상으로 변경</td></tr>
<tr><td>07:34</td><td>6</td><td>세면</td><td></td></tr>
<tr><td>07:55</td><td>21</td><td>식사완료</td><td></td></tr>
<tr><td>08:40</td><td>45</td><td>직장(학교)도착</td><td>이동중 읽을거리 준비</td></tr>
<tr><td>08:50</td><td>10</td><td>커피 마심</td><td></td></tr>
</table>
이런 방식으로 정해둔 기일 동안에 꼼꼼히 작성한 다음, 시간을 어떻게 배분하면 효과적이 될 것인가를 위 표의 '어떻게 바꿀까?' 에 스스로 작성한다.</td></tr>
<tr><td>기타 아이디어</td><td>· 시간기록표(time log)를 작성한 다음, 팀별로 구성원들이 돌려보도록 하여, 어떻게 시간활용을 바꾸는 것이 좋겠다는 조언을 듣도록 안내하는 것도 좋음.</td></tr>
</table>

조직구조와 리더십

5

조직의 목적에 따라서 조직의 형태는 각기 달라진다. 다양한 조직구조들을 살펴보고, 조직구조들의 특징과 장·단점을 학습한다. 리더로써 조직 내에서 권한을 창조적으로 분배하는 것의 중요성을 이해하며, 자신의 임파워먼트 리더십을 진단할 수 있도록 한다.

조직의 기초

우리가 어떤 일을 효과적으로 수행하기 위해서는 먼저 달성하려는 목표를 설정하고, 목표달성을 위해 일을 어떻게 수행할 것인지에 대한 계획을 수립한 뒤, 계획대로 실천하기 위하여 담당자들을 배치하고 필요한 자원을 배분해야 한다. 조직은 두 사람 이상이 모인 작업공동체이지만 두 사람 이상이 있다고 하여 그냥 돌아가는 것은 아니고, 효율적으로 목표를 달성하기 위해 공동의 작업을 분야별로 적절히 나누어 실행하고 다시 작업 결과를 통합해야 한다. 이러한 과정에서 조직을 구성하는 사람들의 상호연결고리를 만들어야 하는데, 이것이 바로 조직화(organizing)이다.

조직이라는 집을 짓기 위해서는 우선 어떤 모양의 집을 지을 것인가를 결정하고, 그에 따른 설계가 필요하다. 위치와 층수, 창의 방향과 크기, 현관과 각 방의 위치 등을 미리 짜는 것이 조직설계(organization design)에 비유된다면, 다 짜놓은 집의 모양은 조직구조(organization structure)에 비유할 수 있다. 그리고 어떻게 설계하였는가에 따라 한옥, 양옥, 빌딩 등의 여러 가지 집 모양이 있을 수 있듯이 여러 가지의 조직유형(organization configuration)이 생겨난다.

집의 구조가 어떻게 생겼는가에 따라서 그 속에서 생활하는 사람들의 생각과 행동이 다르며, 조직구조도 이와 같은 영향력을 발휘한다. 즉 어느 한 조직의 구조는 구성원들의 활동에 상당한 영향을 미친다. 그렇기 때문에 조직구조에 대하여 알아두어야만 하고, 이해해야 하는 것이다.

모든 조직은 사람들로 구성되어 있다. 우리가 '조직'을 정의하기 위해서는 공동의 목표(common goal), 권한 및 지휘체계(hierarchy of authority), 역할분담(division of labor), 통합과 조정(coordination), 그리고 2인 이상이라는 조건이 모두 충족되었을 경우에만 가능하다. 여기에 리더십은 조직운영에 있어서 윤활유와도 같은 역할을 함과 동시에 조직을 더욱 성장 발전시키는 촉매제로서의 역할을 한다. 이러한 개념설명을 도시화하면 〈도표 5.1〉과 같다.

도표 5.1 조직구성의 4요소와 리더십의 관계

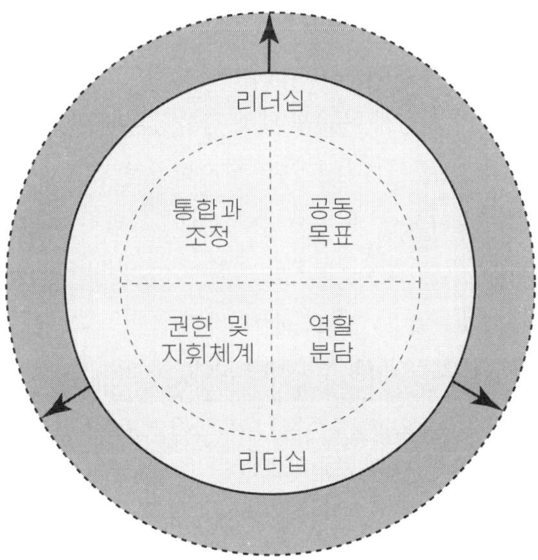

자료 : 포항공과대학교 포스텍리더십센터 (2006).

공식조직과 비공식조직

의도적으로 설계된 조직은 합리적으로 만들어진 것으로 공식조직이라고 한다. 하지만 기업이나 조직에서는 공식조직도 있지만 저절로 생긴, 그리고 잘 드러나지도 않는 비공식조직이 존재한다.

공식조직(formal organization)은 일정한 규정과 약속에 의해서 일을 분할하고 권한을 부여하고 상호 연결시킨 조직이며, 조직목표 달성을 위해 과업의 분담과 책임관계를 공식적으로 명확하게 표시해놓은 조직도(organization chart)는 공식조직의 형태를 그림으로 표현한 것이다. 예를 들면 사장-부사장-부장-과장과 같은 지휘체계나 인사팀, 영업팀, 연구개발팀과 같은 기능부서는 공식조직의 구성요소이다. 조직도는 공식조직의 형태를 표현한 것이기 때문에 비공식조직은 조직도로 표현할 수 없다.

비공식조직(informal organization)은 조직이 정해놓지도 않았는데 개인들끼리 자신들의 개인적 목적을 위해 만들었거나 어느 날 우연히 생긴 조직들을 일컫는다. 예를 들면 산악회, 향우회처럼 겉으로 드러난 경우도 있고 점심을 자주 같이하는 몇 사람 등과 같이 드러나지 않는 경우도 있

도표 5.2 공식조직과 비공식조직의 비교

구 분	공식(인위적)조직	비공식(자연적)조직
가입동기	지명, 선발에 의함	자연발생적, 가입자의 의지
조직구조	안정적, 쉽게 변하지 않음	가변적임
리 더	지휘체계상의 임명이나 투표	자연적으로 탄생
과 업	미리 정해진 경우 많음	다양함, 변함
존속기간	수익창출이 지속되는 동안	구성원들 의도대로
행동기준	능률, 효율	감정, 인간

다. 물론 이들 모임에서는 공식적으로 정해진 업무분할이나 공식규정 혹은 권한계층 등이 없다.

하지만 비공식조직도 조직의 업무수행과 깊은 연관이 있기 때문에 대단히 중요하다. 비공식조직을 관찰하면 그 조직의 분위기를 쉽게 가늠할 수 있다는 장점도 있다. 공식조직은 능률과 규정에 의해 움직이지만 비공식조직은 감정과 인간관계가 더욱 중요하다(〈도표 5.2〉 참조).

조직설계의 3원칙

조직은 2인 이상이 공동의 목표를 달성하기 위해 일을 나누고, 위계질서를 만들어 운영된다. 조직의 정의에서도 나와 있듯이 조직구조를 만들기 위해서는 분업화, 통합화, 분권화의 3가지 원칙이 반드시 필요하다.

조직설계의 3원칙

- 분업화: 일을 어떻게 나눌 것인가?
- 통합화: 나누어진 일을 어떻게 통합, 연결할 것인가?
- 분권화: 각 사람에게 일에 대한 책임과 권한을 어떻게 배분할 것인가?

분업화는 해야 할 일을 보다 작고 간단하게 분리하여 구성원(혹은 각 부서)들이 단순하고 전문화된 일을 반복적으로 처리할 수 있도록 만드는 것이다. 분업화가 많아질수록 한 구성원에게 부여되는 작업의 수는 적어지기 때문에 작업방법을 전문화, 표준화하기가 쉽고 같은 일을 계속 반복함으로써 숙련도가 높아지는 등 효율성이 증대된다. 그러나 다른 한편으로는 구성원 자신이 맡은 일만 처리하기 때문에 세분화된 작업 모두를 조화롭게 연결시키는 비용 또한 대단하다. 비용은 경제적 비용뿐만이 아니라 구성원

이야기 보따리

원시인의 뼈바늘 공장

불, 언어, 바퀴의 발명 이상으로 바늘의 발명도 인류 문명의 발달에 획기적인 전기를 가져온 사건이다. 동굴 입구나 바위 그늘에서 멀리 떠나지도 못하고 제한된 삶을 살던 인류의 조상(호모 하빌루스)은 뼈바늘의 발명으로 의식주생활 전체가 바뀌게 되었다. 짐승 가죽을 통째로 걸치고 다니다가 몸에 맞게 잘라 바느질로 연결해서 입는 의생활 혁명이 일어났고, 가죽들을 연결하여 텐트도 만들고 배도 만들 수 있어서 생활이 보다 발전하게 되었다.

그 당시의 뼈바늘 공장을 상상해보자. 원시인 직공 A씨는 돌칼로 큰 뼈를 쪼개고, B씨는 뾰족하게 갈고, C 씨는 바늘구멍을 뚫는다. 그런데 A씨가 쪼개 놓는 뼈는 쌓이는데 뾰족하게 갈고 있는 B씨의 손이 느리다면 바늘 생산은 느려진다. C씨는 B씨가 갈고 있는 동안 기다리는 수밖에 없기 때문이다. 효율성 때문에 분업을 했는데, 그 결과로 얘기치 않은 문제, 즉 분업을 안했으면 없었을 통합의 문제가 발생한 것이다. 하지만 이 연결문제를 피하려고 분업을 안 한다면 그것 또한 비능률이다. 그래서 가장 바람직한 것은 '분업' 도 하고, '연결' 도 잘되도록 하는 것이다.

간의 갈등, 커뮤니케이션 상의 문제, 일의 지연 등 무형비용도 많다.

분업화 정도는 현장기술에 따라서도 달라지는데 손쉬운 반복기술이면 분업화 정도가 높아도 관계없지만, 전문적 기술이면 한없이 세분화하여 각자에게 맡길 수 없을 것이다. 전문가들이 일하는 실험실, 연구실에서 하나의 연구를 위해 과업이나 기술을 한없이 쪼갤 수 없기 때문이다. 만약에 외과수술 후 봉합작업을 바늘담당, 실 담당, 지시자, 감독자 등등으로 더 나눌 경우 수술은 오히려 비능률적이 될 수 있다.

통합화는 구성원 각자가 부분적인 일을 나누어 맡아서 완수한 후 이를 통합하는 것이다. 각자가 제멋대로 만들어만 놓으면 나중에 문제가 될 수 있으며, 그렇다고 각자가 자기 일을 하면서 관련 부품을 맡은 모든 사람과 커뮤니케이션하면서 맞춰나가는 것도 대단히 효율성이 떨어지는 결과를 낳는다.

이 야 기 보 따 리

단순함과 복잡함의 차이?

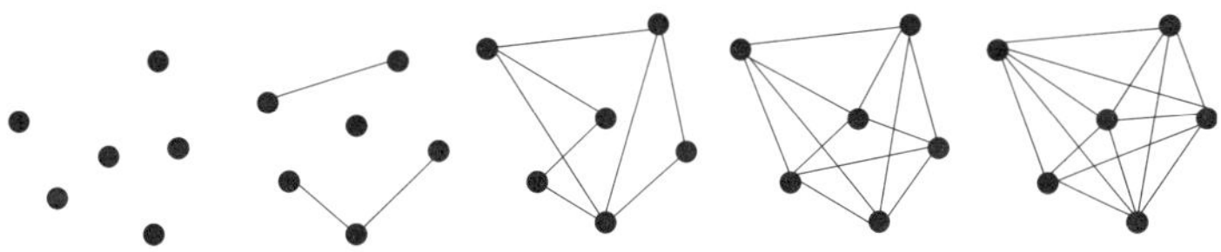

① ② ③ ④ ⑤

①~⑤번 중 가장 단순한 것은 몇 번이라고 생각합니까? (정답과 해설은 171페이지에 있음)

그러므로 상급자들은 각자에게 나누어 줄 일의 분량, 수행일정, 수행방식, 만들어지는 부품의 모양과 색깔까지 미리 정해서 나누어 주게 되는데 이를 업무분장이라 한다. 이 때 업무를 받는 사람 입장에서 본다면 미리 정해진 방법은 지켜야 될 규정이며 약속이다. 여러 사람에게 분배된 일들

이 야 기 보 따 리

통합화가 이루어지지 않은 자동차공장

자동차 공장의 조립공들에게 임의로 조립하도록 놓아둔다면 부품을 정확하게 조립하지 못하는 사람도 있을 것이고, 점심 먹고 출근해서 밤늦게까지 작업하는 사람이 있어서 옆 사람의 작업과 연결이 안 될 수도 있어서 비능률적인 요소가 많을 것이다. 그래서 조직은 과업담당자들에게 작업수행과 관련하여 해야 할 행동을 미리 정해주고, 작업 규칙이나 절차 등을 매뉴얼(manual)로 만들어 두는 것이다.

작업 매뉴얼을 만들어 두면 모든 작업자를 매번 찾아다니면서 일일이 관리할 필요도 없고 그냥 두어도 공식에 의해 일사불란하게 움직일 것이기 때문에 관리가 보다 수월해진다. 또한 미리 예정된 대로 각 분야의 작업이 행해졌기 때문에 서로의 연결이 조화롭게 이루어질 수 있다.

은 이러한 규정과 약속에 의해 조화롭게 연결이 되는 것이다. 그 약속이 없다면 A가 만든 유리를 B가 만든 창틀에 끼우려고 해도 맞지 않을 것이다. 결국 각각의 작업자는 조직이 미리 정해놓은 규정과 방침을 지켜야만 통합적으로 일을 잘 완수할 수 있다.

업무를 수행하는 데 있어서 일을 추진할 권한뿐 아니라 일을 할당하고 연결할 때에 그것을 결정할 권한(의사결정권)을 누가 가질 것이냐는 조직을 설계할 때 일의 분할 못지않게 중요한 일이 된다. 왜냐하면 과업의 분할도 한없이 나누어질수록 장점과 단점이 증폭되듯이 권한도 당사자에게 이양하느냐(분권화) 아니면 상부가 모두 관장하느냐(집권화)에 따라 장 · 단점이 존재하기 때문에 적정한 수준으로 권한을 부여하는 것이 좋다(이와 관련한 보다 자세한 내용은 본 장의 뒷부분 '임파워먼트'에서 설명하고 있음).

분권화가 필요한 이유는 변화하고 있는 조직의 외부상황에 적절 · 신속하게 대처하기 위함이다. 현안문제에 가장 근접해 있는 사람, 직접 다루고

이 야 기 보 따 리

최고 경영자의 열반(涅槃)

최고 경영자들은 양 극단에서 고심하는 경우가 대단히 많다. 조직설계에 있어서도 집권화와 분권화 사이에서 많은 고뇌를 한다. 집권화는 모든 구성원이 일사불란하게 움직이며 공동의 비전을 달성하고 시너지 효과를 실현하며 자원을 더 효율적으로 배분하여 최대한 활용할 수 있게 해주는 장점이 있다. 분권화는 조직의 고객지향성을 높이고, 환경변화에 재빠른 대응을 하게하며, 구성원들의 창의성과 에너지를 활성화하는 데 도움이 된다.

이러한 딜레마의 해결책은 중도의 경영이 필요하다는 것이다. 중도의 경영은 50대 50의 타협안을 취하라는 뜻이 아니다. '옳은 길은 오로지 하나뿐'이라는 흑백논리를 버리고 양쪽을 다 끌어안는 여유와 너그러움을 갖추는 것을 말한다. 이른바 '경영의 열반'에 이르지 못한다면 최고 경영자로써 여유와 너그러움을 갖지 못할 것이다.

있는 사람이 그 해결에 가장 적절한 정보를 신속하게 활용할 수 있기 때문에 의사결정권은 가능한 한 현장에 이양되는 것이 좋다. 또한 집권화가 지나치게 되면 현장실무자들의 책임회피, 사기저하 등의 부작용도 많고 그들의 참신한 아이디어나 창의성이 투입될 기회를 막는 것이 되고 만다. 동시에 그들의 훈련기회도 막는 것이 되어 복지부동을 조장하게 될 수도 있다.

조직구조의 여러 형태

앞 절에서 살펴본 바와 같이 하나의 과업은 그 범위와 내용이 분업화된 정도, 작업절차와 방식이 공식화된 정도에 따라서 그 특성이 결정된다. 조직 전체 측면에서 본다면 이러한 작업 단위는 수십, 수백 개에 이르며, 이런 작업 단위들은 전체적으로 다시 범주화되고 연결되고 하면서 조직을 형성한다. 몇 개의 작업 단위들이 묶여진 것을 '부서'라고 한다면 부서는 크기에 따라 과, 부 혹은 팀, 사업부 등의 순서로 묶여진다.

부서들을 어떻게 나누느냐에 따라서 그리고 부서 간 위계를 어떻게 만드느냐에 따라서 조직형태는 달라진다. 본 절에서는 다양한 조직의 형태에 대하여 특징과 장 · 단점을 알아보기로 한다.

기능별 조직

기능별 조직은 부서가 일을 완수하는 데 필요한 전문적 기능을 중심으로 설계된 구조를 말한다. 기능별 조직구조의 특성은 부서 간에 맡은 일이

■ 도표 5.3 기능별 조직구조의 예

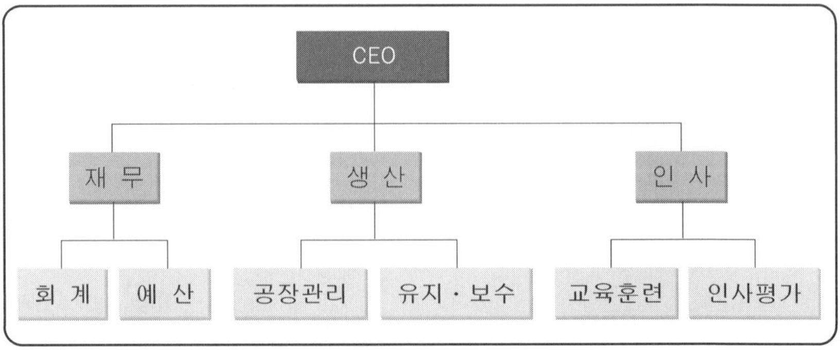

매우 다르기 때문에 서로 연결할 필요성이 많다는 것이다. 이를 위해서 상급계층이 계획, 감독, 조정하고 표준화된 일반규정을 정해놓기도 하며 최고경영자 가까이 전문가집단을 두기도 한다(〈도표 5.3〉 참조).

기능별 조직구조는 간단한 기술, 안정적 환경, 규모가 작은 기업에 효과

■ 도표 5.4 기능별 조직구조의 강 · 약점

강 점	약 점
· 규모의 경제 효과가 있음	· 환경변화에 대응속도가 느림
· 지식과 기술의 전문성을 살릴 수 있음	· 결재, 교류, 의사소통 시간이 지연됨
· 부서 내의 조정 필요성이 적음	· 최종결과의 책임소재가 불분명함
· 한 개 또는 몇 개의 제품 생산에 효율적	· 총괄적 전문가 양성이 어려움

규모의 경제(economy of scale)

규모의 경제는 생산요소 투입량의 증대(또는 생산규모의 확대)에 따른 생산비절약 또는 수익향상의 이익을 말한다. 일반적으로 대량생산의 이익, 대규모 경영의 이익이라고도 알려져 있다. 대량생산의 이익이 기업의 생산설비가 일정한 때 발생하는 규모의 경제를 뜻하는 데 비하여, 대규모 경영의 이익은 생산설비의 확대 또는 동일 기업에서 플랜트 수의 증가를 포함한 규모의 경제를 의미한다.

적이다. 그러나 조직규모가 커지면 경영층이 말단 부서끼리의 연결 및 조정을 모두 챙기기가 어렵기 때문에 부서간의 상호연결에 지장이 생길 수 있다(〈도표 5.4〉 참조).

사업부제 조직

사업부제 조직구조는 부서를 제품별, 시장별, 지역별로 만들고 각 부서로 하여금 제조에서 판매, 구매, 회계까지 독자적으로 수행하도록 만든 조직형태이다. 경영전략에서는 이러한 조직을 전략적 사업단위제(SBU; strategic business unit)라는 명칭을 붙이기도 한다. 이익기준도 부서별로 정하고, 독립채산제로 운영하도록 하여 각 사업단위가 그 과업을 수행하는 데 필요한 모든 자원을 자체적으로 확보하도록 한다(〈도표 5.5〉 참조).

사업부제 조직구조에서는 부서와 부서 간의 상호의존성은 별로 없으나 재정, 연구개발, 정보 등에 대해서는 본부의 지시를 받도록 하는 것이 효과적일 것이다. 이러한 사업부제 조직구조는 시장이 이질적이고 부서 간의 기술도 서로 다를 때 유용하며, 환경변화에 즉각 대처할 수 있다는 장

도표 5.5 사업부제 조직구조의 예

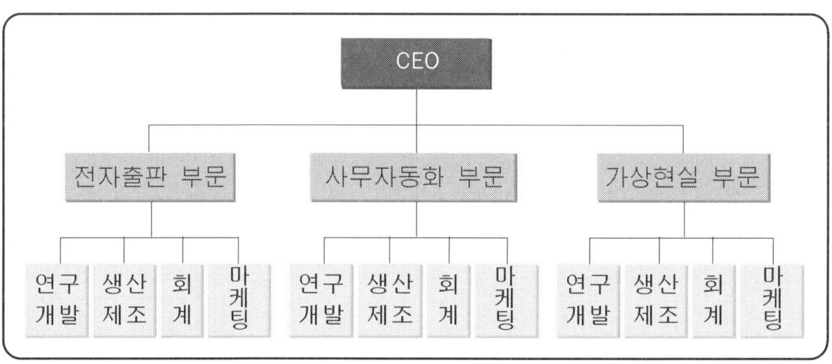

독립채산제(self-supporting accounting system)

독립채산제는 본래 소련에서 국영기업의 경영관리를 위하여 채택하였던 제도이다. 즉, 각 기업이 적자를 내지 않고, 또 계획의 한도 안에서 일정한 자주성 있는 경영을 할 수 있게 함으로써 능률의 향상을 도모하기 위한 목적으로 시행되었다. 현재의 독립채산제의 의미는 단일기업 또는 공장 ·사업부 등의 기업 내 경영단위가 자기의 수지(收支)에 의해 단독으로 사업을 성립시킬 수 있도록 하는 경영관리제도를 말한다.

도표 5.6 사업부제 조직구조의 강 · 약점

강 점	약 점
· 변화하는 환경에 재빠른 대응이 가능함 · 고객에 대한 만족도를 제고하기가 용이함 · 많은 제품을 생산하는 대규모 조직에 적합 · 의사결정이 분권화되어 많은 아이디어 수렴 가능 · 총괄 전문가를 양성할 수 있음	· 기능부서 간 중복투자로 인하여 규모의 경제 효과가 상실됨 · 역량이나 기술전문성이 다소 취약함 · 자원배분에 있어 사업부간 갈등발생 가능 · 제품라인에 있어서 통합이나 표준화가 어려우며, 조직 전체보다 사업부가 중심됨

점이 있다. 왜냐하면 각 부서 나름대로 처해 있는 환경이 다르고 대처할 자원도 따로 가지고 있기 때문에 조직 전체적으로 환경에 대처할 때 보다 훨씬 재빠른 대응을 할 수 있기 때문이다(〈도표 5.6〉 참조).

매트릭스 조직

매트릭스 조직구조는 규정이나 계층이나 전체 생산과정의 흐름으로 보아 부서간의 상호의존성이 매우 클 경우에 필요하다. 매트릭스 조직구조의 특징은 작업 단위를 한번은 기능별(생산, 마케팅, 재무 등)로 묶고 한번

도표 5.7 매트릭스 조직구조의 예

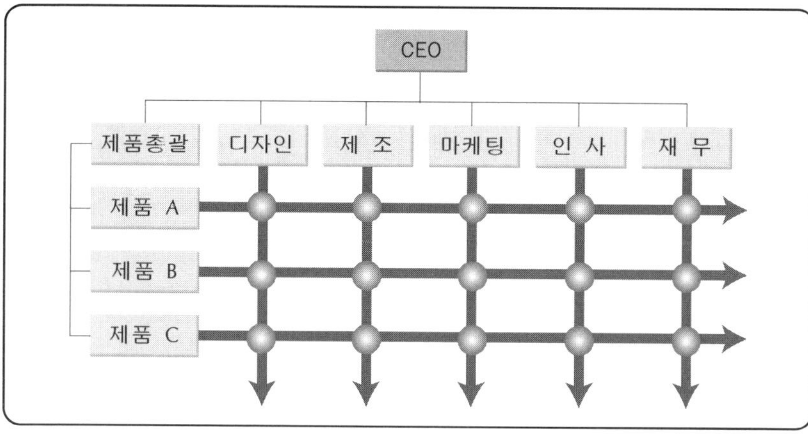

은 사업 혹은 제품별(제품A, 제품B 등)로 묶어서 두 조직구조 유형을 포개어 놓은 것과 같다(〈도표 5.7〉 참조).

매트릭스 조직구조에서는 전통적인 명령일원화의 원칙을 무시하고, 한 구성원이 두 상급자의 지시를 받으며 보고를 하게 된다. 그래서 특정 상급자의 직접적인 조정이 대단히 어렵게 된다. 결국 부서 간 통합이나 조정을 위해서는 빈번한 상호접촉과 협조, 의사소통, 토론이 필요하게 된다.

도표 5.8 매트릭스 조직구조의 강·약점

강 점	약 점
· 인재를 적재적소에 배치 가능함 · 극심한 환경변화에 따른 복잡한 의사결정에 유리함 · 기능별, 제품별 모두의 업무지식을 증대시킬 수 있음 · 많은 제품을 생산하는 중규모 조직에 적합	· 두 상급자 아래에서 구성원이 혼란스러워 할 수 있음 · 구성원들의 대인관계능력 증진이 필요함 · 잦은 회의, 갈등해결에 많은 시간 소요 · 권력의 균형을 유지하기 위해서 많은 노력이 요구됨

수평적 팀 조직

팀 조직구조는 수평조직(horizontal organization)의 대표적 형태이다. 다시 말해 팀은 개인주의에 대칭되는 개념으로 두 사람 이상이 모여 공동목표를 가진 사람들이 시너지효과를 얻기 위하여 만든 조직을 의미한다. 팀 조직구조는 환경변화에 신속하게 대응하기 위하여 수평적 조직원리를 바탕으로 지금까지의 기능 중심 조직과 계층 중심의 조직구조를 탈피하여 업무 프로세스 중심으로 작업 단위를 팀으로 다시 세분화하여 연결한 형태이다(〈도표 5.9〉 참조).

팀 조직구조는 인적자원의 유효한 활용, 의사결정의 신속화, 개인 중심에서 팀 중심으로의 업무 추진, 명령계통의 단축 등의 이유로 현재 대부분의 기업조직에서 도입하고 있을 뿐만 아니라 대학조직, 정부조직 등 비영리조직에까지도 확산되고 있다.

이야기 보따리

한국의 신분지상주의

우리나라 최초의 개신교 선교사로 왔던 언더우드 목사는 다음에 오는 후배 선교사들에게 조선의 풍습을 가르치면서 조선 사람의 방에 들어가면 절대 상석에 앉지 말고 하석에 앉으라고 가르쳤다. 우리나라는 아직까지 서열사회로 존재하고 있는 만큼 신분의 상징에 대단히 민감하다.

신채호 선생은 세수할 때 고개를 숙이지 않아서 세수하고 나면 매일 저고리가 젖었다. 미물인 세면대에 감히 어떻게 고귀한 머리를 조아리느냐는 것이 이유였다.

기업조직에서도 신분지상주의는 여전하다. 사실 팀 조직으로 개편하면서는 팀장을 제외한 모든 구성원들은 팀원이 되어야 함에도 불구하고, 아직까지 팀장, 차장, 과장으로 불려지고 있으며, 명함에도 직위를 쓰고 있다. 우리나라 국민들의 신분상승 욕구는 정말 대단한 것 같다.

도표 5.9 수평적 팀 조직구조의 예

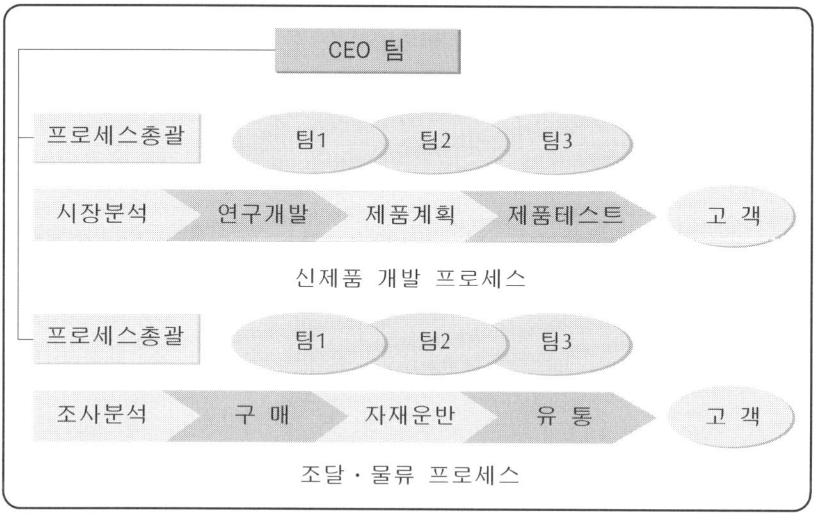

팀 조직구조의 가장 큰 특징 중 하나는 계층의 축소이다. 계층이 축소된다는 것은 지금까지의 결재과정에 있던 과장, 차장, 부장과 같은 중간관리자를 대폭 축소하면서 중간관리자들로 하여금 관리, 감독 결재업무에서 벗어나 직접 업무를 담당하도록 하는 것이다. 이에 그들이 가진 업무 노하우가 아래 직급의 사람에게 원활히 전수되도록 하고, 생산성을 향상시키려는 의도이다.

수평적 팀 조직의 원활한 운영을 위해서는 팀장이나 팀원들에게 권한을 부여하고, 권한 행사에 따른 책임을 묻는 '권한과 책임의 균형' 을 갖추어야 한다. 팀 조직은 조직의 자율적 운영이 생명이므로, 팀장은 팀 운영에 필요한 인사권의 확보는 물론 팀 단위의 예산도 확보하여야 한다.

팀 조직의 자율적 운영을 위해서는 팀장과 팀원이 자신의 업무수행에 필요한 기술, 전문지식, 실무경험들이 반드시 필요한데, 이를 위해서 팀장은 팀원들에게 경험이나 지식을 전수해주는 멘토(mentor)가 되어야 하며, 팀장 자신이 솔선수범하는 리더십을 보여야 한다.

팀 조직 운영 실패요인

- 부서의 명칭만 팀으로 바뀌었고 다른 변화는 없다.
- 팀장은 여전히 팀원(일선 직원)들을 믿지 못하고 중간관리자들을 찾는다.
- 팀장이 혼자 결정하는 것에 위험부담을 느껴서 대리나 과장의 내부결재(열람과 의견개진)를 요청한다.
- 팀원들은 스스로 노력하기 보다는 경험 많은 선배 대리나 담당과장의 도움을 기대한다.
- 책상 배치나 기안용지 등 부수적인 제도들이 여전히 과거의 다단계 피라미드 형태를 취하고 있다.
- 팀장이나 팀원의 의식이 여전히 수동적, 책임 회피적 인간관에 머물러 있다.
- 정보관리시스템이 공유보다 보안중심이며, 인사고과, 승진제도는 과거의 제도이다.

도표 5.10 수평적 팀 조직구조의 강 · 약점

강 점	약 점
· 고객욕구변화에 빠르고 유연하게 대처할 수 있음 · 모든 구성원이 조직목표를 폭넓게 이해함 · 팀워크나 협력을 촉진시킬 수 있음 · 책임, 의사결정, 수익 등을 공유할 기회가 많이 제공되므로 구성원의 삶의 질 향상에 도움이 됨	· 핵심프로세스를 결정하기가 어렵고 시간이 많이 소요될 수 있음 · 조직문화 및 제도, 직무설계, 경영철학, 보상체계 등 변화가 수반되어 혼란스러울 수도 있음 · 기존 중간관리자들의 반발이 우려됨 · 수평조직에서 효율적 과업수행을 위한 새로운 교육이 필요하여 비용이 수반됨

또한 조직은 전 부문에서 선임자의 경험과 노하우가 후임자에게 원활히 전수될 수 있도록 멘토십 프로그램(mentorship program)을 구축할 필요가 있다.

네트워크 조직

오늘날 정보통신기술이 빠른 속도로 성장하면서 경영활동에 있어서 정보통신기술이 많이 접목되고 있다. 이제 컴퓨터와 인터넷, 휴대폰이 없는 사무실은 상상조차 할 수 없을 정도가 되었다. 정보통신기술은 조직 내 구성원들로 하여금 업무와 관련한 정보와 지식을 전달, 공유시켜 그것이 축적되고 새롭게 창조되도록 지원하는 기능을 수행해야 하며, 이러한 기능이 원활해지는 것은 인적자원이 할 일이다.

정보와 지식의 전달 및 공유를 위해서는 작업 단위 혹은 기능 간에 유기적 연결이 반드시 필요한데 네트워크 조직구조는 이러한 특징을 가지고 있다. 또한 구성원이나 부서 간에 연결과 왕래가 더 많고 자연적으로 구성원들의 참여와 토론이 개방적이며, 그들의 능력이 최대한 발휘되고 공유되

도표 5.11 네트워크 조직구조의 예

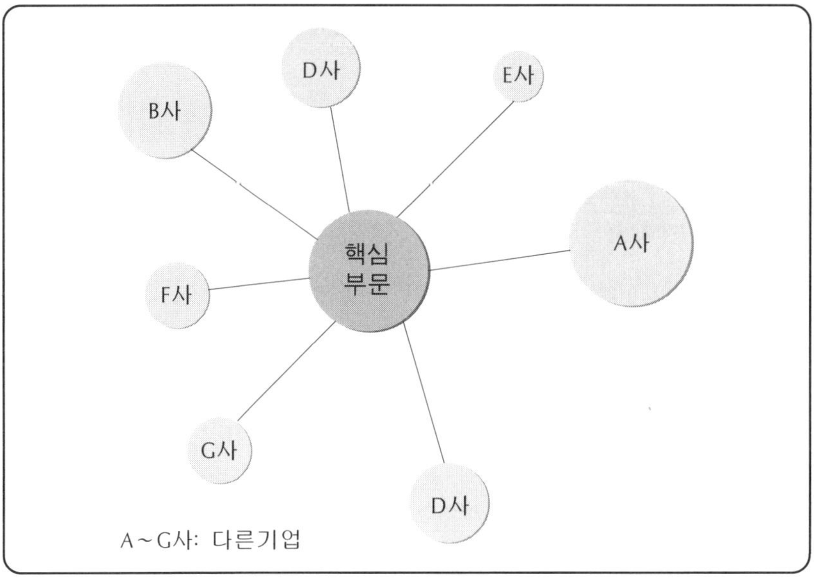

어 조직 내에 정보와 지식이 계속해서 축적될 수 있는 장점이 있다. 네트워크 조직구조는 나아가서는 물리적인 공간이나 장벽이 없어지고 가상조직(virtual organization) 형태를 띄우기도 한다.

가상조직은 조직의 핵심역량은 그대로 가지고 있으면서 그 외의 부문은 아웃소싱(outsourcing)을 하기도 하고 때로는 내부화(internalization)하기도 하고, 불필요하면 언제든지 떼어낼 수도 있다.

네트워크 조직의 형태는 소규모 중앙 조직이 계약에 기초하여 제조, 유통, 마케팅 등 기타 중요 기능을 수행하는 다른 조직에 각기 분배하여 상호의존 하는 모양을 지니고 있으며, 패션디자인 산업이나 광고 산업에서 많이 발견되는 조직의 형태이다(〈도표 5.11〉 참조).

도표 5.12 네트워크 조직구조의 강 · 약점

강 점	약 점
· 비교적 조직운영의 위험부담이 적음	· 지속적인 신뢰구축이 성공의 관건이 됨
· 불황기에 인력을 감축할 필요가 없음	· 초기 네트워크 관계 형성에 있어서 모니터링 비용(monitoring cost)이 많이 발생함
· 조직의 규모와 기능이 작기 때문에 변화에 빠르게 대처할 수 있음	· 네트워크 관계에 있는 다른 조직의 기회주의적 행동에 대처할 방안이 필요함

아웃소싱(outsourcing)

기업이 경쟁력이 없는 특정 업무나 기능을 외부의 전문 업체에 위탁하여 처리하는 일. 관리 비용을 줄이고, 핵심 사업에 주력함으로써 생산성과 효율성을 높이고자 하는 목적으로 실시함.

조직 내 임파워먼트

임파워먼트의 개념

임파워먼트는 그냥 '권한위임' 정도로만 번역되어 사용되고 있는 것이 사실이다. 하지만 권한위임으로 번역하면 '누군가에게 미루어버리는 것', '책임회피'와 같은 부정적 어감의 단어로도 인식될 수 있기 때문에 '임파워먼트'라고 원어 그대로 사용하는 것이 좋다. 임파워먼트는 단지 리더가 구성원에게 행하는 스킬이 아니라 팀 조직의 분위기를 변화시키는 일련의 조직개발활동으로 폭넓게 이해해야 하는 개념이다.

최근 기업조직에서 통용되는 임파워먼트의 의미

임파워먼트(empowerment)는 유용한 지식의 조직 내 확산과 내적 동기부여를 위하여 리더가 이미 가지고 있는 권한 및 노하우와 같은 지식을 구성원들에게 창조적으로 분배하여 조직 활성화를 꾀하는 역량이다.

또한 임파워먼트를 '권한을 주는 것', '할 수 있는 것(enabling)' 등으로도 정의하는데, 이러한 개념정의는 너무나 일원적이며 보편적이다. 왜냐하면 리더의 입장인지, 구성원의 입장인지에 따라 임파워먼트의 개념은 달라지기 때문이다(〈도표 5.13〉 참조).

결국, 리더와 구성원의 입장에서 정의하는 임파워먼트의 개념을 종합하면 첫째, 구성원 개인들이 스스로 몰입하고, 높은 수준의 역량을 가지고 있다고 믿는 행위지향성의 강조와 둘째, 행위를 위한 권한을 구성원 개인이 가질 수 있도록 리더가 분위기를 조성하고 촉진시키는 것이다.

도표 5.13 리더와 구성원이 지각하는 임파워먼트

	리더의 입장	구성원의 입장
임파워먼트의 개념 확장	'권한을 실어주는 것' (empowering)	'권한이 늘어나는 것' (empowered)
내 용	구성원으로 하여금 자신의 능력을 믿고, 과업/임무를 수행하는 자신감을 갖도록 만드는 행동	자신의 능력에 대한 신념과 책임감을 가지고 주도적으로 과업/임무를 수행하는 행동

자료 : 임창희 & 김영천 (2003)의 내용을 수정 인용한 김영천 (2006a)을 인용함.

리더가 임파워먼트에 대하여 긍정적인 생각을 가지고 권한을 구성원에게 나누어주는 것은 리더 자신이 권한을 빼앗기는 것이 아니라 팀의 권한이 더욱 커지고, 팀 구성원들을 동기부여 시키며, 나아가서는 보다 나은 업무수행환경을 조성한다는 마인드인 것이다.

다음의 〈도표 5.14〉는 실제로 리더가 구성원들을 임파워시키기 위하여 어떠한 절차를 거쳐야 하는 가에 대해 설명하고 있다.

구성원들을 임파워시키기 위한 첫 번째 단계로 구성원들의 심리적 상태를 저해하는 요인을 크게 조직구조 요인, 리더십 요인, 보상체계 요인, 직무특성 요인으로 나누고, 둘째로 이들 요인들이 파악되면 각종 경영전략과 스킬들을 활용하여 이를 극복하는 단계를 거쳐야 한다고 한다. 즉, 참여경영, 목표설정, 피드백시스템, 성과위주보상, 직무충실화 등을 사용하여 구성원들을 무력하게 만드는 심리적 요인들을 제거해 주어야 한다는 것이다. 세 번째 단계에서는 구성원들의 과업수행자신감을 높여줄 수 있는 정보를 제공해야 하는데, 여기에서는 조직구성원들과 여건이 비슷한 우수사원의 성공사례나 모범인재 상(像)을 제시하는 방법, 상담이나 교육 · 훈련과 같은 언어적 수단을 통해 설득하는 방법으로 그들도 할 수 있다는 자신감을 부여하는 단계이다. 이러한 단계들을 거치고 나면 조직구성원들은 무사안일주의를 극복하고 임파워되며 나아가 과업을 성공적으로 달성하기 위한 자기계발 활동을 지속한다는 것이다.

도표 5.14 리더가 구성원들을 임파워시키기 위한 절차

단계	내용
1단계	임파워먼트를 저해하는 심리적 상태를 유도하는 분위기의 파악(조직구조, 리더십, 관리 및 보상시스템, 직무특성 등)
2단계	임파워먼트를 저해하는 분위기를 극복하도록 경영전략과 스킬활용(참여경영, 목표설정, 피드백시스템, 성과위주 보상, 직무충실화 등)
3단계	과업수행자신감에 대한 정보제공 (대리경험, 언어적 설득, 타인성공모델 제시, 감성지능 개발 등)
4단계	조직구성원들이 임파워 됨(진취적인 업무수행을 위한 노력 및 자기유능감 강화)
5단계	행동효과 발생(과업을 성공적으로 달성하기 위한 지속적인 자기계발 수행)

자료 : Conger & Kanungo (1988)의 모형에 Goleman (1997)의 내용을 추가하여 구성함.

임파워먼트에 대한 잘못된 이해들

임파워먼트의 개념은 상호영향력(mutual influence)을 근간으로 하고 있다. 이것은 영향력을 창조적으로 분배한다는 것이며, 책임 공유와 넘치는 열정, 그리고 포괄적이며 민주적이고 오래 지속된다는 의미를 내포하

고 있다. 그렇기에 임파워먼트를 실천한다는 것은 구성원들이 자신의 재능과 능력을 활용하고 성취를 불러일으키며, 조직의 고유한 정신(문화)을 이해하고, 학습과 정보공유를 토대로 아이디어를 생산함으로써 성과를 높이는 것을 의미한다.

임파워먼트를 실천하는 조직의 리더는 구성원들에게 업무를 최고로 수행할 수 있는 권한을 주고, 교육훈련이나 코칭등의 지원을 아끼지 않았을

이 야 기 보 따 리

조선왕조의 임파워먼트 문화

조선왕조실록을 읽어보면 왕과 신하 간에 대단히 심도 있는 토론이 진행된다. 때로는 목숨을 버릴 수도 있다는 각오로 왕의 정책에 반대하는 경우도 있다. 그만큼 우리 조상들의 토론문화가 성숙했다고 볼 수 있지만 본질은 토론문화에 있는 것이 아니다. 그 본질은 조선의 왕들이 시행했던 권한의 창조적 분배에 기초를 둔 공론(公論)문화였다. 공론을 소중하게 여기고 성실하게 따랐던 왕은 대개 성군으로 올라섰는데, 그 대표적인 예가 세종대왕과 성종대왕이다. 공론은 왕도정치의 핵심 이념이다.

조선왕조는 공론을 여러 채널로 운용했다. 사헌부, 사간원, 집현전(성종 때 홍문관으로 명칭 바뀜) 등 3사는 정부조직 내에서 독자적인 역할을 했다. 또 조직 밖에서는 상소가 역할을 했으며, 조직 내부에서는 왕이 하루 3번씩 치르는 '경연'이라는 토론형식의 수업도 있었다. 이처럼 조선은 왕이 공론에 따라 정책을 결정하도록 이중, 삼중의 채널로 엮어두었다. 조선왕조는 공론을 이렇게 중요하게 여겼지만 경계 또한 게을리 하지 않았는데 그 이유는 공론이 갖는 함정을 방지하기 위함과 권한을 사적인 이익으로 남용하려는 행태를 우려했기 때문이다. 그래서 공론의 성격을 국민 모두에게 이익이 되는 의견으로 규정했다.

공론은 조선왕조의 원동력이었고 핵심가치였다. 더욱이 오도된 공론을 막고 유언비어를 식별하기 위한 여러 갈래의 채널을 운영한 점은 한 국가를 이끌어가는 리더가 전문화된 직속기구에 권한을 위임하면서 자율성을 부과한 임파워먼트를 실천했기 때문에 성군으로 더욱 칭송받고 후손에게도 길이 기억되는 것이다.

임파워먼트를 권한위임으로 착각한 사례들

- 임파워먼트는 리더가 관리 편의를 위해 업무측면으로 해방을 선언하는 것
- 임파워먼트는 리더가 하기 싫은 모든 일을 위임하는 것
- 임파워먼트는 특정 타인을 위해 행하는 것
- 임파워먼트는 리더가 다운사이징을 합리화할 수 있는 팀을 만드는 것
- 임파워먼트는 곧 업무분장

때 임파워먼트의 효과성이 가장 높아지고, 정보나 지식이 생산성을 향상시키는 근본적 힘이되며, 자신이 가진 정보를 모든 구성원들과 공유할 때 성과가 극대화된다는 것을 알고 있다. 하지만 현실적으로는 정보나 지식을 조직 내 정치적 도구로 이용하거나 권력수단으로 삼는 경우가 종종 발생한다.

임파워먼트는 리더의 특별한 스킬이 아니라 생산적 조직으로 분위기를 전환시킬 수 있는 역량이라는 것을 명심해야 한다. 하지만 대다수의 리더들은 임파워먼트를 권한위임으로만 협의적으로 생각하여 리더가 가진 권한 중에서도 불필요하다고 여겨지거나 리더 자신의 핵심역량이 손상되지 않는 범위 내에서만 부하들 혹은 구성원들에게 배분하려는 성향이 있다.

임파워먼트는 권한을 창조적으로 분배하는 것

권한은 일반적으로 조직체계 내에서 공식적으로 주어진 권력을 의미한다. 특히 우리나라에서는 대부분 권한을 가지거나 보존해야지 그렇지 않으면 다른 누군가에게 빼앗기는 것으로 생각하는 경향이 있다. 또한 권한을 소유한다는 것은 누가 통제력을 가지는가에 대한 이슈가 되기도 한다.

권한의 의미에 대한 진화과정을 살펴본다면 임파워먼트를 이해하는 데 도움이 될 것이다(〈도표 5.15〉 참조).

임파워먼트가 실천되고 있는 조직에서는 리더가 구성원들을 통제하기 위한 권한은 감소하고, 각 구성원들이 개인의 목표나 조직 전체에 공유되어 있는 목표를 성취하기 위해 권한을 창조하고 개발하고 분배하는 능력은 증가하는 특성을 보인다.

뿐만 아니라 임파워먼트를 실천하는 좀 더 비전 있는 조직으로 만들고

도표 5.15 권한에 대한 세 가지 진화적 견해

진화 방향	권한에 대한 견해 (나/당신/제3자)	내가 하는 것	당신이 하는 것	전체 값
↓	분배 (상실/획득/×)	내가 당신에게 권한을 준다 값 : −1	당신은 나에게서 권한을 가져간다 값 : +1	−1+1=0 (상승작용없음)
↓	창조 (획득/획득/×)	내가 당신과 정보를 공유한다 값 : +1	당신이 나와 정보를 공유하다 값 : +1	+1+1=2 (상승작용 발생함)
↓	창조적 분배 (획득/획득/공유)	우리는 서로 그리고 타인들과 영향을 주고 받는다 값 : 〉1	우리는 서로 그리고 타인들과 영향을 주고 받는다 값 : 〉1	〉1+1=? (max, ∞) (지속적으로 상승작용이 커짐)

자료 : Murrell & Meredith (2001)의 내용을 수정 인용함.

- 분배 : 권한은 '주어지는' 것이다. 이러한 관점은 권한이 한정되어 있으며 당신이 누군가에게 주지 않으면 잃는다는 점을 함축한다.
- 창조 : 권한은 '만들어지는' 것이다. 이러한 관점은 권한이 둘 이상의 사람들이 서로 정보, 권한, 책임을 교류할 때 더욱 커진다는 것을 의미한다.
- 창조적 분배 : 권한은 무한대이다. 이러한 관점은 사람들이 상호 영향을 주고받을 때 권한이 지속적으로 성장한다는 점을 나타낸다.

싶다면 리더는 구성원들에게 업무와 책임에 있어서 보다 많은 새로운 기회를 제공하면서 성취를 강조해야 하며, 조직의 핵심가치를 발견하도록 해야 한다.

일반적으로 팀의 리더십은 한 사람에 의해 시작과 끝이 정해지지 않는

이야기 보따리

지멘스가 구조조정에 성공한 까닭은?

독일의 컴퓨터 제조업체인 지멘스 닉스도르프 인포르마치온시스템(약칭으로 Siemens라고 함)에서는 극적인 구조조정 작업을 진행했지만 화합적인 분위기 때문에 성공을 거두었다. 구조조정은 최고경영자인 게하르트 숄마이어가 직접 주도하였는데 팀워크를 중요시하고 종업원뿐만 아니라 관리자까지 행동수칙을 마련하였고, 일곱 단계로 짜여진 조직 내 계급체계를 일시에 허물어버렸다. 이러한 급격한 구조적 혁신의 저항을 사내 모든 구성원이 참여하는 4주짜리 합숙토론을 통해 많이 완화시켰다.

합숙토론에 참석한 구성원들 모두의 직책을 무시하고 그냥 이름표만 달고 토론에 참가하였다. 또한 각 분야별로 팀을 구성하여 주어진 문제의 해결책을 모색하고 즉흥적으로 일처리도 해 보았다. 또한 토론의 마지막 날에는 20명의 종업원들로만 구성된 경영관리팀을 구성하여 생산성을 향상시키기 위한 각종 실천계획을 만들었다.

숄마이어가 시행한 이 합숙토론의 성과는 예상보다 대단히 좋았다. 효율적인 비용절감을 통해 생산성을 더 높일 수 있는 계획이 수립되었고, 이를 실천하려는 역량과 자신감이 구성원들에게 넘쳐났다. 덕분에 지멘스는 PC시장에서 성공적으로 다시 경쟁력을 갖추게 되었고 흑자로 전환되는 재무적 성과까지 거두었다.

숄마이어는 이후에도 종업원들로 하여금 경영자처럼 생각하고 고민하도록 독려했다. 또한 아무리 직급이 낮고, 나이가 어리더라도 좋은 '아이디어'가 있으면 그 사람을 중심으로 아이디어를 실현할 수 있는 체계를 만들어주었다. 숄마이어는 지멘스라는 기업을 거대한 조직실험연구소로 바꾸어 끊임없이 임파워먼트를 실천함으로써 조직문화를 변화시켰던 것이다.

조직의 핵심가치를 찾기 위해 고려할 사항

- 합리성 보다는 윤리성이 우선되어야 함(눈앞의 이익보다는 장기적 신뢰 획득이 우선임)
- 변화하는 고객의 니즈(needs)를 충족시켜 줄 수 있는 가치
(우리 조직이 이루어낸 성과물을 사용·활용할 대상자가 고객이라고 생각할 것)
- 우리 조직이 수행하는 일을 왜 하는가라는 근본적 질문에 대한 답변
- 구성원 개개인 모두를 존중할 수 있어야 함
- 실수나 실패를 학습의 기회로 생각해야 함

다. 또한 팀 리더가 모든 업무를 주도해야 하는 것도 아니다. 팀 리더가 임파워먼트를 실천하기 위해서는 다른 팀 리더들의 트레이너로서, 새로운 리더들의 조언자(coach)로서, 팀의 컨설턴트로서, 미래에 리더가 될 사람들의 역할 모델로서, 리더십 자질을 가진 인재를 발굴하여 역량을 키워주는 촉진자로서의 다양한 역할을 수행하여야 한다.

조직구조와 임파워먼트

조직형태에 따라 임파워먼트 리더십을 어떻게 발휘할 것인가에 대해 생각해보자. 대부분의 조직은 과거 관료제 형태의 위계적 조직구조(피라미드 형태)를 가지고 있었지만, 오늘날은 대부분 수평적인 팀 조직구조로 변화되고 있다. 하지만 시스템적으로는 팀 조직구조 형태이지만 의사결정이나 커뮤니케이션 측면을 실제 분석해보면 아직까지는 위계적 조직구조가 더 많다고 볼 수 있다.

위계적 조직구조에서는 커뮤니케이션 라인이 상명하복 위주로 비교적 단순하며, 일방통행처럼 고정되어 있다(〈도표 5.16〉 참조). 이러한 구조에

도표 5.16 위계적 조직구조(피라미드 구조)의 형태

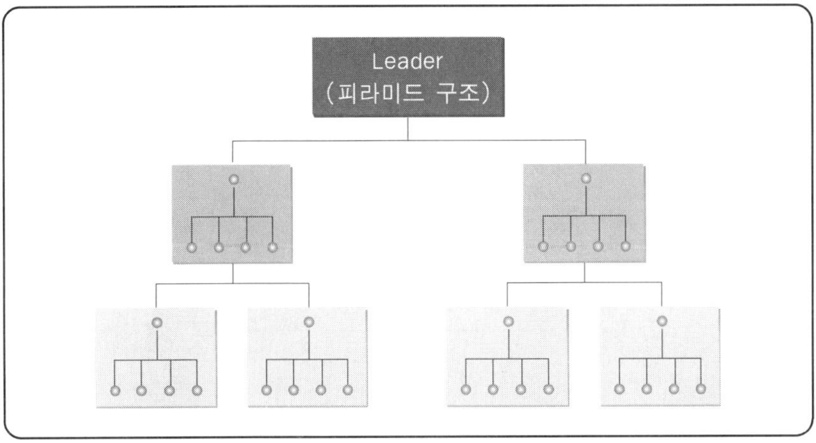

서 가장 윗자리에 있다면 의사결정과 정보를 조직의 명령체계를 통해 하달할 수 있으며, 피드백을 원하지 않는다면 굳이 피드백을 취할 필요도 없다. 만약 조직구조 상의 중간부분에 있다면 의사결정과 정보를 계층의 하부로 전달하며, 상부로 보고하는 통로의 역할을 한다. 조직구조의 하부에 있다면 의사결정의 이유나 정보의 근거를 항상 알고 있을 필요가 없다. 단지 상부의 기대만 충족시키고 주어진 임무만 완수하면 된다.

위계적 조직구조에서는 당신이 의사결정한 일이 잘 되었을 경우 그 공은 당신의 것이 된다. 하지만 일이 잘못되면 비난을 받아들이거나 조직의 하부로 비난을 전가시키게 된다. 만약 당신이 조직구조의 하부에 있다면 상사가 알려주지 않는 이상 의사결정의 결과조차 모르고 있을 수도 있다. 이러한 조직에서 리더로 존재한다는 것은 피라미드의 꼭대기에 있는 것처럼 대단히 고독한 일이다.

이번에는 팀 조직구조에 대하여 살펴보자(〈도표 5.17〉 참조). 팀 조직구조는 커뮤니케이션 라인이 무수히 많이 존재한다. 반드시 보고해야 할 상사가 있는 것도 아니고 그들 자신이 해답을 찾아야만 할 때도 있다. 그럼

도표 5.17 팀 조직구조의 형태

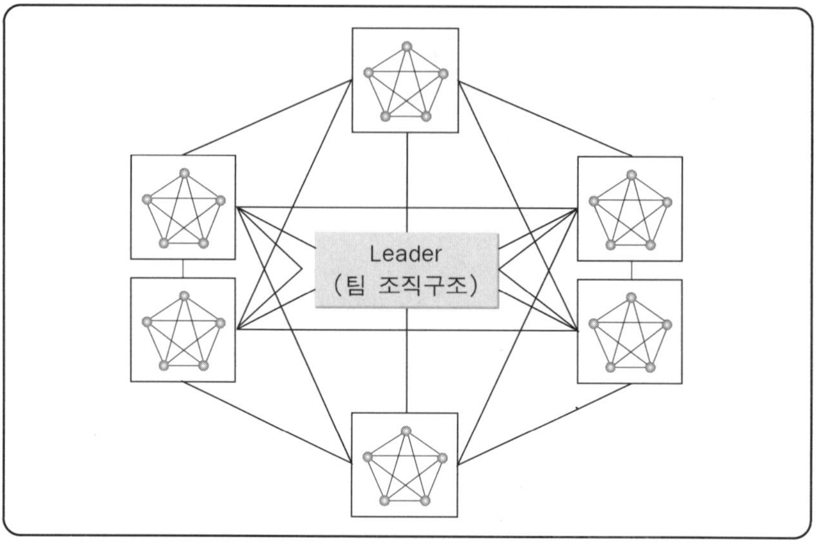

에도 어떠한 형태로든 자신의 업무실적은 평가가 된다. 만약 당신이 팀 조직형태의 리더라면 문제해결을 하는 데 있어서 다양한 사람들과의 커뮤니케이션을 통해 창의적인 해결책을 찾을 수도 있고, 좋은 정보나 지식을 공유하게 될 수 있으므로 의사결정의 대안이 많아질 수도 있다. 조직형태의 그림을 보면 팀 조직구조의 리더는 고독한 존재가 아님을 알 수 있다.

위계적 조직구조의 입장에서 본다면 팀 조직구조는 명확한 조직적 체계가 없는 것처럼 보일 수도 있다. 또한 위계적 조직구조의 상부에 있었던 사람들의 입장에서는 팀 조직구조로의 변화가 권한 및 통제를 잃어버리는 것처럼 느껴질 수도 있으며 위계적 조직구조의 하부에 있었던 사람들은 갑자기 많은 책임과 업무량이 많아진 것처럼 느껴질 수도 있다.

이처럼 팀 조직구조로의 변화초기에는 많은 것들이 불확실한 것처럼 보일 수 있지만 팀 조직이 안정기에 접어들었을 경우에는 의사결정, 커뮤니케이션의 질과 양, 부서간 협력, 창의적 업무수행 모두 위계적 조직구조보다 더 나은 결과를 가져온다. 물론 하드웨어 측면(조직구조)의 변화와 소프트웨어 측면(임파워먼트)의 변화가 병행하여 이루어진다면 그 효과는 배가 될 것임에 틀림없다.

구성원들을 어떻게 임파워시킬 것인가?

오늘날처럼 업무의 복잡성이 증대되고 창의적인 의사결정이 보다 많은 부가가치를 창출하는 시점에서 팀의 관리자 혹은 리더가 임파워먼트를 올바르게 실행할 수 있다면 경쟁력 있는 조직을 만들어갈 수 있다. 임파워먼트는 앞에서도 강조하였지만 '권한을 위임해버리거나 포기하는 것' 이 아니며, 보다 생산적인 조직이 될 수 있도록 분위기를 조성해가는 것이다.

또한 보다 역량 있는 조직을 만들기 위해서 인재를 육성하는 것은 반드시 필요하다. 인재를 키우기 위한 가장 효과적인 방법은 '그 사람에게 일을 믿고 맡기는 것' 이다. 하지만 이것을 실천하기는 그리 쉬운 일이 아니다. 그렇기 때문에 임파워먼트를 실천하기 위한 핵심행동지침을 소개하고자 한다(〈도표 5.18〉 참조).

첫째, 개별적으로 심사해야 한다. 누구에게 어느 정도의 책임을 맡게 할 것인가는 개개인의 역량과 의욕에 따라 결정해야 한다. 모든 구성원에게 일률적으로 똑같이 일을 맡겨서는 안 된다.

둘째, 보고를 받아야 한다. 일을 맡겼다고 해서 옆에서 수수방관하고 있다면 그것은 임파워먼트가 아닌 권한포기(authority abdication)다. 예를 들어 연간 매출목표가 100억원이라고 한다면 연말에 일시에 보고를 받을 것이 아니라 매주, 매달, 매 분기마다 경과를 보고받아 목표를 함께 달성해 가야 한다. 하지만 매출액을 달성하기 위한 구체적인 의사결정과 실천에 대한 권한은 아래로 배분하되, 결과에 대해서는 함께 책임을 진다는 생

도표 5.18 임파워먼트 실행정도의 5단계

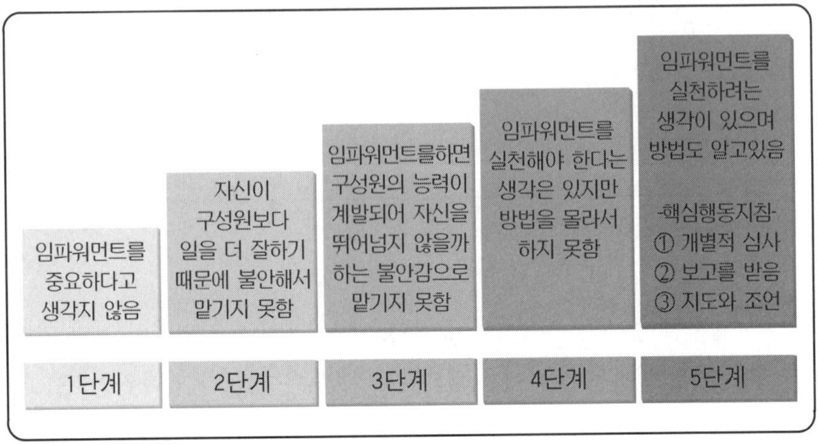

각을 가지고 상황을 함께 고민해야 한다.

셋째, 필요에 따라서는 지도하고 조언해주어야 한다. '필요에 따라서'라는 말은 구성원이 먼저 조언을 요청할 때이며, 이를 기꺼이 받아들이는 태도는 리더로서의 당연한 책임이다. 만약 구성원이 일을 잘못 진행시키고 있거나, 중심궤도에서 벗어났을 때에는 리더가 먼저 도움을 주고 지도해주어야 한다. 하지만 '조금 이상한' 잘못은 그냥 넘어가는 편이 좋다.

리더는 완벽을 추구하지 말고 중요하지 않은 부분이라면 약간의 실수를 용납해주어야 한다. 극단적인 상황이거나 스스로 위기에서 빠져나오지 못할 때에만 도와주어야 한다. 어미 독수리는 자기 새끼가 죽을 정도가 아니면 위험에 처하거나 먹이를 못 먹어 굶어죽을 지경이 되어도 간섭하지 않는다. 하지만 정말 곤경에 처했거나 죽을 상황에 처해 있다면 어미 독수리는 자신의 몸을 아끼지 않고 새끼를 보호한다.

바람직한 리더는 구성원들을 이끌어가면서 육성하는 사람이지 자신이 모든 일을 도맡아 하는 사람이 아니다. 구성원들에게 업무를 믿고 맡길 수 있는 사람이 되어야 한다. 그러면서도 구성원들을 지도하고 조언하는 일에 게으름이 있어서는 안되며, 중요한 부분에 있어서는 솔선수범하여 구성원들을 코칭하는 것도 필요하다.

이야기 보따리

p.147페이지의 질문에 대한 답과 해설

기업체 인사담당자들을 대상으로 한 특강에서 147페이지의 다섯 개 그림들을 제시하고 가장 단순한 것은 몇 번 입니까? 라고 물으면 대부분의 인사담당자들은 "①번이 가장 단순하고, ⑤번이 가장 복잡합니다"라고 대답한다. 고개를 갸우뚱하며, 재차 질문하면 인사담당자들은 서로의 눈치를 보면서 자신 없는 말투로 말한다. "⑤번이 상대적으로 ①번보다 복잡합니다."

세계적인 물리학자인 겔만(M. Gellmann)은 복잡성과 단순성을 설명하는 데 있어서 문장이 길어지거나 여러 문장을 사용할수록 복잡한 것이고, 그 반대일수록 단순한 것이라고 말한다. 그렇게 되면 ①과 ⑤는 상태를 단순히 묘사할 수 있으므로 단순하다는 것이다. 반면 ②, ③, ④는 그 상태를 묘사하려면 많은 설명이 필요하므로 복잡한 것이다. ①과 ⑤는 외견상 정반대인 것처럼 보이지만 그 본질은 같다는 것이다.

조직설계에서도 부서를 최대한 분리하든지, 통째로 묶어 하나로 만들기는 대단히 쉽다. 문제는 적당히 나누고, 통합하는 것이 더 어려우며, 이 지점을 찾는 것이 조직설계의 가장 중요한 과제라고 할 수 있다.

¤ 3분 토의를 해 봅시다

1. 임파워먼트와 권한위임의 차이점을 조사하여 팀원들과 공유하고, 발표해보자.
2. 위계에 의한 조직보다 왜 수평적 조직이 구성원들의 능력계발에 용이한가에 대하여 토의해보자.
3. 여러분이 한 집단 혹은 조직의 리더로서 경험이 있는 경우, 임파워먼트를 잘 실천했었는지를 생각해보고, 경험담을 공유하자. 만약 임파워먼트를 잘 실천하지 못했다면 어떠한 원인 때문이었는지를 발표해보자.

리·더·십·레·크·리·에·이·션

탄탄한 조직을 위한 공통가치 찾기

목적 및 요약	구성원들은 이 게임을 통해 긍정적이고 생산적인 업무 환경을 위한 지침을 직접 만들어볼 수 있다. 회의 안건뿐만 아니라 일상적인 업무수행에 관련되어 응용이 얼마든지 가능하다. 구성원 스스로 지침을 만들기 때문에 준수하려는 의지가 대단히 강하다는 이점이 있다.
소요시간	15~20분
준비물	조별 큰 종이 1장과 매직펜, 구성원 각자 필기도구와 작은 종이
팀 구성	5인 1조
진행요령	조직 활동의 유효성은 구성원들이 동일한 규칙과 규정을 준수하는 데에 있다고 설명한다. 이러한 규칙과 규정을 준수하지 않을 경우 발생 가능한 상황에 대하여 간단히 토론시킨다. 조직을 구성하여 활동할 때 반드시 지켜야 할 행동이나 사고방식에 대하여 브레인스토밍 시킨다(5분). 조별로 발표하게 하고, 다른 조에게 그 지침을 지켰을 때 얻을 수 있는 이점을 3~5가지 이상 쓰도록 한다. 이점에 대하여 발표시킨다.
기타 아이디어	· 공통가치를 준수할 경우의 이점뿐만 아니라 준수하지 않을 경우 초래될 수 있는 손실에 대해서도 토론을 시킬 수 있다(30분 정도 소요됨) · 실제 소속된 조직에 필요한 공통 가치들을 제안하도록 촉진시키면 운영의 노하우를 습득할 수 있다.

팀 빌딩과 리더십

6

집단을 형성하는 이유와 이점은 무엇인가에 대하여 학습하고, 오늘날 과업집단으로 각광 받고 있는 팀은 집단과 어떠한 차이가 있는 가를 살펴본다. 그리고 효과적인 팀을 만들기 위한 팀 빌딩의 개념 및 절차, 그리고 실제 구축방법에 대해 학습한다.

집단에 대한 이해

개인적으로는 모두 착한 사람들이라도 그들이 모여서 집단을 형성하면 착하지 않은 행동을 할 수도 있다. 온순한 국민성을 가진 사람들도 모이면 폭동을 일으키는 것도 개인의 행동과 그 개인들이 형성한 집단의 행동이 다르기 때문이다.

조직 내에는 수많은 소규모 집단들이 존재하고 있다. 업무를 수행하기 위한 최소 단위인 팀도 있고, 직장 동료들끼리 자발적으로 구성한 동호회 집단도 있다. 이에 집단의 형성이유와 특징, 집단 내에서의 개인행동 방식을 알아보고 왜 집단을 형성하는 것이 효율적인가에 대하여 알아보기로 한다.

집단 형성의 이유

사람들은 왜 집단을 형성하고자 하며, 왜 모여서 무엇인가를 하려고 할까? 사회심리학자들이 밝혀놓은 몇 가지 결과가 있다. 첫 번째는 개인의 욕구를 충족시키기 위함이며, 둘째는 효율성을 추구하기 위해, 셋째는 개인 상호간에 이익을 얻기 위함이다.

도표 6.1 집단을 형성하려는 인간의 욕구

인간의 욕구	세부내용
경제적 욕구	물질이나 정보를 효율적으로 더 얻기 위해서
안전 욕구	불확실성, 두려움, 고독을 줄이고 서로 의지하고 싶어서
애정 욕구	사랑하고 싶고, 사랑 받고 싶어서
협동의 욕구	상호교환, 대화, 협동의 필요가 존재하기 때문
소속 욕구	어느 집단에 소속되어 있고, 누구와 연결되었다는 느낌을 받기 위해
자아 정체성 욕구	자신의 실존, 자신의 역할을 확인하고 싶어서
지배 욕구	타인에 대한 지배욕구와 영향력을 가지고 있다는 느낌을 받기 위해
존경 욕구	타인을 존경하고 싶고, 자신도 칭찬받거나 인정받고 싶어서
비교 욕구	타인과 비교하여 자신의 위치, 장 · 단점을 평가하고 싶어서

자료 : 임창희 (2004)를 수정 인용하여 표로 정리함.

집단은 인간의 친교욕구를 충족해줄 뿐만 아니라 개인으로 하여금 서로 도우면서 안전을 지키고 권력을 행사할 수 있는 터전을 마련해 준다. 집단형성의 동기가 되는 인간의 욕구들을 열거하면 〈도표 6.1〉과 같다.

또한 인간은 집단을 구성함으로써 혼자 수행하는 일 이상의 성과를 얻을 수 있다는 것을 알기 때문에 투입한 노력 이상의 성과를 얻고 싶어서

시너지 효과(synergy effect)란?

시너지(synergy)는 원래 전체적 효과에 기여하는 각 기능의 공동작용 및 협동을 뜻하는 말로 상승효과라 번역된다. 기업에서는 특정 생산자원을 다면적으로 활용하여 시너지 효과를 추구한다. 시너지란 기업 활동에서 대기업 1개사와 소기업 10개사의 매출액이 똑같을 경우 일반적으로 광고 · 판매 · 유통 · 생산 · 연구개발 등에 있어서 대기업이 사내자원을 공유할 수 있는 면이 많으므로 그만큼 대기업의 제품 코스트가 소기업의 제품보다 유리하고 상승효과가 보다 크게 기능하기 때문에 큰 이익을 얻는다는 논리로 설명된다.

집단을 형성하기도 한다. 이러한 현상을 시너지 효과(synergy effect)라고 한다. 뿐만 아니라 집단을 형성하게 되면 집단 내에서 다양한 상호교환관계가 발생한다.

호만스(G. C. Homans)에 의하면 어떤 사람과의 인간관계를 가짐으로 해서 생기는 득과 실을 비교하여 득이 많을수록 그 사람에게 끌린다고 한다. 결국 집단이 형성되었다는 것은 개인들 사이에 서로 이익을 바라고 있다는 뜻이며, 집단에서 탈퇴하는 누군가는 이익보다는 손해가 많기 때문이라고 생각할 수 있다.

집단 발달과정

자연스럽게 형성되었건 인위적으로 형성되었건 집단이 틀을 잡아가기 위해서는 시간이 걸리고 거쳐야 하는 과정이 있다. 여건이 마련되어 있더라도 짧은 기간 내에 강한 집단의 실체가 정착되는 것은 아니다. 초기에는 엉성하게 형성됐다가 점차 집단의 응집성이 발휘되는 경우도 있고, 처음에는 안정적 집단이었다가 도중에 격동과 변혁을 겪고 나서 집단의 응집성이 발휘되는 경우도 존재한다. 전자는 집단발달 5단계 모형이라고 하고, 후자는 단절적 균형모형이라고 일컫는다.

집단발달 5단계 모형은 초기에 구성원들이 방향 탐색과 갈등을 하다가 점차적으로 집단이 안정되면서 성과를 창출하게 된다는 논리이다. 각 단계별 구체적인 특징으로는 다음과 같다.

1단계는 초기형성기(forming)로, 구성원이 모이기는 했지만 집단의 구조, 목표, 역할, 행동방식 등 모든 것이 미정이고 불확실한 상태에 있다. 초기형성기에서는 집단의 구성원들이 리더에게 많이 의존하는 단계이므로 추진력이 있고 강한 리더십이 요구된다. 구성원들이 집단을 형성한지 얼

도표 6.2 집단발달 5단계 모형

형성단계	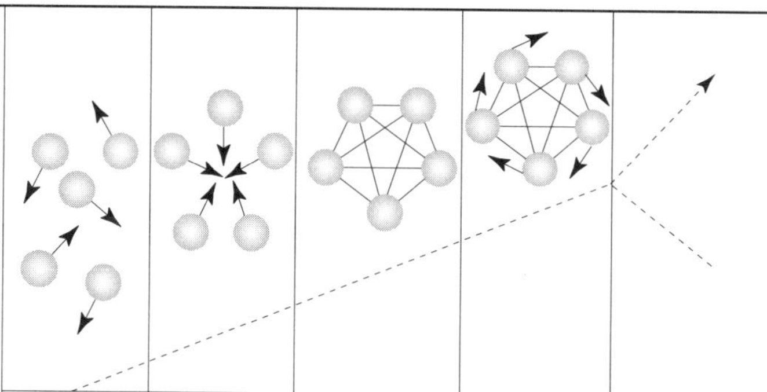				
	초기형성기 (forming)	격동기 (conflicting)	정착기 (norming)	성과달성기 (performing)	변화모색기 (adjourning)
집단의 행동변화	상호탐색 방향설정	갈등, 견제 조직화	규범에 동조 정보교환	성과창출 문제해결	변화모색 해체/재결집

자료 : Tuckman & Jensen (1997)를 수정 · 인용한 임창희 (2004)를 재인용함.

마 되지 않았기 때문에 불안감을 가지고 있으며, 기본적인 규칙과 행동양식을 정해야 하는 단계이다.

2단계는 격동기(conflicting)로, 같은 집단에 소속된 것은 인정하면서도 서로의 역할분담, 권력구조, 신분차이에 대한 분명한 타협이 이루어지지 않았기 때문에 서로 부딪치면서 해결해 나가는 단계이다. 격동기에서는 리더에게 저항도 하며 좋은 이권을 확보하기 위해 구성원들 서로 적대행위도 하기 때문에 성과지향 및 관계지향 리더십을 적절히 발휘해야 한다. 구성원들 사이의 이해관계가 얽히는 단계이기 때문에 타협과 양보가 많이 요구되는 시기이기도 하다.

3단계는 정착기(norming)로, 집단의 목표, 구조, 구성원의 소속감, 역할 등이 분명해진 상태이다. 정착기에서는 리더가 구체적이고 분명한 비전 및 목표를 제시하여 구성원들의 시너지 효과를 이끌어내는 리더십이 요구된다. 구성원들은 서로 협력하며 공동체 의식을 가지고 좋은 관계를 형성하고자 하며, 정보교환 및 의견교환이 원활하게 이루어지는 단계이다.

4단계는 성과달성기(performing)로, 구성원 개개인이 주어진 역할을 충실히 하면서 집단의 목표달성에 총력을 기울여 업적을 만들어 내는 단계이다. 성과달성기에서는 리더가 열정과 추진력을 가지고 솔선수범하는 리더십이 요구된다. 적극적이고 열정적인 모습을 구성원들에게 몸소 보여줌으로써 성과를 내기 위한 참여를 독려할 수 있다. 구성원들은 문제가 해결되면서 가시적인 성과가 나타나기 때문에 분명한 소속의식과 집단에 대한 자부심을 가지게 되는 시기이다.

5단계는 변화모색기(adjourning)로, 처음의 공동목표를 이루었다고 생각되면 새로운 목표를 향하여 변화를 모색하는 단계이다. 변화모색기에서는 리더가 혁신 지향적 리더십을 가지고 새로운 비전과 목표를 제시하거나 기존의 수행방식을 적극적으로 개선하려는 노력이 요구된다. 집단의 응집

도표 6.3 집단 발달 단계별 특성과 요구되는 리더십

집단발달단계	집단의 특성	요구되는 리더십
1단계 초기형성기 (forming)	· 구성원들 사이에 서먹서먹한 관계 · 기본적 규칙과 행동양식이 필요함	추진력과 사명감에 기반을 둔 강한 리더십
2단계 격동기 (conflicting)	· 역할불확실성으로 인해 구성원들 사이에 갈등이 존재하여 마찰을 빚음 · 구성원들 사이에 이해관계가 얽혀있음	성과지향 및 관계지향 리더십의 균형
3단계 정착기 (norming)	· 서로 협력하며 공동체 의식을 형성함 · 정보 및 의견 교환이 원활함	비전제시를 통한 시너지 창출 리더십
4단계 성과달성기 (performing)	· 집단의 목표달성에 총력을 기울임 · 집단에 대한 소속감과 자부심을 가짐	열정을 가지고 솔선수범하는 리더십
5단계 변화모색기 (adjourning)	· 성과를 창출하고 변화를 모색하는 시기 · 응집성이 약화되기도, 재결집하기도 함	바람직한 변화모색을 위한 혁신 지향적 리더십

성이 서서히 약화되기도 하고, 새로운 목표설정 후 재결집하기도 하는 시기이다.

도표 6.4 집단발달의 단절적 균형모형

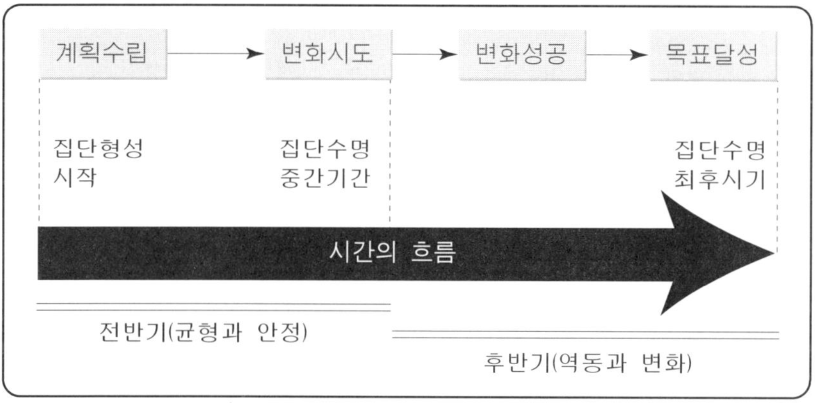

자료 : Gersick (1989)를 수정 · 인용한 임창희 (2004)를 재인용함.

단절적 균형모형(punctuated-equilibrium model)은 집단이 형성된 초기에 오히려 균형을 유지하다가 중간에 균형이 깨어지면서 혁신과 변화의 격동기를 겪고 나서 응집력이 강화되어 목표를 달성하게 된다는 주장이다. 단절적 균형모형에 의하면 집단 구성원들의 태도와 행동은 전반기와 후반기에 각기 달라진다(〈도표 6.4〉 참조).

전반기에는 집단 구성원들이 목표와 각자의 사명을 정하고 끝까지 변하지 않을 것으로 여기며 안정적으로 일한다. 이 때에는 어떤 구성원이 새로운 의견을 제시해도 무시하고 처음 모여서 만든 계획과 규정을 따르면서 맡은 임무를 충실히 하는 기간이다. 이 때까지는 균형과 안정기간이다.

그러다가 집단의 존속기간이 어느 정도 되면 목표달성까지 남은 기간이 얼마 남지 않았다는 것을 인식하게 된다. 문제에 부딪치고 지금까지의 구성원들 행동에 변화가 필요하다는 것을 깨닫는다. 이제 구성원들은 변화의 경각심을 깨닫고 새로운 규범과 업무를 만들고 변화의 필요성을 느낀다.

단절적 균형모형에서는 전반기에는 안정적이다가 중간에 잠시 안정이 깨지면서 변화가 있고 다시 안정기로 접어든다는 점이 특징이고, 집단발달 5단계 모형은 집단 형성 이후 초기에는 불안정하지만 후반기로 갈수록 안정된다고 보았으며, 성과창출 이후 변화를 모색한다는 특징이 있다.

집단 성과의 향상

사람들은 어쩔 수 없어서 집단으로 일할 때도 있지만 대부분은 더 좋은 결과를 얻기 위해서 집단으로 일하는 경우가 많다. 집단의 성과를 향상시키기 위하여 알아두어야 할 개념과 방법론이 몇 가지 있다.

그리 어렵지 않고 평가하기 쉬운 과업이라면 혼자서 할 때보다 여럿이 같이 하면 사기도 오르고 경쟁도 하게 되어 더욱 잘 한다(사회적 촉진: social facilitation). 하지만 과업이 복잡하거나 평가하기 어렵고, 신경 쓰이는 일이라면 주변 사람들 때문에 주의가 분산되고 책임회피를 하며 최선을 다하지 않는 경우도 있다(사회적 태만: social loafing).

100m 단거리 경주나 마라톤과 같은 육상경기를 연습할 때 함께 뛰는 런닝 메이트(running mate)는 사회적 촉진의 한 예라고 볼 수 있다. 반면 예비군 훈련 시 한강 둔치에서 휴지 줍기를 하면 열 명이 한 사람이 주은 것보다 못한 성과를 내기도 하는 데, 이는 사회적 태만의 예라고 할 수 있다.

그 외에도 일의 특성에 따라서 집단의 규모나 협동정도가 달라지기도 한다. 스타이너와 존슨(I. D. Steiner & H.H.Johnson)은 집단 과업의 유형을 셋으로 나누고, 과업의 유형에 따라 집단의 규모나 커뮤니케이션 채

사회적 촉진(social facilitation)과 사회적 태만(social loafing)

- 사회적 촉진(social facilitation)은 타인이 존재함으로 인하여 자신의 능력을 최대한으로 발휘하는 현상을 말한다. 예를 들면 같은 사람일지라도 혼자 달리기 하는 것보다 여럿이 경주를 했을 때 기록이 더 높다. 사회적 촉진이 발생하는 이유는 타인의 존재가 동기를 더욱 강하게 해주기 때문이다.
- 사회적 태만(social loafing)은 집단 속에서 일하는 개인이 자신의 업적이 타인에 의해 정확히 관찰될 수 없을 때 혼자 일할 때 보다 덜 일하게 되는 현상을 말한다. 링겔만이라는 심리학자는 혼자서 줄을 당길 때의 압력보다 여러 사람이 함께 줄을 당길 때의 압력이 줄어든다는 '링겔만 효과'를 통하여 사회적 태만을 설명하기도 하였다. 사회적 태만은 집단이 커질수록 증대되는데, 왜냐하면 집단이 클수록 개인 업적평가가 더 어려워지기 때문이다.

도표 6.5 과업 특성에 따른 집단 규모와 운영방식의 차이

과 업	과업 특성 비유	집단규모와 운영방식
협동적 과업 (additive task)	여럿이 힘을 합하여 동시에 수행하는 업무 (도랑에 바퀴가 빠진 트럭을 밀어내는 일)	· 집단의 규모가 클수록 좋음 · 상명하복의 커뮤니케이션 필요 · 일사불란한 지휘체계가 중요
단절적 과업 (disjunctive task)	구성원들이 같은 일을 하되 가장 먼저 혹은 우수하게 문제를 해결하는 과업 (어려운 수학문제 풀기)	· 집단의 규모가 클수록 좋음 (문제해결의 확률이 높아짐) · 자율성 부여가 중요
연결적 과업 (conjunctive task)	여럿이 함께 수행하되 각자가 임무를 나누어 맡아 서로 연결해야 완성할 수 있는 과업 (자동차 조립)	· 규모가 클 필요는 없음 (적정규모) · 상호 연결과 커뮤니케이션이 대단히 중요

자료 : Steiner & Johnson (1964)의 과업 유형분류를 차용하였고, 과업 특성비유와 운영방식 설명은 저자의 견해임.

널 등이 달라져야 효율적이라고 주장하였다(〈도표 6.5 참조〉).

집단 구성원들끼리 서로 좋아하고 싫어하는 관계를 분석하여 집단행동을 진단하는 방법도 있는데, 이를 소시오메트리(sociometry)라고 한다. 소시오메트리는 모레노(J. L. Moreno)가 만든 구성원들의 인간관계에 대한 해부지도인데, 이 기법은 구성원들의 심리적 관계를 측정하려는 도식적인 기법이다. 구체적 내용으로는 구성원들 개개인이 집단 속에서 누구와 어떤 관계를 어느 정도로 유지하고 있는가를 분석해서 누가 인기가 좋고 누가 소외되어 있고 누가 누구와 연결되어 있는가를 파악하려는 것이다.

소시오메트리는 인간관계의 숨은 측면을 가시화하려는 시도라고 볼 수 있다. 서로 좋아하고 싫어하는 관계는 조사자(외부인)가 구성원들을 비밀리에 각각 면담하여 "누구와 같은 작업조가 되고 싶은가?", "함께 여행한

도표 6.6 소시오그램의 예

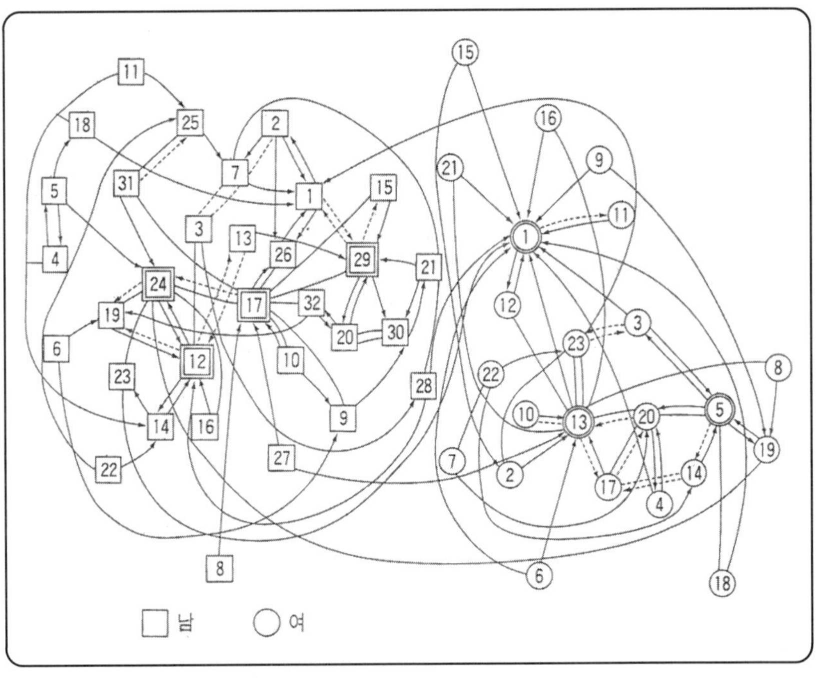

자료 : Moreno (1953)를 인용함.

다면 누구와 같이 할 것인가?", "같이 일하고 싶지 않은 사람은 누구인가?" 등을 조사하여 그림(sociogram)으로 작성할 수 있다. 소시오그램을 통해 구성원들의 짜임새를 다음과 같이 여러 각도에서 파악할 수 있다.

- 집단(cluster): 집단 속에서 서로 연결된 사람들
- 합작집단(coalition): 특정 목표를 위해서 임시로 모이는 사람들
- 파당(cliques): 장기적이고 비공식적인 우호집단
- 스타(star): 가장 많은 팬을 가지고 있는 개인
- 연결자(liaison): 파당이나 집단에 속하지 않으면서 연결된 개인
- 고립자(isolates): 어느 누구의 주목도 받지 못한 개인

소시오메트리 상에 나타난 관계를 파악하여 불필요한 파당과 합작집단을 해체하기 위하여 구성원의 부서이동을 명하고 스타나 연결자들을 활용하여 리더로 임명함으로써 집단의 효율화를 꾀할 수 있다. 뿐만 아니라 집단 내 비공식집단 간에 상호교류 정도도 파악할 수 있기 때문에 업무분장

이야기 보따리

편 가르기

사회심리학자인 타지펠(H. Tajfel)은 한 집단의 사람들을 임의로 청군과 백군으로 구분하고, 게임을 하도록 하였다. 게임 도중 두 팀이 사용한 말과 행동을 비교한 결과, 같은 집단에 소속된 팀원에게는 우호적이고 친근감을 느끼게 했지만, 다른 집단에 소속된 팀원에 대해서는 공격적이고 심리적 거리감을 느끼게 했다. 단순히 두 집단을 의미 없이 범주화했을 뿐인데, 두 집단의 팀원들은 상대 팀원들에 대해 고정관념을 쉽게 형성하였던 것이다.

리더는 팀원들을 대할 때 편 가르기를 하지 말아야 한다. 리더의 의미 없는 말 한마디는 직원들 간에 고정관념을 심어줄 수 있다. 이런 고정관념이 팀워크를 무너뜨리는 지름길인 것이다.

을 할 때에도 단독업무인가 연결업무인가를 미리 파악하여 구성원들의 관계 상황에 맞게 배분할 수 있다.

집단과 팀의 차이

팀이란 소수의 사람이 상호 보완적인 업무기술을 가지고 공동의 목표를 달성하기 위해 공동의 작업방식으로 스스로가 책임을 가지고 협동적으로 업무를 수행하는 집단으로 볼 수 있으며, 서로 다른 능력과 개성을 가진 여러 개인이 팀워크를 형성하여 공동목표를 달성하기 위해 상승집단이 되는 것을 말한다.

일반적 집단은 지시적 목표 혹은 주어진 목표를 수행하는 것이지만 팀 목표는 팀원들이 자율적으로 정한다. 집단에서는 잡다한 일을 처리하지만 팀은 커다란 한두 가지의 과업을 수행하며, 업무감독도 집단은 관리감독자가 따로 있지만 팀은 서로 자율적 통제를 하는 것이 차이점이다.

도표 6.7 집단과 팀의 차이

비교항목	집 단	팀
성 과	각 개인의 공헌 결과	개인적 공헌과 공동노력
책 임	개별책임	공동책임
과 업	주어진 과업	스스로 설정한 과업
리더역할	관리 · 감독	지원 · 촉진

리더의 역할도 서로 다르다. 집단의 리더는 감독과 관리가 주된 역할이지만 팀의 리더는 지원자 또는 촉진자의 역할이 요구된다(〈도표 6.7〉 참조). 소수의 대기업을 제외한 대부분의 조직에서 팀제는 과거의 피라미드 조직의 과, 부제 조직에 대응되는 형태로 사용되는 것이 현실이다. 과

이상적인 팀 조직의 특징

- 팀장은 감독이 아니라 주장과 같다.
- 개인 성과보다 팀 성과가 훨씬 중요하다. 즉 팀워크가 최우선이다.
- 팀 리더와 팀원의 관계는 주장과 선수의 관계처럼 파트너 관계로 서로 대등하다.
- 팀원은 시키는 일만 하는 것이 아니라 목표추구에 전념하는 성취지향적이어야 한다.
- 다기능(multi-functional) 조직으로서 팀원의 서로 다른 능력이 중요하다.

도표 6.8 전통적 부서와 현대적 팀의 차이

요 소	전통적 부서(부, 과)	현대적 부서(팀)
조직구조	계층적 / 개인	수평적 / 팀
직무체계	단일업무	전체업무 · 다수업무
목 표	상부에서 주어짐	스스로 찾아내는 데 시간 투여
리 더	강하고 명백한 지도자	리더십 역할 공유 / 멘토십
지시/전달	상명하복 · 지시 · 품의	상호고충 · 전달 · 토론
정보흐름	폐쇄 · 독점	개방 · 공유
보 상	개인중심 · 연공서열기반	팀 중심 · 능력기반
책 임	개인 책임	공동 책임
평 가	상부조직에 대한 기여도로 평가	팀이 의도한 목표달성 정도로 평가
업무통제	관리자가 계획 · 통제 · 개선	팀 전체가 계획 · 통제 · 개선

자료 : 임창희 (2004)를 인용함.

거의 조직이 계층적인 상급자들의 지시에 의해 피동적으로 움직이는데 반해 팀 조직은 임파워먼트(empowerment)와 구성원 간의 개방적 의사소통과 정보공유가 잘 이루어지고 있는 자율적이고 수평적인 조직을 의미한다.

하지만 조직의 축소와 계층의 플랫(flat)화를 목표로 중간계층을 조직 밖으로 퇴출시키고 개인 간의 경쟁을 강조하는 불합리한 조직으로 오해받을 수도 있기 때문에 실제 도입과 운영에는 철저한 진단과 바람직한 팀 빌딩을 수행해야만 할 것이다.

효과적인 팀을 구축하는 것은 성공적인 조직을 창조하기 위하여 필수적이다. 효과적인 팀은 분명한 목표를 가지고 있고, 팀원들은 자신의 역할과 할당된 업무를 잘 이해하고 있으며, 아이디어를 서로 공개적으로 토의한다는 특징을 가지고 있다. 또한 효과적인 팀은 팀원들이 공동 업무를 수행할 때 필연적으로 발생하는 팀 내부의 갈등을 잘 관리하는 신뢰의 분위기를 형성하고 있다.

팀 빌딩의 개념과 절차

팀 빌딩의 개념

팀 빌딩(team building)이란 집단이 주어진 임무를 달성하는 방식을 개선하도록 도움을 주고 집단 구성원들이 대인기술과 문제해결기술을 강화하도록 도움을 주는 광범위한 계획적 활동이다. 팀 빌딩의 목적은 응집성, 상호협력 및 조직과의 일체감을 높임으로써 팀의 효과성을 높이는 데에 있다.

팀 빌딩(team building)의 정의와 효과

집단이 과제를 달성하는 방식을 개선하도록 도움을 주고 집단 구성원들이 대인기술과 문제해결기술을 강화하도록 도움을 주는 광범위한 계획적 활동을 의미한다. 팀 빌딩을 통해 응집성, 상호협력 및 조직과의 일체감을 높임으로써 팀의 효과성을 높일 수 있다.

팀 빌딩은 조직의 영구적 혹은 일시적인 집단이나 팀에서 팀워크(team work)와 주어진 목표를 달성하기 위한 방식을 개선하기 위한 효과적인 접근방법이라고 알려져 있다. 팀 빌딩을 통해 집단이나 팀은 구성원들이 가진 자원과 능력을 최대로 활용할 수 있으며, 어떤 구체적인 문제나 난관들을 극복할 수 있게 된다. 팀 빌딩은 조직의 효과적인 변화프로그램 설계에 도움이 되며, 조직구성원들이 이러한 변화 프로그램들을 수용하고 실행하도록 촉진한다.

조직에 있어서 일의 수행단위는 개인일 수밖에 없지만 그 개인들은 어떤 식으로든 집단의 일원으로서 그리고 어떤 다른 집단의 구성원들과 함께 일을 수행하기 마련이므로 구성원 개인이 아닌 구성원이 속한 집단 전체가 보다 더 효율적으로 움직일 수 있는 체계적인 방법이 있어야만 한다.

특정 개인의 행동은 그가 속한 집단이나 주변 집단에 의해 매우 강한 영향을 받는 집단 동조압력이 작용하고 있기 때문에 한 개인을 변화시키기

효과적인 팀의 특징

- 목표와 가치가 분명하며 구성원들이 목표와 가치를 이해하고 수용한다.
- 구성원들은 자신의 업무와 역할이 팀 전체의 업무에 어떻게 기여하는 지를 이해한다.
- 서로 신뢰하고 지원하는 분위기를 형성하고 있다.
- 의사소통이 개방적으로 이루어진다. 구성원들은 팀과 조직의 목표를 위해 관련된 모든 정보를 기꺼이 공유하려고 한다.
- 구성원들은 의사결정에 자유롭게 참여할 수 있다. 구성원들은 영향력을 가진 사람이 원하는 결과가 아니라 자세한 정보와 지식에 입각하여 자유롭게 의사결정 한다.
- 팀의 리더는 다른 사람들을 지원해주는 존재이며, 개인적으로도 높은 수행기준을 설정한다.
- 의견의 차이를 인정하며, 상대방을 무시하거나 가볍게 생각하지 않는다.
- 팀 구조와 절차는 과제, 목표 및 사람과 일치되어 있다.

장 이론(field theory)

장(場)이란 개체와 그 주변을 모두 포함하여 일컫는 말이다. 즉 특정 개인을 대상으로 태도변화를 시도하는 것이 아니라 그 개인이 속해 있는 장(집단) 속에 섞어 놓으면 집단이 개인에게 자력장처럼 힘을 가하여 태도를 쉽게 움직인다는 이론이다.

위해서는 개인에 대한 집중적인 태도변화 노력보다도 그가 속한 집단을 변화시키는 것이 빠를 수 있다. 이를 장 이론(field theory)이라고 하는데, 장 이론에 따르면, 업무수행의 단위가 되는 집단의 구성원 모두가 함께 참여하는 집단중심의 변화 내지는 개선활동이 대단히 중요하다고 한다.

팀 빌딩 프로그램은 집단(팀) 구성원들이 소속 집단의 문제를 규정하고 대다수가 합의하는 해결책을 마련하여 실제로 이를 실행하고 그 여부를 평가하는 반복과정을 통해 집단효과성(team effectiveness)을 증대시킬 수

이야기 보따리

장(場)이론의 개발은 쇠고기 때문이었다

2차대전이 시작된 직후 미국이 식육용 고기부족으로 곤란을 겪고 있을 때, 사회심리학 연구기관의 관계자였던 레윈(K. Lewin)이 문제의 해결을 맡았다. 즉 주부들로 하여금 간, 허파, 내장 등에 대하여 꺼리는 태도를 바꾸어 즐겁게 사서 먹도록 만드는 것이었다. 하지만 아무리 설득을 해도 주부들은 그들이 속해 있는 준거집단의 규범("소의 내장 등은 고기보다 나쁘고 가난한 사람들이나 먹는다."는 인식)에 물들어 있었기 때문에 좀처럼 태도가 바뀌지 않았다.

레윈은 주부들끼리의 토론기회를 만들고 설득하는 사람을 주부들과 같은 집단에 참석시켰다. 일방적으로 강의를 듣는 것이 아니라 자신들이 토론에 참여했고, 같은 집단에 포함된 설득하는 사람이 새 의견을 제시하니까 쉽게 동조하였던 것이다. 개인의 태도를 바꾸는데 한 사람씩 개별적으로 접근한 것이 아니라 집단을 이용하였기 때문에 태도변화를 쉽게 이끌어낼 수 있었다. 레윈은 이 연구결과를 장(場)이론이라고 명명하였다.

있도록(상승집단이 되도록) 도와주는 일련의 절차와 제도적 장치라고 할 수 있다.

팀 빌딩의 절차

팀 빌딩은 일반적으로 다음과 같은 단계를 거쳐 진행된다. 팀 빌딩 과정은 조직개발의 실천연구(action research)기법과 동일한 단계를 밟는다(〈도표 6.9〉 참조). 팀 빌딩 과정은 특정 문제의 해결을 위해 단 한번으로 끝날 수도 있으나 필요한 만큼 몇 번이고 되풀이하여 실시할 수도 있다.

팀 빌딩은 집단(팀)이 변화의 필요성을 인식하는 것에서 출발한다. 팀 빌딩은 팀원들이 문제점이 있다고 인정하기 때문에 시작되며, 어떤 우려할만한 사항이나 문제점, 문제가 발생할 징후가 나타나서 팀의 효과성이 높지 않을 때에 실시하여야 한다. 팀 빌딩의 필요성에 대한 인식은 팀 자체에서부터 시작될 수도 있고 외부의 진단에 의해서 인식될 수도 있다. 예를 들면 최근 조직성과가 떨어지고 있으며, 구성원의 사기와 직무에 대한 만족이 낮아서 이직이나 갈등과 불만의 표출 등이 빈번한 경우와 같이 현상적 문제인식에서부터 필요성이 제기될 수 있고, 외부 컨설팅 기관에 조직진단을 의뢰하여 문제점을 발견할 수도 있다.

도표 6.9 실천연구기법 방법론

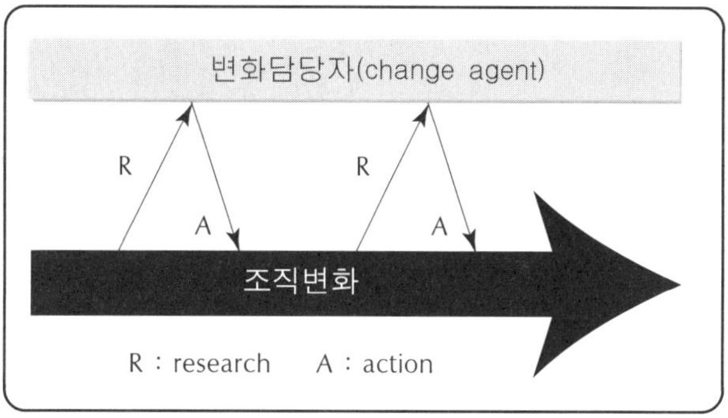

도표 6.10 팀 빌딩의 단계와 세부내용

단 계		세부내용
0	팀 빌딩의 필요성 인식	· 필요성 및 성공가능성 여부 판정 (팀 빌딩 실시 여부 판정표 필요)
1	팀의 문제점 진단	· 진단 설문지 배포 및 수거 · 설문분석 및 해석
2	문제점의 설명과 피드백	· 진단결과로 도출된 문제점에 대한 팀 전체 토론 (설문분석 결과 및 심층면접 결과)
3	문제점의 확인 및 정리	· 문제 제안서 제출 (개인당 1문제씩 제출 혹은 브레인스토밍) · 토론을 통해 문제점에 대한 인식 공유 · 투표를 통해 문제해결의 우선순위 결정
4	해결책 실행계획의 수립	· 해결안 토론 (브레인스토밍 방식으로) · 문제별 최적 해결책 선정 (가급적 1인 1안 제시) · 변화를 관찰하고 차후 회의시 결과를 보고할 담당자를 집단 합의 하에 선정 · 향후 회의 일정 결정
5	해결책 실행계획의 실천	· 팀 리더의 책임 지도 하에 수립된 해결책을 실천하는 실제적인 문제해결 과정 · 변화담당자 및 팀 리더, 핵심 구성원들의 모임 실시 · 경과보고 회의 진행
6	평가 및 피드백	· 진단 설문지 재사용 (1단계에서 실시한 진단지와 동일) · 1차 결과와의 비교분석 및 각 담당자와의 발표 및 토론 · 해결되지 않은 문제점 및 새로운 문제점 목록 작성 · 구성원들이 만족할 수준까지 1단계부터 다시 반복수행

필요성이 인식되면 팀의 잠재적 문제의 원인과 본질을 파악하기 위해 팀 진단 질문지를 사용하여 팀의 현재 상태를 진단한다. 이 때 얻어진 결과가 보다 신빙성을 갖기 위해서는 구성원들의 자발적 참여가 무엇보다도 중요하다. 따라서 조사를 실시할 때 구성원들에게 구성원 개개인을 평가

하기 위한 것이 아니라 구성원들에게 도움을 주고 조직을 활성화시키는 데 목적이 있음을 명확히 주지시켜 진단에 대한 동기를 유발시키는 것이 중요하다. 또한 질문지가 가지는 한계점을 보완하기 위하여 구성원에 대한 심층면담을 병행하는 것이 효과적인 경우가 많다.

진단을 실시한 이후에는 구성원들이 함께 모인 자리에서 진단결과를 발표한다. 팀의 문제점에 대해 구성원들이 알게 됨으로써 문제에 대한 인식을 공유할 수 있기 때문이다. 여기에서 중요한 것은 무엇보다도 문제에 대한 개방적인 태도를 갖도록 하는 것이 중요한데, 진단결과가 어떠한 인사상의 불이익도 초래하지 않는다는 것을 확신시켜 주어야 구성원들의 방어적 태도를 배제할 수 있다.

문제점에 대한 결과를 발표한 후에 개선해야 할 문제점들을 구체적으로 확인, 정리하는 단계를 거치게 된다. 진단결과에서 나타난 조직의 문제점에 대한 구성원들의 의견을 수렴하며, 지적되지는 않았으나 구성원들이 중요하다고 생각하는 문제점들을 발표하도록 한다. 문제에 대한 확인이 끝나면 해결해야 할 문제점들을 우선순위 별로 정리한다.

눈제점을 정리 · 발표하였으면 문제점에 대해 대책을 수립해야 한다. 이

팀 빌딩을 할 때 고려할 문화적 혁신

- 구성원 개개인을 소중히 생각하며 세심한 배려를 한다.
- 높은 성과목표를 수립하고 조직에 대해 강한 자부심을 갖도록 독려한다.
- 구성원들의 감정에너지(emotional energy)를 조직의 목표달성을 위해 적극 활용한다.
- 조직의 성과목표와 구성원 개인의 만족을 동시에 중요시 하며, 양자를 동시에 달성할 수 있도록 추진한다.
- 구성원 전체의 종합적 성과가 남들이 쉽게 모방할 수 없는 경쟁력의 원천이라고 인식하고 기업의 미션과 핵심가치에 부합하는 조직시스템과 문화를 구축한다.

단계에서는 문제점에 대한 대책을 구성원들이 자유로운 분위기 하에서 제안할 수 있도록 하는 것이 무엇보다도 중요하다. 예를 들어, 브레인스토밍 기법을 사용하여 구성원의 창의적 의견을 개진하도록 촉진할 수도 있다. 브레인스토밍을 통해 얻은 대안들 중에서 최선의 대안을 결정하고, 대책을 책임지고 실천하여 다음번 모임에서 보고할 담당자를 선정한다.

다음으로는 팀 활성화를 위해 실천계획들을 변화담당자의 책임 하에 실천에 옮기게 된다. 이 경우 대책을 실행하는 과정에서 파악된 문제점들을 점검하고, 각각의 대책이 어느 정도 실천되고 있는가를 미리 설정된 평가 기준에 따라 관찰하여 후속검토 회의 자료로 활용한다. 이 단계에서는 특히 변화담당자의 커뮤니케이션 기술과 갈등관리 기술 등의 과정자문(process consultation)능력이 중요한 역할을 한다.

마지막으로는 대책의 실시현황과 효과를 검토해서 평가하는 단계이다. 마지막 단계에서 팀 진단 질문지를 다시 사용하여 첫 번째 진단과 비교하여 얼마나 개선되었는가를 양적분석을 통해 알아볼 수 있다. 또한 변화과정에서 발생하였던 다양한 집단역학(group dynamics) 요인도 함께 고려할 필요가 있다. 이 평가결과를 토대로 대책을 실시하면서 발생하였던 새로운 문제점이나 미해결 문제점들을 확인하고 피드백한 후에 새로운 실행계획을 수립하는 식으로 순환적 과정을 밟는다.

팀 빌딩에서 리더의 역할

팀 활성화를 위한 리더의 역할은 매우 중요하다. 오늘날의 관리자는 외부 환경의 변화 요구에 효과적으로 적응할 수 있어야 한다. 리더는 성장과 생산성을 가속화하고 보다 우선적인 목표에 자원을 집중하고 팀이 가지고 있는 문제점을 진단, 개선하기 위한 변화 프로그램을 실천하여 변화하는 환경에 적응할 수 있도록 팀원들을 훈련 및 계발시켜야 한다.

일반적으로 변화담당자는 외부 컨설턴트를 임명하는 경우가 많기 때문에 리더는 변화담당자의 조력자로서 역할수행을 해야 함과 동시에 팀원들을 변화에 동참할 수 있도록 독려하는 능력이 반드시 필요하다. 또한 팀에 대한 진단결과를 팀원과 공유하여 팀의 효과성과 효율성을 증진할 수 있도록 팀을 이끌어 나가야 한다.

이를 위해 리더는 팀원이 자신의 현재 상태를 알 수 있도록 하여야 하고, 문제를 총체적으로 분석하고 변화계획을 수립해야 하며, 현재 상태에서 보다 바람직한 수준으로 팀을 변화시키는 데 개입하고 이를 촉진시키는 기능을 수행하여야 한다.

팀 빌딩이 이루어지고 난 뒤에는 리더의 역할이 더욱 중요해 지는데, 구성원들에게 사명감을 고취시키고, 팀의 핵심가치를 정립할 수 있도록 도움을 주어야 한다. 또한 구성원 개개인의 역량을 계발시킬 수 있는 촉진자가 되어야 하며, 명확하고 구체적인 성과지표와 공정한 평가를 통하여 구성원들이 노력한 만큼 보상과 인정을 받도록 지원해야 한다.

이 야 기 보 따 리

미국 애리조나 주의 선인장

미국 애리조나 주의 사막에서 200년 넘게 크는 선인장은 한 그루에 물을 몇 톤씩 머금고 있다. 가시로 덮여 있고 몸통이 두텁고 피부를 방수질로 되어 있어서 수분 증발을 억제한다. 2~3년의 가뭄에도 끄덕 없도록 환경적응을 잘하고 있는 식물이다. 하지만 이러한 선인장도 어떤 것은 허리케인이 불 때면 자신의 몸무게를 견디지 못하고 뿌리째 뽑혀서 쓰러지고 만다. 이 선인장처럼 가뭄에만 대비해놓고 환경에 잘 대비했다고 자부하면 안 된다. 태풍도 있고 홍수도 발생할 수 있다. 이 세상에 변하지 않는 것은 단 하나뿐, 그것은 "모든 것이 변한다는 사실뿐"이라고 헤라클레이토스가 말했다. 변화에 대응하는 실력을 갖춘 조직이 최고의 조직이다.

도표 6.11 조직 활성화를 위한 리더의 역할

리더의 역할	구체적인 활동	실천 조직의 예
핵심가치와 사명감 고취	조직의 미션과 핵심가치에 대해 강한 믿음과 자부심을 갖도록 하여 조직과 개인의 이익을 일치시켜야 함	· 미국 해병대 · 3M
합리적인 평가 시스템 적용	명확하고 구체적인 성과지표와 투명하고 신뢰성 있는 평가과정을 통해 합리적인 평가를 적용함	· Avon Manufacturing · Johnson Controls
기업가 정신 고취	개인의 창의성을 존중하고, 자신의 판단에 따른 위험을 감수하면서도 성공에 따른 높은 보상을 인식시킴	· BMC · 3M
개인 업적의 중시	개인의 업무실적을 중시하고 철저한 개인별 능력주의 평가를 통해 프로정신을 고취함	· McKinsey & Co. · The Home Depot
인정과 칭찬	개인실적보다는 집단 및 조직전체의 실적을 강조하며, 서로 인정 · 칭찬함으로써 조직에 대한 소속감을 제고함	· Southwest Airlines · KFC

자료 : Katzenbach (2000)을 인용함.

팀 빌딩의 실제

팀 빌딩 과정은 팀의 구성원들이 조직의 효율성을 저해하는 문제점을 찾아내어 민주적 절차에 따라 문제점에 대한 해결 방안을 찾아내고, 일상 업무 중에서 이를 일정기간 실행한 후 정기적으로 실행결과를 평가하는 것이다. 팀 빌딩 과정의 기법은 집단 중심의 조직개발 방법인 GOMUD법을 활용한다.

팀 빌딩을 진행하다 보면 현재 조직 내 구성원들의 의견이 직접 반영되기 때문에 문제를 정말 깊이 있게 논의하기 보다는 서로 좋은 게 좋다는

GOMUD법 이란?

업무를 수행하는 단위인 10명 내외의 팀을 기본 변화단위로 하여(Group-Oriented; GO), 중간수준에서 위, 아래로 변화의 물결을 확산시켜 나가는(from Middle to Up & Down; MUD)전략이 조직개발에 있어서는 바람직하다고 여겨진다. 그 외의 변화수행 방법으로는 조직의 상부에서 결정하여 전사적으로 추진하는 Top-Down, 일선계층에서 변화의 필요성을 강하게 제기하여 위쪽 계층으로 확산되는 Bottom-Up 방법론도 존재한다.

식으로 넘어가게 된다. 설령 문제가 노출되었더라도 서로 자신의 입장이나 인식만을 고집하여 서로 언성을 높여 감정의 골만 깊게 할 수 있다. 따라서 한두 명의 의견이 아니라 팀원 전체의 의견을 망라하여 현재 부서의 위상과 강 · 약점을 파악해 볼 필요가 있고, 이를 출발점으로 하여 이후의 문제 확인 또는 해결책을 논의해야 한다.

팀의 현재 상태를 진단하기 위하여 빈번하게 사용되는 진단지 중 하나가 팀 분위기 진단지이다(〈도표 6.13〉 참조).

팀 분위기 진단지는 팀 전체에 대한 12개 문항으로 구성되어 있는데

- 업무우선주의: 팀원들이 평소 느끼는 업무관련 문제점과 관련하여 그 해결 방안을 채택 · 실행한다.
- 자율성: 팀의 문제를 가장 잘 알고 있는 팀원들의 자발적 참여를 통해 스스로 문제를 해결한다.
- 개인존중주의: 개인의 의사가 최대한 존중되며, 문제 및 해결안 제안에 대한 익명성이 보장되어 솔직한 자기표현을 유도한다.
- 평등주의: 과정이 진행되면서 직급, 성별, 근속년수에 관계없이 1인 1표를 행사한다.
- 공개주의: 문제를 회피하거나 대충 넘기는 것이 아니라 공개하고 정면으로 대처한다.
- 체험학습의 장: 팀원 전체가 문제점을 발견, 해결하는 집단의사결정 과정에 참여함으로써 팀 빌딩의 가치를 내재화시키고 행동변화를 유도한다.

■ 도표 6.12 기존 회의와 팀 빌딩의 차이

단 계	기존 회의	팀 빌딩
문제분석	부서의 현황 파악을 위한 구체적 자료 없이 바로 문제해결에 들어감	부서 진단도구를 활용하여 구체적 현황파악 후 문제해결에 들어감
문제접근	문제에 대하여 우회적으로 접근하거나 문제를 회피함	문제에 대한 직접적 접근을 시도하며, 문제를 적극 해결하고자 함
의사결정	개인적인 권위나 지위를 사용하며, 개인차를 무시하고 집단을 우선함	무조건 1인 1표를 사용하여 평등주의를 실현하며, 개인차를 인정하고 개인을 존중함
실 행	해결안 실행에 대한 follow-up 및 평가가 미약함	해결안에 대한 평가와 실행이 체계적으로 이루어짐(해결될 때까지 follow-up 회의를 실시)

한 번은 이상적인 팀의 모습을 그려 보고, 또 한 번은 현재 팀의 실태를 평가할 수 있어서 팀원들이 앞으로 우리 팀이 어떻게 변화하기를 바라는가를 파악할 수 있도록 되어 있다. 즉, 이상 점수는 높은데 현재 점수는 그것에 아주 못 미치거나, 반대로 이상 점수는 아주 낮은데 현재 점수는 높은 팀 분위기를 발견한다면 그것이 앞으로 그 팀이 변해가야 할 방향이다.

12개 문항 중 6개 문항은 상승집단에서 나타나는 특성이고(1, 4, 5, 8, 9, 12번 문항), 6개 문항은 하강집단에서 나타나는 특성이다(2, 3, 6, 7, 10, 11번 문항). 결국 팀이 활성화된다는 것은 6개의 상승집단 특성을 더 많이 보이고, 나머지 6개의 하강 집단특성은 되도록이면 적게 보이는 것을 의미한다고 할 수 있다.

아무리 우수한 팀일지라도 차이가 0일 수는 없고 평균값이 0.5~0.7보다 작으면 일단 양호한 팀 분위기가 갖춰진 팀이라고 볼 수 있고, 평균값이 1.3이상의 차이를 보이고 있으면 그 팀은 분위기를 쇄신하기 위한 노력이 요청된다고 할 수 있다. 그리고 팀 분위기 진단지 12개 문항 중 6개(1,

■ 도표 6.13 팀 분위기 진단지의 사례

팀 분위기 진단지 (　　　　　　)팀					
			이상	현재	차이
1	팀 목표를 위해 민주적으로 일한다.	1-2-3-4-5	( )	( )	( )
2	분위기가 거칠고 경쟁적이다.	1-2-3-4-5	( )	( )	( )
3	각자 자기 이익만을 앞세워 챙긴다.	1-2-3-4-5	( )	( )	( )
4	평등하고 화합이 잘 된다.	1-2-3-4-5	( )	( )	( )
5	팀 목표달성에 적극적이다.	1-2-3-4-5	( )	( )	( )
6	융통성 없이 일만 하려 한다.	1-2-3-4-5	( )	( )	( )
7	서로서로 부정적이다.	1-2-3-4-5	( )	( )	( )
8	분위기가 좋고 재미있다.	1-2-3-4-5	( )	( )	( )
9	서로서로 도와가며 일을 한다.	1-2-3-4-5	( )	( )	( )
10	불만을 억누르며 시키는 대로 일한다.	1-2-3-4-5	( )	( )	( )
11	일도 방치한 채 침체되어 있다.	1-2-3-4-5	( )	( )	( )
12	업무 외적으로 서로 친하게 지낸다.	1-2-3-4-5	( )	( )	( )

	건설적 문항 합계 (1, 4, 5, 6, 9, 12번)	비건설적 문항 합계 (2, 3, 6, 7, 10, 11번)
이상점수		
현재점수		
차　　이		

자료 : 박광량 (1994)을 수정 인용함.

5, 6, 9, 10, 11번 문항)는 업무와 관련된 것이고, 다른 6개(2, 3, 4, 7, 8, 12번 문항)는 인간관계와 관련된 문항들이다.

종합하면 12개 문항 중에서 3개는 건설적 업무에 대한 질문, 3개는 비건설적 업무에 대한 질문, 3개는 건설적 인간관계에 대한 질문이며, 3개는

도표 6.14 부서풍토 진단지 문항 범주화

	업무차원	인간관계차원
건설적	1, 5, 9번 문항	4, 8, 12번 문항
비건설적	6, 10, 11번 문항	2, 3, 7,번 문항

비건설적 인간관계에 대한 질문이다(〈도표 6.14〉 참조).

특히, 부서풍토 진단지의 경우 해당 팀의 리더와 팀원들 간의 이상점수를 비교해 보면 상하 간의 인식의 괴리나 가치관의 차이를 분명히 알 수 있다. 예를 들어, "6. 융통성 없이 일만 하려 한다."의 문항에 대하여 팀 리더의 경우 이상 점수를 3점으로 응답한 반면, 팀원의 경우 이상 점수를 1.5점으로 응답하였을 수도 있다. 그리고 현재 점수를 팀 리더나 팀원 모두 3점으로 동일하게 평가했다면 팀 리더는 6번 문항에 있어 문제를 못 느끼지만 팀원들은 문제를 인식하고 있다는 뜻이 된다. 이러한 현상은 팀 리더와 팀원 상호 간에 벽을 느끼는 이유가 될 수 있는 것이다.

이렇듯 각 팀별 진단 결과를 통해 자료가 수집되면 직급별로 팀의 바람직한 운영상을 만들 수 있게 되고, 직급별 교육 시간에 이를 피드백 하여 상호 인식의 차이를 확인하고서로 이를 줄여 나가는 노력을 촉진시킬 수 있다.

¤ 3분 토의를 해 봅시다

1. 집단 형성 이유 중에서 여러분이 실제 집단 형성과정에서 경험했던 이유가 있으면 예를 들어 보자.
2. 여러분이 경험한 사회적 촉진과 사회적 태만 현상에 대하여 토의해보자.
3. 팀 빌딩을 실제 기업조직에서 많이 실시하는 이유가 무엇인지에 대하여 토의해보자.
4. 부서풍토 진단지로 진단을 한 결과 괴리가 많이 나타난다면 어떻게 문제를 해결할 것인지에 대하여 토의해보자.

팀 이미지 찾기

목적 및 요약	팀이 가지고 있는 개선사항, 약점, 문제점들을 구성원들 스스로가 느끼게 하여 해결책을 모색하도록 하는 데에 목적이 있다. 직접적인 표현 대신 은유기법을 사용하기 때문에 다양한 토론이 이루어질 수 있으며, 투표와 토론을 통하여 공통된 의식의 공감대를 형성할 수 있다.
소요시간	40분
준비물	팀 이미지 리스트(다음 페이지), 단어를 적을 용지(참여인원의 3배수), 같은 색 필기도구
팀 구성	1조 5명~10명
진행요령	팀 이미지 리스트를 배포하고 자기 팀의 현재 상태를 잘 표현하고 있는 단어를 종이에 적어 제출한다(리스트에 없는 독창적 이미지를 적어도 좋음). 팀 리더는 단어를 모두가 볼 수 있는 곳에 적고 각 단어의 의미에 대해서 자유토론을 유도한다. 이미지 설명이 모두 끝나면 진행자는 현재 그 팀을 가장 잘 설명해주는 하나(또는 두 개)의 이미지를 골라 무기명으로 적어내도록 한다. 투표결과 어느 정도 표가 모이는 이미지를 따로 고르고 한 표도 못 얻은 이미지를 지우면서 최종적으로 그 팀의 현재 상태를 가장 잘 나타내는(가장 많은 사람들의 동의를 받은) 이미지를 골라낸다.
기타 아이디어	· 시간이 충분한 경우 현재와 미래 이미지 모두를 찾아서 비교토론을 유도할 수도 있다(이 경우 70-80분 소요됨) · 팀의 상태를 나타내는 단어를 투표로 선정할 때, 각자의 제안된 이미지들에 대한 설명이나 지지발언이 있고 난 후 투표를 하면 훨씬 생동감이 있다. · 최종 미래 이미지를 선발하면 이를 실제로 그림으로 그려서 현업에 돌아갔을 때 그림을 팀의 출입문이나 게시판에 붙여둔다.

팀 이미지 리스트

피라미드	해병대	시소	평행선	인공위성	도깨비 방망이
아파트	섬	가재미	식인종	결사대	장님
귀머거리	벙어리	불사신	빈깡통	찰흙	사공 많은 배
모래알	탑	강철	장남	안테나	꼭두각시
경로당	신호등	용두사미	청개구리	무법자	숨바꼭질
외인부대	장터	달동네	구멍가게	아수라장	거미줄
아메바	쓰레기통	칸막이	고속열차	중고차	개척자
공동묘지	귀족	등대	탐험가	태양	모래성
무지개	불꽃	노다지	지옥	천국	격투장
찬밥	사자	활주로	동그라미	원앙새	밑빠진 독
계엄령	아랫목	신입생	오케스트라	한량	거울
사막	샘	부처님	삼각형	해결사	난파선
놀이터	허수아비	북극성	가족	철새	사랑방
사다리	줄다리기	개미군단	살얼음판	카멜레온	합창단
이인삼각	동네북	고슴도치	고장난 시계	오뚜기	마술사
꿈	곡예단	해바라기	다이아몬드	은하수	통행금지
파도	장돌뱅이	연극무대	농구팀	고무줄	가라오케
휴전선	어항	동물원	깃발	시한폭탄	원자폭탄
유령	봄	여름	가을	겨울	번개
독일병정	불난 호떡집	눈치	올림픽	독무대	돋보기
망원경	자판기	유치원	불시착	분수	성화
선술집	부대찌개	연	설중매	오리발	철옹성
쪽집게	독불장군	기라성	온실	무릉도원	하루살이
슈퍼맨	횃불	불도저	마라톤	잠수함	미로

커뮤니케이션과 리더십

7

본장에서는 조직 내에서 과업을 수행하는 데 있어서, 그리고 인간관계를 하는 데 있어서 기본사항인 커뮤니케이션에 대하여 학습한다. 커뮤니케이션 매체와 장애요인에 대하여 파악함으로써 바람직한 커뮤니케이션을 위한 방안을 모색하고 리더로써 커뮤니케이션을 주도하는 법을 학습한다.

오늘날 우리들은 일상생활에서 커뮤니케이션이란 단어를 흔히 접하고 있다. 커뮤니케이션은 매우 다양한 의미를 함축하고 있는데, 일반적으로 커뮤니케이션을 통해 정보, 의견, 감정을 주고받는다. 커뮤니케이션 수단으로는 말, 글, 제스처를 이용하는 개인 커뮤니케이션과 메모, 뉴스레터, 게시판 등을 이용하는 조직 커뮤니케이션으로 구분된다.

성공한 조직일수록 조직 내 · 외부에서의 커뮤니케이션은 공개적이고, 명확하게 이루어지는 것을 볼 수 있다. 리더의 커뮤니케이션 능력이 뛰어나면 구성원과 조직 모두의 생산성을 향상시키는 데 효과적이다. 또한 커뮤니케이션을 통해 조직 이해관계자(stakeholder)들의 요구를 파악할 수 있으며, 그들의 요구를 어떻게 반영해야 하는지도 결정할 수 있게 된다.

또한 모든 조직구성원들은 정보망에 직 · 간접적으로 연결되어 있으며, 정보망을 통해 조직 내 · 외부로 정보가 흐르게 된다. 예를 들어 부서실무자 회의, 업무 보고, 사업계획 수립, 시장조사 분석 등의 수많은 정보들이 조직 내부에서 만들어지고 공유된다. 조직 내에서 이러한 정보들을 어떻게 받아들이고, 평가하고, 사용하고, 다른 부서나 구성원들에게 전달하는지에 따라 개인의 성공은 물론 조직의 성공에도 영향을 미치게 된다.

조직이 제 기능을 하기 위해서는 조직 내의 개인 혹은 집단 사이에 커뮤니케이션이 활발히 이루어져야 한다. 조직은 공동목표 달성을 위해 구성원 간의 상호 유기적인 연결이 필수적인데, 이는 커뮤니케이션을 통해서 가능해진다. 만약 커뮤니케이션이 없다면 조직이 아니라 단지 수많은 개

조직에서의 커뮤니케이션 역할

- 정보소통기능: 효율적인 의사결정을 위해 필요한 정보들을 주고받는다.
- 지시·통제기능: 지시와 명령 등으로 조직이 구성원을, 리더가 구성원들을 통제·조정한다.
- 동기부여기능: 구성원의 업적을 칭찬하고 목표를 지정해주고 상담해주면서 구성원들의 사기를 진작시킨다.
- 감정표출기능: 구성원들의 만족, 흥분, 불만 등의 감정을 동료 혹은 리더에게 표출하는 기능을 한다.

도표 7.1 커뮤니케이션 과정 모형

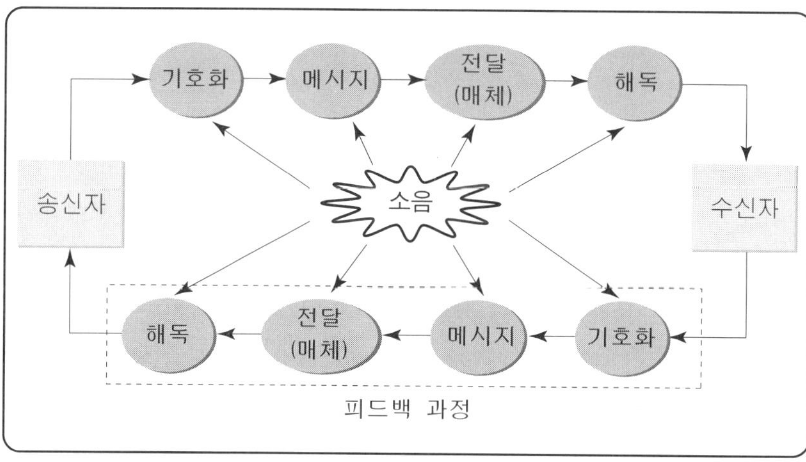

자료 : Wiener (1948)를 인용함.

체들이 모여 있는 군집에 불과하다.

기호화(encode)는 송신자(전달자)가 자신의 생각이나 의도한 바를 보낼 수 있는 도구(언어, 상징, 기호)로 변화시키는 단계를 말하며, 해독(decode)이란 메시지의 수신자가 부호화된 것을 다시 생각이나 의미로 변환시키는 과정인데, 일반적으로 사람들은 자신의 과거 경험이나 자기 지식에 근거하여 해독하게 된다.

피드백은 송신자로 하여금 메시지가 제대로 전달되고 이해되었는지를 알게 해주는 수신자의 반응이다. 피드백은 대화나 표정 등을 통해 직접 표현되기도 하지만 조직의 경우에는 후에 나타나는 결과(성과증대, 구성원 만족 등)에 의해 간접적으로 표현된다.

커뮤니케이션 네트워크

집단이나 조직에서 정보가 오가는 길은 이미 정해져 있기 마련인데 그들의 집합을 커뮤니케이션 네트워크(communication network)라고 한다. 커뮤니케이션 네트워크는 공식적인 것과 비공식적인 것이 있는데 공식적인 커뮤니케이션 네트워크는 조직도에 따라 형성되고, 비공식적인 커뮤니케이션 네트워크는 조직 구성원 개개인 간의 수평적 상호작용의 결과에 따라 형성된다. 실무에서는 언로(言路)라는 표현을 자주 쓴다.

대부분의 조직들은 겉으로는 조직의 여러 부분들이 크고 단단하게 연결되어 있는 것처럼 보이지만 사실 마치 잡동사니처럼 다소 느슨하게 연결되어 있다. 많은 사람들이 다양한 목적을 가지고 함께 모여 있고 조직의 구분으로 인해 다른 사람과 이야기하지 못하는 것처럼 보이지만 그 속에 개인들 간의 커뮤니케이션 네트워크가 만들어진다.

집단의 커뮤니케이션 네트워크

집단이나 조직의 구성원들 간의 접촉과 상호작용은 커뮤니케이션을 수반하는데 커뮤니케이션 패턴이 개인들의 행동에, 그리고 개인들이 소속된 집단이나 조직의 성과에 영향을 미치며, 집단이나 조직의 규범, 과업특성에 따라 구성원들 간의 커뮤니케이션 패턴이 달라지기도 한다.

조직 내에 하부집단들이 형성되는 것은 당연하다. 그래서 서로 끊임없이 상호작용을 하고 있는 개인들로 이루어진 거대한 조직 내에는 수많은 커뮤니케이션 네트워크들이 존재한다. 커뮤니케이션이 잘 되는 사람끼리 먼저 공식적 · 비공식적 커뮤니케이션 네트워크를 구축한 다음에 다른 사람들이 커뮤니케이션 네트워크에 들어오게 된다. 보편적인 커뮤니케이션 네트워크의 유형은 〈도표 7.2〉와 같다.

레비트(H. Leavitt) 교수는 서로 다른 커뮤니케이션 네트워크 유형과 작업수행력 간의 관계를 실험하였다. 그 결과 수레바퀴형의 경우 주변부의 사람들은 정보(메시지)를 중심부로 흘려보내고, 중심부에서 결정을 내리고 나면 그것이 주변부의 네 명에게 전달되었다. 그러나 전체연결형의 경우에는 정보의 전달이 어느 것은 이루어지고 어떤 것은 전달되지 못하여 일관성이 없었다. 과제의 성과는 정확한 해결을 얻는 데 소모된 시간, 정확한 답을 맞춘 비율 등으로 평가하여 다음과 같은 결론을 얻었다.

첫째, 수레바퀴형이 전체연결형보다 부여된 문제해결 속도가 빠르고 정확한 답을 맞추는 비율도 높았다. 그 이유는 수레바퀴형에서는 ③위치에

도표 7.2 커뮤니케이션 네트워크 유형

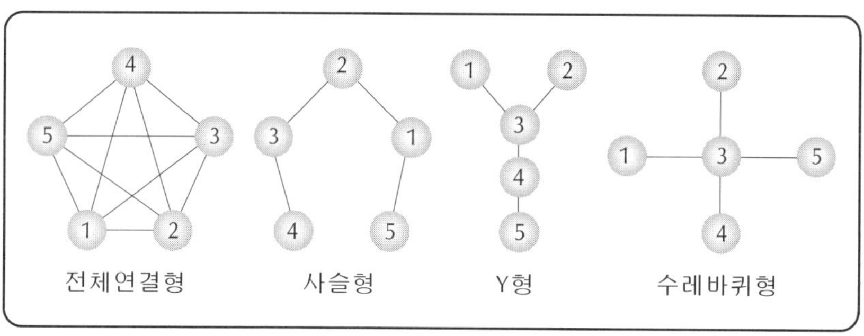

자료 : Leavitt (1966)을 인용함.

이 야 기 보 따 리

기막힌 커뮤니케이션 네트워크

밀그램(S. Milgram) 교수의 연구는 커뮤니케이션 네트워크의 중요성에 시사하는 바가 크다. 생면부지의 아무개에게 누구를 아느냐고 물었을 때, 그가 안다고 말하면 세상은 참 좁다고 느낄 것이다.

하나의 사례가 있는데 그 내용은 다음과 같다. 어느 캐나다 부부가 아이를 보모에게 맡기고 프랑스에서 여행 중이었다. 그런데 캐나다의 집에 있던 아이가 갑자기 아프기 시작하였다. 보모는 캐나다 외무부에 연락을 취했고, 외무부는 프랑스의 캐나다 대사관에, 그리고 대사관은 프랑스 라디오 방송국에 부모를 찾아달라고 요청했다. 방송국에서는 그 부부의 렌터카 차량번호를 압수하여 방송을 했고, 고속도로를 달리던 한 청년이 이 방송을 듣다가 자기 앞차가 그 부부가 탄 차라는 것을 알고 소식을 극적으로 전하게 되었다. 다섯 번의 커뮤니케이션으로 캐나다에서 프랑스에 여행 중인 사람에게 내용이 전달된 것이었다.

있는 사람만이 정보를 기록하거나 실수를 알 수 있었던 반면, 전체연결형에서는 다섯 명 모두가 정보를 기록하여 각자의 독특한 문제해결책을 가졌기 때문에 문제해결 속도가 느리고, 정확한 답을 맞추는 비율도 낮았다.

둘째, 집단구성원들은 말할 자유를 가질수록 더 만족한다는 결론을 얻었다. 모든 구성원들이 말할 수 있었던 전체연결형에서 가장 만족했던 반면, 사슬형의 끝에 존재하는 ④, ⑤는 단지 한 사람하고만 커뮤니케이션 할 수 있었기에 만족이 가장 적었다.

셋째, Y형의 경우 ①, ②의 의견을 조율하는 ③의 역할이 매우 중요하였다. ③이 잘못 커뮤니케이션 할 경우 ⑤에게 도달된 메시지는 ①과 ②가 의도한 메시지와는 전혀 다른 경우가 많았다.

집단의 커뮤니케이션 네트워크가 형성되기까지는 많은 요소들이 영향을 미친다. 주로 집단이 맡은 일, 조직 환경, 구성원들의 성격, 집단의 규모와 응집력 등에 의해 네트워크 형태가 결정되기 때문에 이런 요인을 감안하여 공식적 네트워크 유형을 결정하는 것이 바람직하다.

조직의 커뮤니케이션 네트워크

도표 7.3 커뮤니케이션 네트워크 영향요인

영향요인	예
과업특성	의사결정체계, 생산방식
환경	책상배치, 사무실 형태 및 공간크기
구성원특성	성격, 대화능력, 친밀감 정도
성과결정요인	집단의 크기, 규범, 응집성 정도

조직의 공식적 커뮤니케이션은 조직도에 나타난 명령, 보고체계의 위계질서에 따라 보고와 지시가 오간다. 그러나 사실은 업무상의 정보흐름이 조직도 상의 위계질서를 따르는 것이 아니라 조직과 집단의 목표, 문제, 프로젝트의 특성에 따라서 수시로 바뀔 수 있다. 즉 실제의 커뮤니케이션 네트워크는 조직에서 미리 정해서 공표한 조직도와는 달리 비공식적인 경우가 더 많다.

급변하는 환경에 대해 적응력을 더 필요로 하는 현대의 조직일수록 커

비공식 커뮤니케이션 네트워크를 사용하는 이유

- 리더(혹은 관리자)에 의하여 제대로 통제되기가 어렵기 때문에 구성원들이 상대적으로 자유롭다고 생각하기 때문
- 대부분의 구성원들은 공식적 커뮤니케이션 네트워크에서 얻은 정보보다 비공식적으로 얻은 정보를 더 신뢰하기 때문
- 구성원 자신의 이익을 충족하기 위함(자신에게 필요한 정보만을 여과하여 받음)

뮤니케이션 네트워크는 공식적인 조직도와 달라질 수밖에 없다. 따라서 리더들은 비공식 커뮤니케이션 네트워크를 저지할 것이 아니라 오히려 활성화시키는 데 주력해야 할 것이다.

조직의 커뮤니케이션은 공식적인 조직체계에 의해서만 이루어지는 것은 아니다. 정보는 비밀정보통이나 소문, 유언비어 등을 통해서도 전달된다. 이러한 비공식적 네트워크는 제대로 통제되기 어렵고, 정보에 대한 구성원들의 신뢰가 상대적으로 더 높으며, 구성원 개개인의 이익을 위하여 사용한다는 것이다.

조직 내의 비공식적 커뮤니케이션 네트워크는 포도넝쿨처럼 얽혀있다고 하여 그레이프바인(grapevine)이라고 하는데, 데이비스(K. Davis)는 제조업체의 간부 한 사람이 직장을 옮긴다는 사실을 알고 있는 사람이 전체의 81%나 되었는데 막상 공개적으로 이 사실을 폭로한 사람은 없었고, 조직 내에서 끼리끼리의 연락망을 통해 발설하고 들었다는 연구결과를 발

이야기보따리

올바른 토론문화를 위하여

리더가 무슨 얘기든지 듣고 싶어 하는 '열린 사고'를 가지고 있다면 구성원들은 건설적인 아이디어나 비판을 제기하는 것을 두려워하지 않을 것이다. 그러나 리더가 좋은 얘기만 듣기를 원한다면 누구도 귀에 거슬리는 말을 하지 않으려고 할 것이다. 이 경우 '그레이프바인(grapevine)'은 좋지 못한 목적으로 운영될 가능성이 대단히 높다.

그러므로 리더는 구성원들의 의견을 자유롭게 제시할 수 있도록 토론문화를 조성하기 위해 노력해야 한다. 왜 남의 얘기에 귀를 기울여야 하는가? 그것은 바로 리더 자신을 위해서이다. 난상토론을 통해서 의사결정을 하더라도 위험이 따르는 것이 요즈음 세상이다. 과정을 생략한 채 독단적으로 의사결정을 하면 위험은 더욱 높아질 수밖에 없다. 또한 의사결정에 대한 책임도 리더 혼자서 져야 한다. 그렇기 때문에 구성원들과의 커뮤니케이션을 원활하게 조정하는 역할을 리더가 해야 한다.

표하면서 조직 내의 커뮤니케이션의 대다수는 비공식 커뮤니케이션 네트워크를 이용한다고 주장하였다.

구성원들이 그레이프바인을 사용하는 이유에 대하여 첫째, 리더(혹은 관리자)가 자신이 원하는 방향으로 통제할 수 없다는 점, 둘째는 개인은 변화나 자신에게 중요한 영향을 미칠 수 있는 사안, 애매모호한 정보에 직면할 때 다른 사람에게 의존하려는 경향이 있다는 점, 셋째는 정보가 놀라울 정도로 빨리 전달되며, 오히려 정확한 정보일 가능성이 높다는 점 때문에 조직 내에서 비공식 커뮤니케이션 네트워크를 더 많이 활용한다.

커뮤니케이션 매체

사람들은 말, 글, 비언어의 세 가지 매체를 이용하여 커뮤니케이션을 한다. 어떤 매체를 이용하느냐에 따라 우리는 커뮤니케이션 유형을 언어(verbal) 커뮤니케이션과 비언어(nonverbal) 커뮤니케이션으로 구별한다. 물론 실제로 커뮤니케이션을 할 때는 상대가 누구인가, 무슨 내용인가, 메시지의 긴급성과 정확성, 그리고 전달비용과 시간 등을 고려하여 세 가지 매체를 적당히 배합하여 사용하는데 상황과 문화와 개인적 성향에 따라서 주로 사용하는 매체는 다르며, 이에 따라 커뮤니케이션 유효성도 달라진다.

언어 커뮤니케이션

사람들이 상당수의 비언어 커뮤니케이션을 사용한다고 하더라도 언어

도표 7.4 조직 커뮤니케이션의 주요 매체

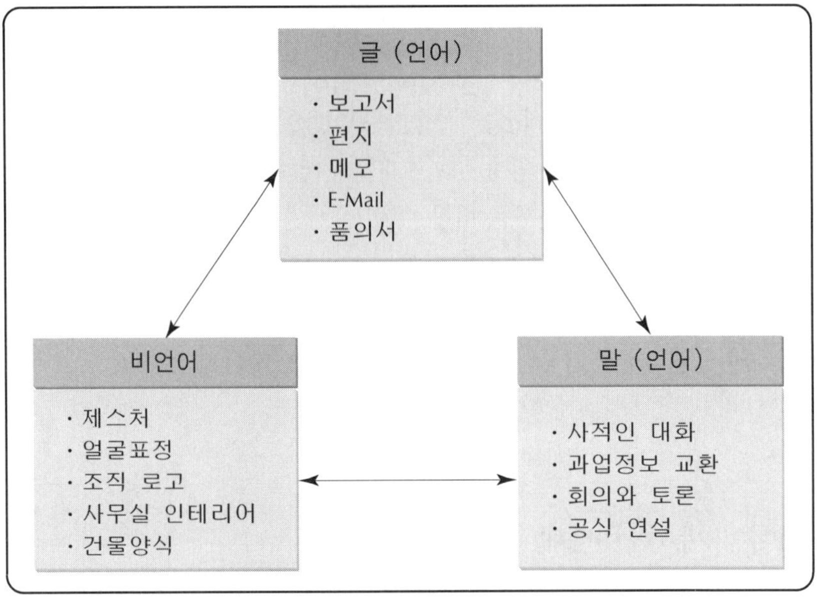

자료 : 임창희 (2004)를 인용함.

를 사용하지 않고 의사소통을 하기에는 한계가 있을 것이다. 언어 커뮤니케이션은 다시 구두(oral) 커뮤니케이션과 문서(written) 커뮤니케이션으

도표 7.5 상황에 맞는 언어 커뮤니케이션 요령

커뮤니케이션 목적	효과적인 수단	비효과적인 수단
긴급한 행동 유발	구두와 문서를 함께	문서
장기적 행동 유발	문서	구두
일반적 정보소통	문서	구두
조직 내 지시 혹은 명령	구두와 문서를 함께	구두
조직 정책상 주요안건의 소통	구두와 문서를 함께	구두
캠페인의 촉진	구두와 문서를 함께	문서
과업수행에 대한 권고사항	구두와 문서를 함께	문서
구성원 간의 갈등해결	구두	문서

로 나뉠 수 있는데 구두 커뮤니케이션은 보고나 회의 혹은 조직 내 일상대화에서처럼 말을 하는 것이고, 문서 커뮤니케이션은 보고서, 편지, 품의서 등이 해당된다.

구두 커뮤니케이션은 직접적인 특성을 가지고 있으며, 자신의 생각을 제한된 시간에 양적으로 더 많이 표현할 수 있기 때문에 오해의 소지가 적다. 반면 표현의 정확성이 필요할 때, 수신자가 가까이 없을 때, 기록으로 보관할 필요가 있을 때에는 문서 커뮤니케이션이 더 효과적이다.

조직 내에서는 대부분의 관리자들은 보고를 받거나 지시할 때에 문서 커뮤니케이션보다는 구두 커뮤니케이션을 압도적으로 선호하고 있는데, 그 이유는 말로 해야 신속하게 전달이 가능하고, 궁금한 부분을 자세히 알 수 있기 때문이다. 이 때 효과를 극대화하기 위해서는 문서와 언어 커뮤니케이션을 동시에 사용하는 것이 좋다.

수신자의 입장에서 경청하기는 대단히 중요한 것임에도 불구하고 대부분의 사람들이 경청을 제대로 하지 않는 경우가 많다. 10분 정도 분량의 연설을 듣고 난 후 연설자가 무엇을 얘기했는지 고작 50%밖에 기억하지 못한다. 며칠 지난 뒤에는 메시지 중에서 75% 정도는 잊어버리고 만다.

이야기 보따리

말과 글

말과 글 중에서 말이 먼저 생겼기 때문에 인간의 역사에서 기록수단이 생겨난 뒤로는 끊임없이 글은 말을 닮으려 더 많이 노력해온 편이다. 하지만 말을 글로 옮겨 적는 방법인 문자 가운데는 말의 운율이나 높낮이며 음색 같은 것들을 두루 담아내기에 모자란 점이 많으며, 사람의 말이란 저마다 다른 투를 가지기 마련이고 말주변과 말하는 기술에도 수준의 높낮이가 있는 것이다. 그러다 보니 기왕 글로 적으려면 품위 있고 기술 좋은 말투를 잣대로 삼으려 하다보니 글이 어려워지게 되는 것이다.

도표 7.6 듣는 사람이 취해야 할 자세와 피해야 할 자세

상대방의 이야기를 무시하는 자세	상대방의 이야기를 진지하게 듣는 자세
· 주머니에 손을 넣은 채 팔이나 다리를 꼬고 이야기를 듣는다.	· 몸을 말하는 사람 쪽으로 약간 내민 채 이야기를 듣는다.
· 상체를 뒤로 젖힌 자세로 이야기를 듣는다.	· 고개를 끄덕이며 동의를 표시한다. · 고개를 갸웃거리며 의문의 신호를 보낸다.
· 말하는 사람의 눈을 마주치지 않고 한눈을 판다.	· 말하는 사람의 눈을 가볍게 응시하며 주의 깊게 이야기를 듣는다.
· 다른 일을 하면서 이야기를 듣는다.	· 정신을 집중하면서 듣는다.

경청의 문제는 우리들이 받은 교육과 관계가 있다. 학교 교육에서 생각의 표현에 많은 시간을 투자한 반면 듣기에 대한 훈련이 거의 이루어지지 않았기 때문이다. 말하는 사람은 듣는 사람의 반응을 살피며 이야기 하는 경향이 있다. 말을 잘하는 사람은 듣는 자세도 대단히 좋다(〈도표 7.6〉 참조). 흥미진진한 얼굴과 호기심이 가득한 눈으로 몸을 상대방 쪽으로 약간 내민 채 맞장구치며 이야기를 들으면 말하는 사람은 점점 열을 올려가며 이야기 하게 된다.

예를 들면 상사가 할 이야기가 있다며 텅 빈 회의실로 구성원을 불렀다고 가정하자. 이 때 큰 회의실 책상에 상사와 일대일로 마주 앉아 있다고

상대를 기분좋게 하여 자꾸 말하게 만드는 핵심기술 3가지

- "정말입니까?", "그래서 어떻게 됐습니까?", "그렇습니까?" 등 맞장구를 쳐서 이야기의 흐름을 파악해야 한다.
- "그렇군요.", "옳은 말씀이십니다.", "네." 등의 말을 하여 상대방의 이야기에 흥미를 가지고 있다는 의사를 제스처로 표현한다.
- "과연 그렇군요.", "훌륭합니다." 등의 말을 들으면 말하는 사람은 기분이 좋아져서 더욱 열을 올리며 말하게 된다. 상대방이 말하는 동안에는 상대의 흥을 돋우는 명연출가가 되는 것이 필요하다.

상상해보자. 위압감, 긴장감, 불안감 속에 제대로 이야기를 할 수 없을 것이다. 높은 위치에서 내려다보는 듯한 태도도 이와 마찬가지로 자유롭고 활발한 의견교환을 불가능하게 만든다. 상대방과 같은 '눈높이'에서 몸과 마음이 모두 편안한 상태로 이야기를 나눠야 한다. 상대방이 쉽게 대답할 수 있도록 부드러운 목소리와 웃는 얼굴로 긴장을 풀어준 다음 천천히 대화를 진행하여야 한다.

비언어 커뮤니케이션

커뮤니케이션 하는데 반드시 말이나 글만을 써야하는 것은 아니다. 재난현장에서 생존자들과 구조대원간에는 숨소리, 신음소리, 전화벨, 몸짓,

도표 7.7 감정을 표현할 때 사용하는 비언어 커뮤니케이션

긍정적인 감정 표현	부정적인 감정 표현
· 또렷이 눈을 마주친다.	· 차갑게 노려본다.
· 손을 가지런히 놓는다.	· 가짜로 하품한다.
· 상대방 대화에 맞춰 움직인다.	· 손톱을 만지작거린다.
· 자주 미소를 짓는다.	· 조소(嘲笑)한다.
· 시선을 떼지 않는다.	· 천장 혹은 바닥을 응시한다.
· 행복한 얼굴을 한다.	· 찡그린다.
· 활짝 웃는다.	· 입을 실룩이거나 삐죽인다.
· 상대방을 마주 대하고 똑바로 앉는다.	· 상대방과 마주하지 않고 비스듬히 앉는다.
· 긍정적으로 고개를 끄덕인다.	· 부정적으로 고개를 젓는다.
· 입을 쫑긋거린다.	· 손가락을 꺾거나 머리를 만진다.
· 말하는 동안 손짓을 사용해 표현한다.	· 삿대질(손가락으로 상대방을 가리킴)한다.
· 짧은 눈맞춤을 한다.	· 다른 곳으로 시선을 자꾸 돌린다.

손발 흔들기, 공포에 질린 모습 등으로 커뮤니케이션을 한다. 그 외에도 우리가 일상생활에서 이야기할 때 가만히 서서 말하는 경우는 드물다. 제스처를 쓰기도 하고 각종 감정 상태를 얼굴에 표현하면서 이야기 한다. 이 모든 것들이 언어를 뛰어 넘는 비언어 커뮤니케이션인 것이다.

인류는 오래전부터 말을 사용하지 않고 몸짓으로 커뮤니케이션 하였다. 몹시 화가 났음을 나타낼 때는 치아를 드러내 보이고, 상대방에게 호감을 가지고 있을 때에는 미소와 신체접촉 제스처를 보인다. 상대방에 대한 감정, 사랑, 존경, 증오, 우월 등을 표현하는데 다양한 비언어 단서가 사람들 속에 존재하는 것이며, 이러한 비언어 단서들은 언어를 초월하는 힘을 갖고 있다.

기본적으로 언어 커뮤니케이션과 비언어 커뮤니케이션은 차이가 있다. 비언어 커뮤니케이션은 덜 구조화되어 있기 때문에 모방하거나 보고 따라하기가 훨씬 어렵다. 예를 들면 갓난아이의 웃음과 울음이 어떤 이유에선지 명확하게 알 수가 없다. 하지만 언어 커뮤니케이션은 목적이나 계획을 분명히 명시할 수 있다. "이번 주까지 완료해주시길 바랍니다."라고 말할 때 의식적인 목적이 포함되기 때문에 내용을 훨씬 명쾌하게 전달할 수 있다. 만약 이를 비언어 커뮤니케이션으로 전달하기 위해 눈을 치켜뜨고 미

이야기 보따리

장소와 분위기

상대를 어떻게 평가하느냐는 것은 만나는 장소와 분위기에 영향을 받는다. 실제로 실험해보면 쾌적한 방에 있던 사람들이 무더운 방에 있던 사람들보다 낯선 사람을 호의적으로 평가한 것으로 나타났다. 또한 별로 재미없는 다큐멘터리 영화를 본 직후의 사람과 재미있는 코미디 영화를 본 직후의 사람에게 만나보지 못한 어떤 사람의 프로필을 건네주고 그 인물에 대해 느끼는 호감 정도를 평가해보니 코미디 영화를 본 쪽이 더욱 상대방에 대해 호의적인 평가를 내린다는 것이 밝혀졌다.

▌도표 7.8 신경과학적 측면에서 설명하는 감정의 연계고리

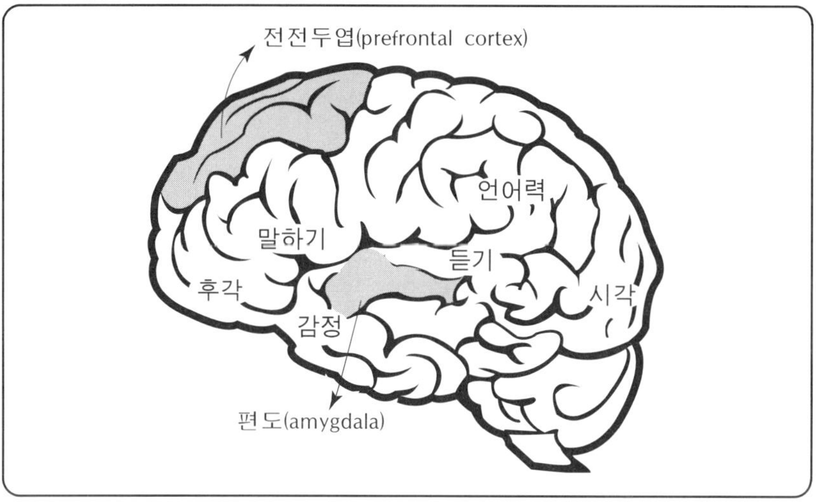

※ 신경과학적 측면에서 설명하는 중요한 감정조절 회로는 전전두엽에서 시작되어 변연계의 일부인 중뇌의 한쪽에 위치한 편도로 이어지게 된다.

간을 찡그린다고 해서 시간약속이나 자신의 바람을 표현할 수는 없을 것이다.

비언어 커뮤니케이션의 강점은 감정을 전달하거나 상호작용에 있어 정서를 교환할 때에는 언어 커뮤니케이션보다 월등하다. 하지만 언어나 비언어 둘 중 하나만 사용하는 것보다는 함께 사용하는 것이 상내방이 명확하게 이해할 수 있어서 바람직한 커뮤니케이션이라 할 수 있다. 언어와 함께 사용하는 대표적인 비언어수단에 대하여 살펴보자(〈도표 7.9〉 참조).

누군가가 말을 하는 동안 주저하거나 떨면 두려움이 들거나 뭔가 숨기는 것이 있음을 눈치 챈다. 이는 준언어(paralinguistic)의 전달기능 때문이다. 목소리의 고저와 강약, 억양과 리듬이 언어의 보조수단이 된다. 예를 들어 "사랑한다."는 말의 음색이나 억양도 부모가 자식에게 말할 때와 연인끼리 말할 때는 매우 다르다. 사랑의 감정이 다르기 때문이다. 하지만 준언어 역시 정확하지 못하고, 상대방을 완전히 이해하는 경우가 드물기

도표 7.9 언어와 함께 사용하는 대표적 비언어수단

비언어수단	내 용
제스처	몸짓(body language)이라고도 한다. 신체움직임이나 자세를 자세히 관찰하면 상대방이 말하고자 하는 의도를 어느 정도는 알아차릴 수 있다.
얼굴 표정	언어로 아무 일 없다고 해도 슬픈 표정을 하고 있으면 무슨 일이 있음에 틀림없다. 또는 "매우 놀랐다."라고 말하는 것보다 놀란 얼굴표정이 훨씬 정확히 의사가 전달된다. 얼굴표정은 자신의 감정표현을 나타낼 때 말보다 더 정확하다.
눈 접촉	눈 접촉은 상당히 많은 내용을 전달할 수 있다. 관심이 많을수록 상대를 다정하게 응시하기도 하고, 눈을 찡긋 하는 것도 나름의 의미가 많이 존재한다. 언어 커뮤니케이션을 하는 데 있어서 가장 빈번히 사용되는 비언어수단이기도 하다.
이미지	전체적으로 풍기는 자세나 이미지 역시 커뮤니케이션 수단이 된다. 신체크기, 말하는 태도, 입은 옷의 모양이나 종류 등은 말을 듣는 송신자에게 무언의 의미를 지속적으로 전달하는 것이다.

때문에 인간관계에서 종종 오해를 사기도 한다. 따라서 준언어를 사용할 때에는 대단히 주의를 기울여야 한다.

이야기 보따리

눈치의 커뮤니케이션

비가 오기 시작했다. 이웃 방에 있던 시어머니는 다림질하는 며느리 등에 업혀 있는 아이에게 말한다. "아가, 할미가 업어줄까?" 이 말은 손자에게 하는 말이 아니라 빨래를 거둬들이라는 며느리에 대한 명령이다. 바쁘게 손놀림을 하던 며느리는 시어머니에게 대꾸하지 않는다. 대신에 안마당에서 잠자던 강아지에게 "저리 비켜라."며 배를 걷어차고 빨래를 걷으러 나갈 때 시어머니는 눈치를 챈다. 며느리가 풀 먹인 시어미 삼베고쟁이의 칼날 같은 주름에서 며느리의 항변을 알아차린다. 눈치는 한국인 커뮤니케이션의 절반을 차지하고 있기에 조직에서는 이러한 눈치를 빨리 알아차릴 수 있는 능력도 요구된다.

리더의 바람직한 커뮤니케이션

불행하게도 조직 내에서 커뮤니케이션으로 인하여 발생되는 문제는 너무나도 많다. 일상생활에서도 말 한마디를 잘못하여 인간관계에 금이 가기도 한다. 여러 사람들에게 영향력을 행사하는 리더라면 더더욱 커뮤니케이션을 잘 해야 한다. 앞에서도 살펴보았지만 커뮤니케이션은 말하는 것뿐만 아니라 듣는 것도 포함하는 개념이다. 바람직한 커뮤니케이션을 위하여 커뮤니케이션의 장애요인을 살펴보고, 그 장애요인을 극복하는 방법, 그리고 대화나 설명을 잘 하기 위한 방법들에 대하여 살펴보도록 한다.

커뮤니케이션 장애요인

조직 내에서 커뮤니케이션이 장애를 받는 이유는 여러 원인이 존재하는데, 대표적인 장애요인들을 간추려 보았다(〈도표 7.10〉 참조).

첫째, 의사소통에 사용된 매체가 어려운 전문용어 또는 애매한 제스처였다면 수신자의 해독이 잘못될 수 있다. 또한 수신자가 알아듣기 쉬운 말을 썼다고 하더라도 여러 가지 해석이 가능한 단어나 문구를 사용했을 때에는 어의 문제(semantic problem)가 발생할 수 있다. 특히, 서로 다른 국적의 사람들끼리 커뮤니케이션 할 때 영향을 미

도표 7.10 커뮤니케이션 장애원인과 형태

장애원인	장애 형태
송신자	선택, 필터링
매체	매체선정오류, 공동경험 결핍
수신자	주관적 판단, 불신임, 정보과중
피드백	피드백 없음
조직환경	소음, 시간제약, 신분차이

대표적 커뮤니케이션 장애요인들

- 매체 해독의 오류
- 정보의 의도적 여과
- 선택적 수용
- 감정상태
- 시간제약과 정보과다
- 타인에 대한 이해 부족

치는 가장 중요한 요인이 수신자의 문화적 배경이다.

둘째, 정보의 여과(filtering)도 커뮤니케이션의 장애요인이 된다. 사람들은 본능적으로 자신에게 유리한 것만을 남에게 보이려는 경향이 있다. 그

이야기 보따리

권위주의는 커뮤니케이션의 가장 큰 적(敵)

한동안 항공사고가 잦은 적이 있었다. 항공기 노후화, 기상 악화, 업무 과다로 인한 피곤함 등등의 원인들이 있었지만 그중 기장과 부기장 간의 커뮤니케이션 부재가 가장 큰 원인으로 꼽혔다. 기장과 부기장은 서로 보완하는 동시에 견제하는 사이다. 한 사람이 문제가 생겼을 때 다른 한 사람이 운항을 책임져야 하며, 무리한 운항을 시도할 때에는 다른 사람이 견제하는 역할을 담당하게 된다. 그런데 두 사람이 상하관계로 정의되면 상위자가 독단할 가능성이 커지고 그만큼 사고위험도 높아진다. 특히 우리나라 항공업계는 기장과 부기장이 주로 사관학교 선후배인 경우가 많다. 그렇기 때문에 기장이 무리하고 있다는 사실을 뻔히 알면서도 후배인 부기장은 감히 이야기를 꺼내지 못한다. 이것이 잦은 사고의 주범이었다. 루프트한자 같은 항공사는 원칙적으로 군인 출신을 아예 조종사로 채용하지 않는다.

권위주의는 커뮤니케이션과 상극이다. 권위주의는 커뮤니케이션을 감소, 단절시킬뿐만 아니라 솔직함을 없애고 관료주의를 키운다. 조직이 살아 숨쉬려면 숨어있는 문제점을 밖으로 드러내고 움츠러드는 마음을 열어주어야 한다. 커뮤니케이션이 활발하도록 분위기를 만들고 좋은 질문을 던져 여러 사람들의 생각을 자극해서 조직에 활발히 피가 돌게하는 것이 리더가 우선적으로 해야 할 일이다. 커뮤니케이션은 리더십이다.

렇게 때문에 커뮤니케이션 할 때에 송신자가 의도적으로 사실의 일부는 누락시키고 수신자에게 보낼수 있는데, 이러한 현상은 누락시킨 정보가 자신에게 불이익을 가져다 줄 수 있기 때문에 미리 은폐하려는 것이다.

예를 들면 조직 내에서 하급자가 상급자에게 정보를 보고할 때나, 거래를 위한 협상, 노사관계 등에서 당사자들은 상호 자기 쪽에 유리한 정보만 송신하려고 한다. 조직 내에 계층 수가 많으면 많을수록 일선에서 사실정보를 목격했다고 하더라도 여러 계층을 거쳐 최고경영자에게까지 올라간 정보는 엉뚱한 것으로 변해 있을 가능성이 높다.

셋째, 송신자가 정보를 여과하는 오류를 범한다면, 수신자는 정보를 선택적으로 수용하는 오류를 범한다. 수신자는 자신의 욕구, 경험, 그 밖의 개인특성에 어울리는 것만 선택한다. 송신자가 보낸 사실을 그대로 받아들이지 않고, 수신자 자신이 취사선택하여 본인에게 유리한 방향으로 해석한 것을 사실이라고 생각하기 때문에 커뮤니케이션 장애가 발생한다.

넷째, 사람이 무엇을 말하거나, 듣거나, 판단할 때는 가능한 한 이성에 의해 합리적으로 하려고 애쓴다. 그런데 인간은 이성의 동물임과 동시에 감정의 동물이다. 감정이 격해지면 이성의 합리적 활동은 지장을 받기 마련이다. 화가 나 있거나 놀란 상태에 있을 때의 커뮤니케이션 활동은 송·수신자 모두에게 지장을 초래한다.

다섯째, 커뮤니케이션이 일어나고 있는 상황이 여러 가지로 불리하여 시간이 촉박하다든지 전달되어야 할 메시지의 양이 너무 많다든지 하면 송신자도 수신자도 한계가 있기 때문에 메시지 내용을 부호화하고 해독하는 과정에서 정확성을 기하기 어려울 것이다.

여섯째, 타인과 커뮤니케이션 할 때 자신의 입장에서 상대가 이야기 하는 것을 들으면 정확한 이해를 하지 못할 수도 있고, 감정이입이 이루어지지 못하면 이야기가 재미없게 들릴 수도 있다. 또한 상대방이 전달하려는 정보의 본질을 명확히 파악하지 못할 수도 있다. 타인에 대한 이해 부족은 커뮤니케이션의 큰 장애요인이 된다.

장애요인의 극복과 커뮤니케이션 활성화

앞서 살펴보았던 장애요인들은 바람직한 커뮤니케이션을 방해하기 때문에 이를 어떻게 없앨 수 있는 가를 살펴보도록 하자. 커뮤니케이션의 주체는 송신자와 수신자이며, 그 중 한 사람은 여러분 자신이 될 것이다. 여러분부터 먼저 커뮤니케이션 장애요인을 극복한다면 절반 이상의 커뮤니케이션은 유효성을 지닐 것이다.

커뮤니케이션 장애요인들의 극복방안

- 적절한 매체의 선택과 사용
- 적극적 경청
- 비공식 커뮤니케이션 네트워크의 이용
- 감정의 억제
- 피드백의 활용

커뮤니케이션 장애요인을 극복하기 위한 방안으로 첫째는 적절한 매체의 선택이다. 대개의 송신자는 보낼 메시지 내용은 귀중하게 여기면서 보내는 방법에 대해서는 신중히 고려하지 않는 경우가 많다. 매체를 선택할 때에는 주제(메시지 내용)와 걸맞아야 하기 때문에 커뮤니케이션 목적에 따라 적절한 매체를 선택하는 것은 대단히 중요하다. 조직 내에서도 여러 정보교환 매체 중 상황에 따라 적합한 수단이 따로 존재하기 때문에 제대로 선택하여 사용해야 한다.

둘째는 적극적 경청이 필요하다. 대부분의 사람들은 타인을 지배하려는 욕구는 강한데 반하여 수동적 입장에 처하는 것은 싫어한다. 그래서 말하

이야기 보따리

귀는 2개이고 입은 1개인 이유

커뮤니케이션을 잘 하는 사람은 말 잘하는 사람이 아니라 잘 듣는 사람이라는 말이 있다. 경청의 중요성을 표현한 말인데 경청하는 자세는 상대방에게 진지함과 성의를 보여주기 때문에 신뢰형성에도 적지 않는 영향을 미친다. 경청은 마음만 먹으면 누구나 쉽게 익힐 수 있다. '뻔한 이야기일 것이다.', '지루하다.' 라고 마음먹으면 귀는 절대로 열리지 않는다. 귀가 열리지 않는다는 것은 상대방과 공감대를 형성하는 데 장애가 되는 것은 물론이거니와 정작 중요한 정보도 흘리게 되는 경우가 많다.

상대방의 말에 고개를 끄덕이거나 메모를 하고, 감탄사를 쓰거나 부가적인 질문을 하면 대화에 몰입할 수 있다. 귀는 2개이고 입은 1개인 이유는 인간들로 하여금 경청하라는 의미로 조물주가 그렇게 창조한 것이 아닐까?

기는 좋아해도 듣는 것은 그렇지 못한 경우가 많다. 경청하는 사람은 정말 말을 잘하는 사람이며, 누구나 그 사람 앞에서는 많은 이야기를 하려고 할 것이기 때문에 많은 정보를 얻을 수 있다. 그리고 상대방의 입장을 헤아려서 감정이입을 하고 들으면 상대방이 말하는 내용이 더욱 쉽게 이해가 되고 정보공유가 원활하게 이루어진다.

셋째는 비공식적 커뮤니케이션 네트워크의 활용이다. 그레이프바인(grapevine)은 비생산적인 소문을 만들어 내기도 하지만 순기능도 많이 존재한다. 정보의 신속한 전달을 위해 또는 직접 전하기 곤란한 조직의 비밀 정보 등은 비공식적 네트워크를 사용해야 한다. 하의상달(下意上達)을 꺼리는 분위기에서 그레이프바인을 구성원들의 불만이나 탄원창구로 이용한다면 리더는 훨씬 쉬운 관리를 할 수 있고, 공식적인 지시사항이나 전달사항에 대한 피드백 창구로 활용하는 것도 대단히 유용하다.

넷째는 감정을 적절히 억제하는 것이다. 고도로 흥분된 감정 상태에서는 송신과 수신을 제대로 할 수 없기 때문에 메시지를 액면 그대로 해독하

이야기 보따리

조리있게 말하기

기막힌 지식이나 기발한 생각도 제대로 전달되지 못한다면 흙에 묻힌 진주나 다름없다. 자신의 지식이나 생각을 알아듣기 쉽고 명쾌하게 전달하는 능력이 머릿속에 쌓인 컴퓨터 몇 대분의 지식보다 낫다.

미국 교육자들은 교육의 시작과 끝은 '쓰기와 말하기'라고 주장한다. 조리있게 말하는 능력은 하루아침에 길러지지 않는다. 때문에 미국에서는 유치원 때부터 대부분의 과제물을 친구들 앞에서 발표하고 질문 받고, 즉각 답변하지 못할 때는 다음날까지 정답을 알아 와서 말한다. 미국 학교로 조기유학을 간 우리나라 학생들 중에는 이런 형태의 과제에 익숙하지 않아 고생하는 경우가 많다고 한다. 발표경험이 거의 없는 탓에 시험성적은 우수하지만 발표할 때마다 사시나무처럼 떠는 경우가 대부분이라고 한다. '조리 있게 말하기', 즉 프리젠테이션 능력향상은 우리 교육이 놓치고 있는 중요한 부분이다.

는 것보다 송신자의 정서 상태는 어떤 것이었나, 나의 정서는 어떤 수준인가를 고려하면서 해독하면 훨씬 오해가 적어진다. 긍정적 정서 상태나 감정은 많이 표출하고, 부정적 정서 상태나 감정은 적절히 억제한다면 바람직한 커뮤니케이션이 이루어질 수 있다.

다섯째는 피드백을 활용하는 것이다. 한번 송신을 한 상태에서 올바르

이야기 보따리

이름 부르기

상대방의 이름을 자주 불러주면 그는 틀림없이 당신에게 호감을 가질 것이다. 사람들은 대개 자기를 바라보고 말을 걸어주면 관심을 보인다고 생각하며 기쁘게 받아들인다. 단순히 날씨 얘기를 주고받더라도 상대방에게 기분이나 호의를 전달하는 첫걸음으로 상대의 이름을 부르는 것은 상대방과 친해지고 싶다는 뜻을 포함하고 있으며, 마음을 통하기 위한 중요한 포석이다.

게 전달되었는지 확인하지 않고 계속 메시지를 보낸다면 엉뚱한 커뮤니케이션이 되어버릴 수도 있다. 그렇게 때문에 수시로 피드백을 받아서 송신의 정확성을 검증한 뒤에 잘못이 확인되면 다음번에 송신하기 전에 수정을 해야 한다. 피드백의 방법은 언어매체에 국한될 필요는 없고, 상대방(혹은 청중들)의 눈빛, 표정을 보고도 내 말을 잘 듣고 이해했는지를 알 수 있다.

조직 커뮤니케이션 활성화는 구성원들에 의해 결정되기 보다는 조직의 여건이나 상황에 의해 지배되는 경우가 대부분이다(〈도표 7.11〉 참조). 과업수행에 사용하는 기술, 조직구조의 형태, 작업장의 배치(layout), 과거에서 이어져 온 전통 등은 해당 조직의 커뮤니케이션 문화와 직결되는 요소들이다.

도표 7.11 조직 커뮤니케이션 활성화 방안

활성화 방안	구체적인 내용
지시, 명령, 전달방법	· 담당자에게 과업을 충분히 알게 함으로써 과업이 요구하는 바를 이해하도록 만든다. · 과업 수행 내용이나 장점, 단점 등을 피드백 해준다. · 다양한 커뮤니케이션 경로를 개발한다.
보고, 제안, 설명 방법	· 예외적인 일, 중요한 일만 선택하여 보고한다. · 정보를 전달할 때는 핵심적 내용만 간추려 보고한다. · 정보의 양이 많을 때에는 몇 가지인지를 사전에 이야기 한 후, 집중을 유도한다. · 권위주의 분위기를 쇄신한다.
수평적 커뮤니케이션 활성화	· 리더뿐만 아니라 전 구성원들 간에 신뢰를 형성하여야 한다. · 부서(팀) 간에 형평성을 유지해야 한다. · 평상시 정보의 자유로운 소통의 분위기가 정착되어야 한다.
리더의 태도	· 말과 행동을 일치하는 모습을 보여야 한다. · 일방적으로 지시하고 끝나는 것이 아니라 상대방의 피드백을 들으면서 대화한다. · 공개적으로 행동하고 지시해야 하고 다른 사람을 거쳐서 전달하거나 소문으로 지시사항을 알게 하면 안 된다.

따라서 조직 커뮤니케이션 활성화를 위해서는 이러한 요소들을 종합적으로 고려하여 접근해야하며, 단편적인 측면만 고려하여 한 가지씩만 별도로 개선하려고 한다면 그 효과가 적을 것이다.

리더로서 커뮤니케이션 주도하기

조직 내에서 리더는 다른 구성원에 비하여 대화의 빈도가 잦은 편이며, 구성원들을 설득해야 하는 상황들도 많이 발생한다. 여기에서는 타인과의 원활한 대화를 하는 방법, 타인을 설득하기 위한 방법에 대하여 소개하고자 한다.

1) 상대를 끌어들이는 대화의 기술

듣는 사람이 지루함을 느끼지 않게 하려면 뛰어난 화술과 대화의 기술도 중요하지만 즐겁고 재미있는 화제를 제공하는 일이 더욱 중요하다. 이야기

자신있는 대화를 유도하는 방법

- 대화내용 중간에 한 가지라도 좋으니 여러분이 재미있다고 생각하는 정보를 이야기한다.
  - 예를 들면, 외국 여행의 모험담에 자신이 느낀 점을 첨가한다.
  - 유머나 퀴즈 등 재치와 해학이 넘치는 이야기를 대화 중간에 끼워 말한다.
- 뉴스, 새로운 사고방식 등 접할 수 없었던 정보를 첨가한다.
  - 예를 들면, 새로 개발된 로봇이야기, 새로운 우주론이나 경영 비결 등을 이야기한다.
- 자신의 가족 이야기, 지역의 화제 등 주변에서 일어난 일들을 대화 속에 끌어들인다.
  - 예를 들면, 가족 간에 있었던 에피소드, 지역의 새소식 등을 재밌고 때로는 진지하게 이야기 한다.

이야기 보따리

말 잘하는 리더는 굿 스토리텔러(good storyteller)

같은 이야기도 수업시간에 강의하듯 하면 사람들은 흥미를 잃는다. 반대로 할머니가 옛날이야기를 해주듯 하면 흥미가 배가된다. 이야기에서 팩트(fact)의 중요성을 빼놓을 수 없지만 팩트만 가지고는 아무런 감흥도 불러일으키지 못한다. 세종대왕이 성군이었다는 사실만으로는 세종대왕의 진면목을 효과적으로 전달하기 어렵다. 하지만 "세종은 오랜 가뭄이 들자 손수 경복궁 안에 초막을 짓고 거친 밥과 나물로 끼니를 이었다고 한다. 신하들이 편히 드시고 주무실 것을 권했지만 백성들이 굶주리는데 어찌 왕이 편하게 잠을 잘 수 있겠느냐며 이를 마다했다"는 이야기를 들으면 세종에 대해 무한한 애정이 생긴다.

스토리텔링을 잘하려면 어떤 분야를 막론하고 해박한 지식이 있어야 한다. 소설도 많이 읽고 고전에 대해서도 두루 꿰고 있어야 한다. 신화도 알고 산 경험도 많이 쌓아야 한다. 이러한 것들이 모이고 쌓여 풍성한 이야깃거리를 만드는 것이다. 스토리텔링을 잘하려면 필요한 이야기를 정리하면서 '그 이야기가 던지는 메시지는 무엇일까?', '어떤 교훈을 얻을 수 있을까?', '실생활에는 어떻게 응용할 수 있을까?' 등을 고려해야 한다. 그렇게 하면 이야기들을 주제별로 분류할 수 있고, 필요할 때에 바로 활용할 수 있다. 뛰어난 스토리텔러가 되려면 무엇보다 호기심이 많아야 한다.

를 하는 사람과 듣는 사람이 모두 흥미진진하게 대화하려면 먼저 말하는 사람이 그 화제에 흥미가 있어야 한다. 화자가 스스로 시시한 이야기라고 생각하면서 의무처럼 읊어대는 내용에는 상대방도 귀를 기울이지 않는다.

즐거운 이야기, 재미있는 화제를 대화 중간에 끼워 넣기 위해 신문, 텔레비전, 동료와의 잡담에서 이야기를 찾아내어 준비해 두는 자세가 필요하다. 이러한 '자신만의 보물'이 있으면 언제 어디서든 자신 있게 대화를 이끌어 갈 수 있으며, 분위기를 여러분이 주도하게 되면 상대방은 경청을 하게 될 것이고, 그러면 설명이나 설득의 효과도 대단히 높아지게 된다.

여러 사람이 모여 이야기하는 모습을 주의 깊게 살펴보면 가끔 큰 소리

■ 도표 7.12 상대방이 주목하게 만드는 기술

적극적인 화법 기술	구체적인 내용
말에 힘을 불어 넣음	· 처음부터 그 자리를 주도하겠다는 강한 의지로 이야기를 함 · 화자의 힘을 느끼면 청자는 그의 말에 빨려 들어감
힘 있는 목소리로 말하기	· 뱃속 깊은 곳에서 나오는 힘 있는 목소리로 자신 있게 말함 · 자신 있게 말하는 사람은 청중을 압도하며 집중력을 높여줌
몸짓 사용하기	· 적절한 제스처를 취함으로써 청중에게 신호를 보냄 · 청자는 화자의 움직임에 신경을 집중하게 되면서 대화내용을 경청하게 됨
크게 웃기	· 조금 크게 웃으면 상대방은 웃음소리의 주인공에게 집중함 · 대화하는 자리의 분위기는 자주 웃는 사람이 주도하게 됨

를 내며 웃는 사람이 있다. 이렇게 얼굴에 미소를 띤 사람과 이야기하다보면 상대방은 자신도 모르게 마술에 걸린 듯이 그 사람의 이야기에 귀를 쫑긋 세우게 된다. 웃는 얼굴로 이야기하는 사람의 말은 상대방의 지(知)와 정(情)모두를 자극한다. 말은 '지(논리)'에 '정(감정)'이 더해질 때 그 힘을 발휘하게 된다(〈도표 7.12〉 참조).

다른 사람과 이야기를 나누는 도중에 상대방을 자신의 세계로 끌어들이고 싶거나, 자신이 대화를 주도하고 싶을 때가 있다. 이때 "이제 그만하시죠.", "제게도 말할 기회를 주십시오."라고 말하면 상대방의 기분을 상하게 할 수도 있고, 대화의 흐름도 끊기게 된다. 대화의 흐름을 그대로 유지

화제를 전환하는 접속어 '그런데'의 응용 방법

- "그런데 제 생각도 말씀드리고 싶습니다만…"
- "그런데 조금 전에 하시던 이야기는 어떻게 되었습니까? 그 계획 말입니다만…"
- "모처럼 좋은 말씀하시는데 제가 말을 자르는 건 아닌지 모르겠습니다만…"
- "조금 다른 이야기입니다만…"

도표 7.13 대화를 부드럽게 만드는 완곡한 표현과 사과의 표현

완곡한 표현	사과의 표현
· "저기…"	· "번거로우시겠지만…"
· "그게…"	· "죄송합니다."
· "잠시…"	· "수고를 끼쳐드려 죄송합니다만…"
· "실례지만…"	· "공교롭게도…"
· "죄송합니다만…"	· "괜찮으시다면…"
· "잠시 여쭙고 싶은 말이 있습니다만…"	· "애쓰셨는데…"

하면서 자연스럽게 자신이 원하는 방향으로 대화의 주도권을 잡고 싶을 때 사용되는 말이 '그런데' 이다.

'그런데' 에는 상대방의 말을 부정하지 않으면서 화제를 바꿀 수 있는 신비한 힘이 있다. 상대방도 이러한 분위기가 어색하지 않게 느끼기 때문에 "그러고 보니 아까 하던 이야기 말인데요, 그게…"라며 자연스럽게 화제를 돌리게 된다.

대화를 처음 시작할 때에나 자신이 발언을 하고 싶을 때에는 대화 분위기를 부드럽게 만들어 주는 '완곡한 표현' 을 사용하는 것이 도움이 된다. 예를 들면, "갑자기 이런 질문을 드려서 죄송합니다만…"이라며 질문을 했을 경우, 대부분의 사람들은 "무엇이 궁금하십니까?" 혹은 "무슨 일입니까?"하며 말을 받아주는 경우가 대부분이다.

이러한 완곡한 표현을 먼저 꺼냄으로써 대화는 훨씬 원만하게 진행되는 경우가 대부분이다. 완곡한 표현에 익숙해진다면 적절한 '사과의 표현' 도 부드러운 대화진행에 반드시 필요하다(〈도표 7.13〉 참조).

2) 상대에게 설명, 설득하기 위한 대화의 기술

상대방에게 설명을 하거나 설득을 하고자 할 때에는 빠르고 정확하며,

알기 쉽게 전달하는 요령이 반드시 필요하다. 먼저 무엇을 이야기 할지, 그 대답은 무엇인지 등 이야기의 내용을 대략적으로 제시한 다음, 본론으로 들어가서 이야기 할 내용들을 항목별로 구분하여 차근차근 알기 쉽게 설명하고, 결론에서는 본론의 이야기들을 핵심적으로 요약하듯이 이야기 하면 된다. 물론 이야기 하는 도중에 상대방의 반응을 살피면서 말의 빠르기나 목소리 높낮이, 내용의 쉽고 어려움을 적절히 조절할 수 있어야 한다.

토론이나 토의를 하는 경우에 상대방과 주장이 엇갈리는 경우도 존재한다. 이럴 경우에 상대방을 설득하기 위한 기술이 요구될 때가 있는데, 상대방의 이야기를 들으면서 자신의 주장도 펼치고, 서로 다른 의견을 내세우면서 타협점을 찾아가야 한다. 토론은 승리하기 위한 것이 아니라 타협을 통하여 좋은 대안을 결정하기 위한 자리이다. 하지만 많은 사람들이 토론을 할 때, 상대방을 제압해야 이긴다는 강박관념을 가지고 있는 것이 사실이다.

좋은 대안을 결정하기 위해서는 타협이 절실하게 필요하다. 서로가 양보할 부분은 양보하면서 타협점을 찾아내고, 누락된 부분을 보충해야 한

도표 7.14 설명을 조리있게 잘 하기 위한 3단계 과정의 예

단 계	설명의 예
· 전달하고 싶은 정보를 세 부분으로 나눈 다음, 이를 다시 3단으로 구성해 이야기를 전개하는 방법을 익히는 것이 목적임.	
1단계 서론	"요전에 가격 인하를 부탁하셨는데, 대단히 죄송합니다. 이번만은 말씀대로 해드릴 수가 없군요."
2단계 본론	"세 가지 이유가 있습니다. 첫 번째 이유는 이미 저희 쪽에서 가격할인을 해드린 상태이기 때문입니다. 두 번째는 아시다시피 업계에서 저희 회사가 최저가로 제공을 해드리고 있습니다. 세 번째 가장 결정적인 이유로 재료가격이 인상되었기 때문입니다."
3단계 결론	"이런 상황이므로 이번에는 가격을 할인해드리기 어렵습니다. 그 대신 다양한 서비스를 제공해드리겠습니다."

이야기 3단 구성을 응용하는 방법

- 서두에서 강한 인상을 주면 긴급하고 중요한 과제라는 인상을 줌으로써 대화에 활력을 준다.
  - "신규 점포에 관한 제 계획은 이미 결정되었습니다. 물론 이 자리에서 승인이 되어야 확정되겠지만 말입니다. 후보지는 총 3곳입니다."라고 말한다면 청중들의 궁금증을 자아내기 때문에 집중을 유도할 수 있다.
- 결론에서 의문점을 제기하며 끝맺으면 이야기가 좀 더 발전되기를 기대하는 것이다.
  - "포항 지역이 가장 적합합니다만, 아직 후보지로 결정되지는 않았습니다. 계획은 여전히 백지 상태나 마찬가지입니다. 부디 여러분의 지혜를 모아 주십시오."라고 한다면 청중들의 의견을 수렴하겠다는 의미이기 때문에 논의를 효과적으로 이끌어낼 수 있다.

다. 이렇게 하기 위해서는 "A의 관점에서 보면 그렇게 말씀하실 수 있겠지만, B의 입장에서는 정 반대의 의견이 나올 수도 있습니다."와 같이 제 3자의 입장인 것처럼 반대의견을 제시했을 경우에는 상대방의 저항이 비교적 적을 수도 있다.

도표 7.15 상대방을 설득하기 위한 3단계 법칙

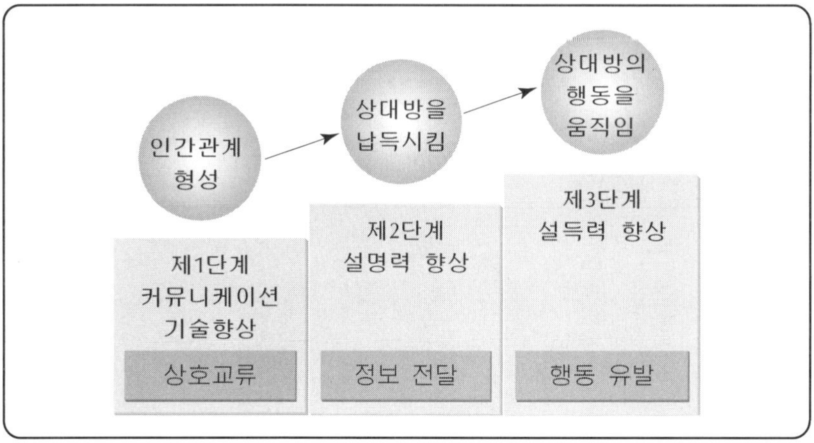

상대방에게 도움이 되는 충고의 기술

- 사실과 원인을 확인하고 나서 상대방이 이해할 수 있는 사항에 대해 충고한다.
- 잘못을 지적한 이후에 어떻게 하면 좋을 지까지 구체적으로 제시한다.
- 개인적인 감정을 배제하고, 객관적이고 이성적으로 충고한다.
- 상대방을 추궁하지 않고 스스로 잘못을 깨달을 수 있도록 이야기한다.
- 긍정적인 면을 평가하면서 이번 일은 긍정적인 면이 보이지 않아 유감이라고 충고한다.

도표 7.17 리더로서의 청취능력 자가진단표

		자주 그렇다 (1점)	가끔 그렇다 (2점)	거의 없다 (3점)
1	내 마음대로 짐작해서 이야기를 잘못 이해한 적이 있다.			
2	이야기를 듣다 보면 머리가 멍하거나 졸음이 온다.			
3	싫어하는 사람이 이야기하면 마음을 닫아버린다.			
4	상대방이 말을 잘 못하면 듣고 싶지 않다.			
5	내가 할 말을 생각하느라 상대방의 말을 듣지 못한다.			
6	상대방의 말을 가로막은 적이 있다.			
7	이야기를 듣다 보면 머리가 멍하거나 졸음이 온다.			
8	관심없는 이야기는 듣기 싫다.			
9	남의 말을 들을 때 팔짱을 끼거나 무표정해진다.			
10	이야기를 듣다가 모호한 부분이 있어도 확인하지 않는다.			

- 거의 없다(3점)에 표시된 것이 5개 이상이면서 총 합계점수가 23점 이상이면 상대방의 이야기에 상당한 관심을 가지고 청취하고 있는 것입니다.
- 총 합계점수가 15점 이하이면 상대방의 이야기에 관심이 없는 편입니다.

핵심은 상대방의 주장을 수용하면서 자신의 논리를 전개하는 이른바 'Yes But' 논법이다. 예를 들면 "과연 그 말에도 일리가 있군요. 그러나 그렇게 되면 ○○일 때는 어떻게 되는 겁니까?"라는 방식으로 말하면 된다. 토론의 목적은 대화를 깊이 있게 전개하고 확인하여 상대방의 의사를 알아가는 것이지 자신의 이야기를 전달하는 것에 있는 것이 아니다.

또한 완곡한 설득의 예로는 충고가 있다. 그리고 리더에게는 구성원들의 역량을 계발시킬 책임도 있기 때문에 적절한 충고방법도 알아둘 필요가 있다. 충고는 일반적으로 상대방의 의욕을 불러일으키고 성장을 촉진시키는 한편, 부정적인 면을 고치도록 하기 위해 상대방을 배려한 행위이다. 그러므로 상대방에게 도움이 될 때만 충고해야 하며, 충고를 할 때에는 상대방의 심정까지 세심하게 신경을 써야 한다.

¤ 3분 토의를 해 봅시다

1. 커뮤니케이션의 장애요인으로 인하여 올바르게 커뮤니케이션 하지 못했던 사례를 서로 공유하면서 어떻게 하면 바람직한 커뮤니케이션을 할 수 있을 지를 논의해보자.
2. '설득의 마술 법칙' 이라는 것이 있는데, 40초간 사건(현재 상황)에 대하여 이야기 하고, 10초간 행동변화(설득하고자 하는 내용)에 대해 설명하고, 10초간 행동변화를 통해 얻는 이익(동기부여)을 말하는 것이다. '설득의 마술 법칙' 을 이용하여 타인을 설득하는 방법을 실습해보자.
3. 주변의 말 잘하는 사람을 관찰하고, 그 사람에게서 본받을 점을 조사하여 팀원들과 공유해 보자.

리·더·십·레·크·리·에·이·션

커뮤니케이션의 어려움과 중요성 깨닫기

목적 및 요약	커뮤니케이션 매체의 중요성에 대하여 깨닫는 것이 목적이다. 언어와 비언어의 적절한 사용이 왜 필요하며, 어느 한 쪽이 결여되었을 경우의 커뮤니케이션 유효성이 왜 떨어지게 되는가를 경험하는 것을 목적으로 한다.
소요시간	10~15분(게임진행 7분소요, 나머지 시간은 조별 토의 및 발표)
준비물	참가자들이 볼 수 있는 도형그림 1장
팀 구성	1조 5명 이하
진행요령	팀 별로 일렬로 늘어서게 한다.(충분한 공간 확보가 필요함) 가장 앞 사람은 진행자를 보게 하고, 나머지 팀원들은 뒤돌아 서 있도록 한다. 가장 앞 사람에게 도형그림이 그려진 종이를 30초간 관찰하도록 한다. 가장 앞 사람이 두 번째 사람에게 도형그림에 대하여 '말'로만 설명을 하도록 한다.(제스처나 어떤 몸짓도 사용할 수 없음) 마지막 사람까지 같은 과정을 반복한다. 마지막 사람에게까지 설명이 완료되면 마지막 사람에게 빈 종이를 주고 설명을 전해들은 도형그림을 그려보도록 한다. 그림을 맞춘 팀도 있고, 그렇지 못한 팀도 있는데 왜 맞추었고, 맞추지 못했는가에 대하여 토의를 시킨 후 발표하도록 한다.
기타 아이디어	· 교육대상자에 따라서 도형그림을 바꿀 수 있다(진행자가 준비함). · 도형의 배치는 삼각형, 사각형, 원으로만 하되, 도형의 배열은 가급적 붙이는 것이 좋다. · 모든 구성원이 공감하는 사물을 설명한 뒤 그림으로 묘사하는 게임으로 변형할 수도 있다(도형그림보다 훨씬 난이도가 높아짐).

문제해결,
의사결정의 리더십

8

조직 내에서 문제해결과 의사결정을 하는 방식에 대하여 학습함으로써 개인차원과 집단차원의 문제해결 및 의사결정이 어떻게 달라지는가에 대하여 이해한다. 문제해결과 의사결정에 있어서 창의성의 역할 및 중요성을 인식하고, 학습조직과 지식경영이 왜 필요한가를 이해한다.

의사결정과 문제해결

사람은 누구나 매 순간 선택의 갈림길에 놓여진다. 아침에 일어나서 무엇을 먹을까부터 시작하여 어떤 옷을 입고 나갈 것인가?, 어떤 교통수단을 이용할 것인가?, 하루를 어떻게 보낼 것인가?, 집에 돌아와서 어떤 TV 채널을 볼 것인가? 까지 하루 일과가 선택의 연속이다. 만약 대안이 여러 개인 경우, 우리는 행동으로 실천할 대안 하나를 선택하기 위한 의사결정을 해야만 한다.

조직을 운영할 때에도 크게 다르지 않다. 조직 내부에서는 주체할 수 없을 정도로 많은 정보와 지식들, 그리고 해결해야 할 문제들이 산적해 있다. 이러한 문제를 해결하기 위해서도 의사결정은 반드시 해야 하며, 합리적인 결정을 내리는 경우도 있지만 어쩔 수 없이 합리적이지 못한 결정을 내려야 하는 경우도 발생한다.

또한 해결해야 할 문제가 무수히 많으면 무엇이 중요한 문제이고 무엇

의사결정의 정의

의사결정자가 문제를 인식하여 이를 체계화하고 문제해결에 필요한 정보를 수집 및 편집하여 최종 대안을 찾아내는 일련의 과정

도표 8.1 의사결정을 좌우하는 능력, 판단력과 결정력

판단력	내 용	과거의 경험에 비추어 현 상황을 정확히 파악하고, 어떻게 행동해야 하는가를 의사결정 하는 능력
	특 성	· 조직목표와 상부의 지시내용을 정확하게 파악하고, 일을 처리함에 있어 방침, 지시에 근거하여 방향설정을 할 수 있는가 · 일을 처리할 때, 문제의 본질을 정확히 파악 · 분석해 상황에 맞는 우선순위에 따라 적절한 조치를 취할 수 있는가 · 담당직무와 현안업무의 수행에 있어 주변상황을 감안하고 일의 절차와 효율을 고려해 타당한 결론을 이끌어낼 수 있는가
결정력	내 용	불확실한 상황 속에서 나아갈 방향을 확실히 정하고 그것을 구성원들이 따를 수 있도록 표현하는 힘
	특 성	· 불확실한 상황에서 자신의 '사고의 틀'을 명확히 내세우고 있는가 · 신속하게 판단을 내리고 있는가 · 때에 따라서는 위험(risk)을 짊어질 결의가 있는가

은 덜 중요한 문제인지를 구별할 수 없게 되고, 급하지 않은 사소한 문제에 지나치게 몰입한 나머지 정작 중요한 문제의 해결에는 시간을 할애하지 못하는 경우도 존재한다.

의사결정은 위의 정의에서 보듯이 대안의 선택과 평가까지를 의미하지만 문제해결의 개념은 대안이 실행(적용)되고, 유지 및 조정(사후관리)되는

도표 8.2 의사결정 및 문제해결 과정

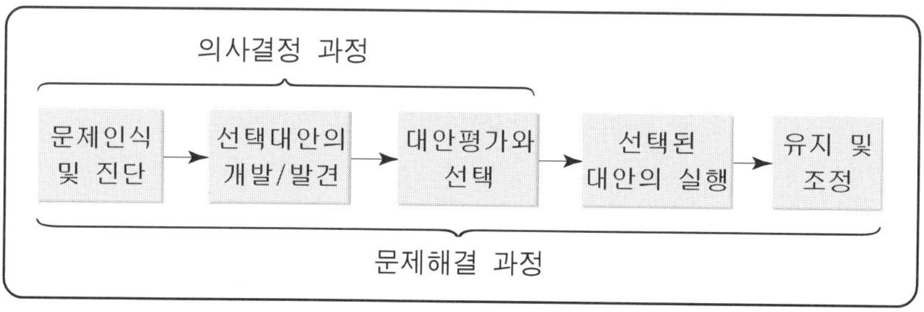

자료 : Humber (1980)의 그림을 인용하여 의사결정과 문제해결을 구분함.

단계까지를 포함하는 개념이므로 문제해결이 의사결정을 포함하고 있다고 이해하면 된다(〈도표 8.2〉 참조).

문제인식 및 진단

문제란 자신의 현재 상태와 원하는 상태의 차이에서 비롯된다. 문제인식 단계에서 중요한 것은 조기인식이다. 개인에게 있어서 뿐만 아니라 집단이나 조직의 입장에서도 문제를 빠르고 정확하게 인식하는 것은 이를 효과적으로 해결하기 위한 지름길이 된다. 특히 최고경영자는 조직이 목표로 하는 바와 조직이 처해 있는 현재의 상태를 정확히 인식하고 있어야 하며, 달성하고자 하는 목표와 현재 조직의 역량을 정확히 비교분석하는 능력이 요구된다.

문제인식 단계에서 또 한 가지 중요한 것은 의사결정자와 구성원들 간

이 야 기 보 따 리

인식의 차이

어느 가난한 집에 한 손님이 묵게 되었다. 뻔한 식량에 생각지도 않은 군식구가 생겼으니 그 식구들은 손님이 갈 날만 기다릴 수밖에 없었다. 길손 역시 가난한 처지여서 끼니 걱정 안 하는 맛에 마냥 머물고는 싶지만 그 집 사정을 아는지라, 언제 떠나겠다는 날짜만을 기약하고 하루하루를 보내고 있었다.

마침내 약속한 그 날이 왔다. 손님이 떠날 채비를 하는데 문 밖에서 부슬부슬 비가 내리기 시작했다. 문 밖까지 나온 손님은 희색이 만연, "허어 이슬(있을)비가 오네." 했다. 그러자 주인은 펄쩍 뛰면서, "아닙니다. 가는(細) 비가 옵니다." 라고 하며 계속 실랑이를 했다. 그러는 그들 밖으로 비만 소리 없이 내리고 있었다.

정보오류와 지각오류

정보오류란 여러 정보가 의사결정자(혹은 문제해결자)에게 정보가 도달되는 과정에서 왜곡되거나 제거 또는 첨가되었을 때 발생하는 오류인데, 정보오류는 커뮤니케이션 채널 때문에 발생하는 것이 대부분이므로 조직의 프로세스와 밀접한 연관이 있다.
지각오류는 의사결정자(혹은 문제해결자)의 지각능력의 한계로 또는 유리한 판단을 하기 위한 왜곡으로 말미암아 생겨나게 되는 자연적 · 인위적 오류를 의미한다.

의 '인식의 차이(perceptual difference)' 이다. 의사결정자의 판단은 지각, 인지, 성격 등에 따라 영향을 받는다. 같은 현상이 문제로 인식될 수도, 그렇지 않을 수도 있다. 특히나 소규모 프로젝트 팀의 경우에는 같은 현상에 대해 다르게 인식하면 심각한 집단갈등문제가 발생하여 집단의 효과성을 저해하는 요인이 되기도 한다. 이처럼 '인식의 차이' 는 문제의 조기인식에 있어서 고려해야 할 중요한 사항이다.

한편 문제를 인식하는 과정에 오류가 개입될 수 있다. 이 과정에서 발생하는 오류들은 일반적으로 정보오류(information bias)와 지각오류(perceptual bias)로 구분한다. 정보오류는 조직 내 프로세스에서의 손실 때문에 발생하지만 지각오류는 개인의 지각적 한계 때문에 주로 발생하므로 정보오류가 보다 인위적이라고 볼 수 있다. 결국 이 두 가지 오류들은 의사결정의 질을 떨어뜨리고, 문제해결을 올바로 하지 못하는 결과를 가져오게 만든다.

〈도표 8.3〉에서 왼쪽그림의 경우 정보오류가 상대적으로 많이 발생하며, 오른쪽 그림의 경우 정보의 공유가 원활하여 정보오류는 비교적 적게 발생하지만 구성원의 '인식의 차이' 는 크게 발생할 수 있고, 지각오류도 상대적으로 많이 발생할 것이다.

▌도표 8.3 어떤 커뮤니케이션 채널이 정보오류가 많이 생길까?

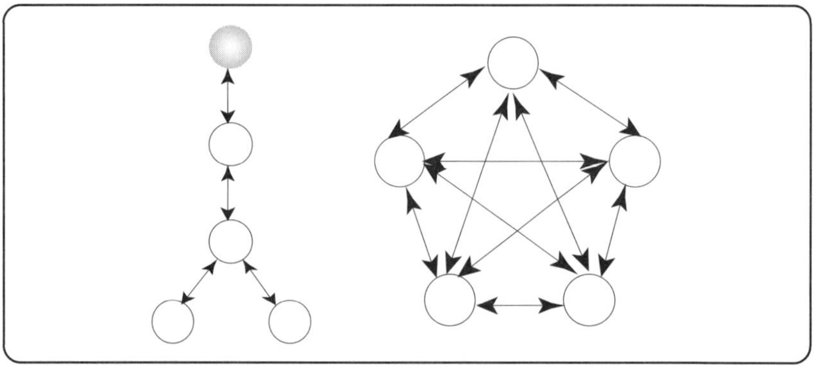

이야기 보따리

열린 커뮤니케이션을 위해 내가 먼저 다가가자

GE의 경쟁력은 잭 웰치의 타고난 리더십에도 그 원인이 있지만, '열린 의사소통'이 하나의 문화로 형성되었기 때문이기도 하다. 잭 웰치는 GE의 크로톤빌 리더십센터(crotonville leadership center)에서 교육에 참가한 GE의 임직원과 격의 없는 토론을 하면서 많은 아이디어들을 창출하고, 변화에 저항하는 세력들을 설득하였다. 이처럼 리더가 구성원들을 찾아가 먼저 소통을 시도하면 구성원들의 긍정적인 감성을 움직여 열렬한 지지를 이끌어 낼 수 있다.

나를 먼저 알려야 서로 통하게 되듯이 커뮤니케이션은 '주고받는 것'이지 '받고 주는 것'이 아니다. 대개의 상급자들은 문을 열어 놓아도 부하들이 오지 않는다고 불평인데, 먼저 다가가고 말을 건네는 것이 리더로서의 커뮤니케이션을 시작하는 것이다.

〈도표 8.4〉는 대표적인 개인의 지각오류들을 살펴봄으로써 의사결정이나 문제해결에 있어서 어떻게 장애요인이 되는가를 생각해 볼 수 있다.

도표 8.4 의사결정, 문제해결에 발생하는 대표적인 지각오류의 예

지각오류	내 용
첫인상 효과	다른 사람에 대한 인상을 형성하는 초기단계에서 지각된 정보가 잘못되어도 사람들은 그것을 계속 인정하려 든다. 결국 지각자가 타인에 대해 갖게 되는 첫인상이 지각자로 하여금 그 타인에 대하여 일정한 방향으로 지각하도록 만드는 것이다.
고정관념	고정관념(stereotype)은 타인이 속해 있는 사회적 집단에 의해 그에 대한 지각이 영향을 받는 것을 말한다. 사람들은 타인에 대하여 지각할 때 그 사람의 성별, 인종, 종교, 국적, 직업, 사는 동네 등과 같은 속성을 먼저 따져보고 어떠한 유형에 속한 사람은 어떨 것이라고 미리 감을 잡고 있는 경우가 고정관념 오류에 해당된다.
후광효과	후광효과는 현혹효과라고도 하는데, 하나의 특성을 보고 전체를 평가하려는 오류이다. 매력적인 여비서는 보고서도 잘 작성하고, PC도 잘 다루고 깨끗한 습관을 가지고 있을 것이라고 지각한다면 이것이 바로 현혹된 것이다.
주관의 객관화	어떤 조건 하에서 사람들은 다른 사람 역시 자신이 가지고 있는 특성을 가지고 있다고 지각하는 경향이 강하다. 자신의 감정, 성향, 동기 등을 타인에 대한 평가에 이입시키는 것이 주관의 객관화이다.
지각적 방어	개인에게 불이익이 되거나 위험을 줄 수 있는 자극이 발생하였을 때 이를 회피함으로써 자신을 방어하는 것을 의미한다. 자신의 가치관이나 신념체계를 무너뜨리지 않기 위해 지각되는 정보를 들어오지 못하게 막아버리는 오류이다.
귀속오류	지각대상인 어떤 행동이나 사건이 발생하게 된 원인을 지각자가 자기 나름의 편의에 맞추어 추측하는 것을 말한다. 사람들은 타인의 행동에 대한 책임은 본인에게 지우려 하고, 자신의 잘못된 행동의 원인은 자기 자신 보다는 외부에서 찾으려고 하는 성향이 있다.

대안의 개발/발견

조직에서 해결해야 할 문제가 무엇인지를 올바르게 파악한 리더는 문제해결을 위한 대안들을 찾아야 한다. 이를 정보의 수집 및 조직화 단계라고 한다. 이 단계는 조직이나 개인의 정보력을 시험할 수 있는 단계이며, 다양한 정보원천의 확보가 매우 중요시된다.

기발한 아이디어(대안), 창의적인 아이디어는 위계를 강조하고 획일적인 조직에서보다는 다양성과 유연성을 추구하는 조직에서 보다 많이 얻을 수 있다. 이러한 조직에서는 기존의 정보와 새로운 정보의 융합이 원활하여 문제해결에 도움이 될 수 있는 새로운 방법을 찾게 되는 경우가 많다. 또한 구성원들에게 자율성을 부여하고, 계층에 관계없이 아이디어의 제안을 장려하며, 실패에 대하여 용인할 수 있는 문화가 정착되는 것도 창의적 아이디어 발현에 반드시 필요한 기본적 토대이다.

이야기 보따리

3M의 창의성 장려와 지원

1970년 3M연구소의 스펜서 실버(S. Silver) 박사는 새로운 접착제를 개발하려고 노력한 끝에 쉽게 떨어지는 접착제를 개발했다. 접착력이 낮은 이 '이상한 접착제'는 어느 누구도 용도를 정하지 못해 전량 폐기처분해야 할 상황이었다. 5년 뒤, 3M의 연구원인 아서 프라이(A. Fry)는 주일예배를 볼 때 찬송가 사이에 끼워두었던 종이들이 떨어지는 것에서 영감을 얻어서 이 쓸모없는 '이상한 접착제'를 임시로 붙였다가 떼어내는 데 사용하면 좋겠다고 생각했다.

3M은 1980년부터 포스트잇을 생산하기 시작하여 현재 1억 달러 이상의 매출 실적을 올리고 있고, 미국에서는 사무용품 판매량 5위 안에 든다. 한번 붙으면 떨어지지 않는다는 접착제에 대한 고정관념을 버리고 이를 새롭게 응용한 창의성에서 포스트잇은 태어난 것이었다.

대안의 평가와 선택

이 단계는 의사결정에 드는 비용, 각 대안의 장·단점, 그리고 해결책에 대한 실천의 문제를 생각하는 단계이다. 즉, 각종 정보를 통해서 의사결정자가 여러 가지 대안들을 발굴하였다면 각 대안에 대한 평가가 이루어져야 하며, 그 결과에 따라서 하나 또는 그 이상의 대안이 선택될 것이다.

대안을 평가하는 방법은 상황에 따라 각기 달라진다. 합리성을 추구(최적화)할 수도 있고, 직관에 의존할 수도 있으며, 제약조건을 감안한 상태에서 차선책(규범화)을 고를 수도 있다. 각 의사결정 모형에 대하여는 다음 절에서 자세히 살펴보기로 하고, 여기에서는 상황에 따른 의사결정 유형에 대해서 알아보기로 하자.

정형화된 의사결정은 반복적이고 일상적이기 때문에 결정방식과 규정이 이미 정해져 있으며 그대로 따라 하면 된다. 하지만 비정형화된 의사결정은 예외적이고 갑작스럽게 발생하기 때문에 조직에 선례도 거의 없고 가

도표 8.5 의사결정의 두 유형

특 성	정형화된 의사결정	비정형화된 의사결정
발생빈도	반복적인 것, 일상적인 것	새로운 것, 특이한 것
결정대상	분명함, 구체적임, 단순함	희미함, 애매함, 복잡함
주어진 정보	충분함, 분석이 쉬움	부족함, 분석이 어려움
결정의 중요성	덜 중요함	중요함
결정자 신분	하급 실무층, 개인	경영진, 고위층, 집단
최종결정기한	단기적임	다소 장기적임
결정방식	규정과 원칙을 중요시 함	창의적 판단력 활용
과거경험	과거에 유사한 사례가 많음	과거의 사례가 거의 없음

자료 : 임창희 (2004)를 인용함.

이드라인도 없기 때문에 스스로 의사결정을 해야 하고 창의성도 많이 요구된다. 일반적으로 조직계층의 하부에서 수행하는 업무는 정형화된 것이 많고, 상부에서 수행하는 업무는 비정형화된 것이 많다.

의사결정은 미래의 어떤 일을 수행하기 위하여 현재 결정하는 것이기 때문에 미래에 대한 불확실성을 고려하지 않을 수 없다. 불확실성이라는 것은 여러 대안들에 대한 정보가 어느 정도 수집되어 있느냐의 문제와 동일한 말이다. 누구나 위험이 적은 상태에서 의사결정을 하고 싶어 하기 때문에 정보를 수집하고 판단하는 것 보다는 다른 사람 혹은 다른 조직이 하는 대로 결정하고자 하는 성향이 있다.

선택된 대안의 실행

선택된 대안은 실행되어야 한다. 그리고 선택되지 못한 의사결정은 당장에는 아무런 쓸모가 없다. 점심식사로 무엇을 먹을지 결정되면 그 음식을 먹으러 가야하는 것과 같은 이치이다. 이 단계에서는 실행담당자들이 대안을 실천하겠다는 의지가 무엇보다도 중요하다.

특히 성공확률이 낮은 대안이 선택된 경우, 성공가능성을 높일 수 있는 유일한 단계가 실행단계이다. 다시 말해 선택된 대안에 문제가 있다고 하더라도 실행에 옮기는 단계에서 이를 조정하고 실행담당자가 최고의 실력을 발휘한다면 의사결정 실행결과가 효과적으로 나타날 가능성이 커진다. 반대로 아무리 달성이 용이하고 훌륭한 선택이라도 능력을 충분히 발휘하지 않거나 대충 실행한다면 목표를 달성할 수 없게 된다.

우선 적절한 대안이 선택되어야 한다는 데는 재론의 여지가 없다. 대안의 선택이 적절히 이루어지고 또한 선택된 대안의 핵심이 실행단계에서 충실히 실행되었을 때 효과적인 문제해결이 가능해진다.

이야기 보따리

죄수들의 의사결정

죄인 세 명이 감옥에 3년 동안 갇히게 되었다. 간수장은 그 죄인들에게 소원을 한 가지씩 들어주겠다고 했다. 미국인은 돈을 너무 좋아하여 1만 달러를 요구했다. 술을 좋아하는 러시아인은 30상자의 보드카를 원했다. 유태인은 외부세계와 소통할 수 있는 전화를 요구했다.

3년이 지난 후, 미국인이 제일 먼저 나왔다. 돈은 이미 바닥이 났고 그는 매우 초췌해졌다. 이어서 러시아인이 나왔다. 그는 술을 너무 많이 마셔서 간경화에 시달리고 있었다. 마지막으로 유태인이 나왔다. 그는 간수장의 손을 꼭 쥐고 말했다. "3년 동안 나는 매일 바깥세상과 연락을 취하며 필요한 정보를 얻었소. 내 사업은 망하지 않았을 뿐만 아니라 네 배나 더 성장했소. 감사의 뜻으로 당신에게 롤스로이스를 선물하겠소!"

평범한 선택들을 경시하면 안 된다. 순간의 선택이 엄청난 결과를 가져다 줄 수도 있다. 미래를 보는 안목을 가지고 순간의 선택들을 신중하게 대하면 한 걸음 한 걸음 성공을 향해 다가갈 것이다.

유지 및 조정 (사후관리)

의사결정자는 어떤 문제에 대한 성공적인 의사결정 방법이나 과정들을 기억이나 잠재의식 속에 저장하게 되고(유지), 이후 유사한 문제가 발생하면 저장된 의사결정 방법을 적용하여 문제를 해결하게 된다. 이와 같이 기억이나 잠재의식 속에 쌓이는 것을 '사고의 틀을 형성한다.'고 한다. 즉, 문제해결이나 의사결정에 대한 자신만의 노하우를 형성하는 것이다.

사고의 틀은 시간의 흐름에 따라 새로운 정보의 첨가, 상황의 변화로 인하여 조정되고 변화된다. 즉, 기존의 사고의 틀 내에서 당면문제에 대한 해법을 찾지 못할 경우 의사결정과정을 처음부터 다시 시행해야 한다. 이 새로운 과정은 기존의 틀에 수정을 가함으로써 새로운 사고의 틀을 형성하게 된다.

따라서 의사결정의 과정은 개인이나 집단에게는 하나의 '학습과정' 인 것이다. 학습에 의하여 형성된 하나의 개념이 집단 구성원들 사이에 공유되면 문제해결이나 의사결정을 다시 실행하는 데 있어서 대단히 유용한 역할을 하게 된다. 유지 및 조정 단계는 학습사항을 정리하고 재실행을 준비하는 단계라고 볼 수 있으며, 의사결정 및 문제해결 과정을 제도적으로 운영하여 구성원들의 역량을 제고시키려는 방안이 오늘날 학습조직화 혹은 지식경영으로 불리고 있다.

의사결정 모형과 창의성

의사결정 모형

사람들은 누구나 자신이 내린 의사결정에 대해서는 합리적으로 최선의 선택을 했다고 생각한다. 하지만 사람들마다 의사결정을 하는 방식은 각기 다르다. 여기에서는 대표적인 의사결정 모형인 합리적 모형, 규범적 모형, 직관적 모형, 쓰레기통 모형에 대하여 살펴보도록 한다.

합리적 모형은 의사결정을 할 때 목표를 최고로 달성하는 방향으로 의사결정을 하는 것이다. 즉 가장 손해를 덜 보고 가장 이익을 많이 가져올 수 있는 대안을 선택한다. 그러기 위해서는 정보를 가능한 한 많이 수집하고 정보가 정확한지도 꼼꼼히 살핀다. 하지만 모든 대안들에 대하여 일일이 평가하고 나서 최적의 대안을 선택하기에는 지나치게 많은 비용이 소모될 수 있어서 의사결정을 하지 않는 것이 오히려 이익일 수도 있게 된다.

이야기 보따리

바늘이론

건초더미 속에 수백 개의 바늘이 있을 때, 그 중에서 가능한 한 가장 좋은 바늘을 찾아쓰려고 하지만(합리성) 가장 좋은 것을 찾기에는 시간이 너무 많이 걸린다. 그렇다고 아무거나 무조건 사용(비합리성)하지는 않을 것이다. 제일 좋은 바늘이 아니더라도 심히 녹슬었거나 부러지지만 않으면 그냥 사용할 수 있다(제한된 합리성).

문제해결 대안을 선택할 때 최선책을 발견하려고 하지 않고 적절한 기준을 설정해 놓고 이를 통과하는 대안 중에 먼저 발견되는 것을 선택하는 방법이 사이몬(H. Simon)의 바늘이론이다.

규범적 모형은 일반적으로 사람들이 의사결정을 할 때 실제로 자신이 옳다고 혹은 자신이 만족하는 수준에서 대안을 결정하는 것이 현실적이라는 이론이다. 욕구와 만족의 정도는 사람마다 다르기 때문에 같은 양의 정보를 가지고서도 사람마다 서로 다른 대안을 선택할 수 있다는 것이다.

항상 모든 대안을 검토해보고 최적의 것을 선택하는 것이 아니라 때로는 개인적인 기준과 느낌에 의해서 결정을 할 때도 있다. 대부분의 사람들

도표 8.6 합리성과 제한된 합리성에 기초한 의사결정의 차이

합리성에 기초한 의사결정	제한된 합리성에 기초한 의사결정
· 인간은 경제적으로 행동한다. · 모든 대안과 완벽한 정보(비용, 장 · 단점 등)가 있다. · 선택된 대안을 실천하였을 때 나타날 수 있는 결과에 대하여 미리 완전하게 알 수 있기 때문에 대안들을 서로 비교할 수 있다.	· 여러 가지 제약(시간, 돈, 능력 등)으로 인하여 필요한 모든 정보를 참조하고 분석할 수 없기 때문에 가능한 대안들을 전부 검토할 수 없다. · 대안을 평가할 때 다소 주관적이기 때문에 다른 사람에게도 합리적이지는 않다. · 모든 대안을 객관적으로 분석 · 평가하여 최선의 대안을 선택했다 하더라도 대안평가와 실행 사이의 시간 차이에 발생되는 변화에 대처하기 어렵다.

제한된 합리성(bounded rationality)이 주는 시사점

- 엄밀한 의미의 합리적 의사결정은 이상(理想)에 불과하다.
- 조직 운영에 있어서 구성원(의사결정자)들의 능력에 한계가 있음을 고려해야 한다.
- 집단이 개인보다 항상 더 합리적인 결정을 할 수 있는가를 생각해 보아야 한다.
- 의사결정에 필요한 정보는 항상 완전할 수 없으므로 의사결정자들은 불완전 정보를 각자에게 유리하도록 왜곡, 누락, 발설, 조작할 수 있다는 것도 염두에 두어야 한다.

은 정보수집의 비용과 시간 때문에 의사결정을 직관에 의하여 혹은 자신의 경험과 유사한 것을 선택하려는 경향이 있다. 이것이 직관적 의사결정 모형이다. 예를 들면 "감(感)이 좋아서 그렇게 했어.", "느낌이 좋아서 이걸 골랐어." 등의 말은 직관에 의하여 의사결정을 한 것이다.

하지만 직관 능력이 강한 사람은 다른 사람에게 의사결정 이유를 명확하게 설명하지 않는다. 왜냐하면 사람들은 합리적 의사결정이 타당하다고 생각하기 때문에 느낌과 직관은 가급적이면 감추고 싶어 하고, 심지어는 직관에 의해 결정한 사안이더라도 합리적인 자료를 덧입혀서 합리적 의사결정인 것처럼 인정받으려는 경우도 존재한다.

직관적 의사결정이 유리한 경우

- 상황의 불확실성이 심할 때
- 과거의 전례가 없을 때
- 과학적 예측이 어려울 때
- 현실적으로 자료와 정보가 부족할 때
- 방향이 분명하지 않을 때
- 비슷한 대안, 가치 있는 대안이 여러 개 존재할 때
- 시간 제약이 클 때

도표 8.7 대표적인 휴리스틱 접근방법

	지름길정보 의존(availability heuristic)	대표정보 의존(representative heuristic)
개 념	· 의사결정을 할 때 의사결정자들이 얻기 쉬운 정보에만 의존해서 결정하는 방법	· 과거의 기억과 경험 중에서 대표적인 정보에만 의존해서 결정하는 방법
사 례	· 자동차보다 비행기가 훨씬 더 위험하다고 판단하는 경우(비행기 사고 소식을 대대적으로 보도하기 때문)	· P대학 출신들이 모범사원이었다면, 신입사원 면접 시 P대학 출신자에 더 높은 점수를 주는 것

자료 : Tversky & Kahneman (1974)의 개념적 정의를 표로 정리하였으며, 사례는 저자의 견해임.

휴리스틱 접근법(heuristic approach)도 일종의 직관적 의사결정인데, 의사결정자들이 손쉽고 간단한 정보에 의존하여 의사결정 하려는 방식이다. 왜냐하면 너무 많은 정보들은 의사결정의 질을 떨어뜨린다고 착각하기 때문이다. 휴리스틱에는 두 가지 접근방법이 있다(〈도표 8.7〉 참조).

쓰레기통 모형(garbage can model)은 최근의 조직들이 겪고 있는 상황을 감안하여 만들어진 이론이다. 최근의 조직 상황은 무수히 정보가 많으

이야기 보따리

의사결정의 시간비용

사람들은 돈을 잃으면 속상해 하지만 시간을 잃는 것은 잘 모르는 것 같다. 대부분의 조직들이 한두 명 직원을 줄이는 것에는 많은 신경을 쓰면서 회의를 단축하여 연간 수백 명의 인건비를 줄이는 방법은 잘 모르고 있다.

회의시간 단축을 위한 묘안 중 standing meeting(서서하는 회의)이 있다. 안락의자에 앉아서 하면 불필요한 얘기로 회의시간을 낭비하는 경우가 많아서 서서 할 얘기만 하고 바로 원위치로 돌아간다는 것이다. 물론 standing meeting도 창의적 대안을 제시하기 어렵다는 비판도 존재하지만 의사결정 사안에 따라서 신축적으로 회의를 운영한다면 시간 절약을 통한 조직생산성 향상에 기여할 수 있을 것이다.

도표 8.8 쓰레기통 모형이 필요한 경우와 시사점

쓰레기통 모형이론의 필요한 경우	쓰레기통 모형이론의 시사점
· 문제, 해결대안, 목표가 무엇인지 불명확하고 어떤 기준으로 의사결정 해야 할지도 모를 때	· 조직의 많은 결정들이 정식 의사결정 과정이 아닌 우연이나 자의적으로 이루어짐 · 전문가 집단처럼 개개인이 특수한 임무를 가지고 있는 경우에 적합함
· 대안을 선택하기 위한 지식과 경험이 부족할 때	· 어떤 대안이 선택되어도 되기 때문에 의사결정자들이 정치적 동기를 가지고 참여할 수 있음
· 의사결정자들의 이동이 심하고 너무 바빠서 시간이 없을 때	· 중요한 문제의 경우 무조건 먼저 해결될 가능성이 높음

며, 복잡한 혼돈(chaos) 상태에 있기 때문에 합리적 의사결정뿐만 아니라 제한된 합리성으로도 문제를 인식조차 할 수 없다고 생각하는 관점이다.

쓰레기통 모형의 특징은 의사결정과정이 문제의 발견에서 해결까지 순차적인 절차를 밟지 않는다는 것이다. 이 모형에서는 문제(problems), 해결대안(solutions), 의사결정자들(participants), 선택기회(choice opportunities)라는 네 가지 독립된 요인들이 쓰레기통 속에 뒤죽박죽 섞여 있다. 이러한 네 가지 요인들이 쓰레기통 속에서 규칙이나 패턴도 없이 뒤엉키다가 우연한 기회에 네 요인이 겹쳐지면 그 시점에서 의사결정이 이루어지기 때문에 의사결정의 효율성은 타이밍이나 운에 달려 있다.

의사결정과 문제해결의 원동력, 창의성

문제해결 능력을 향상시키고 창의성을 기르는 강력한 방법은 논리적이고 구조화된 방법으로 문제에 접근하고 체계적으로 사고하는 기술을 키우는 것이다. 일반적으로 다급한 상황에서 문제해결책을 찾으려면 어디서부터 어떻게 해결해야 할 지 막막한 경우가 많다. 실제 조직 내에서도 의사결정은 비교적 여유가 있는 편이지만 문제해결은 그렇지 못한 경우가 많다.

도표 8.9 체계적이고 논리적인 문제해결 절차

	단 계	질문내용	방 법
1	문제제기의 배경 및 환경을 분석	· 언제, 어디서, 어떻게 발생한 문제인가? · 문제에 관여된 사람(들)이 누구인가? · 잘못된 것이 무엇이며, 얼마나 심각한가?	문제 상황 관찰, 문헌자료 수집, 심층인터뷰
2	문제를 정의하고 규명	· 사실에 근거하여 객관적으로 표현하였나? · 타인도 무엇이 문제인지 이해하는가? · 문제를 해결하여 얻는 바는 무엇인가?	당면 문제의 현재 상태와 기대 상태를 진술하여 비교
3	문제발생의 근본원인 분석	· 가장 중요한 문제점은 무엇인가? · 문제점들 간에 공통점과 차이점은? · 문제의 근본원인은 무엇인가?	원인들의 인과관계나 잠재적 원인탐색을 위해 "왜?"를 반복 질문
4	문제해결을 위한 여러 대안 개발	· 현재 상황에서 목표에 도달하는 방법은? · 문제해결을 위한 최적의 방법은? · 해결방안 탐색에서 나의 경험이나 직관에 지나치게 의존하지 않는가?	브레인스토밍 델파이법
5	최적의 해결 방안을 선택	· 가능한 해결방안은 모두 검토했는가? · 문제해결을 위한 선택방안들이 적절한가? · 가장 효과적이고 효율적인 방안은?	해결방안을 우수, 보통, 미흡으로 평가함
6	문제해결을 위한 계획과 실행	· 문제해결과정에서 실패할 잠재요소는? · 문제해결을 잘못 시도했다면 대안은? · 문제해결에 필요한 정보와 지원은?	실행계획서를 작성한 후 실행함 시나리오 작성도 필요
7	실행결과를 평가	· 문제를 어느 정도 해결했는가? · 타인의 피드백은 무엇인가? · 향후 개선점은 무엇인가?	문제해결 방안의 효과를 평가 타인의 피드백을 메모

예를 들어 "이번 달 판매실적이 부진한데 오늘 오후까지 해결방안을 마련하여 보고하시오."와 같은 경우에 자주 노출된다. 이러한 경우 여러분은 얼마만큼 빨리 상황과 원인을 분석하여 대응방안을 마련할 수 있는가를 생각해보자. 그동안의 경험이나 직관으로도 최선의 해결방안을 도출하기가 어려울 것이다. 이렇듯 문제에 대한 해답이 불명확한 상황에서 정확한 목표점에 도달하기 위해서는 체계적이고 구조화된 문제해결 과정이 필요하게 된다(〈도표 8.9〉 참조).

문제해결 과정에 반드시 필요한 능력은 논리를 뛰어넘는 창의성이다. 창의성은 논리적 추론방식을 체계적으로 학습하지 않으면 비논리성으로 비약될 수도 있다. 이러한 비논리성은 개인의 고정관념, 인지오류, 판단오류 등에 의하여 형성된다. 따라서 창의성을 증진시키기 위해서는 역발상이 필요한 것이며, 발상의 전환이 요구되는 것이다.

문제를 창의적으로 해결하기 위해서는 문제를 분류, 연계해보고 다시 큰 틀에서 조정 및 통합하여 원리를 찾아내는 인지구조를 발달시켜야 한다. 인지구조는 개인의 경험과 축적에 의하여 형성되며, 학습을 통해 정교하게 다듬어진다. 문제의 구성요소를 명확히 정의하지 못하거나 요소 간의 관계

발상전환을 위한 자가 훈련법

- 문제를 바라보는 관점을 바꾸어본다. 제3자의 시각에서 보면 지금까지 당연히 문제로 생각했던 것을 다르게 해석할 수 있다.
- 문제의 구성요소들을 세분화한 다음 재결합해 보자. 세분화된 요소들이 다시 재결합되지 않으면 문제의 논리적 추론에 문제가 있는 것이다.
- 당면한 문제와 비슷한 문제를 경험해 본 적이 있는지 떠올려 보자. 이전에 사용하였던 해결책은 당면한 문제에 어떤 시사점을 주는지를 생각해본다. 비슷한 문제를 경험해 본 적이 없는 경우, 타인의 경험을 활용하여도 좋다.
- 해결해야 하는 문제에 얽매이지 말고, 잠시 휴식시간을 가져 본다. 당면 문제를 새로운 관점에서 바라볼 수 있다.

벤치마킹(benchmarking)

벤치마킹이란 특정분야에서 우수한 상대를 표적으로 자기 조직과의 성과차이를 비교하고 이를 극복하기 위해 그들의 뛰어난 운영 프로세스 등을 배우면서 자기혁신을 추구하는 기법이다. 벤치마킹은 결과적으로 상대방의 성과를 비교하는데 그치는 것이 아니라 상대방의 우수한 성과가 어떻게 도출되었는가 하는 방법론적인 노하우(動因, enabler)까지도 비교대상으로 삼는다.

이야기 보따리

링컨 대통령의 창의적 문제해결

남북전쟁이 끝나갈 무렵, 게티스버그(Gettysburg) 전투에서 승리를 거둔 북군은 수세에 몰린 남군을 마지막으로 공격하여 승리하기 위한 전략을 수립하고 있었다. 북군의 미드(Meade) 장군은 8만명의 병사를 보유하고 있었고, 남군의 리(Lee) 장군은 6만명의 병사를 보유하고 서로 대치하는 상태였다 북군이 미드장군은 전쟁을 빨리 끝내고 싶었다. 그 당시 전쟁방식은 수비를 하는 군대를 공격하기 위해서는 공격하는 군대의 수가 3:2의 비율로 많아야 했다. 수비하는 남군의 군대가 6만 명이니 북군은 9만 명이 필요했다.

따라서 북군의 미드(Meade) 장군은 1만명을 추가 파병해주기를 원했다. 하지만 링컨 대통령은 심사숙고한 뒤, 그 결정을 따를 수 없다고 하면서 새로운 대안을 제시하였다. 미드장군에게 공격하는 입장에서 수비하는 입장으로 전환을 요구한 것이었다. 공격하는 입장에서 문제를 해결하고자 하면 1만 명을 추가 투입하는 것이 맞지만, 수비하는 입장에서 문제를 해결하고자 하면 4만 명을 남겨놓고, 남는 4만 명으로 하여금 교란작전에 투입할 수가 있다는 것이었다. 링컨 대통령은 다른 대안(수비할 군대를 남기고 교란작전 실행)을 제시하여 미드 장군을 설득하였다. 그 결과 북군은 남군을 제압할 수 있었고, 남북전쟁은 북군의 승리로 끝나게 되었다.

이러한 사례는 문제의 관점을 다른 방향으로 생각하면서 의사결정 관점을 바꾸어보면 전혀 다른 해결책을 얻을 수 있는 사례이다. 링컨 대통령은 의사결정 관점을 공격의 입장에서 수비의 입장으로 바꾸어서 새로운 대안을 탐색했던 것이다.

창의성의 정의

어떤 새롭고 가치 있는 것을 창출하거나 기존의 것을 새로운 것으로 대체할 수 있는 인간의 사고능력

성을 분석하지 못하면 문제해결 능력이 약해진다. 조직 내에서 문제해결을 위한 대표적인 분석기법으로는 벤치마킹, 우수사례분석 등이 있다.

의사결정과 문제해결에 있어서 가장 중요한 능력 중의 하나는 창의성이다. 창의성은 새로움에 다다르게 하는 사고특성을 의미하며, 처음 생각과는 전혀 다르게 새로운 관점에서 볼 수 있는 능력을 담고 있다. 이처럼 창의적인 생각이란 무언가를 새롭게 보는 능력을 말한다. 따라서 창의적인 아이디어를 얻으려면 호기심과 열정, 지속적으로 탐색하는 시도, 다양한 정보의 체계적인 축적과 재활용 등이 필요하다.

의사결정에서 창의성이 중요한 이유는 과거의 방식이나 상식적 대안과 비교하여 보다 많은 혜택을 주는 대안을 찾거나 그것을 보다 효율적으로 현실화시킬 수 있는 능력으로 작용하기 때문이다. 의사결정에 있어서 어떤 가정에 몰두한다는 것은 창의적 대안선택의 가능성을 제한하는 것이 된다. 그러므로 의사결정의 각 단계에 존재하는 불필요한 가정들을 발견하여 이를 제거하려는 노력을 기울여야 한다(〈도표 8.10〉 참조).

사물의 개별적이고 독립적인 요소들을 다시 구조화하여 새로운 차원에서 관계를 파악하는 능력은 누구에게나 있다. 파스퇴르(L. Pasteur)는 "기회는 준비된 사람에게만 호의를 베푼다."고 말했다. 우연을 가치 있는 대안 혹은 아이디어로 만들기 위해서는 창의성을 높이기 위한 열정과 노력이 동반되어야 한다.

다음의 페니실린 발명이야기에서 우리는 우연이나 실수로 발생한 결과를 무심히 넘기지 않고 새로운 시각에서 볼 수 있을 때 창의적인 생각이 발생한다는 점을 알 수 있다. 또한 관련분야에 대한 일정수준의 지식이 없

도표 8.10 불필요한 가정들을 제거하고 의사결정하기

아래의 그림과 같이 9개의 점이 있다. 네 개의 선을 그어서 모든 점들이 연결되도록 해보자. 단 연필(펜)이 지면에서 한번도 떨어져서는 안 된다.

이 문제를 풀기가 그리 쉽지만은 않을 것이다. 왜냐하면 문제를 대하자마자 갖게 되는 '가정' 때문이다. 즉 9개의 점에서 선이 떨어질 수 없고 단지 점 안에서 문제를 해결해야 한다는 가정을 만들기 때문이다. 의사결정에서 창의력을 기르기 위해서는 이와 같은 '가정'의 틀에서 벗어나는 것이 중요하다.

이야기 보따리

페니실린 발명가의 창의적 생각

최초의 항생물질인 페니실린을 발명한 알렉산더 플레밍(A. Fleming) 교수는 유리로 만들어진 작은 접시의 부스럼에서 채취한 세균을 놓고 실험하였다. 세균을 실험하기 위해 사용하는 세균의 배양기는 완전한 무균상태여야 한다. 그래야 오염되지 않은 상태에서 균의 특성을 연구할 수 있다. 그런데 플레밍 교수는 세균을 배양하는 접시에서 증식한 푸른곰팡이 주위가 무균상태라는 것을 알게 되었다. 원래 배양기는 완전 무균이어야 하는데 페니실륨 노타튬(Penicillium notatum)이라는 곰팡이 포자가 우연히 배양기에 들어간 것이다. 일반적으로 실험을 할 때에는 오염된 배양기는 버리는 것이 원칙인데, 플레밍 교수는 우연히 푸른곰팡이 주위가 세균이 없는 무균상태임을 알게 된 것이다. 이러한 '우연'이 세계 최초의 항생물질인 페니실린을 발명하게 된 계기였다.

이는 창의적인 아이디어가 나오기 어렵다는 점도 추론해 볼 수 있는 것이다. 결국 무의미할 것 같은 사건이라도 새로운 개념을 적용하여 해석하고 종합하여 의미 있는 것으로 바꾸는 것이 창의성의 힘이다.

창의성은 단지 지금까지 존재하지 않았던 것을 알아내거나 발견하는 것으로만 정의되지 않는다. 기존에 해 오던 방식이나 관행을 좀 더 좋게 개선하는 것도 창의적 아이디어라고 볼 수 있다(〈도표 8.11〉 참조).

창의성을 증진시키기 위해서는 사고방식과 행동을 바꾸어야 하며, 기존의 인식 틀을 벗어나려는 개인의 노력이 무엇보다 중요하다. 또한 조직 내부에 구성원들의 창의성을 장려하는 문화가 정착되어야 한다. 꿀이 많은 꽃에 나비들이 많이 모이듯이, 조직문화는 나비들이 스스로 찾아올 수 있는 꽃밭이 되어야만 한다. 결국 리더는 자신도 창의성이 있어야 하겠지만 창의성을 발현할 수 있도록 분위기를 조성하는 능력도 보유해야 한다.

대부분의 사람들은 창의성을 아인슈타인이나 에디슨과 같이 천재적인 사람만이 지닌 신비한 어떤 것으로만 생각한다. 창의성은 그 종류와 정도

도표 8.11 창의성 계발을 위한 4가지 핵심요소

사고방식	정 의	향상방법
유창성	많은 아이디어를 만들어 내는 능력	주위에 있는 물건을 보고 연상되는 모든 단어들을 기록한다.
유연성	특정 형식과 고정된 사고방식에 얽매이지 않고, 다양한 유형으로 생각하여 관련 아이디어를 만들어 내는 능력	특정 단어에서 연상 가능한 모든 것을 적고, 그것들이 얼마나 다양한지 측정한다.
정교성	새로운 생각을 추가하거나 기존의 생각을 변형, 삭제하여 구체화하고 명료하게 하는 능력	특정 개념이나 사물을 정해 이를 가능한 한 상세하게 묘사해 본다.
독창성	기존의 것에서 탈피하여 혁신적인 새로운 생각을 만들어 내는 능력	주위의 사물을 정해 이를 달리 활용할 수 있는 방안을 생각해본다.

자료 : 김영천 (2006)을 수정 인용함.

▌도표 8.12 창의적 사고의 4단계 과정

준비단계 (preparation) → 부화단계 (incubation) → 확산단계 (illumination) → 검증단계 (verification)

창의적인 사람들이 가지고 있는 행동습관

- 아이디어를 메모하는 습관이 있으며, 구체적으로 표현하고 만들어본다.
- 호기심과 알고 싶은 것이 많아 항상 새로운 정보를 찾으려고 한다.
- 새로운 환경과 변화를 선호하고 적응을 잘 한다.
- 처음의 아이디어에 얽매이지 않고 끊임없이 새로운 발상을 시도한다.
- 긍정적인 사고방식을 가지고 있으며, 감성에 기초한 자유연상법을 즐긴다.
- 자신의 생각을 피상적으로 표현하기 보다는 먼저 내용을 깊이 있게 분석하고 탐구한다.

는 다르지만 모든 사람들에게 어느 정도 잠재되어 있다. 단지 그것을 발휘할 만한 여건이 되지 않기 때문에 창의성이 특정인의 전유물처럼 여겨지고 있는 것이다.

집단의사결정

집단의사결정의 이점과 함정

실제 조직생활을 하다 보면 개인의사결정 보다는 집단의사결정이 더욱 자주 발생하게 된다. 회의가 대표적인 집단의사결정이라고 볼 수 있으며,

도표 8.13 집단의사결정의 장점과 단점

집단의사결정의 장점	집단의사결정의 단점
· 개인들 각자가 가지고 있는 아이디어와 정보가 모아질 수 있다. · 여러 관점에서 문제를 검토하고 비판할 수 있다. · 상호 자극으로 새로운 아이디어 개발이 촉진되기도 하고 시너지 효과도 얻는다. · 각자의 특기와 능력에 따라 의사결정과정을 부문으로 나누어 전문화할 수 있다. · 집단이 모여서 결정한 것은 실행할 때 참여를 촉진시킨다.	· 토론시간의 낭비, 의견대립에서 오는 인간관계의 왜곡 등 비용이 많다. · 한두 사람의 실권자가 전체 의견을 주도할 경우 개인의 의견이 묵살되거나 편파적이 된다. · 최적대안을 알면서도 상호 의견대립으로 불리한 타협안을 선택할 수 있다. · 집단동조압력에 빠져서 창의적 의사결정이 이루어지지 못할 수도 있다.

과업을 수행하는 데 있어서 팀 내 커뮤니케이션을 통하여 의사결정이 이루어지는 경우도 빈번하다. 집단의사결정은 혼자서 의사결정 할 때보다 더 효율적일 수도 있고 그렇지 못할 수도 있다(〈도표 8.13〉 참조).

집단의사결정은 자칫 잘못하면 집단사고(groupthink)현상을 초래할 수도 있게 되는데, 집단사고는 응집력이 큰 집단 내에서 구성원들이 모여 의사결정을 할 때 주로 나타나는 사고의 형태를 의미한다. 집단사고 연구를 가장 활발히 수행한 자니스(I. L. Janis)는 '각 개인의 정보처리 능력에는 한계가 있기 때문에 모든 대안을 심사숙고하여 각 대안의 손익을 철저히 연구한 후 결정하지 않는다. 오히려 조직의 책임자는 정보의 한계를 극복하려는 가장 일반적 방식으로 중요한 결정은 집단에 위임해 버린다.' 라고 주장하였다.

집단이 결정하는 의사결정 대안은 개인이 결정하는 것보다 훨씬 중요하고 범위가 큰 대안이 대부분이다. 그렇기 때문에 집단의사결정의 병폐현상들을 살펴보고 어떻게 대처할 수 있을지를 알아보도록 한다(〈도표 8.14〉 참조).

조직의 계층과 부서가 많아지고, 결정할 문제들이 점점 더 복잡해지며,

이야기 보따리

배심원들의 집단사고

미국법원의 배심원제도는 집단의사결정의 대표적 사례이다. 아무리 법 지식이 뛰어난 판사라고 하더라도 개인 혼자보다는 이성과 판단력을 가진 집단이 토의하여 결정하는 것이 더 합리적이라고 생각하기 때문에 미국은 배심원제도를 선택하고 있다.

1991년 3월 3일 미국 LA시 경찰 5명이 로드니 킹이라는 흑인남자를 집단으로 구타하는 장면이 시민의 비디오카메라에 잡혔고, 이것은 곧 방송사의 전파를 타고 전국으로 퍼졌다. 사건발생 1년이 지난 1992년 4월 29일에 내려진 판결에서 한 경관의 과잉진압 조항을 제외한 모든 혐의에서 무죄판결을 받았다. 백인으로만 구성된 배심원들의 판결이었다.

이 판결 이후 3일 동안 LA에서 흑인폭동이 발생하였으며, 그 후 미 연방경찰에 의해 재기소된 그들에 대해 백인 9명, 흑인 2명, 중남미계 1명 등 12명으로 구성된 배심원단이 내린 결정은 먼저 번 판결을 번복하고 유죄라고 선고하였다. 배심원의 구성에서 이성과 합리성을 기대하기 어려웠던 것은 무엇 때문이었으며, 처음의 판결과 나중의 판결이 정 반대로 나타난 것은 무엇 때문이었을까?

고려해야 할 정보가 훨씬 더 많이 필요하게 됨에 따라 여러 사람들의 협조 및 정보수집의 분담 등이 의사결정의 효율성을 결정하는 중요한 요인이 되었다. 이러한 이유 이외에도 의사결정에 참여를 함으로 인하여 커뮤니케이션이 활성화될 수 있고, 구성원들의 사기가 증대되며, 협동의욕 강화의 수단이 되기 때문에 모든 조직에서는 개인의 독선적 의사결정을 피하고 집단의사결정을 하려는 경향이 생겨나게 되었다.

하지만 인간은 같은 사람일지라도 혼자 있을 때와 두 명이 있을 때(자신과 상대방), 여러 사람과 같이 있을 때의 행동이 다르다. 그러기에 생각도 혼자로서의 생각과 타인에게 드러내는 생각, 여러 사람에게 내세우는 생각이 각기 다르다. 이런 행태들이 집단의사결정 시에 병폐로 작용할 수 있다.

도표 8.14 집단의사결정의 병폐현상들

병폐현상들	내 용
과도한 모험선택	사람들은 혼자 있을 때보다는 회의석상에서 더 높은 위험을 택하려 한다. 또한 위험이 큰 만큼 실패확률도 큰데, 혼자 결정했을 경우 그 책임은 혼자서 지지만 집단으로 결정했을 때는 책임이 분산되기 때문에 큰 부담 없이 위험을 택하는 것이다.
양극화현상	개개의 생각들은 처음에 별 차이가 없었지만 집단에 들어와서 토론을 하고 난 뒤에는 의견이 완전히 갈라지는 경우를 흔히 본다. 집단 양극화현상도 과도한 모험선택의 경우처럼 개인이 당초에 가지고 있었던 태도가 집단 속에서는 이동된 상태로 나타나는 것이다.
정당화 욕구	집단 내에서 어떤 의견을 제시하면 후에 더 좋은 대안이 발견되더라도 좀처럼 당초의 의견을 굽히려 하지 않는다. 결정을 번복하면 앞서의 결정이 잘못이라는 것을 인정하는 것이며, 그것은 자기의 무능을 드러낸다고 생각하기 때문이다.
도덕적 환상	사람들은 집단이 한 행동이나 결정한 사안에 대해서는 당연히 도덕적일 것이라는 환상(illusion of morality)을 가지고 있다. 왜냐하면 사람들은 항상 남들 앞에서는 혼자일 때보다 더 도덕적으로 행동할 것이라는 착각 때문이다.
만장일치 환상	집단동조압력은 인간의 소속욕구에서 비롯되기도 하지만 자신이 가진 정보가 불확실할 때 남의 의견에 많이 의존하려는 경향에서 비롯된다. 자신의 의견이 정확한 것을 알더라도 집단의 단합을 깨고 싶지 않아서 침묵할 때가 많다. 사람들은 침묵하는 것이 반대가 아니라고 생각하여 만장일치를 강조하면서 소속의식을 고취시키려 한다.
책임의 분산	집단의사결정에는 결과가 나쁘더라도 특정 개인이 받은 비난은 적기 때문에 문제에 신중하게 대처하지 않을 수가 있다. 그리고 정보수집이나 분석을 철저하게 하지 않고 결정에 임하는 경우도 발생한다.

자료 : 임창희 (2004)의 내용을 표로 정리하였음.

집단의사결정의 개선기법

개인의 의사결정 능력을 높이려면 창의성을 훈련시키고 적극적 사고를 갖게 하는 것 등이 있지만 집단이나 조직의 의사결정은 모여서 하는 경정이기 때문에 병폐현상을 피하면서 집단의사결정이 가지는 장점을 극대화하는 것이 필요하다. 여기에서는 효율적 집단의사결정 기법으로 명목집단법, 델파이법, 브레인스토밍, 캔 미팅에 대하여 살펴보기로 한다.

명목집단법은 모여서 의사결정을 하려고 회의를 하다보면 상급자의 눈치도 보아야 하고, 앞에서 먼저 의견을 말한 사람에 대한 자신의 감정에 따라 자신의 의견이 영향을 받기도 한다. 즉 어떤 의견에 찬성할 마음이 있어도 싫어하는 사람이 제안한 내용에 대해서는 무조건 반대하기도 하는데 이러한 폐단을 방지하기 위하여 누가 무슨 얘기를 했는지 모르도록 해야 한다. 그래서 구두(oral) 커뮤니케이션을 방지하고 종이나 혹은 노트북 등에 의견을 적어서(written) 제시하도록 하는 기법이다.

명목집단법의 절차

- 서로 둘러앉되 말을 하지 않는다(사회자만 안건에 대해 이야기함).
- 자기 생각을 무기명으로 종이에 쓴다.
- 적은 대로 발표한다. 타인의 의견에 영향을 받기 전에 소신껏 쓴 것을 그대로 읽는다. 이때 토의는 하지 않는다. 인원이 적을 경우 사회자가 읽을 수도 있다.
- 각자가 발표한 내용에 대해 보충설명, 지지설명이 추가된다(사회자가 발표한 경우에도 같은 방식).
- 제시된 의견들의 우선순위를 묻는 비밀투표를 실시하여 최종안을 선택한다.

델파이법은 토론을 하되 무기명으로 하자는 것인데 이 방법은 직접대면을 하고서는 할 수 없는 방법이다. 하지만 명목집단법이 가지는 한계점인 토론을 하지 못한다는 점은 극복할 수 있는 방법이다. 또한 델파이법은 인터넷을 매개로 하여도 가능하기 때문에 지리적 한계를 극복할 수 있는 좋은 토의방법이다.

델파이법은 지극히 불확실한 미래현상을 예측할 때 특히 효과적이지만

델파이법의 절차

- 토의 구성원들에게 문제를 분명히 알린다(인터넷의 경우 해당사람만 접속 가능하게 함).
- 구성원들이 무기명으로 백지에 의견을 개진한다(인터넷의 경우 익명게시판을 활용).
- 의견들을 모아서 구성원 수만큼 복사하여 각자에게 다른 사람들의 의견을 알린다.
- 구성원들의 의견을 읽고나서 자신의 의견을 제시한다(인터넷의 경우 댓글 혹은 답글 형태로 운영가능)
- 각자가 수정된 자신의 의견을 설문지 혹은 백지에 무기명으로 적는다.
- 과정을 반복하거나 어느 정도 의견일치에 도달했으면 최선의 방법을 도출한다.

시간이 많이 소요되고, 복잡한 사안일 때는 말과 글이 일치하지 않기 때문에 소기의 목적을 달성하기 위해서는 구성원들의 정성과 노력이 필요하다. 하지만 대단히 중요한 문제이거나 조직의 사활이 걸린 문제에 대해서 시간이 많이 걸렸다고 하여 비능률이라고는 볼 수 없을 것이다.

브레인스토밍은 여러 명이 한 가지 문제를 놓고 각자의 생각들을 무작

브레인스토밍을 할 때 주의할 사항

- 세련되지 못한 의견이라도 제시하는 것이 중요하며, 의견 모두를 목록으로 작성한다.
- 제시된 의견은 절대 비판해서는 안 된다. 비판이 있으면 다음번에는 의견 개진을 하지 않기 때문이다.
- 가능한 한 많은 아이디어를 내도록 유도한다. 즉, 좋은 대안이 나왔어도 의견제시를 지속하도록 유도한다.
- 자신의 생각과 제시된 의견을 접목시켜 새로운 아이디어를 창안하도록 구성원 모두 노력한다.
- 해결방안을 제시한 사람의 배경설명을 들어 본다.

이야기 보따리

가장 크고 오래된 집단의사결정

기원전 5세기경 그리스 아테네의 거주민 5만 명 중에서 4만 명이 시민권자였다. 외국인은 참정권이 없고 땅을 살 수도 없었다. 그리고 아테네 시민은 20살에 군대에 입대하여 2년 복무를 마치고 나면 투표권을 얻었다. 2만 명의 참정권자 중 아크로폴리스 광장에 6천 명 정도 모이면 의결정족수로 보았다.

발언을 하는 사람은 구멍 뚫어진 물동이에서 물이 다 빠져나올 때까지만 할 수 있었으며 투표는 비밀로 진행하기 위해 한 사람씩 외나무다리를 건너가서 하고 오도록 하였다. 고대에도 상당히 합리적인 토론문화와 선거문화가 있었던 것이다.

위로 마구 내놓으면서 아이디어를 찾고자 할 때 사용되는 토의방법이다. 복잡한 사안을 놓고 논리적으로 해결하기 위해서 한계가 있을 때, 가능한 아이디어를 모두 쏟아내면서 상대방의 아이디어에 새로운 아이디어들을 결합하면서 좋은 대안을 탐색하는 회의방법이다. 신제품개발이나 창의적인 아이디어가 요구되는 회의에서는 아이디어를 모으기 위하여 많이 사용된다. 다양하고 튀는 의견들이 제시될 수 있도록 유도하는 것이 관건이다.

학습조직과 지식경영

학습은 새로운 것을 배우고 익혀나가는 것인데, 조직도 변화하는 환경에 새로운 대응법을 학습해야만 지속적인 경쟁우위를 달성할 수 있다. 조직이 새로운 것을 학습했다면 그만큼 발전하였다고 볼 수 있기 때문에 학습조직은 대표적인 조직개발(organizational development)기법으로 분

일차학습(single loop)과 이차학습(double loop)

일차학습이란 실수를 한 경우 현재 사용하던 방식을 이용하여 교정하는 학습이다. 즉 조직구성원의 반응이나 행동을 수정하여 목표를 달성하는 학습을 의미한다.
이차학습은 실수교정을 위하여 지금까지의 모든 기준을 바꾼 다음에 그 수정된 기준을 적용하는 방식이다. 이렇게 되면 실수교정의 성공과는 별도로 조직은 새로운 지식을 추가하게 되는 것이다. 학습조직은 이차학습을 주로 사용하게 된다.

류된다. 따라서 학습조직은 변화에 적응하는 능력(지식, 노하우, 실력 등)을 지속적으로 습득해가는 조직을 의미한다.

학습조직은 1970년대 아지리스와 숀(C. Argyris & D. Schon)의 연구결과를 기초로 하여 발전되어 왔는데, 그들은 조직시스템의 유지와 성장에 기여했던 반응 및 행동은 반복되고 그렇지 못한 반응 및 행동은 중단되거나 수정되는 특성이 있다고 하면서 일차학습(single loop learning)과 이차학습(double loop learning)으로 조직의 학습을 구분하였다.

조직학습이라고 하더라도 일단 학습의 주체는 개인이므로, 개인들의 학습행위가 조직 내에 확산되고, 학습결과가 조직구성원들에게 공유되어 학습이 특정 개인에게만 국한되지 않을 때 조직학습이 일어났다고 볼 수 있다. 그리고 학습과정이 특정 시점이나 필요에 의해서만 발생하는 것이 아니고 습관적으로 조직차원에서 학습이 반복되는 수준까지 이르게 되었을 때 학습조직(learning organization)이라고 부른다(〈도표 8.15〉 참조).

도표 8.15 조직학습과 학습조직

학습조직을 대중화시킨 학자인 생게(P. M. Senge)는 “학습조직은 사람들이 진실로 바라는 결과를 창출하기 위한 능력을 지속적으로 확대해 가는 곳, 새롭고 팽창적인 사고의 패턴이 자라는 곳, 집단적인 획일성에서 해방되는 곳, 그리고 사람들이 함께 학습하는 방법을 끊임없이 배우고 있는 곳”으로 묘사하였다.

또한 생게(P. M. Senge)는 조직의 학습을 지원하고 일상적인 학습조직의 운영을 위하여 효과적인 관리요령에 대하여 아래와 같이 다섯 가지를 강조하였다.

① **체계적 문제해결활동**: 조직이 직면한 문제를 즉흥적으로 해결하지 않고 계획을 세워 체계적이고 과학적으로 접근하여야 한다. 그리고 문제를 해결한 뒤 해결과정과 결과를 잘 정리하였다가 다음번에 다시 사용하거나 더 좋은 해결책을 모색할 때에 이용하여야 한다.

② **실험을 통한 시범운용**: 새로운 아이디어가 있으면 실제로 한번 시도를 해 보아야 산지식이 된다. 항상 머리 속에만 존재하는 아이디어는 사용해야 하는 과정에서 많은 시행착오를 겪기 마련이다. 빠르게 변화하고 있는 환경에서는 적시대응이 가장 중요하다.

③ **과거의 경험을 학습**: 학습조직을 구축하기 위하여 성공과 실패의 내용을 버리지 말고 이를 재검토하고 평가하여 구성원들이 공개적으로 이용할 수 있도록 여건을 마련해 주어야 한다. 일반적으로 대부분의 조직에서는 실패를 은폐하거나 축소 혹은 무관심하게 대하는 경우가 많다.

④ **벤치마킹이 필요**: 모든 학습이 자기분석으로부터만 시작되는 것은 아니다. 경우에 따라서는 외부에서 학습내용을 찾게 되는 경우도 있는데, 다른 성공한 조직의 운영방식이나 새로운 아이디어 등의 개발과정들을 학습함으로 인하여 우리 조직에 맞는 독창적인 아이디어가 나타날 때도 있다.

⑤ **정보 및 지식의 이전:** 학습이 개인에만 국한되지 않기 위해서는 정보와 지식이 조직 내부에 빠르고 효율적으로 확산되어야 한다. 아이디어는 몇 사람의 손에만 쥐어져 있는 것보다는 폭넓게 공유될 때 더 좋은 아이디어가 생산되거나 효과적 달성이 가능해진다.

학습조직이 정보기술의 도움을 받기 시작하면서 기업조직들은 지식경영(knowledge management)이라는 새로운 관리방식을 만들어 내었다. 지식이라는 것은 눈에 보이지도 않으며, 형태도 없다. 하지만 이전이나 공유는 가능하기 때문에 지식을 학습조직에서 공유되도록 한다면 조직의 생산성과 개인의 업무수행능력 모두를 제고할 수 있다.

대표적인 지식경영학자인 노나까(I. Nonaka)는 언어나 숫자로 표현할 수 있고 쉽게 공유할 수 있는 객관적 지식을 형식지(型式知)라고 하고, 학습과 체험을 통해 개인에게 습득된 상태이지만 겉으로 드러나지 않은 상태의 지식을 암묵지(暗默知)라고 분류하였다.

형식지는 누구나 이해 또는 전달할 수 있는 객관적 지식이며, 문서, 규정, 공식, 컴퓨터 프로그램 등의 형태로 표현될 수 있다. 이에 반해 암묵지

이야기 보따리

실패한 사원에게 상을 줍니다.

"실패한 사원에겐 상을 줍니다. 회사에 큰 손실을 입힌 사례일수록 좋습니다." 삼성전자에서 개발, 생산, 구매, 영업 등 회사 내 모든 업무분야를 대상으로 임직원, 개인 또는 조직단위로 업무실패사례를 공모했다. 가장 큰 실책을 저지른 공로가 인정된 제출자에게는 대상을 주고 부상으로 5백만 원의 상금을 주었다. 삼성전자 관계자는 이같이 색다른 사내공모제를 실시하게 된 취지에 대해 "실패의 원인을 분석하고 이를 자료로 만들어 그 경험을 공유함으로써 전임자의 전철을 밟지 말자는 뜻"이라고 설명하였다. 실패사례에 대하여는 절대 문책하지 않았고, 자료집을 펴 낼 때에는 가명을 사용하여, 실패한 일만을 공유할 수 있도록 하였다.

도표 8.16 지식의 두 가지 유형

구 분	형식적 지식	암묵적 지식
정 의	언어나 숫자로 표현 가능한 객관적 지식	언어로 표현할 수 없는 주관적 지식
특 징	언어를 통해 습득된 지식	경험을 통해 몸에 밴 지식
	전수하기가 상대적으로 용이함	전수하기가 상대적으로 어려움
속 성	구체적, 공식적, 체계적	추상적, 개인적, 비체계적
예	비행기 정비 / 조종 매뉴얼	비행 체험과 훈련에 의해 생긴 노하우

는 어떤 유형이나 규칙으로 표현하기가 어렵고, 주관적이면서 내재적인 지식을 말한다. 암묵지는 개인이나 조직의 경험, 이미지 혹은 숙련된 기능, 조직문화 등의 형태로 존재한다(〈도표 8.16〉 참조).

조직은 지식을 스스로 창출할 수 없다. 지식은 조직을 구성하는 개인이 주체적으로 창출하는 것이며, 조직은 개인의 지식창출을 지원하는 역할을 해야 한다. 즉 지식창조란 조직 내 지식의 창조, 획득, 공유, 표현, 결합, 확산, 활용을 의미하며, 기본적으로 암묵지와 형식지 간의 역동적인 상호작용이라고 할 수 있다.

지식경영은 조직 차원에서의 지식은 물론 조직 구성원 개개인의 지식을 체계적으로 발굴하여 기업 내부에 축적 · 공유하고 이 지식을 기업의 경쟁력 제고를 위해 활용하는 경영활동이다. 지식경영을 조직에서 실천하는 데 있어서의 4단계 절차가 있다(〈도표 8.17〉 참조).

첫 번째 단계로, 지식경영을 실시하기 위해서는 조직이 가지고 있는 지식자산의 재고를 먼저 파악해야 한다. 지식은 나눌수록 더 커지는 시너지 효과를 가지고 있기 때문에 조직이 무엇을 알고 있는가를 파악하고 무엇을 알고자 하는 가를 파악한 뒤, 어떠한 지식을 경쟁원천으로 활용할 수 있는가에 대하여 알아보고 지식창고를 만들어야 한다.

두 번째 단계로, 지식창고를 만든 뒤에는 이를 지속적으로 새로운 지식

도표 8.17 지식경영의 4R

단계	내용
지식창고 생성 (repository)	지식자산 재고를 파악하여 지식창고를 만드는 것
지식창고 활성화 (refresh)	지식창고에 항상 새로운 지식을 공급하는 것
지식기반 보상 (reward)	새로운 지식을 공급하는 지식근로자에 대해 보상하는 것
지식관리자 양성 (reference worker)	지식기반을 설계하고, 지식경영을 관리하는 담당자를 양성하는 것

들로 채워나가는 것이 필요하다. 매일매일 새로운 지식들이 나오고, 환경이 변화하고 있기 때문에 지식창고의 새로운 지식 업데이트가 첨예한 경쟁체제에서 승리할 수 있는 지름길이 된다.

세 번째 단계로는 개발된 지식을 구성원 모두가 활용할 수 있도록 유인하기 위해서는 '보상'이 반드시 필요하다. 조직구성원이 새로운 지식을 알고 있다고 하더라도 자신만의 노하우로 남아 있고 공동의 창고에 저장되지 않는다면 조직의 지식경영에는 아무런 도움이 되지 않는다.

마지막 단계로는 지식자산을 파악하고, 지식창고를 늘 새롭게 유지하며, 지식에 대한 보상체계를 관리하는 '지식관리자(CKO; Chief Knowledge Officer)'를 양성해야 한다. 지식관리자는 조직의 지식기반을 설계하고 지식을 획득, 분배, 활용하는 과정을 관리하는 사람이다.

¤ 3분 토의를 해 봅시다

1. 창의력 증진기법 중에 SCAMPER법이 있다. 새로운 아이디어를 얻기 위해서 의도적으로 시험할 수 있는 일곱 가지 규칙들이다. [S]=substitute(새로운 것으로 대체해보라), [C]=combine(A와 B를 합쳐보라), [A]=adapt(다른 곳에 적용해보라), [M]=modify(변경, 확대, 축소해보라), [P]=put to other uses(다른 용도로 사용해보라), [E]=eliminate(제거해보라), [R]=reverse(거꾸로 혹은 재배치 해보라)등을 뜻한다. 각각의 기법에 해당하는 예들을 조사하여 발표해 보자.
2. 사회적 이슈가 될 만한 사안들을 놓고 변증법적 토의를 실시하여 보자. 변증법적 토의는 집단을 인위적으로 둘로 나누고, 한쪽을 찬성집단, 다른 한쪽을 반대집단으로 설정한 다음 양 집단이 서로 토론을 통해 살아남은 가정이나 자료를 가지고 의견을 종합하는 토의기법이다.
3. 자신만의 창의성 제고 노하우를 집단 내에서 브레인스토밍하고, 그 결과를 다른 집단과 델파이법을 이용하여 공유하여 보자.

리 · 더 · 십 · 레 · 크 · 리 · 에 · 이 · 션

속담 및 격언 게임

목적 및 요약	속담, 격언게임을 통하여 나와 타인의 생각은 다를 수 있고, 생각이 다른 타인과 어떻게 협의안을 도출할 것인가에 대하여 실습을 통하여 경험해 보기로 한다. 개인 의사결정 결과와 집단 의사결정 결과는 다를수 밖에 없으며, 이 게임을 진행하면서 소집단의 특성도 드러나게 되어 집단에 당면한 문제도 파악할 수 있다.
소요시간	40분 (개인응답 5분, 집단토론 20분, 결과피드백 15분)
준비물	속담 및 격언게임 시트(개인용, 집단용), 같은 색 필기도구
팀 구성	5인 이상 7인 이하 1조
진행요령	개인용 속담 및 격언게임 시트에 자신의 의견을 체크표시 한다. 누군가가 왜 그렇게 답했느냐고 물었을 때 설명이 가능해야 한다. 집단 내부에서 토론을 진행한다. 토론을 하여 집단의 속담 및 격언에 대한 의견표시를 한다. 팀의 임시 리더는 사회자의 역할을 하되, 5인인 경우에는 참가자와 사회자의 역할을 겸한다. 팀의 누군가는 집단의 의사결정방식이 어떠했는지, 토론을 주도한 사람이 누구인지를 관찰하여 메모하여 둔다.
기타 아이디어	· 집단의 속담 및 격언 게임 결과를 플립 차트(혹은 화이트보드)에 나열한 다음, 집단 간 토론을 유도하면, 조직의 의사결정에 있어서 집단의 의견이 반영되지 않을 수도 있다는 점을 알 수 있게 된다. · 속담 및 격언의 개수를 늘려서 집단토론 및 의사결정을 체험하도록 설계해도 된다. · 집단의 성과측정을 위한 목적이라면 제한시간을 절반으로 줄여서 진행 한 뒤, 개인이 응답한 개수가 가장 많은 안과 집단의견이 모아진 결과가 같은 것의 개수를 세어서 평가할 수도 있다.

개인용(제한시간 5분)

속담 · 격언 게임 Sheet

● 아래에 나와 있는 모든 속담 · 격언에 대하여 자신의 의견과 일치하는 곳에 체크(V) 표시를 합니다.
● 아래의 속담 및 격언은 정답이 없습니다. 다만 본인이 선택한 의견에 대해 누군가가 왜 선택하였느냐고 질문하였을 때 답변할 수 있는 근거가 있어야 합니다. 따라서 기분에 따라 선택하는 것이 아니라 충분히 속담 및 격언의 의미를 되새겨 보고 본인이 확신할 수 있는 부분에 표시하여야 합니다.

번호	속담 및 격언	현실적으로 맞지않다 (F)	맞을때도, 틀릴때도 있다.(D)	현실적으로 맞는말이다.(T)
1	모로가도 서울만 가면 되더라.			
2	열번 찍어 안 넘어가는 나무 없다.			
3	가늘고 길게 살기보다는 굵고 짧게 살겠다.			
4	급할수록 돌아가야 한다.			
5	처음이 좋으면 끝도 좋다.			
6	나무 잘 오르는 놈이 떨어지고 헤어 잘 치는 놈이 빠져 죽는다.			
7	돌다리도 두들겨 보고 건너야 한다.			
8	쥐구멍에도 볕들 날 있다.			
9	될성부른 나무는 떡잎부터 알아본다.			
10	아이 손님이 어른 손님보다 더 어렵다.			
11	사공이 많으면 배가 산을 오른다.			
12	아니 땐 굴뚝에 연기 나랴?			
13	모난 돌이 정 맞는다.			
14	뭉치면 살고 흩어지면 죽는다.			
15	대기만성			

주 : 게임을 진행할 때에는 A4 크기로 확대하여 인쇄한다. 개수를 20개로 늘려도 된다.

집단용(제한시간 20분)

속담 · 격언 게임 Sheet

● 집단용 시트는 개인들의 의사결정 결과를 집계하고, 집단에서 토의를 하여 집단의 의견을 한 곳에 체크하는데에 활용합니다.
● 구성원간에 충분한 논의를 하여 한 곳에 표시하기 바라며, 집단의견 도출과정에서 많은 토론을 하도록 권장합니다.

번호	속담 및 격언	현실적으로 맞지않다 (F)	맞을때도, 틀릴때도 있다.(D)	현실적으로 맞는말이다. (T)
1	모로가도 서울만 가면 되더라.			
2	열번 찍어 안 넘어가는 나무 없다.			
3	가늘고 길게 살기보다는 굵고 짧게 살겠다.			
4	급할수록 돌아가야 한다.			
5	처음이 좋으면 끝도 좋다.			
6	나무 잘 오르는 놈이 떨어지고 헤어 잘 치는 놈이 빠져 죽는다.			
7	돌다리도 두들겨 보고 건너야 한다.			
8	쥐구멍에도 볕들 날 있다.			
9	될성부른 나무는 떡잎부터 알아본다.			
10	아이 손님이 어른 손님보다 더 어렵다.			
11	사공이 많으면 배가 산을 오른다.			
12	아니 땐 굴뚝에 연기 나랴?			
13	모난 돌이 정 맞는다.			
14	뭉치면 살고 흩어지면 죽는다.			
15	대기만성			

주 : 게임을 진행할 때에는 A4 크기로 확대하여 인쇄 한다. 개수를 20개로 늘려도 된다.

조정, 협상의 리더십

9

조직 내에서 빈번하게 발생하는 갈등을 어떻게 조정하고, 적정 수준의 갈등이 왜 조직에 도움이 되는가에 대하여 이해한다. 또한 리더로써 구성원들의 지지와 협력을 얻기 위하여 협상의 중요성을 깨닫고, 성공적인 협상을 이끌어내기 위한 여러 기술과 전략들을 학습한다.

조직은 두 사람 이상이 모여 각기 일을 분담하고 연결해서 완성하는 상호작용 시스템인 만큼 구성원 간, 혹은 소집단 간의 상호작용과 인간관계를 어떻게 형성하는가가 조직성공의 관건이다. 그런데 구성원들은 공동목표를 위해 서로 협동해야 하는 줄 알면서도 때로는 서로의 목적이 상충되기도 하고, 경쟁도 하고, 심지어는 싸우기까지도 한다. 구성원들 간의 협동과 갈등의 정도는 조직의 성과에 민감하게 영향을 미칠 수 있는 만큼 조직구성원들의 갈등관계의 원인을 파악하고 협력을 이끌어내는 것은 리더의 막중한 책임이자 의무라고 할 수 있다.

갈등 관리와 조정

갈등이란 단어는 싸움, 미움, 반목, 대립, 논쟁, 경쟁 등 다각적인 측면을 연상시키는 단어이다. 일반적으로 어떤 사람이 목적을 추구해 가는데 다른 사람이 들어서서 방해를 하면 그의 목적달성이 좌절되는데, 이 때 방해 행동을 하는 과정을 갈등이라고 하며 리더나 관리자들은 자기 시간의 약 20%를 갈등해결과 갈등에 따른 영향을 수습하는 데 보낸다고 한다. 갈등해결을 위해서는 갈등 발생의 원인을 파악하는 것이 중요하다.

갈등의 원인

갈등은 인간의 심리적 측면에서 본다면 욕구의 좌절이나 불안, 긴장이 엄습해 올 때 무방비 상태로 굴복하지 않고 대처하려는 방어 기제(defense mechanism)가 작동하여 발생한다. 방어 기제는 뻔한 사실인데도 부인하기도 하고(부정 메커니즘) 자신의 결점을 남의 것인 양 여기기도 하며(투사 메커니즘) 자신의 실수를 정당화하기도 하는데(정당화 메커니즘) 이 과정에서 타인의 지탄을 받거나 갈등이 생기는 것은 당연하다.

실제 조직 내에서 발생하는 갈등은 보다 다양한 원인이 존재한다. 왜냐

도표 9.1 조직 내부의 구조적 원인으로 인한 갈등

구조적 원인	구체적인 현상
목표의 차이	조직은 여러 집단으로 이루어져 있고 각 집단의 많은 역할과 기능이 다르기 때문에 때로는 이들 목표 간에 충돌이 있을 수 있다.
자원의 부족	조직은 인적 · 물적 · 금전적 자원을 산하 집단에게 지원하여 목표를 달성하도록 하는데, 각 집단은 자원을 더 차지해야 목표를 더욱 쉽게, 많이 달성할 수 있으므로 상호 경쟁적으로 자원을 할당받으려 한다.
제도와 규정의 불확실성	조직의 제도가 체계화되지 않거나 책임과 기능이 각 집단별로 구체화되어 있지 않다면 아전인수(我田引水)격으로 해석하여 갈등이 생긴다.
계층 · 직급 간의차이	상급자는 자신의 경험을 토대로 지배적이 되려 하고 같은 일에 대해 실무자는 현장을 몰라서 상급자가 그런다고 불평하기 때문에 갈등의 원인이 된다.
보상제도	집단기반 보상이 이루어질 경우 일을 많이 한 개인은 집단에 대한 불만이 쌓이게 된다. 보상은 원래 민감한 사안이므로 어떤 보상 제도를 사용하는가에 따라 갈등의 양이 좌우된다.
관리 스타일	독재자에 의해 집단이 관리된다면 그를 중심으로 주류와 비주류 간에 심한 경쟁과 알력이 발생하게 된다.
과업 상호의존성	과업을 수행하는 데 있어서 개인, 혹은 집단 사이의 상호의존성과 상호관계가 많을수록 갈등의 소지가 많아진다.

자료 : 임창희 (2004)의 내용을 표로 정리함

하면 조직 내부에 존재하는 수많은 집단의 환경은 서로 다르고, 집단의 구조도 각기 다르기 때문에 서로 다른 행동패턴이 나올 뿐만 아니라 서로 상충되기도 하여 갈등이 발생한다. 또한 조직 전체의 목표를 달성하는 데 있어서 부서간의 이해관계가 대립되기도 하고, 특정 집단에는 바람직한 행동을 유발하지만 또 다른 집단에는 어쩔 수 없이 손해가 가는 상황들이 발생하기 때문이다. 조직 내부의 구조적 원인으로 인한 갈등관계에 대하여 살펴보자(〈도표 9.1〉 참조).

갈등의 순기능과 역기능

예로부터 갈등은 조직 내에 파괴와 비능률을 야기한다고 보고 가능한 한 이를 회피하는 것이 좋으며 이미 생긴 갈등은 제거 · 말소시키는 등 관리를 잘하는 것이 중요하다고 보았다. 갈등이 커뮤니케이션을 단절시키거나, 상호 신뢰를 떨어뜨리고, 상대방 불만을 무시함으로 더욱 커지기 때문에 이러한 문제들을 관리활동으로 해결하고자 노력하였다. 갈등의 역기능으로는 구성원 간의 대화 단절, 규정과 원칙의 지나친 중시로 인한 공식화, 개인차를 무시하고 구성원을 획일화시키며, 상호 불신으로 인한 감시와 경계를 통해 서먹한 관계를 형성하는 것 등이다.

도표 9.2 갈등의 순기능과 역기능

갈등의 순기능	갈등의 역기능
· 문제의 인식	· 커뮤니케이션 감소
· 활동력 증가	· 독재자 출현
· 충성심 증가	· 파벌의식 고조
· 혁신풍토 조성	· 상호경계의식 증가
· 다양성과 창조성 증대	· 융통성 없는 공식화

하지만 갈등은 꼭 나쁜 것만은 아니다. 어느 정도의 갈등은 상호 긴장을 유발하며, 경쟁관계

를 형성하기 때문에 조직 전체의 입장에서는 오히려 도움이 될 때도 있다고 보는 견해가 생겼다. 갈등의 순기능으로는 갈등관계의 당사자가 자신의 취약점을 발견할 수 있고, 개인이나 집단이 무사안일을 탈피하여 경쟁에서 승리하고 환경에 잘 적응하려는 태도가 형성되기 때문에 적극성과 집중력을 높일 수 있다. 또한 외부와의 갈등은 조직 내부의 응집성을 강화하기 때문에 더 많은 정보소통을 통한 효율적인 의사결정을 할 수도 있다.

이 야 기 보 따 리

양식장의 미꾸라지들

양식장의 미꾸라지가 자꾸만 죽어나가고 병에 걸리고 하여 주인이 낙담해 있을 때 어느 날 친구가 찾아와서 미꾸라지 양식장에 메기를 몇 마리 잡아넣으라고 충고했다. 메기를 넣으면 그나마 나머지 미꾸라지를 잡아먹을 것 아니냐고 하니까 자기 말만 듣고 무조건 넣어보라는 것이었다. 메기를 넣은 지 얼마가 지난 후 양식장의 미꾸라지들은 전보다 더 튼튼하게 자라면서 양식이 잘 되었다. 이유가 무엇이었을까?

미꾸라지들이 주는 사료만 받아먹고 태평성대를 누릴 때는 빈둥빈둥하며 약해졌지만 메기가 들어오면서부터 메기에게 안 잡히려고 마구 헤엄쳐 다녔고 활동량이 많아지니 먹이도 잘 먹어서 튼튼해진 것이다.

갈등관리의 원칙

조직이 갈등을 어떻게 관리할 것인가를 올바로 파악하기 위해서는 현재 조직 내부에 갈등이 어느 정도 존재하는지를 알아야 한다. 왜냐하면 갈등을 일부러 조장해야 하는 상황도 생기고, 갈등을 적극적으로 해결하려는 상황도 있기 때문이다. 이를 갈등관리라고 한다(〈도표 9.3〉 참조).

도표 9.3 갈등의 조정을 통한 관리

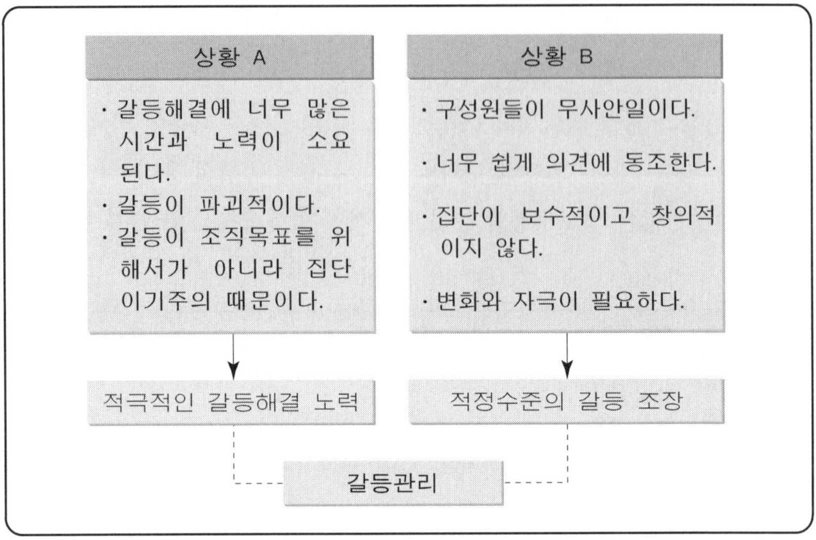

자료 : 임창희 (2004)를 수정하여 인용함.

갈등은 조직생활에서 피할 수 없는 자연발생적인 것이며, 발생원인도 매우 다양하기 때문에 전혀 없을 수는 없다. 또한 갈등의 순기능적 측면을 고려하였을 때, 갈등이 너무 없는 것도 무사안일주의에 빠질 수 있고, 성과가 미흡할 수도 있다. 갈등관리는 상황에 따라 달라질 수밖에 없기 때문에 리더는 적극적인 갈등해결 노력과 적정수준의 갈등 조장전략을 때에 맞게 사용해야 할 것이다.

요즘은 환경이 극심하게 변하는 시대이므로 스스로 위기의식을 느끼고 환경에 적응하려는 노력을 적극적으로 실행해야만 살아남을 수 있다. 위기의식은 조직 내부에 적정 수준의 갈등을 유지하는 측면이다. 하지만 대부분의 관리자 혹은 리더들은 갈등이 없는 상황으로 관리를 하려고만 하는 경향이 있다.

갈등을 해결하기 위해서는 먼저 서로의 시각 차이를 규명해야 한다. 서

이야기 보따리

뭉치면 죽고 흩어지면 산다

미국 디트로이트 자동차산업은 지나치게 과거의 성공신화에만 집착한 나머지 이제는 경쟁력을 상실하게 되었다. 80년대 첨단 벤처산업의 요람이었던 실리콘밸리도 지나치게 획일화된 경영방식으로 환경변화에 재빠르게 대응하지 못하여 살아남은 기업은 손에 꼽을 정도이다.

반면 3M사는 3년 이내에 개발된 신제품으로 전체 매출액의 30%를 채우는 경영방침을 수립하여 지속적인 성장을 거듭하고 있으며, 인텔사는 연구소를 산호세(San Hose)와 오리건 주에 각각 두어 2개의 연구소를 경쟁하도록 분위기를 조성하여 경쟁우위를 지속하고 있다. 과거 조선시대 전국의 귀양지로 쫓겨 간 중앙의 선비들이 곳곳에 서당을 만들어 교육의 토대를 제공하기도 하였다.

획일화된 가치관에 똘똘 뭉친 조직보다 다양화된 가치관에 흩어져 갈등하는 가운데 조직이 발전하는 예는 얼마든지 있다.

로의 차이점이 밝혀져야 불필요한 갈등을 최소화할 수 있고, 어디서부터 풀어야 할지를 알게 된다. 갈등을 해결하기 위한 절차는 크게 4단계를 거친다(〈도표 9.4〉 참조).

적정수준의 갈등 조자전략

- 상호경쟁을 유발할 수 있는 보상제도의 마련
- 조직 내부에 건설적인 비판자(devil' s advocacy)를 육성함
- 토의나 회의를 할 때 반대 제안법(dialectic method)을 활용함
- 가상적 조직위기를 설정하여 구성원들로 하여금 어떻게 해결할 것인가를 자문하게 함

도표 9.4 갈등해결을 위한 절차

갈등해결단계		갈등해결의 실마리를 찾기 위한 질문
갈등상황의 명확한 이해	갈등원인 이해	· 최근에 경험한 갈등을 일으킨 사건이나 상황은? · 이 때 나는 어떤 감정을 느꼈고 무슨 생각을 했나? · 갈등의 원인을 무엇이라 생각하는가?
	대차방법 분석	· 갈등상황에서 나는 흔히 어떤 방식으로 대처하는가? · 갈등상황을 회피하려 했나, 아니면 갈등을 증폭시켰는가? · 갈등상황에서 상대방에게 처음 보이는 대응은 무엇인가?
타인의 관점 이해	성급한 판단유보	· 상대방은 어떤 생각을 하고 있을까? · 내가 너무 성급하게 판단한 것은 아닌가? · 갈등이 생긴 근본원인이 무엇인가?
	감정 이입하기	· 내가 만일 상대방이라면 어떤 기분이었을까? · 상대방에게 제대로 전달하지 못했거나 상대방을 이해하지 못한 점이 있는 것은 아닐까?
	상대방 생각검증	· 내가 상대방에 대해서 미처 생각하지 못했던 점이 있는 것은 아닌가? · 상대방의 모든 이야기를 주의 깊게 들었는가? · 상대방의 주장이 정말 옳은가?
갈등해결 실행계획 수립	공통 관심사에 집중	· 나와 상대방 모두에게 이득이 되는 방안은 무엇일가? · 갈등관계로 인하여 서로 잃게 되는 것은 무엇일까?
	단계적 해결점 발견	· 상대방의 동의와 지지를 이끌어낼 만한 토의를 하고 있나? · 갈등이 풀리지 않고 계속 나타나는 원인은 무엇일까? · 갈등이 있을 때, 상대방의 두드러진 대응행동은 무엇인가?
	구체적인 해결책 준비	· 상대방과 토의를 통해 얻을 것과 포기할 것은 무엇인가? · 갈등의 영향을 고려할 때, 언제쯤 해소하는 것이 좋은가? · 어떤 방법으로 해결책을 전달할 것인가? · 갈등해결 과정에서 내가 한 말에 대해 상대방이 느낀 점은 무엇일까?
실행결과 평가	성공여부 점검	· 내가 당초 의도했던 대로 갈등이 해결되었는가? · 갈등해결 결과에 어느 정도 만족하는가? · 나의 갈등관리 스타일은 효과적이었는가?
	향후 갈등 상황 대비	· 이번 갈등상황을 해결하면서 얻은 교훈은 무엇인가? · 효과적으로 활용할 수 있는 갈등관리 스타일은 무엇인가?

갈등해결 전략

대부분의 조직에서는 갈등의 해결을 주요 관심사로 반영하고 있다. 앞서도 살펴보았지만 조직은 자연발생적으로 갈등을 가지고 있다. 하지만 실제 조직 내에서 갈등은 순기능보다도 역기능이 더 많이 존재하기 때문에 갈등을 원만하게 해결하는 것은 리더의 또 다른 책무라고 할 수 있다.

갈등을 해결하기 위한 원리는 간단하다. 계속 자기주장을 하여 관철시키거나 상대방에게 양보하여 상대방 의견을 수용하는 방법이다. 이러한 원리를 좀 더 확장하면 자신의 주장과 갈등관계에 있는 상대방의 입장을 어떻게 적절하게 혼합하는가에 따라 여러 해결방안이 존재한다(〈도표 9.5〉 참조).

이들 다섯 가지 갈등해결 전략 중 어느 것을 선택하는 것이 가장 효과적인지는 상황에 달려 있다. 즉, 의사결정의 중요성, 조직에서의 지위와 권한 정도에 따라 달라진다. 예를 들어 노사양측의 대립에서 노조는 자신들의 권력이 크다고 생각될 때 수용이나 협조보다는 강요전략을 사용할 가능성이 높다. 이와 같이 상황이 어떤 상태인가에 따라 대응방식은 달라진다.

도표 9.5 갈등대처방식의 다섯 가지 유형

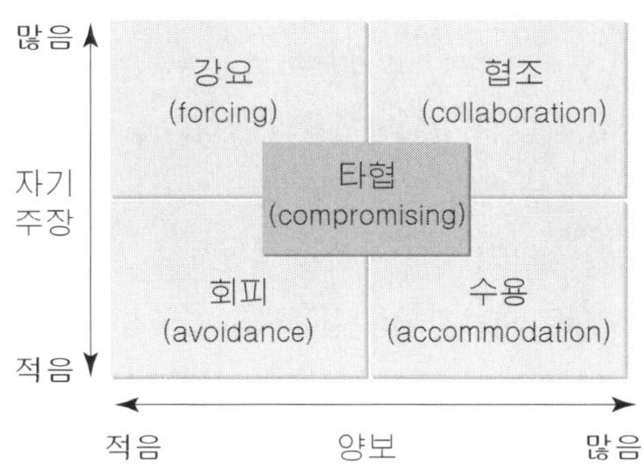

자료 : Rahim (1985)을 인용함.

① 강요(forcing): 상대방을 압도하고 자기의 주장을 관철하려 한다.
② 수용(accommodation): 상대방의 주장을 반대의견 없이 받아들인다.
③ 타협(compromising): 상호 양보를 위하여 양자 약간씩만 자기만족을 꾀한다.
④ 협조(collaboration): 서로의 관심사를 모두 만족시키려 한다.
⑤ 회피(avoidance): 갈등 현장을 떠남으로써 서로의 관심사 모두를 무시한다.

이야기 보따리

통제지향적 관리자 아래서 적응하기

권한을 이양하지 않으면서 부하직원이 하는 일을 모두 알려고 하는 관리자가 있다고 하자. 그는 자신의 방식을 따르라고 지시하는 통제지향 관리자이다. 이런 상사와 갈등 없이 지내려면 어떻게 해야 할까?

- 지시사항을 메모하고, 메모한 내용이 어떻게 이행되었는지 확인시킨다.
- 상사와 약속한 것은 반드시 지켜 상사가 당신을 먼저 찾지 않도록 한다.
- 상사의 일하는 방식을 따라해보면서 배울 점이 무엇인지 찾아본다.
- 지시를 잘 따르고 있으며, 별다른 저항감이 없다는 것을 보여야 한다.
- 수시로 업무보고를 하여 당신에 대한 관심도를 낮게 만드는 것도 좋다.

개인 간 갈등해결 모형을 조직으로 확대하면 문제는 좀 더 복잡해진다. 고려해야 할 환경변수들이 많아지기 때문이다. 대표적인 조직 내 갈등해결 문제를 해결하기 위한 전략은 고위층의 조정과 중재, 상위 목표(super goal)의 설정, 자원의 확충, 커뮤니케이션의 활성화 등이 있다.

부서 간 갈등이 존재할 때 갈등관계에 있는 부서들로부터 신임을 받고 있는 고위층 관계자가 갈등의 양 당사자를 대면하고 양쪽의 의견을 들으면서 대안도 제시하고 서로 양보하도록 설득하고 합의점에 이르도록 도와주는 것이 조정(mediation)이며, 권한 있는 제 3자가 양쪽의 의견을 듣고 잘잘못을 가리거나 강제로 판단을 내리는 것이 중재(arbitration)이다. 노사 간의 협상은 일반적으로 중재로 해결하는 경우가 많다.

상위 목표를 설정하는 방법은 갈등상태에 있는 두 당사자, 혹은 집단의 개별 목표를 초월하여 서로 협조할 수 있는 공동 목표를 설정하여 단합을 조성하는 방법이다. 예를 들면, 불황기에는 노사양측이 무분규를 선언하고, 생산성 향상에 전념하겠다고 합의하는 모습을 종종 볼 수 있다. 이라크의 사담 후세인은 독재에 대항하는 내부 비판세력과의 갈등을 잠재우기 위한 정치적 책략으로 외국과 전쟁을 일으키기도 하였다.

자원의 확충은 자원의 제약으로부터 발생된 갈등을 해결하기 위한 좋은 전략이다. 예를 들면 초콜릿 하나를 가지고 싸우는 아이를 가장 빨리 화해시키는 방법은 초콜릿 하나를 더 사주면 된다. 조직도 마찬가지이다. 노사간 임금갈등, 사업본부장의 부사장 승진갈등, 부서 간 예산확보 갈등의 문제는 조직이 이익을 더 내든지 조직개편이나 계열사를 만들어서 해소할 수 있을 것이다.

커뮤니케이션 활성화는 어찌 보면 갈등의 원인을 제거한다는 측면에서 대단히 바람직한 갈등해결 전략이다. 갈등은 사소한 오해에서 비롯되는

이야기 보따리

고부간 갈등 해결

시어머니와 며느리의 갈등은 예로부터 유명하다. 옛날에 시어머니와 지독한 앙숙관계에 있는 한 며느리가 있었다. 그는 시어머니가 죽기만 기다리다가 참다못한 나머지 용한 점쟁이를 찾아가서 묘안을 구했고, 점쟁이는 며느리에게 한 가지 방책을 알려주었다. 시어머니에게 하루에 계란 하나씩을 부쳐주면(계란 프라이) 생명이 단축된다고 귀띔해 주었다.

며느리는 다음날부터 즉시 실천에 옮겼다. 이렇게 며칠이 계속되자 며느리 험담만 하고 다니던 시어머니가 우리 며느리는 없는 살림에도 계란 한 개씩을 꼭 부쳐준다고 온 동네에 칭찬을 하면서 다니게 되었고, 며느리에게도 잘해주기 시작했다. 이러한 시어머니의 태도변화에 며느리도 시어머니를 좋아하게 되었다.

경우가 많고, 오해는 커뮤니케이션 오류에서 비롯된다. 이를 위해 구성원들을 교육 · 훈련시키는 방법도 있고 열린 분위기가 되도록 제도를 개편하는 방법도 있다.

갈등해결 역량 계발

갈등의 소지가 많은 다음과 같은 상황에 처해 있다고 가정하자. 그리고 이 상황에서 어떻게 갈등을 해결해야 할지 토론해 본다.

> 한 공동 목초지에서 여러 명의 양치기들이 양을 방목하고 있다. 방목하는 양의 수가 늘면 추가로 이득이 생긴다. 처음에 양치기들은 별다른 문제없이 서로 협동하면서 공동생활을 하였다. 그러나 일부 양치기들이 양떼를 늘리기 시작하자 너도 나도 양 떼를 늘리면서 제한된 공동 목초지는 빠른 속도로 고갈되고 있다. 양치기 A는 양 떼를 늘리는데 반대하였고, 양치기 B는 양 떼를 늘리는 데 찬성하였다. 앞으로 공동 목초지는 어떻게 관리해야 할 것인가?

토론을 위하여 3인 1조를 편성한다. 각 조에서 한 명은 양치기 A, 다른 한 명은 양치기 B, 나머지 한 명은 관찰자의 역할을 수행한다. 양치기 A와 B는 이러한 문제 상황을 어떻게 해결할 것인가? 서로 자신의 주장을 펴고 이해가 충돌하는 부분이 어디인지 확인한다. 〈도표 9.4〉의 갈등해결과정을 적용하면 좋다. 관찰자는 두 양치기의 토론을 관찰하고 나서 어떤 갈등 방식을 사용하였는지, 갈등해결 방법을 효과적으로 사용하였는지에 대하여 피드백을 해준다.

갈등 상황에서는 무엇보다 불만을 직접적으로 제기하기 보다는 함께 해결책을 찾으려는 노력이 요구된다. 그리고 자신이 모두 이기겠다는 생각보다 서로가 이익을 얻을 수 있는 방안을 찾아야 한다. 서로의 생각과 입장을 존중하는 분위기를 조성하고, 가능한 한 갈등을 최소화하기 위해 노력해야 한다.

협상전략

협상의 의미와 유형

협상(negotiation)은 개인, 집단, 조직 간에 이해 조정을 통하여 당사자들이 원하는 것을 얻어내기 위한 일련의 커뮤니케이션 활동 및 상호작용 패턴이다. 협상의 핵심개념은 두 사람 혹은 두 집단 이상이 서로 물질과 서비스를 교환하기 위해 계약을 체결하는 것을 의미한다. 이때의 교환은 주고받는(give and take)것일 수도 있고, 상쇄하는 것(trade off)일 수도 있다. 결국 공동의 이익이 없으면 협상을 할 이유가 없으며, 상충되는 이해관계가 없으면 협상이 성립되지 않는다.

리더는 조직 내의 한정된 자원을 가지고 조직의 다양한 구성원들과 이해 조정을 통해 성과를 창출해야 하는 임무를 가지고 있기 때문에 협상에

협상이 이루어질 수 있는 상황

- 중재자 없이 이해관계가 상충된 두 주체가 있다.
- 두 주체가 싸움보다는 타협이 유리하다고 판단하고 있다.
- 타협의 결과로 인하여 두 주체의 입장이 달라질 수 있다는 점을 인정하고 있다.
- 현 상태에서 두 주체가 상호의존관계에 있기 때문에 관계를 무작정 끊을 수 없다.

대하여 올바르게 이해하고, 협상력을 기르는 것은 리더가 반드시 학습해야 할 부분이다.

주로 겸손과 양보의 미덕을 강조해 온 우리나라에서는 협상이 그다지 익숙한 용어는 아니지만 우리 삶의 대부분은 협상을 하며 살아가고 있다. 협상은 긴장과 대립 속에서 각자 자신의 제약조건 하에서 최대한의 유리한 결과를 얻기 위해 힘을 사용하는 것이다. 협상은 당장의 갈등은 해결하지 못할지라도 다음번에 일어날 수 있는 잠재된 갈등을 누르고 현상유지는 할 수 있기 때문이다. 뿐만 아니라 협상은 항상 공평하고 정당하다는 인식이 사람들에게 형성되어 있기 때문에 상호 양보와 인내를 강요하는 보이지 않는 힘을 갖고 있다.

조직에서도 노사문제의 해결이나 회의 등을 통하여 내부 문제를 조정하는 수단으로 협상을 활용하고 있으며, 외부조직과의 거래관계도 협상으로 해결하는 경우가 대단히 많다.

협상의 유형으로는 배분적 협상(distributive negotiation)과 통합적 협상(integrative negotiation) 등이 있는데, 배분적 협상은 정해진 파이(pie)를 나누어 갖는 zero-sum(win-lose)협상이라면, 통합적 협상은 positive-sum(win-win)협상이라고 한다.

배분적 협상은 재화가 한정된 상황에서 내가 얻으면 너는 잃는다는 생각으로 각자 협상에 임하기 때문에 서로의 관심방향은 반대이며, 주로 단기적인 관계에서 형성되는 특징이 있다(〈도표 9.6〉 참조). 보편적으로 물건을 구매할 때 판매자와 구매자 사이에 배분적 협상이 빈번하게 발생한다.

배분적 협상을 할 때에는 가급적이면 사용가능한 대안을 많이 가지고 있는 쪽이 유리하다. 협상이 결렬되었을 때 다른 대안이 있기 때문에 보다 유리한 입장에서 상대방에게 압력을 넣을 수 있기 때문이다. 그리고 양보는 협상의 필수조건이다. 양보 없이 내 주장만 펴다 보면 협상은 불가능하

도표 9.6 배분적 협상의 도식화

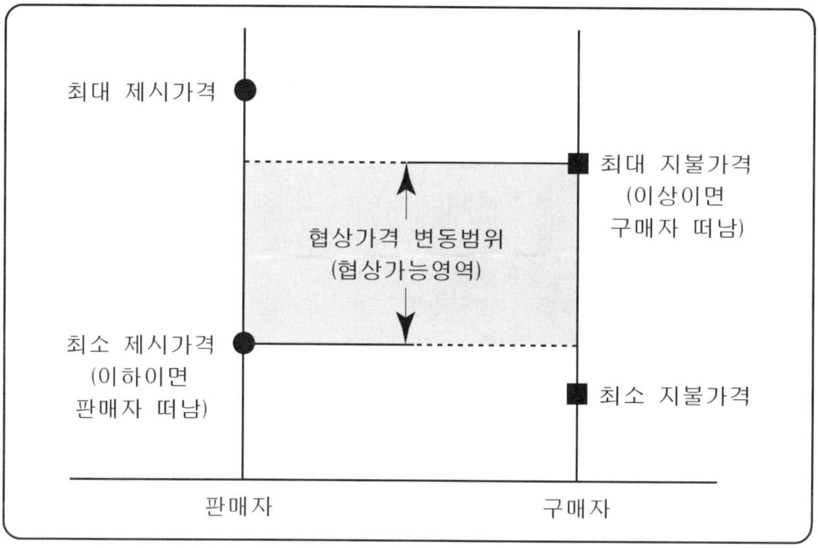

고 모두에게 폐가 된다. 유능한 협상가일수록 양보의 여지를 많이 갖고 하나씩 양보하면서 자기 목표를 달성한다.

반면 통합적 협상은 판매직원이 회사와 판매량에 따른 수당을 약정하거

배분적 협상의 핵심요소

- 협상 대상에 대한 객관적인 정보(가치, 인지도, 장・단점)를 충분히 파악하고 협상에 임해야 한다. 즉 자신의 정보를 노출하지 않으면서 상대방의 정보를 얼마나 알고 있느냐가 관건이다.
- 협상시간도 대단히 중요하다. 시간이 임박할수록 협상에서 불리해지며, 상대방에게 불안감을 노출하면 압도당하여 불리한 입장이 될 수 있기 때문에 시간을 넉넉히 갖고 시간정보를 상대에게 노출하면 안 된다.
- 상대방의 지위와 권한을 미리 알아둔다면 협상에 우위를 점할 수 있다. 권한이 없는 사람과 협상을 아무리 잘 해도 실질적 권한을 가진 사람과 또 협상을 하게 될 수 있다.

도표 9.7 통합적 협상의 사례

변호사와 비서 간의 임금협상 문제

	비 서	변호사
입장 차이	현재 받고 있는 임금의 30% 인상을 요구함	예산 제약때문에 급여인상이 불가능함
이해 관계	· 자녀 교육비 때문에 돈이 더 필요 · 돈을 더 벌 수 있다면 초과근무 의향 있음	· 비서에 대해 만족 · 본인이 원하면 다른 변호사의 파트타임 직업을 소개해줄 의향 있음

→ **통합적 협상결과**

- 비서는 급여인상 없이 현직을 유지
- 변호사가 소개한 회사에 토요일마다 파트타임 근무하여 소득인상
- 변호사는 유능한 비서를 급여인상 없이 유지함

나, 야구선수가 홈런 몇 개 이상일 경우 구단으로부터 받기로 한 옵션 등이 좋은 예가 된다(〈도표 9.7〉 참조).

이처럼 통합적 협상은 양쪽에 이득이 되는 상황(win-win)으로 서로의 관심사를 한 곳에 모으는 것이 목표이며, 장기적인 인간관계에서 행해진다. 장기적인 인간관계에서는 신뢰를 바탕에 두어야 하기 때문에, 자신의 명성(reputation)을 유지하고 관리하기 위하여 대승적인 협상결과를 이끌어내기도 한다(〈도표 9.8〉 참조).

통합적 협상에서의 협상영역은 〈도표 9.8〉에서 보듯이 A와 B의 효율적 경계에 의해 형성된다. A와 B간의 협상지점이 '현재의 효율적 경계선' 에 있게 되면, 상대방의 손실 없이는 양쪽 누구든지 이익을 볼 수 없기 때문에 효율적이라고 할 수 있다. 반면 A와 B간의 협상지점이 '현재의 효율적 경계선' 내에 위치하면(음영 부분) 상대방의 손실 없이도 다른한 쪽이 이익을 볼 수 있기 때문에 비효율적이다.

가장 좋은 방법은 협상당사자 간의 협력을 바탕으로 하여 새로운 가치 있는 협상지점을 발굴하겠다는 의지를 통해 파이를 확대할 수 있다. 다시 말

도표 9.8 통합적 협상의 도식화

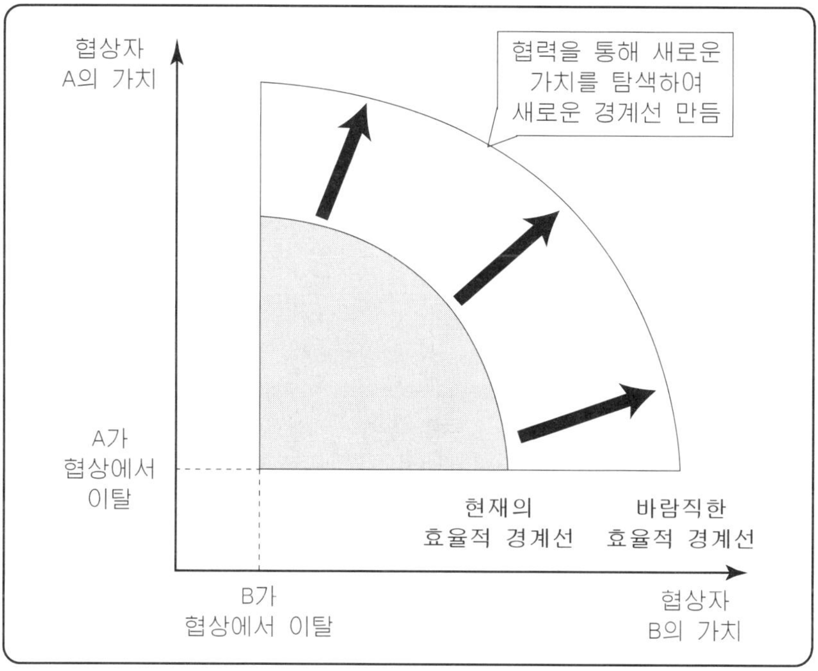

해 '현재의 효율적 경계선'이 우상향으로 이동하여 '바람직한 효율적 경계선'이 형성되면 양자 모두 이익을 볼 수 있는 협상지점을 만들어낼 수 있다.

통합적 협상의 성공요인

- 공통 목표: 서로 경쟁하는 것보다 협력하는 것이 더 좋은 결과를 가져온다는 믿음과 지식이 있어야만 한다.
- 상대방 인정: 상대방의 입장과 태도를 인정하고 대우하면서 협상에 임한다.
- 정확한 의사소통: 협상은 대화를 통하여 이루어지기 때문에 서로의 커뮤니케이션에 대하여 오해가 없어야 한다.
- 신뢰: 상호 신뢰가 형성되면 친화적이고 협력적이 되어 상대의 협력을 더욱 쉽게 이끌어낼 수 있다.

서로의 관심사가 다를 때 경쟁을 하기보다는 협상에 성공하면 양쪽 모두 이익을 보는 경우가 많음에도 불구하고, 일반적으로는 "상대의 이익은 나의 손실이다."라는 소위 파이고정관념(mythical fixed pie) 때문에 상호이익이 되는 교환에 실패하면서 갈등으로 정면 대처하는 경우가 많다. 따라서 통합적 협상에서 성공하기 위해서는 승-승적 사고를 바탕으로 상대방으로부터 신뢰를 얻기 위한 노력을 꾸준히 경주해야 한다.

배트나(BATNA)의 중요성

- 배트나(BATNA: Best Alternative to Negotiated Agreement)는 협상이 성사되지 않았을 경우, 협상참여자가 선택할 수 있는 최선의 대안을 말한다.
- 협상을 시작하기 전부터 BATNA의 기준을 명확히 할 필요가 있다.
  - 합의를 하는 것이 꼭 최선의 방법은 아니며, BATNA보다 안 좋을 경우, 합의를 안 하는 것이 자신에게는 이익이 된다.
- 자신의 BATNA뿐만 아니라 상대방의 BATNA도 파악하도록 노력해야 한다.
  - BATNA가 좋을수록 보다 유리한 입장에서 협상을 할 수 있으며, BATNA가 좋지 않을 경우 다른 대안을 모색하여 바람직한 협상을 이끌어 내어야 한다.

협상은 두 개의 빙산이 만난 것과 같다. 겉으로 살짝 드러난 빙산의 일각은 협상과정에서 이야기 하는 '요구사항'에 비유할 수 있지만, 실제로는 속에 묻혀 있는 '욕구'를 서로 파악하여 협상과정에 참여한 사람 모두가 만족할 수 있는 창조적 대안을 발견하는 것이 성공적인 협상이라고 할 수 있다.

보편적으로 배분적 협상을 하게 되면 '소탐대실'의 결과를 가져올 확률이 높으며, 협상 당사자 간에 갈등이 증폭될 가능성이 높다. 하지만 통합적 협상을 하게 되면 서로 결과에 만족하는 윈-윈 협상으로 이어질 것이다.

협상을 잘 하기 위해서는 합리적인 논거들을 많이 준비하고, 질문을 많이 해야 한다. 합리적인 논거는 협상의 지렛대 역할을 한다. 지렛대는 적은 힘을 주어 큰 물건을 들어올리기 때문에 합리적인 논거는 자신의 손실을 최소한으로 하면서도 많은 것을 얻어낼 수 있는 원동력이 될 것이다. 질문은 다양하고 강력한 효능을 가지고 있다. 질문을 통해 상대방의 '욕구'를 바르게 파악할 수 있으며, 할 말이 없을 때에는 질문을 하면 계속 대화를 이어갈 수 있다. 협상과정에서의 질문은 안전한 보호막의 역할도 할 뿐만 아니라 새로운 가능성을 탐색할 기회도 마련해 준다.

성공적인 협상을 위한 말하기

협상을 어떻게 시작하는가에 따라 최종 결과는 엄청나게 달라진다. 그렇기 때문에 우선 협상 분위기를 우호적으로 조성하는 것이 필요하다. 초면일 경우에 웃으면서 반갑게 인사를 하거나, 공동의 관심사에 대해 가볍게 이야기를 나눔으로써 우호적인 분위기를 형성할 수 있다.

협상에서는 자신의 의사를 명확하게 상대방에게 전달하는 일이 무엇보다 중요하다. 찬성인지 반대인지, 승인인지 거부인지, 기한이나 수량은 어느 정도인지를 오해의 소지 없이 명확하게 상대방에게 전달해야 한다.

협상 때의 올바른 단어 사용법

- 어려운 한자나 외래어를 피하고 알기 쉬운 단어를 사용하여 간결하게 표현한다.
- 모호한 단어나 개념을 사용하지 않고, 명확하게 표현한다.
- 상대가 이해할 수 있는 수준이라면 전문 용어를 사용하는 것이 훨씬 신뢰감을 준다.
- 과장된 단어나 감정적인 표현을 절제하여 요점을 객관적으로 표현한다.

협상과정에서 자신의 의견이나 사실을 명확하게 전달하기 위해서는 단어를 정확히 선택하여 말해야 한다. 말하는 순서는 결론이나 중요한 것을 먼저 말한 다음, 그에 대한 설명을 하는 것이 협상을 빠르게 진척시키는 수단이 된다. 일반적인 대화를 이야기하듯이 서론에서 결론의 순서로 이야기 하는 것이 바람직하지만, 협상은 핵심적인 요점들을 주고받아서 협의안을 도출하는 과정이기 때문에 시간을 많이 소모하는 쪽이 불리해지는 경향이 있기 때문이다. 그리고 유리한 점만 이야기 하는 것이 아니라 불리한 점에 대하여도 말하는 것이 좋다. 불리한 점을 숨기면 신용을 잃게 될 수도 있다.

협상을 성공으로 이끈다는 것은 상대방을 설득한다는 의미가 내포되어 있다. 그렇기 때문에 자신의 주장을 말하는 기술이 대단히 중요하다. 논리적이고 강한 인상을 줄 수 있는 방법으로 자주 사용되는 것이 'AREA 법칙' 이다. AREA는 Assertion(주장), Reasoning(근거), Evidence(예증), Assertion(주장)의 머리글자를 딴 명칭이다.

먼저 Assertion에서는 주장의 핵심부분, 즉 결론을 말하고, Reasoning

협상하는 자리에서 명쾌하게 말하는 요령

- 먼저 결론을 말하고 나서 그 이유나 상황을 설명한다. 상대방이 외국인일 경우 특히 효과적이다.
- 설명할 항목을 3가지 정도로 압축하여 중요한 것부터 말하는 것이 좋다.
- 이로운 점뿐만 아니라 불리한 점도 명확히 말한다. 상대방이 받아들이게 하려면 이점을 먼저 말하고, 상대방의 제안을 거절하고자 할 때에는 불리한 점을 먼저 말한다.
- 상황 설명과 자신의 생각을 확실하게 구별해서 말한다. 먼저 사실과 객관적 상황을 설명한 후 이에 대한 자신의 견해나 제안을 말한다.
- 중요한 대목에서는 목소리 크기나 표정을 바꾸어서 강조한다. 중요하지 않은 부분과는 확연하게 다르다고 느낄 정도의 차이를 주는 것이 중요하다.

에서 근거나 이유를 구체적으로 설명한다. Evidence에서는 이유나 근거에 관련된 증거나 사례를 제시하고, 마지막 Assertion에서는 다시 한번 내용을 강조한다. 결론을 되풀이 하면 호소력이 커진다(〈도표 9.9〉 참조).

반면, 상대방의 주장에 대하여 반론을 제기해야 하는 경우도 있다. 하지만 반론은 협상을 성사시키기 위해서는 건설적으로 해야 한다. "그 쪽 의견에는 아무런 근거가 없습니다. 그런 조건이라면 절대로 받아들일 수 없어요."라고 차갑게 반론한다면 상대방에게 감정적 반발을 초래하여 협상

도표 9.9 AREA 법칙을 이용하여 주장하기

A	Assertion(주장) 우선 주장을 한다. "~는 ~이다." "~는 ~한다."	귀사의 제품 A는 신뢰성이 높고 전문가의 평가도 좋은 것 같습니다. 그래서 저희가 취급하려고 합니다만 1세트에 10만원은 너무 비싸므로 8만원대로 해주셨으면 합니다.
R	Reasoning(근거) 주장의 근거를 말한다. "왜냐하면~다." "~이기 때문이다."	귀사의 제품을 취급할 경우, 저희 회사에서 S사와 L사에 납품하게 되는데 2곳 모두 동급 제품을 9만 7천원 이상으로는 구입하고 있지 않습니다. 따라서 10만원으로 구입해서는 거래처를 찾을 수 없습니다.
E	Evidence(예증) 사례나 증거를 든다. "예를 들어 ~이다." "그 증거로~"	참고로 제품 A와 동급인 E사의 제품 C를 저희 회사에서는 8만 2천원에 취급하고 있습니다. 귀사의 제품 A가 제품 C보다는 성능이 조금 뛰어나지만 귀사의 제시금액은 다소 비싸다고 생각합니다.
A	Assertion(주장) 다시 주장을 말한다. "따라서~이다." "그러므로~해야 한다."	그렇게 때문에 제품 A를 1세트에 8만 5천원 정도로 거래하실 의향은 없으십니까? 이 가격이라면 납품처인 S사와 L사에 저희가 납품하기도 용이할 것입니다. 어떻습니까?

이 결렬될 수도 있다. 반론을 할 때에는 먼저 상대방의 주장 가운데 동의하거나 일치되는 의견이 있다면 그것을 먼저 칭찬하거나 동조한다는 의견을 피력하고, 다른 의견을 주장하면 된다. 다른 의견을 주장할 때에는 역시 위의 'AREA 법칙'을 따르면 된다.

설득은 가장 뛰어난 협상 기술이다. 일방적으로 자신의 말만 하고 상대방은 입도 열지 못하게 하면서 자신의 주장을 관철시키는 사람이 있다. 반대로, 뭐든 상대방이 하자는 대로 고개를 끄덕이며 끌려 다니는 사람도 있다. 2가지 모두 협상과는 거리가 멀다. 이런 태도로는 어떤 상황을 그럭저럭 넘겼다고 해도 나중에 더욱 큰 문제로 되돌아올 것이 분명하다.

협상은 양쪽이 서로 상대방의 주장에 귀를 기울이면서 자신의 주장을 하는 행위다. 서로를 이해하고, 의견을 절충해 결론에 도달해야 한다. 밀고 당기며 서로를 인정하고, 결론에 도달하는 것이다. 하지만 이때 자신이 의도했던 결론으로 상대방을 이끌어가야 한다는 점을 잊지 말아야 한다(〈도표 9.10〉 참조).

도표 9.10 협상을 잘 하기 위한 3가지 방법

① 상대방의 주장을 충분히 듣는다. (PULL 전략)	상대방이 자신의 주장을 마음껏 펼치게 하고, 그 진심과 인격을 파악한 다음 모순점을 찾아낸다. 이 점을 반박하면 된다.
② 객관적인 자료를 제시한다 (PULL 전략)	그 자리에서 즉흥적으로 떠오른 생각이나 말만으로는 상대방을 설득할 수 없다. 확실한 구체적이고 객관적인 자료를 준비해 제시한다.
③ 상대방의 정에 호소해 결단을 촉구한다. (PUSH & PULL 전략)	이론적인 공격은 협상의 마지막 단계에서는 바람직하지 않다. 어느 정도 논의가 이어져서 결론을 내려야 할 때에는 상대방의 정에 호소하는 것도 한 방법이다.

협상력을 높일 수 있는 기법

타인에게 무엇을 시키거나 무엇을 얻으려고 할 때 무작정 상대방을 설득하려고 하면 성과를 얻기 어렵다. 리더는 구성원들로 하여금 자신을 지지하고, 따르도록 만드는 존재이기 때문에 더더욱 구성원들을 설득하기 위한 기술들과 협상력이 필요하다. 상대방을 설득하기 위한 기본적인 기술로는 감정 기술, 논리 기술, 위협 기술, 흥정 기술, 타협 기술 등 다섯 가지 기법으로 나뉜다(〈도표 9.11〉 참조).

협상에서 가장 바람직한 결과는 자신은 양보하지 않고 상대방의 양보를 얻어내는 것이다. 하지만 실제로는 이렇게 결론이 나는 경우는 별로 없다. 대부분 양쪽 모두 양보하는데 자신의 양보를 최소화하는 형태로 협상이 끝날 수 있도록 한다.

도표 9.11 상대방을 설득하기 위한 다섯 가지 기술

설득기술 분류		구체적인 내용
1차 설득기술	감정기술	호의적인 말과 행동으로 상대방의 마음에 강하게 호소한다. 잘 사용하면 다른 기술보다 뛰어난 최상의 설득법이 된다.
	논리기술	통계자료 등 객관적인 근거를 제시해 상대방을 이해시킨다. 이 기술의 성공 여부는 사전에 정보를 수집하는 것과 그것이 확실한 것인지 확인하는 작업에 달려 있다.
	위협기술	상대방에게 위기감을 줌으로써 동의를 유도한다. 잘못 사용하면 더 큰 위험으로 되돌아올 우려가 있으므로 주의해야 한다.
2차 설득기술	흥정기술	무엇인가를 양보하는 대신 상대방에게도 양보를 요구하는 기술이다. 일반적인 계약의 최종 단계에서는 어떤 형태로든 흥정이 이루어진다.
	타협기술	각각 요구하는 결과의 중간점을 찾아 협상의 손익을 나누는 기술이다. 이 방법은 당사자 모두에게 아쉬움을 남긴다.

주로 협상 초기에 설득하기 위해 사용하는 기술이 감정, 논리, 위협 기술이다. 이를 1차 설득기술이라고 한다. 1차 설득에서 성과를 얻지 못하면 자신도 조금 양보해 합의할 수 있도록 노력한다. 이 때 사용되는 것이 2차 설득기술이다. 1차, 2차라고 하여 협상을 두 번 진행한다는 것이 아니라 보편적으로 사람들이 협상자리에서 상대방을 설득할 때 처음에 자신의 주장을 펼치다가 반론을 받았을 때 대응하는 방식이 달라지는 것을 1차와 2차로 구분하였다고 생각하면 된다.

협상에서는 제안과 대안 제시를 반복하면서 합의에 도달하므로 주장하거나 제안을 하는 데 있어서 정보를 어떻게 얼마만큼 제시하는 가도 대단히 중요하다. 협상에서 목표로 하는 성과를 거두기 위해서는 근거자료가 되는 정보를 시의적절하게 제공하는 능력이 뛰어나야 한다.

일반적으로 서툰 협상가는 모든 협상에서 자신이 가진 모든 정보를 한 번에 다 제공한다. 모든 정보를 제공한다는 것은 자신의 생각을 모두 내보이는 것과 같다. 그렇게 되면 상대방이 절대적으로 유리해지는 것은 당연하기 때문에 협상의 목표를 달성할 수 없다. 반면에 노련한 협상가는 협상과정에서 조금씩 제시하며, 이렇게 되면 상대방은 이쪽의 준비가 잘 되어있으며, 정보량이 많다고 느끼기 때문에 상대방이 확실하게 알지 못하는 부분은 양보하게 되고, 상대방의 주장도 신중하게 전개할 것이다.

비슷한 안건이라 하더라도 같은 협상은 두 번 하지 않는다. 또한 협상

정보를 효과적으로 전달하는 요령

- 사전에 정보를 정리하고 협상의 진행 방향을 예측하여 언제 어느 정보를 내놓을지 계획을 세워둔다.
- 매번 가장 강력한 정보를 처음에 내놓고 마지막에 새로운 근거로 삼을만한 데이터를 제시한다.
- 상대측 결정권자에게 정보가 확실하게 전달되도록 협상 당사자에게 정보를 반복해서 전달한다.

도표 9.12 협상을 성공으로 이끄는 핵심 전략

협상 핵심 전략	구체적인 사례
당근과 채찍 전략	자신은 50만 원이면 사도되겠다고 생각했는데 상대방이 70만 원을 제시했을 경우, 사지 않는다고 하여 상대방을 실망시킨다(채찍). 이후, 50만 원이면 가능하다고 말함으로써(당근) 거래를 성사시키는 경우이다.
변속기 변환 전략	협상 주제가 여러 개(A, B, C)인 경우, 우선 A에 대하여 절충하다가 최종 합의를 하지 않은 채로 B 안건으로 넘어간다. 또한 합의에 이르지 않고 C 안건으로 넘어간다. 이것을 몇 번 반복하면 상대방은 혼란을 느끼면서 동의하는 가능성이 높아진다.
양보 반복 전략	복잡한 내용을 협상할 때는 장시간에 걸쳐 협상하는 것보다 단시간에 자주 협상하는 것이 낫다. 그리고 매번 작은 양보를 유도하도록 노력한다. 작은 양보는 상대방은 그다지 거부감을 느끼지 않지만 반복되면 큰 성과로 돌아오게 된다.
포커페이스 전략	100만원에 팔려고 했는데, 상대방이 120만원을 제시한 경우 기쁜 마음을 얼굴에 드러내면 절대 120만원을 받을 수 없다. 무표정으로 '음……', '그것은…' 하고 생각하는 척하면 상대방이 더 좋은 조건을 제시할 가능성이 높다.
자기비하 전략	자신의 제안을 상대방이 반대할지도 모른다는 생각이 들면 "이 문제는 복잡해서 제 능력으로는 어렵겠습니다."라고 자신을 비하한다. 이렇게 되면 상대방은 나에 대하여 심리적으로 벽을 낮추게 되므로 제안을 쉽게 받아들일 수 있다. 하지만 자기비하가 지나치면 자신감 없어 보이거나 신용을 잃을 수도 있다.
유감 전략	거의 모든 점에서 합의에 이르고 부분적으로 난관에 봉착했을 때, "지금까지 함께 고생했는데 여기서 단념하는 것은 정말 유감입니다."와 같이 지금까지의 노력을 되돌아보게 한다면 상대방은 어떻게든 합의하려고 노력하게 될 것이다.

때마다 협상 대상자가 임하는 기분이나 감정은 다르기 때문에 협상하는 순간순간이 대단히 중요하다(〈도표 9.12〉 참조).

'당근과 채찍' 전략은 상품 매매 등 금전과 관련된 협상에서 자주 사용된다. 일단 상대방을 실망시킴으로써 이쪽이 바라는 금액으로 정하기 쉽도록 하는 방법이다.

'변속기 변환' 전략은 어떤 문제점에서 쉽게 합의에 이르지 못할 것 같을 때 곧바로 다른 문제점으로 전환하는 방법이다. 이렇게 몇 번 하다보면 상대방은 각각의 문제점이 별 것 아닌 것처럼 지각하여 합의에 이르기 쉬워진다.

'양보 반복' 전략은 사람의 착각을 이용하는 방법이다. 상대에게 저항감이 적은 양보를 이끌어낸 후 그것을 반복하여 큰 양보를 얻어내는 전략이다.

'포커페이스' 전략은 표정과 몸짓을 자유자재로 제어할 수 있도록 고도의 훈련을 한 상태에서 좋든 나쁘든 표정변화 없이 상대를 초조하게 만들어 내 의사를 관철시키는 방법이다.

'자기 비하' 전략은 자신을 비하함으로써 상대방의 공감을 얻거나 동정을 불러일으키는 방법인데, 자기 비하가 지나치면 자신감 없는 사람이라고 생각되어 역효과를 불러올 수도 있다.

'유감' 전략은 합의 직전 단계에서 좀처럼 최종 합의에 도달하지 못할 때 사용된다. 지금까지의 노력을 생각하여 협상이 결렬되면 안 된다고 주장하여 상대방의 노력이 헛되지 않도록 표현하면서 협상을 지속시키는 방법이다.

¤ 3분 토의를 해 봅시다

1. 갈등관리역량에 나와 있는 '공동 목초지 갈등해결방안'에 대하여 3인 1조를 구성하여 토의를 해 보자. 어떠한 갈등해결전략을 사용하였는지, 갈등해결의 유효성은 얼마나 좋았는지를 발표해보자.
2. 협상에 임했던 경험을 팀원들과 공유해보자. 협상의 유형은 어떠하였는지, 자신은 어떠한 협상전략을 사용하였는지, 협상결과는 어떠하였는지를 구분하여 설명하도록 한다.
3. 조직 내에서 적정수준의 갈등이 왜 필요한지에 대하여 토론해보자. 책에서 제시되지 않은 새로운 아이디어들이 있는지 정리하여 발표하도록 한다.

리·더·십·레·크·리·에·이·션

팀원들이 좋아하고 싫어하는 것 파악하기

목적 및 요약	진지하거나 가벼운 질문에 대한 아이디어를 공유하고, 그룹 활동의 활기를 북돋우며, 팀원들이 좋아하는 것과 싫어하는 것이 무엇인지 파악함으로써 팀원들 사이에 내재된 갈등원인을 제거하고, 협상을 통해 협력을 증진시킬 수 있는 게임이다.
소요시간	25~30분(그룹활동 15분 포함)
준비물	다양한 색깔의 펜, 초침 있는 시계, 호루라기
팀 구성	준비 활동은 조별(예 : 5인 1조), 그룹 활동은 구성원 전체
진행요령	· 준비 활동 그룹 활동을 시작하기 전에 주제를 몇 가지 정해 플립차트(또는 화이트보드)의 윗부분에 각각 적어둔다. 몇 초 동안에 구성원들의 생각과 정보를 교환하는 것이기 때문에 단순한 주제일수록 좋다(중간 중간에 그룹 활동과 관련한 문제들을 써놓는다) 주제의 예 가까이 있는 좋은 레스토랑 / 시대를 뛰어넘는 최고의 영화 내가 소속된 조직의 문제점 / 받고 싶은 훈련이나 교육 · 그룹 활동 각 조에서 정한 주제들을 방 안 곳곳에 붙여놓고 하나의 스테이션(주제가 적힌 종이)에 한명씩 세우고, 각 스테이션에서 20초를 머물면서 답을 적도록 함 답을 적은 옆에 자신의 이름 이니셜중 한 글자를 쓰도록 함 호루라기(옆으로 가라는 신호)를 불기 전에는 옮기지 않음
기타 아이디어	· 기업조직의 경우에는 업무 관련 주제들을 간추림으로써 보다 새로운 아이디어들을 모을 수 있는 좋은 방법으로 활용가능하다. · 현재 당면하고 있는 문제에 대하여 주제로 선정하면 좋은 문제해결책을 찾을 수 있다.

리 · 더 · 십 · 레 · 크 · 리 · 에 · 이 · 션

협력의식을 일깨우는 마니또 게임

목적 및 요약	팀원들이 '마니또'의 성격이나 평소 행동 중에서 긍정적이고 본받을만한 점에 초점을 두어 서로를 몰래 관찰한 뒤, 칭찬하여 협력의식을 일깨우고, 팀워크를 증진시키기 위한 게임이다. 서로의 좋은 점을 칭찬하는 데 있어서 구체적인 증거를 제시하면 동료의식이 더욱 성숙될 수 있다.
소요시간	개요 설명 5분, 마니또 관찰 1일~2일, 마니또 칭찬 30분
준비물	A_6 크기의 인덱스카드 (참가자 수보다 조금 많이)
팀 구성	1조 5~7명
진행요령	팀원들에게 인덱스카드 한 장씩을 나누어주고, 하루나 이틀 정도 마니또를 관찰하는 기간을 정한다. 그리고 마니또를 칭찬하는 날짜를 미리 정한다. 인덱스카드의 왼쪽 상단에 '자신의 이름'을 작게 쓰도록 하고, 카드를 회수하여 이름이 보이지 않도록 뒤집어 둔다. 진행자는 카드를 무작위로 섞어서 테이블 위에 이름이 보이지 않도록 펼쳐 놓고, 참여자들로 하여금 한 장씩 가지도록 한다(이 때, 본인의 이름이 적힌 카드를 뽑은 경우, 다른 카드를 가져가야 한다). 참가자들이 뽑은 인덱스카드에 적힌 사람이 자신의 '마니또'라고 일러주고, 하루나 이틀 동안 마니또가 모르도록 관찰하여 좋은 점(성격이나 행동 등)을 인덱스카드에 적어 오도록 한다(참여자들에게 인덱스카드에 적힌 이름은 누구에게도 말하면 안 된다고 이야기한다). 하루나 이틀 뒤에 모이기로 한 시간에 모여서 자신이 관찰한 '마니또'의 이름을 알려주고, '마니또' 앞으로 가서 '마니또'의 본받을 점이나 칭찬할 점을 발표시킨다.
기타 아이디어	· 집합교육을 2~3일간 실시할 때에는 처음 시작한 날 '마니또'를 정하고, 마지막 날 '마니또' 칭찬하기 게임을 진행하면 모두 좋은 감정을 가지고 헤어질 수 있다.

조직변화와 리더십

10

본 장에서는 조직변화와 혁신에 대하여 이해하고, 변화를 추진하기 위하여 어떠한 준비와 실행, 사후처리를 하는가를 학습한다. 변화와 혁신의 차이점을 이해하고, 실제 기업조직의 혁신노력에 대하여 살펴본다. 또한 신임 리더로서 조직을 변화하고 운영하는 요령도 학습한다.

조직이 외부환경에 적응하고, 현재 상태보다 더 나은 상태로 발전하기 위하여 혁신은 필수불가결한 요소이다. 조직혁신은 변화의 범주에 넣어서 이해할 수 있는데, 조직에서의 변화는 작은 변화도 있고 큰 변화도 있다. 어떤 조직은 꾸준히 기술개발을 하고 작업배치를 바꾸고, 구성원들을 교육 · 훈련시켜서 새로운 방법으로 일을 처리한다. 반면 또 어떤 조직은 다른 조직과 합병을 하고 인원을 대폭 삭감하고 로봇으로 자동생산에 들어간다. 전자의 예는 작은 변화에 해당되는 조직변화이며, 후자의 예는 큰 변화에 해당되는 조직혁신이다.

변화의 필요성과 실행전략

변화의 압력

조직을 둘러싸고 있는 환경은 시시각각 변화하고 있다. 환경변화는 조직에게 기회와 위협을 동시에 제공하는데, 환경변화에 적응하지 못하는 조직은 도태되고 만다. 오늘날 어려움을 겪고 있는 조직들은 변화관리에 실패하였기 때문에 위기에 처한 경우가 많다.

도표 10.1 조직의 변화를 유발하는 요인들

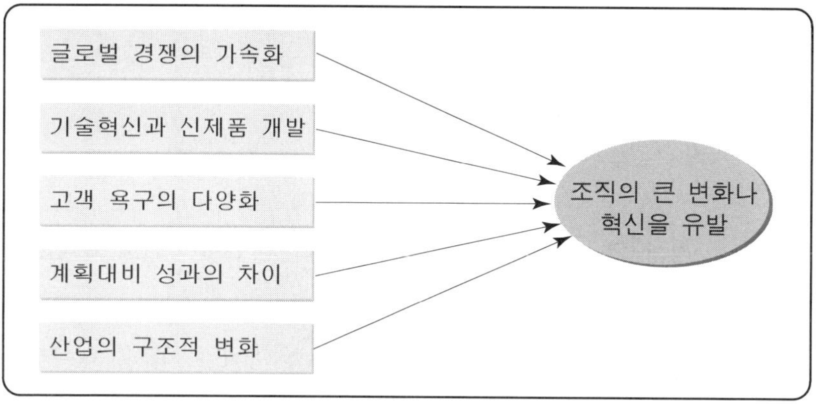

모든 조직은 글로벌 경쟁이 가속화되고 있고, 기술혁신과 신제품 개발이 지속적으로 이루어지며, 고객의 욕구가 변화하고, 산업의 구조적 변화가 발생하기 때문에 지속적인 변화를 추구할 수밖에 없다(〈도표 10.1〉 참조).

변화는 쉽지 않은 일이다. 변화하지 못하거나 변화에 적응하지 못하면 조직은 도태될 수 있다. 잭 웰치(J. Welch)가 말했듯이 자기 쇄신을 하지 않는 조직은 소멸한다. 나아가 변화에 적응하는 것을 넘어서 변화를 이끌어내기 위해서는 다양한 힘이 발휘되어야만 한다.

변화를 이끌어내는 방법에는 여러 가지가 있다. 첫째는 명령으로 할 수 있다. 이 방법은 특히 위계질서가 확립된 전통 사회나 동양권에서 빈번하게 일어난 방식이다. 싱가포르에 범죄가 없고 법질서가 엄격하게 지켜지는 것은 리콴유 전 수상의 덕분이다. 강력한 법치주의에 근거한 사회 변화를 누가 거부할 수 있을까?

둘째는 조작(manipulation)에 의해 변화를 이끌어내는 것이다. 이는 단순한 명령이 아닌, 그렇다고 민주적인 리더십도 아닌 방식이다. 다만 목표를 이루기 위해 수단과 방법을 가리지 않는 마키아벨리즘(Machiavellism)적 수법이라고 할 수 있다.

마키아벨리즘(Machiavellism)적 인간의 특징

- 인기 없는 일은 남을 시키고, 은혜를 베풀 때는 자신이 직접 수행함
- 사랑 받기보다는 타인에게 두려운 존재가 되려고 함
- 이로움이 없다면 겸손할 필요가 없음
- 목적 달성을 위해서는 타인을 이용하고 모든 수단을 동원함

셋째는 리더십을 발휘해 변화시키는 방법이다. 사회의 공공선(公共善)을 위하여 리더가 하나하나 돌보고 챙겨주는 것이 이에 속한다. 영국의 전 수상이었던 대처는 여성이었음에도 불구하고 국가적인 이슈를 하나하나 챙기면서 강력한 개혁을 실시했다. 그녀의 리더십 덕분에 영국의 경제는 활성화되었다. 미국의 작가인 버나드 쇼는 "합리적인 사람은 세계에 스스로 순응한다. 비합리적인 사람은 세계를 자기 자신에게 맞추기 위하여 고집을 피운다."고 하였다.

이야기 보따리

목표를 변화시키는 것도 때로는 바람직하다.

어떤 사람이 칠면조를 잡으려고 함정을 만들었다. 그는 커다란 상자 안과 밖에 옥수수를 뿌려놓고 상자 문에 밧줄을 묶었다. 칠면조가 상자 안으로 들어가면 줄을 잡아당겨 문을 닫으면 되는 방식이었다. 어느 날 칠면조가 12마리가 상자 속으로 한꺼번에 들어왔다. 그가 줄을 잡아당기려는 순간 칠면조 한 마리가 밖으로 빠져나갔다. 그는 열두 마리가 되면 문을 닫아야겠다고 생각하고, 밖으로 나간 칠면조가 들어오기만을 기다렸는데, 두 마리가 더 빠져나가버렸다. 다시 한 마리만 더 들어오면 밧줄을 당기려 했는데, 이번엔 세 마리가 빠져나가버렸다. 결국 상자 안에는 칠면조가 한 마리도 남지 않았다.

목표를 설정하고, 변화계획을 수립하는 동안에도 지속적으로 외부의 환경은 변화하고 있다. 변화를 추진하는 동안 반드시 조직 내·외부의 환경변화에 주의해야 하며, 조직의 현재 상태를 정확하게 진단하여 달성하지 못할 목표라면 목표를 수정하는 것이 조직의 자원을 낭비하지 않는 길일 것이다.

한때 잘 나가던 조직이 위기를 맞고 쇠퇴하는 경우를 흔히 볼 수 있다. 조직이 쇠퇴하는 이유는 대부분 외부적인 요인보다 조직 내부적인 요인이 더 많은데, 주로 지속적인 성공이 조직구성원들을 자만심에 빠트리거나 조직을 관료적이고 보수적으로 바뀌게 하고, 현상에 만족하여 변화를 거부하는 성향으로 만든다. 이러한 상황이 지속되면 환경의 변화에 대단히 둔감해지고, 외부의 충격에 직면해서도 자기합리화의 함정에 빠지게 된다. 이러한 악순환이 반복되면 성과는 더욱 악화되며, 결국에는 조직이 존폐의 기로에 서게 된다(〈도표 10.2〉 참조).

개인도 마찬가지여서 현재의 상태에 만족하기 보다는 내가 앞으로 어떻게 하면 더 나은 상태로 발전할 수 있을까를 항상 고민하며, 늘 새로운 것을 배우려는 자세를 가져야 한다. 그렇지 않다면 더 이상의 발전은 없으며, 다른 사람들은 계속해서 발전하고 있기 때문에 상대적으로 퇴보하는 결과를 가져온다.

도표 10.2 성공의 함정에 빠진 조직의 악순환

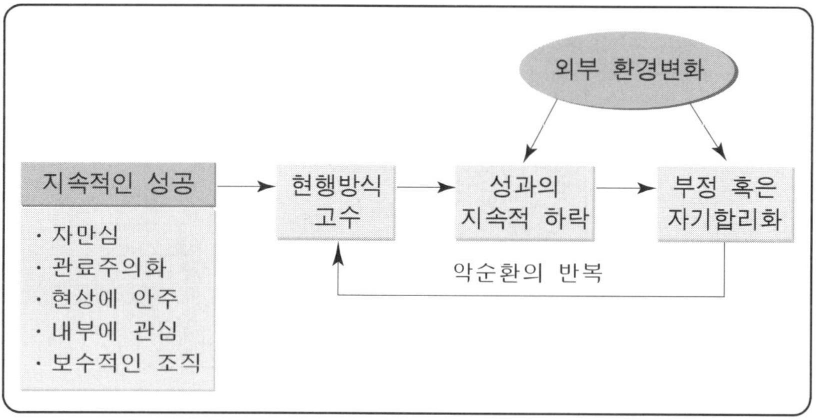

자료 : Nadler et al. (1995)을 인용함.

조직변화의 실행단계

조직변화의 실행단계는 현재의 조직 여건과 변화능력을 파악하는 사전준비단계에서 어떠한 변화방식을 선택하는가에 대한 변화계획수립, 그리고 변화를 실행하고 관리하는 단계로 나뉜다.

1) 사전준비단계

사전준비단계에서는 현재 상태를 진단하고, 변화의 유형과 속도를 선택해야 한다. 문제가 어디에 있으며, 변화의 필요성 정도는 어떠한가를 파악해야 하는데, 인터뷰나 설문조사를 통하여 조직의 현재 상태를 진단할 수 있다. 또한 변화에 성공할 수 있는 잠재능력과 준비가 되어있는지도 조사해야 하는데, 구성원들의 변화 노력 없이는 변화를 성공적으로 실행할 수 없기 때문이다(〈도표 10.3〉 참조).

도표 10.3 조직변화에 대한 준비 정도의 진단

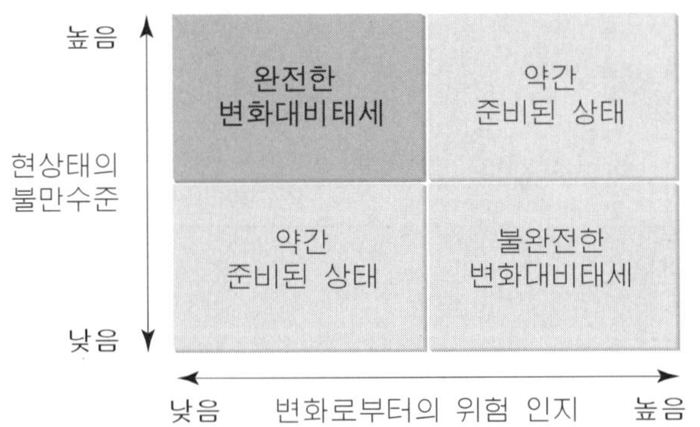

자료 : Zeira & Avedisian (1989)을 인용함.

다음으로 실행해야 할 변화의 강도가 어느 정도인가에 따라서 다음의 세 가지 유형으로 나누어 볼 수 있다.

첫 번째는 적응적 변화(adaptive change)이다. 가장 약한 정도의 변화로서 조직 내의 타부서에 있었던 것, 혹은 최근에 시도했었던 것을 다시 한 번 실시해보는 변화노력이다. 따라서 복잡하지도 않고 위험도 가장 적으며 모든 것이 확실한 상태에서 시도되기 때문에 저항도 제일 적은 편이다.

두 번째는 시험적 변화(innovative change)이다. 조직이 이미 경험하지 못했던 변화를 시도하는 것인데, 이미 다른 조직에서는 경험하여 시도에 성공한 변화를 처음 도입하는 경우로서 복잡성, 비용, 불확실성, 저항 정도 모두가 중간 정도이다.

세 번째는 혁신적 변화(radically innovative change)인데, 다른 조직에서도 전례가 없었던 것을 처음 시도하는 변화이기에 극히 복잡하고 위험이 많고 비용도 비싸게 치러야 하며, 저항도 가장 강하다. 하지만 혁신적 변화에 성공하였을 경우 비약적인 성과를 이루어낼 수 있다.

변화강도에 따른 유형

- 적응적 변화: 가장 단순하며, 위험도 낮음. 저항이 가장 작은 변화 유형
- 시험적 변화: 타 조직의 변화 성공사례를 도입한 경우. 중간 정도의 위험, 약간의 저항
- 혁신적 변화: 처음 시도하는 새로운 변화. 복잡하며 위험이 높음. 저항도 강함

변화의 속도에 따라서도 유형을 분류할 수 있는데, 변화의 압력에 서서히 대응해 가는 점진적 변화(evolutionary change)와 변화압력에 단번에 대응하는 급진적 변화(revolutionary change)로 크게 나뉜다(〈도표 10.4〉 참조).

점진적 변화는 조직전략이나 구조 등 근본적인 체계는 그대로 유지하면

도표 10.4 변화의 두 가지 방식

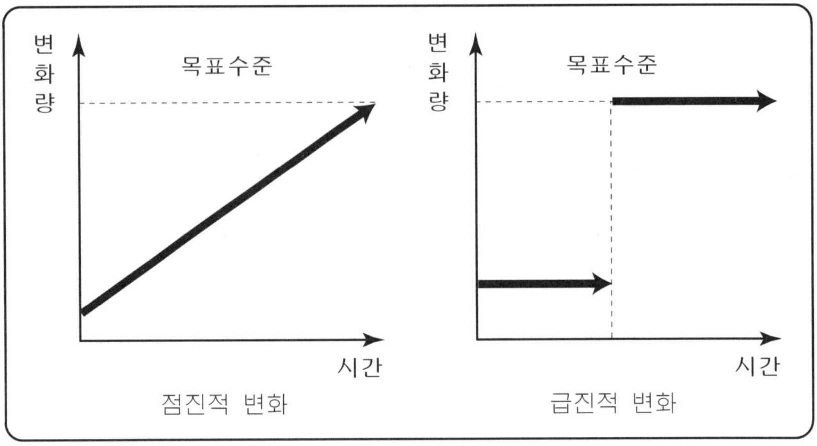

서 환경의 변화에 적응하며 점차적으로 개선해 나가는 방식이다. 업무방식이나 생산방식의 개선이나 다른 부서에서 시도되었던 변화를 도입하는 사례 등은 점진적 변화에 해당된다.

도표 10.5 변화의 범위와 속도에 따른 유형의 예

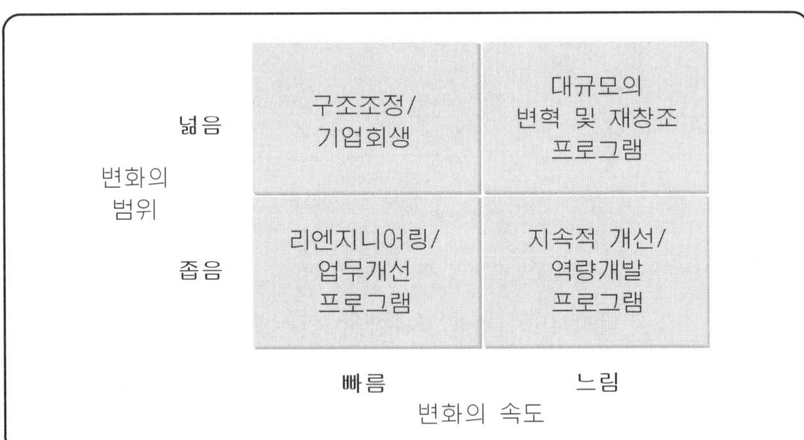

자료 : Vollman (1996)을 인용함.

이야기 보따리

업무환경의 개선은 Ergonomics를 고려해야 한다

한때 포스코 건설의 광고문구 중에 'Ergonomics Design'이라는 용어가 사용된 적이 있다. 인간공학적 설계라고 번역을 할 수 있는데, 어고노믹스(Ergonomics)는 인간의 능력과 한계에 대한 학습과 도구, 시스템, 환경과 인간의 상호작용을 향상시키려는 지식의 사용에 관한 과학이다.

리더로서 구성원들의 업무성과를 높이고자 한다면 업무환경에도 많은 신경을 써야 한다. 이를 위해서는 시설, 가구, 주변 환경에서 일하는 구성원들의 욕구와 능력에 대하여 알고 있어야 하며, 어고노믹스를 근무환경에 적용한다면 구성원들로 하여금 편안함, 안전, 그리고 장기적으로는 업무성과에까지 많은 이익을 누리게 될 것이다. 이런 것도 조직의 입장에서는 개선의 범주에 속하기 때문에 변화로 볼 수 있다.

급진적 변화는 조직구조나 전략을 근본적으로, 그리고 폭넓고 빠르게 변화시키는 것이다. 업무프로세스를 근본적으로 재설계하는 리엔지니어링(reengineering), ERP(enterprise Resource Planning), 구조조정(restructuring) 등이 여기에 포함된다. 과거의 기업들은 업무프로세스를 제품의 생산이나 기능 중심이었는데, 최근에는 고객 욕구가 다양화되고 고객중심의 업무프로세스를 도입하게 되면서 리엔지니어링은 영리조직뿐만 아니라 비영리조직에도 활발하게 적용되고 있다.

2) 변화계획수립

조직변화에는 환경에 적응하기 위하여 자연스럽게 시도되는 자동적이고 점진적인 변화와 조직이 주도권을 쥐고 시행하는 인위적인 변화가 있는데, 후자의 경우는 조직이 변화의 목표를 효과적으로 달성할 수 있도록 미리 성공전략을 세워서 실천하는 전략적 변화계획이라고 할 수 있다. 일반적으로 조직혁신이라고 일컫는 방식은 전략적 변화계획을 말하는 것이다.

전략적 변화계획의 기본 가정은 인위적으로 실시되는 것이기 때문에 조직의 근본적 목표나 비전을 재설정하거나 조직의 구조까지 바꾸는 것이므로 적극적이며 극단적인 혁신이다. 현재 모든 것이 최고조에 달해 있다면 전략적 변화를 실시할 필요가 없다. 따라서 조직의 현재 상태에 문제가 있거나 새로운 비전과의 차이(gap)가 큰 경우에 실시한다.

대부분의 전략적 변화는 수익구조의 개선이나 업무 프로세스의 혁신을 통한 비용절감, 새로운 비전 달성을 위한 구성원들의 의욕 고취, 새로운 인력이 조직에 투입되었을 때 매너리즘이나 관행을 타파하기 위한 목적을 가지고 실시된다.

특히, 오늘날의 기업조직에서는 원가의 가장 큰 비중을 차지하는 인건비를 줄이기 위하여 인력을 감축하고, 조직을 최대한 가볍게 재편하고자 한다. 보편적으로 구조조정을 실시하면 한 명의 관리자가 지휘하는 통제

도표 10.6 전략적 변화계획의 수립과정

	단 계	예 시
1	새로운 목표의 정립	시장 점유율을 확대하고자 함
2	내부 가용자원의 검토	가용자금과 새로운 제품개발을 위한 R&D 인력은?
3	외부환경의 검토	경쟁사는 몇 개 이며, 어느 정도의 점유율을 각각 보유하고 있는가?
4	내부 상황 및 현재 상태 진단	구성원들의 헌신도와 사기 정도는?
5	경쟁우위 평가	경쟁사보다 가격이 저렴한가?
6	경쟁우위 전략 개발	제품의 가격경쟁력은 어떠한가? 차별화전략을 검토할 수는 없는가?
7	이해관계자 공감대 형성	주주들은 찬성하고 있는가?
8	전략의 실행	상황에 따른 전략의 대안들을 마련하였는가?
9	수행결과의 평가	잘한 부분과 잘못한 부분은 무엇인가?

통제범위(span of control)

통제범위는 한 사람의 상급자가 통제해야 할 하급자의 수를 의미한다. 이는 한 사람이 가지는 책임의 범위를 어떻게 할 것인가의 문제이기도 하다. 통제범위가 좁을수록 계층은 늘어나게 된다. 보편적으로 조직에서 적정수준의 통제범위는 5~7명으로 알려져 있다.

범위(span of control)가 넓어지며 기술혁신과 시장 환경이 급속하게 바뀌면서 조직 형태를 수평적 형태의 조직으로 변경시켜야 할 것이다.

3) 변화실시단계

조직에는 항상 변화를 강요하는 요소들(변화세력)과 이에 저항하는 혹은 전통을 고수하려는 요소들(저항세력)이 혼재하고 있다. 레윈(K. Lewin)의 세력-장 이론에 의하면 두 세력의 크기가 균형을 이루고 있을 때에는 조직은 관성(inertia)의 상태를 이루어 어떤 변화도 일어나지 않지만, 힘의 균형을 상실하였을 경우에는 어떠한 형태의 변화라도 발생한다고 주장하였다.

변화에 대한 저항은 개인이 집단의 규범에 얽매어 있기 때문이며, 따라서 집단의 규범을 변화시켜야 저항이 없어지고 개인을 변화시킬 수 있다. 레윈의 견해에 따르면 인간사회의 모든 시스템은 안정 · 균형 상태에 있다고 한다. 하지만 어떤 변화가 있을 것이라고 공개되면 저항은 발생하기 때문에 안정 · 균형 상태는 해빙단계(unfreezing)라는 동요의 상태가 된다. 그 시스템이 변화에 어느 정도 노출되어 규범이 바뀌게 되면 이를 변화된 단계(changing)로 보고, 다음은 그 시스템이 옛 것으로 다시 돌아가지 않도록 재 동결(refreezing)시키는 것이다(〈도표 10.7〉 참조).

해빙단계는 개인들의 변화 욕구를 의식하는 과정이다. 무관심한 사람들

도표 10.7 변화과정의 도식화

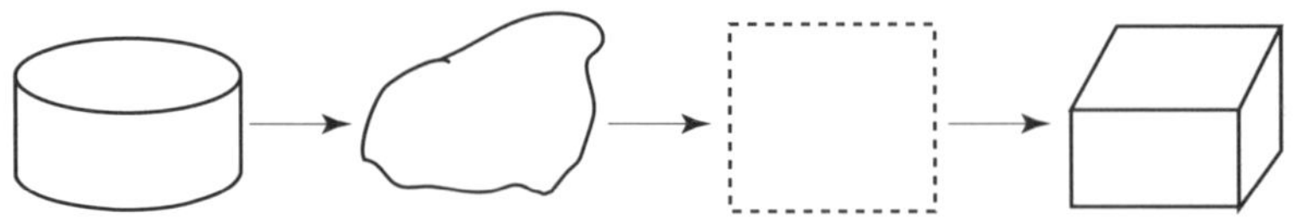

에게 변화 욕구를 불러일으켜 변화에 저항하지 않고 오히려 협조할 수 있도록 하는 것이다. 변화에 대한 보너스나 인센티브 등으로 저항을 줄이면서 기존의 것에 대한 가치관과 태도를 변화시킨다. 이 때 변화 쪽으로 움직이는 힘과 이에 대항하는 저항력(counter power)이 존재한다.

예를 들면 어떤 기업에서 새로운 자동화 시스템을 도입하려는 변화를 시도할 때 생산비 감소나 인건비 감소 등은 변화세력이 되고 종업원들이 실직하지 않기 위하여 자동화를 두려워하거나 파업을 시도하는 것은 저항세력이 된다.

변화단계는 기존 상태에서 새로운 상태로 바뀌는 단계이다. 기존 상태를 바꿀 모든 전략 중 어떤 것은 한 순간에 이루어지는 것도 있고, 장기간의 시간이 소요되는 변화전략도 존재한다. 변화를 실시할 때에는 특히 구성원의 변화에 더욱 신경을 써야 한다.

예를 들면 경리팀이나 인사팀에서 수동식 사무방법을 전산화한다면 시간이 많이 소요되며, 구성원들에 대한 전산화 교육도 필요하다. 전산화 작업이 훨씬 업무능률향상에 도움이 된다고 설득하여 수용하도록 하여야 하며, 지속적으로 반복 숙달하게 하여 자신의 것으로 체화시키도록 유도하는 것이 필요하다.

재 동결단계는 변화를 실시한 이후에 이루어지는 지속적인 지원과 강화활동을 의미한다. 변화된 새 제도가 좋은 결과를 내면 자동적으로 강화가

도표 10.8 변화관리 8단계 모델

구 분	실행단계		내 용
변화준비 단계	1	위기감 조성	변화의 필요성을 전 조직구성원들이 피부로 느낄 수 있도록 위기의식을 조성하고 공유한다.
	2	변화선도팀 구성	변화를 주도할 강력한 핵심 그룹을 형성하고 지원세력을 넓혀간다.
	3	비전 재정립	변화의 목적과 방향을 명확히 할 수 있는 비전과 전략을 수립한다.
변화실행 단계	4	의사소통	비전이 공유될 수 있도록 모든 패널을 통해 커뮤니케이션을 하고 솔선수범한다.
	5	임파워먼트	변화의 장애요인을 파악하여 이를 제거하고 조직의 임파워먼트를 실현한다.
	6	단기 성공 경험	단기적인 성공경험을 통해 자신감을 얻고 변화의 추진력과 스피드를 높인다.
사후관리 단계	7	지속적 변화 추진	지금까지 이룩한 성과를 통합하고 새로운 혁신과제 추진을 통해 지속적인 개선을 추구한다.
	8	변화의 정착	새로운 의식과 행동이 기업문화로 정착될 수 있도록 조직시스템을 개편하고 제도화한다.

된다. 변화된 부서나 개인에게 보상을 실시하는 것은 변화된 상태를 안정화시키기 위한 조직의 수단으로 볼 수 있다.

변화에 저항하는 원인과 극복방안

조직변화가 성공하지 못하는 가장 큰 이유는 조직구성원들이 개인적으로 반대하는 경우도 있지만 조직구조상의 문제 때문이기도 하다.

조직을 구성하는 여러 개인과 집단들은 그 나름대로 기존의 상태를 유지하려는 관성(inertia)이 있는데 이것이 큰 장애요인이 된다. 관성은 다

도표 10.9 개인의 변화에 대한 저항이유

저항 이유	구체적인 내용
불확실성에 대한 공포	기존의 것은 이미 경험해서 알고 있지만 변화될 새 것은 모르는 것이며 인간은 모르는 것에 대해선 두려움을 갖기 마련이다. 사무자동화나 컴퓨터는 모르는 사람들에게는 우선은 공포의 대상이며, 귀찮은 존재이다.
기득권 상실 우려	현재의 지위, 돈, 권리, 우정 등 기존에 누리던 모든 것들이 변화로 인하여 상실될까봐 염려한다. 조직의 연장자들은 그 동안에 취득한 것이 많지만 신참자들은 별로 없다. 따라서 연장자가 더욱 변화를 꺼린다.
새로운 기술 취득	기존에 갖고있던 노하우나 기술을 가진 사람이 변화가 있음으로써 자신의 존재가치가 약화되는 것에 대한 두려움뿐만 아니라 다시 또 노력하여 새 기술을 배워야 하는 부담이 크다.
안전 욕구	사람은 누구나 본능적으로 편하고, 안정적인 것을 좋아한다. 즉, 매일 같은 일을 같은 방법으로 하는 것을 원한다. 조직구성원들이 부서가 바뀌면 어떤 상급자 밑에서 일하게 될지를 걱정하고, 일도 잘 모르기 때문에 근심이 앞선다.
경제적 이유	조직의 기술적 변화는 인력수급의 양과 질에 변화를 가져오고 개인에게는 부서의 이동, 전출, 심하면 퇴출 될 수도 있다.

음과 같은 이유에서 비롯된다(〈도표 10.9〉 참조).

그 외에도 조직측면에서도 저항은 발생할 수 있는데, 조직의 문화가 안정적이거나 소극적인 조직분위기에서라면 변화는 받아들여지기 어렵다. 조직의 구조가 안정적이라면 이미 구성원들에게 안정적인 행동양식을 제시하고 있는 것이나 마찬가지이다. 이러한 경우에 구조적 변화를 실시하게 되면 저항이 매우 커진다.

변화를 실시하는 데 있어서 주체인 조직구성원들의 관성이 큰 경우에는 변화실행이 대단히 어려워지며, 변화전략은 실패하게 될 수도 있다. 결국 그렇게 되면 조직에는 더 많은 손실이 발생할 수 있고, 그 영향은 고스란히 조직구성원에게 연결될 것이다. 성공적으로 변화를 실행하기 위해서는

▌도표 10.10 저항 극복방안

저항 극복방안	구체적인 내용
교육과 커뮤니케이션	의사소통도 안 되고 변화의 소식이 잘못 전달되면 오해로 인해 저항이 더더욱 많아지기 때문에 사전에 변화의 필연성, 변화방법, 변화결과에 대한 교육과 충분한 설명이 이루어져야 한다.
참여	변화를 위한 의사결정과 실천과정에 당사자들을 참여시키는 것은 의사소통, 정보전달 기능 외에 사기증진과 협조심을 유발하는 심리적 효과도 얻을 수 있다.
상부의 지원	저항이 있더라도 리더가 꿋꿋이 변화를 추진하면 저항세력이 약화될 수 있다. 새로운 기술이나 제도를 모르는 것이 저항의 한 이유이기 때문에 교육프로그램이나 각종 지원수단이 최고경영자의 강력한 뒷받침 하에서 제공되어야 한다.
협상 및 타협	변화의 결과가 조직구성원 개개인이나 부서들에게 미치는 영향은 공평하지 않다. 변화가 불가피하다면 저항을 줄이기 위해 이해관계가 다른 당사자들 간에 양보와 피해보상 등을 놓고 협상, 타협과정을 거쳐야 한다.
의도적, 적극적 접근	저항의 차단방법이 여의치 않을 때는 변화를 결정하는 시점이나 혹은 실천하는 과정에서 능동적 조작을 통해서라도 저항을 줄여야 하는데 예를 들면 저항이 클 것 같은 부서의 리더들을 의사결정과정에 대표자로 참석시켜 사전 이해를 돕기도 하고 적극적인 협조도 얻을 수 있다.

저항을 극복하는 방안을 마련하는 것이 무엇보다도 필요하다.

하지만 저항하는 모든 세력을 다 끌어안을 필요는 없다. 저항 세력을 포용하기 위하여 시간을 소비하는 동안에도 무수히 많은 경쟁 상대들은 변화를 추진하고, 나날이 새로운 핵심역량을 보유하게 된다는 사실을 명심해야 한다. 어느 정도 수준의 저항세력을 확보했다면 나머지 세력은 포기할 수밖에 없다. 조직 전체의 변화로 인하여 얻는 이익과 구성원 만족 가운데 어느 쪽이 더 많은 순기능을 가져오는가를 판단할 수 있는 능력이 리더에게 필요하다.

리더가 의견을 듣는 것과 의견을 수렴하는 것은 별개의 문제이다. 조직의 공통의견을 도출할 때에는 최대한 많이 경청하되, 의견이 수렴된 다음에는 결단력 있게 추진해야 한다. 구성원들의 얼굴색이나 개별적인 반응을 지나치게 살피는 것은 혁신의 가장 큰 걸림돌이 된다. 혁신을 착수한 뒤에는 강하게 밀어 붙어야 한다. 그렇지 않으면 혁신에 대한 열기가 식을 수도 있다.

변화에 대처하는 리더의 역량

조직을 변화시키고 관리하는 과정에서 리더의 주된 역할은 변화의 목표와 방향을 명확하게 제시하여 구성원들을 이끄는 것이다. 하지만 변화에는 필연적으로 저항이 발생한다. 왜냐하면 구성원들은 기존에 자신들이 가지고 있던 것을 과감하게 바꾸어야 하기 때문이다. 사람은 본능적으로 편한 것을 추구하고자 하며, 알고 있는 것, 익숙하거나 편안한 것을 지키려는 성향이 있다. 그렇기 때문에 새로운 것을 학습하는 것은 불편하게 여기고, 받아들이기를 꺼려한다.

리더들이 변화를 추진하면서 흔히 간과하거나 관심을 두지 않는 것이 바로 구성원의 심리적인 변화이다. 변화를 주도하는 리더는 조직구조나 시스템이 바뀌어도 구성원들은 당연히 적응할 것으로 생각하지만 실제는 그렇지 않다. 변화는 구성원들이 열정을 가지고 참여할 때 탄력을 받는다. 변화관리는 결국 구성원들의 감성을 어떻게 관리하느냐에 달려있으며, 구성원들이 변화에 대해 불안해하는 원인을 찾아 이를 해소하고 관리하는 것이 중요하다.

변화관리의 핵심 포인트

사람들은 변화란 당연하다고 생각하고 심리적으로도 상당 부분 공감한다. 하지만 실제로 변화가 발생하면 불안해하고 저항하거나 적응하지 못한다. 인식과 행동의 격차가 변화실행에 있어서 걸림돌로 작용하는 것이다. 변화를 실행하기 위하여 리더는 변화과정에서 중점적으로 관리해야 할 핵심 포인트를 정확히 찾아내고 그 부분에서 인식과 행동의 차이를 줄

도표 10.11 변화관리의 핵심 포인트

핵심 포인트	세부 체크 항목
구성원의 심리 변화를 파악하여 불안감을 최소화 함	· 구성원들이 변화의 필요성에 대해 인식하는 주된 원인을 알고 있는가? · 의혹이나 소문을 만들고 전파하는 심리를 파악했는가? · 역할 변화로 자기 성장 경로가 불명확해져 불안해하는가?
변화 과정에서 잃는 것들에 관심을 보여야 함	· 조직개편이나 이동으로 함께 일한 동료들과 떨어진다는 단절감이 강한가? · 조직의 변화에 따라 자신의 지위나 권한이 상실될 것을 두려워하는가? · 조직축소, 통합의 변화 속에서 실적에 대한 위기의식을 가지고 있는가?
변화를 실시하여 얻게 되는 이익을 최대한 부각시킴	· 새로운 역할에 대한 이해나 준비는 철저하게 이루어지는가? · 구성원 개개인이 새로운 변화를 통해 기대하는 것이 무엇인지를 파악했는가? · 변화의 긍정적인 측면을 구성원들이 최대한 공감하고 있는가?
변화에 대한 신뢰와 지지 세력의 확보	· 변화 정책에 대해 구성원들이 이해하지 못하는 구체적 원인을 알고 있는가? · 변화를 전파하고 실행하는 주체가 구성원들로부터 신뢰를 받고 있는가? · 갑작스러운 이동, 조직개편, 역할변경으로 인한 미래에 대한 불확실성을 부담스러워하는가?

이기 위한 효과적인 방법을 찾아내야만 한다.

변화관리를 하기 위한 핵심 포인트는 첫째, 구성원들의 심리 변화를 파악하여 불안감을 최소화하는 것이 필요하며, 둘째, 변화과정에서 잃는 것들에 관심을 가져야 하며, 셋째, 변화를 실시하여 얻게 될 이익을 최대한 부각시키는 것이 필요하며, 넷째, 변화에 대한 신뢰와 지지 세력을 확보하는 것이다(〈도표 10.11〉 참조).

효과적 변화관리 요령

리더는 구성원의 관점에서 변화를 생각하는 능력이 부족하다. 성공적인 변화를 이끌어내기 위해서는 조직과 개인의 관점이 균형을 이루어야 한다. 따라서 리더는 변화에 직면한 구성원의 관점에서 그들이 체감하는 정서를 변화관리의 중요 요소로 삼아야 한다.

이야기 보따리

효과의 법칙

사람들은 결과에 대한 보상이 있을 때 그 행동을 더 강화하고, 처벌이 있으면 그 행동을 반복하지 않는다. 이를 효과의 법칙이라 한다. 변화에 대한 적응도 이와 같은 법칙을 적용할 수 있다. '변화'라는 자극에 대한 직원의 정서와 행동은 그전의 경험이 어떠했는지에 따라 달라진다.

변화에 적응하려다 실패와 좌절을 경험한 적이 있으면 변화에 적응하려는 노력은 더 이상 하지 않을 것이다. 하지만 이전에 있었던 변화에 대한 적응 노력이 상사나 동료의 정서적 지지와 더불어 다양한 형태로 지원과 보상을 받았다면, 이에 효과적으로 적응하려는 행동을 보일 것이다. 변화에 필요한 행동을 찾아 지원하고 지지하고 보상하는 것은 리더의 중요한 책임이다.

변화를 추진할 때에는 분명한 목적이 있으며, 리더는 보편적으로 변화의 추진 목적이나 필요성을 공감하거나 동조하기 때문에 강하게 이끌고자 한다. 하지만 구성원들은 변화의 내용이나 필요성에 공감하려면 시간이 필요하며, 많은 의사소통을 필요로 한다는 것을 알아야 한다.

리더는 조직 고위층의 의지가 구성원 모두에게 전달될 수 있도록 변화의 큰 그림을 제시하고, 각 부문과 업무수행에서 발생할 수 있는 구체적인 변화를 이해할 수 있도록 도와주어야 한다. 그리고 구성원들이 변화를 어떻게 추진하면 되는지 실행계획을 수립하도록 독려하고 지원해야 한다.

리더는 변화관리를 할 때 논리적이고 이성적인 측면에서뿐만 아니라 정서적인 측면에서도 리더십을 발휘해야 한다. 사람들은 자신이 선택하지 않은 것을 수용해야 할 때, 강요된 선택에 대하여 자기 정당화를 주장하며 저항한다. 그렇기 때문에 리더가 구성원들에게 과거와 단절할 것을 요구하고 변화에 빨리 적응하기를 강요한다면, 그들은 불안이나 좌절, 마음의 동요를 겪어 변화를 받아들이는 데 시간이 걸린다.

그렇기 때문에 리더는 변화를 추진하는 과정에서 중요한 역할을 할 수 있는 인물을 구성원들 중에서 선정하고 인적 네트워크를 형성해야 한다. 특히 변화 계획을 전파하고, 정보를 공유하고, 설득하고, 구성원들의 의견을 수렴해 리더와 구성원들을 연결할 수 있는 역할을 할 사람이 필요하다.

변화에 대한 이해와 공감을 얻기 위해 리더가 할 일

- 현재 시점에서 왜 변화가 절실하게 필요한지를 알려 준다.
- 변화가 조직 목표나 비전과 어떤 관련성이 있는지 알려 준다.
- 변화를 받아들일 준비가 얼마나 되어 있는지 객관적으로 이해시킨다.
- 구성원 개개인의 업무수행이나 역할에 있어 예상되는 변화를 미리 알려 준다.
- 변화에 효과적으로 적응하기 위해 미리 준비해야 할 것을 구성원들과 협의한다.

리더와 구성원을 연결할 수 있는 변화 담당자의 종류와 역할

- 변화 실행자(change agent): 현재의 모습을 혁신적으로 바꾸고 싶어 하거나 그러한 활동에 적극적인 참여 의지를 지닌 인물
- 오피니언 리더(opinion leader): 조직 내에서 구성원들에게 지지를 받고, 구성원들의 사고방식과 행동에 영향을 미칠 수 있는 인물
- 변화 챔피언(change champion): 추진하려는 변화 계획을 구현할 수 있는 권한이 있거나 변화를 실현시킬 수 있는 핵심인물

변화관리를 잘 하는 리더는 구성원들이 변화하도록 몰아치는 것이 아니라 구성원의 입장에서 변화를 바라볼 줄 안다. 그렇게 때문에 구성원들이 변화의 흐름을 이해하도록 돕고, 변화에 적응하기 위한 역량과 기술을 육성시킨다. 또한 새로운 변화를 통해 구성원들이 무엇을 얻을 수 있는지, 그들의 경력개발에 도움이 되는 것은 무엇인지를 정확히 알려주고 지원할 수 있어야 한다.

구성원의 신념과 태도에 영향을 미친 다음에는 구성원들의 행동 변화를 유도해야 한다. 급격한 변화보다는 단계적 변화를 통해 성공을 경험하게 하고, 구성원들이 현재의 상태보다 더욱 나아질 수 있다는 기대감을 불어넣고 충족시킬 수 있어야 한다.

변화관리에 있어서 리더가 코칭해야 할 것들

- 변화가 구성원들에게 미치는 긍정적 또는 부정적 영향은 무엇인가?
- 구성원의 태도와 행동이 어떻게 변하기를 기대하는가? 그리고 어떻게 바뀌고 있는가?
- 구성원들의 저항이 나타나고 있는가? 이러한 저항은 예상된 것이었나?
- 저항 요인들을 해소할 방안은 무엇인가?
- 변화 내용이 구성원들에게 구체적으로 전달되고 공감대를 형성하고 있는가?

이야기 보따리

코닥(Kodak)의 조직혁신 리더십 사례

코닥은 한 때 필름시장을 독점한 기업으로서 아무런 위기의식을 느끼지 못하고 있다가 경쟁사인 후지필름이 시장의 30%를 잠식하고 나서야 대책마련에 나섰다. 이에 116년간 이어져오던 관행을 깨고, 외부인사를 CEO로 영입했는데, 그가 바로 조지 피셔(G. Fisher)이다.

피셔는 코닥의 CEO로 부임하자마자, 핵심사업에만 집중하는 조치를 단행했다. 디지털 카메라 사업부문과 어드밴틱스를 위시한 신제품개발 사업에만 치중했다. 또하 수익구조를 향상시키기 위해 제품 생산과정도 혁신하였다.

하지만 이 과정에서 많은 저항에 부딪혀야만 했다. 그래서 피셔는 변화에 저항하는 구성원들의 마인드를 변화시키기 위하여 '좋은 성과를 내는 회사는 어떤 모습이어야 하는가?'를 자주 질문하였다. 말단 직원에 이르기까지 두루 대화를 하면서 그들의 생각을 파악하고, 자신의 의견을 설득하기 시작하였다. 여론수렴이 어느 정도 일단락 되고나서는 구성원과 임원진 양측이 서로에게 기대하는 항목들을 바탕으로 '코닥 혁신 계약서'를 작성했다. 담당직원들은 코닥의 사업과 소비자들을 잘 이해하며 변화에 적응하는 데 100% 노력하겠다고 서약했다. 임원들은 구성원들이 개인 목표를 달성할 수 있도록 각자에게 최소한 40시간의 훈련을 책임지며, 차별적 성과급 지급을 반드시 지키겠다는 것이었다.

피셔는 드디어 조직개편을 단행했다. 기존의 제품별로 세분화된 부서들을 핵심사업부 중심의 조직으로 재편하고, 핵심사업부인 디지털 카메라 부서에 있던 사람들 중에서도 핵심역량이 없다고 판단된 사람들을 과감히 조직에서 퇴출시켰다. 또한 핵심사업부가 아닌 부서의 사람들 중에서도 전략적으로 필요하다고 판단된 사람은 과감히 연봉을 인상시키면서 신제품 사업부나 디지털 카메라 사업부로 소속시켰다.

피셔는 경쟁이 심하고 끊임없는 변화하는 시장에서 적응하기 위해서는 배우는 사람만이 살아남는다는 것을 역설하기 위해 임원회의보다도 구성원과의 회의를 더욱 빈번하게 실시하였고, 성과급도 구성원들의 목표달성 정도에 따라서 차등지급하여 약속을 지켰다.

근본적인 혁신을 단행하면서도 구성원들의 동기부여를 먼저 고려했던 조지 피셔, 그는 공학자출신이었음에도 뛰어난 조직운영기술과 경영마인드를 지닌, 변화의 리더십을 몸소 실천한 진정한 리더였다.

혁신역량 증진을 위한 리더의 역할

혁신적인 조직이 될 수 있는가의 여부는 주위에서 쉽게 접할 수 있는 창의성을 혁신요소로 발전시켜 어떻게 현실화시키는가에 달려 있다고 볼 수 있다. 리더가 혁신적 사고를 이끌어 내고 이를 조직의 경쟁력으로 발전시키기 위해서는 다음의 사항들을 실천할 필요가 있다.

혁신의 시작은 건설적인 비판에서부터 시작되는 경우가 많다. 그렇기 때문에 리더 자신보다는 구성원에 의해 제기되는 경우가 더 많을 수 있다. 기업조직들의 사례를 분석한 결과, 실제로 하부에서부터 혁신의 필요성이 제기되어 실행되는 경우, 저항도 비교적 작은 편이고 성공확률도 높은 것으로 나타났다.

그렇다면 만약 상부에서 혁신을 추진하려면 어떻게 해야 할까? 가장 중요한 것은 혁신의 권한이나 의사결정의 주체를 하부로 위양시키는 것이다. 이른바 변혁적 리더십을 발휘할 필요가 제기되는데, 변혁적 리더십은 구성원들로 하여금 주인의식을 고취시키고, 책임과 권한을 높여주어 능동

이야기 보따리

경영혁신 사례 - GE의 워크아웃(work-out)

GE의 잭 웰치(J. Welch)는 관료적인 조직문화로 인한 의사결정 지연과 경쟁력 약화로 시장점유율이 단계적으로 하락하는 위기를 조직혁신으로 극복하였다. 웰치는 사업구조를 핵심제조, 첨단기술, 서비스군으로 재편하고 핵심사업이 아니라고 판단되는 경우에는 과감히 처분하였다.

조직문화 차원에서는 워크아웃 제도를 통해 조직분위기를 쇄신하고, 우수인재를 전략적으로 육성하기 위하여 인사제도를 정비하였다. 또한 1995년 식스시그마(6 Sigma)를 도입하여 품질향상을 시도하였고, 품질 평가기준을 기업의 관점에서 고객과 프로세스의 관점으로 전환시켰다. GE는 품질관리를 통해 5년간 120억 달러의 비용절감 효과를 달성했다.

조직혁신을 위한 리더의 역할

- 주변의 창의적인 아이디어들을 수용하여야 한다.
- 고객 관점에서 생각하고 해결책을 마련하여야 한다.
- 실험과 실패를 두려워하지 말고 아이디어를 실행해야 한다.
- 독창적이고 튀는 인재를 채용하고 육성해야 한다.
- 창의적 아이디어와 활동에 대하여 보상하고 지원해 주어야 한다.
- 조직을 작은 단위로 세분화하고 구성원들에게 자율성을 부여하여야 한다.

적으로 임무를 수행하도록 만드는 리더십을 의미한다. 리더가 변혁적 리더십을 발휘하게 되면 자연스럽게 구성원들의 참여는 늘어나게 되는 특성을 보인다. 조직의 혁신을 추진하는 데 있어서 구성원들의 참여를 높일 수 있는 전략들을 한번 살펴보자(〈도표 10.12〉 참조).

뿐만 아니라 리더는 혁신을 추진할 수 있는 여건이 조성되어 있는가에

도표 10.12 구성원들의 참여를 증진시키기 위한 전략

참여증진전략	구체적인 내용
헌신 이끌어내기	구성원에 대한 헌신을 이끌어내는 것은 리더의 구성원에 대한 신뢰에서 비롯된다. 구성원들로 하여금 지속적인 성과 향상을 위해 중요한 역할들을 부여하고, 중요한 임무를 갖고 있다는 점을 역설하여야 한다.
팀워크 높이기	타인을 존중하고, 개인 차이를 인정하는 분위기 속에서 커뮤니케이션과 의사결정을 실시할 수 있는 바탕을 마련해야 한다.
전략적 비전 창출하기	비전을 수립하는 과정에는 구성원들을 참여시키고, 수립된 비전에 대해서는 달성될 수 있도록 열정적으로 지원해야 한다.
리더가 언행일치하기	공정한 평가와 보상이 이루어져야 하며, 구성원들과 한 약속은 아무리 사소한 것이라도 지켜야 한다. 인사 정책은 구성원들의 역량을 키워줄 수 있는 방향으로 수립되어야 한다.
수평적 조직 설계하기	구성원들의 통제범위와 자율성을 높이는 것이 필요하다. 그리고 참여적이고 역동적이며 사소한 규제가 없는 환경을 만들어야 한다.

도표 10.13 혁신을 추진하기 위한 리더의 자가진단표

혁신 추진을 위한 리더의 자가진단 항목	예	아니오
1. 변화의 필요성을 충분히 인식하고 있는가?		
2. 문제와 기회에 대한 철저한 조직의 상태를 진단하였는가?		
3. 명확하고 설득력 있는 비전과 전략을 수립하였는가?		
4. 구체적인 변화실행계획이 있는가?		
5. 변화실행을 위한 충분한 지원세력이 있는가?		
6. 우리에게 가장 위협적인 경쟁상대의 변화전략을 알고 있는가?		
7. 동종 업계 내의 최선의 사례(best practice)를 기준으로 우리의 취약점을 파악하고 있는가?		

주 : 모든 항목에 대한 대답이 '예' 일 때, 변화를 추진해야 성공확률이 높다.
자료 : Watkins (2003)의 자료를 수정하여 인용함. 단, 6과 7은 저자의 견해임.

대하여 의사결정 할 수 있는 역량이 반드시 요구된다. 그렇기 위해서는 혁신관리 진단을 스스로 할 수 있어야 할 것이다. 뿐만 아니라 환경이 변화하는 것을 느끼고 있다면 지금 현재의 상태가 대단히 좋더라도 위기의식을 의도적으로 조성할 필요도 있다(〈도표 10.13〉 참조).

변화와 혁신의 과정에는 구성원들이 동조하며 적응할 수 있도록 속도를 조절하는 것이 가장 중요하다. 혁신이라는 것은 기존의 가치와 신념과 행동방식을 포기하도록 강요하기 때문에 구성원들은 극심한 감정적 고통을 받을 수밖에 없다. 일반적으로 사람들이 한번에 인내할 수 있는 한계가 있는 만큼 변화를 단계적으로 추진해야 한다.

급속하게 많은 변화를 시도하면 구성원들의 저항에 부딪힐 수밖에 없고, 리더십을 발휘하기는 어려워진다. 리더는 이러한 상황을 냉정하게 평가하고, 혁신을 통한 이익과 위험을 계산할 수 있어야 한다. 그리고 예상하지 못했던 위험에 대비하여 준비대책을 세워 놓아야 하며, 혁신 도중에 프로세스를 변경하거나 목표를 바꾸는 것도 염두에 두어야 한다. 조직은 리더 혼자서 움직이는 것이 아니라 구성원들의 동조가 있어야만 쉽게 움직인다는 점을 명심해야 한다.

신임 리더의 조직운영방식

신임 리더가 임무를 부여받아 조직을 운영하기 위해서는 조직의 현상을 파악하고, 리더 자신이 가진 통솔력을 바탕으로 조직을 점진적으로 변화시켜야 한다. 일반적으로 신임 리더가 실질적이고 구체적인 성과를 내는 데에는 2~3년이 걸리기 때문에 조직을 맡은 처음부터 달성해야 할 목표와 자신이 남겨야 할 업적을 생각할 필요가 있다. 이러한 생각을 바탕으로

도표 10.14 신임 리더의 조직운영 변화 사이클

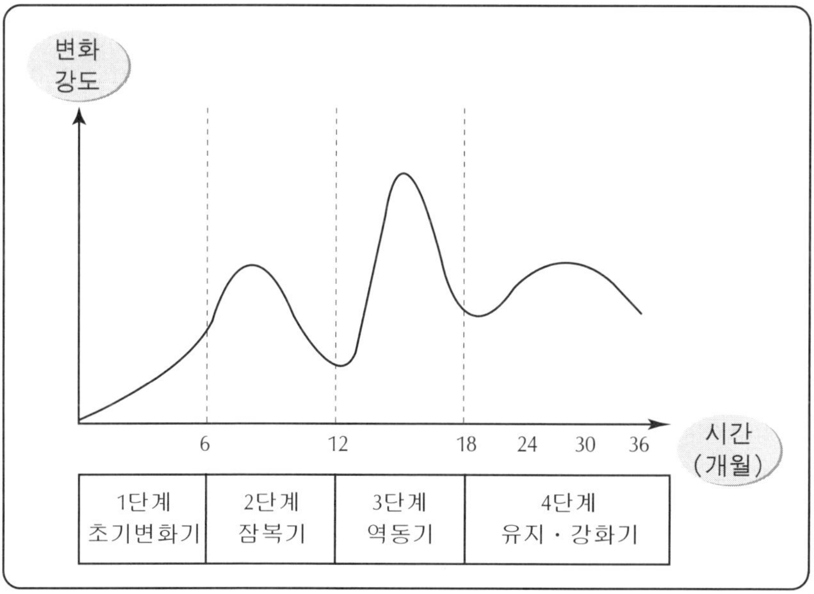

자료 : Gabarro (1987)를 인용함.

하여 몇 개의 핵심과제에 집중해야 한다. 그리고 단기적인 실적을 보여줌으로써 조직 구성원들의 신뢰와 변화에 대한 지지를 확보하는 것이 대단히 중요하다(〈도표 10.14〉 참조).

첫 번째 단계는 새로운 업무를 파악하고 새로운 인간관계를 구축하며, 달성해야 할 목표를 수립하고 주요 인사제도 및 권한에 대한 결정을 내리는 전환기로서 리더의 성향에 따라 다르긴 하지만 보통 6개월 정도 소요된다.

두 번째 단계는 조직을 보다 깊이 있게 이해하기 위하여 잠복하는 기간으로서, 변화와 강도는 줄어드는 시기이다. 또한 이 때 단기적인 실적을 보임으로써 조직에 대해 자신이 가진 역량을 간접적으로 증명하려고 한다.

세 번째 단계는 조직에 대한 보다 깊은 이해를 바탕으로 새로운 전략을 수립하고, 조직을 개편하거나 혁신과제를 정립하는 등 보다 근본적인 변화를 모색하는 시기이다. 이 때 리더십이 가장 명확하게 드러나는 시기이며, 핵심과제가 무엇인지 알 수 있게 된다.

네 번째 단계는 새로운 변화를 추구하기 보다는 기존의 혁신활동들을 유지하고, 핵심과제의 성과를 창출하는 데 주력하는 시기가 된다. 또한 조직을 유지하고 점진적인 개선을 모색하는 시기이다.

신임 리더에게 있어서 조직을 맡은 뒤 처음 3~6개월이 가장 중요한 시기로서 리더의 궁극적인 성공과 실패를 좌우할 수 있다. 일반적으로 신임

신임 리더가 초기에 겪을 수 있는 애로사항들

- 새로운 업무에 대한 학습이 지연되어 고전한다.
- 새로운 인간관계 형성이 미흡하여 조직에서 고립된다.
- 새로운 조직의 특성을 고려하지 않고 자신의 일방적인 제안을 강요한다.
- 지나치게 의욕이 높아 너무 많은 일을 무리하게 추진하기도 한다.
- 과중한 업무와 스트레스 하에서 개인의 정서적 균형을 유지하지 못한다.

도표 10.15 신임 리더의 조직공헌도 변화

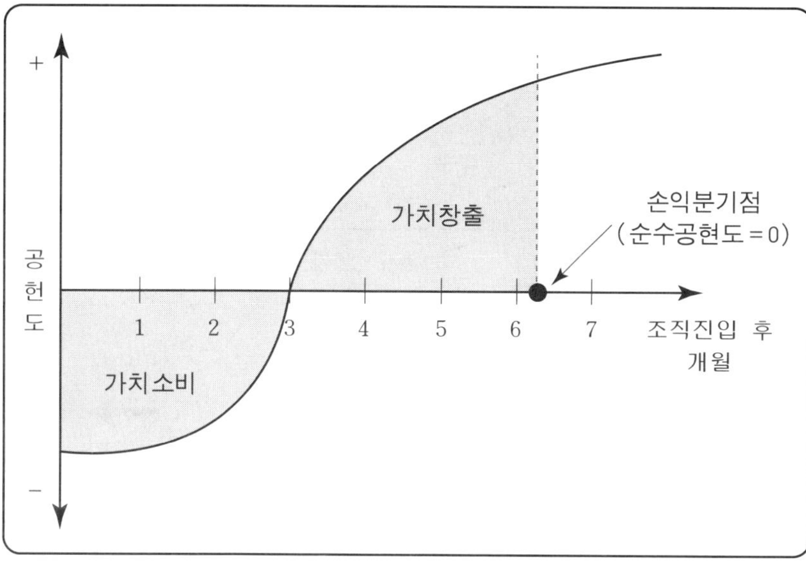

자료 : Watkins (2003)를 인용함.

리더는 첫 3개월 동안은 새로운 업무를 학습하느라 조직에 많은 기여를 하지는 못하지만 평균 6.2개월부터 손익분기점을 지나서 조직에 자신의 임금에 비하여 더 많은 이익을 창출하는 긍정적 공헌을 한다(〈도표 10.15〉 참조).

신임 리더가 조직에 들어온 뒤에 추진해야 할 업무를 다음과 같은 피라미드 형태의 목표(goals), 과정(processes), 활동(activities)으로 구조화할 수 있다(〈도표 10.16〉 참조).

목표는 가장 시급하게 해결해야 할 과제를 명확히 설정한다. 모든 것을 한꺼번에 추진할 수 없기 때문에 ABC 원칙에 따라 우선순위를 정하고, A과제에 먼저 노력을 기울여야 한다. 과정은 조기에 성과를 낼 수 있는 단기과제와 장기적인 목표달성을 위한 기반구축을 균형 있게 추진해야 한다.

도표 10.16 신임 리더의 추진 업무 피라미드

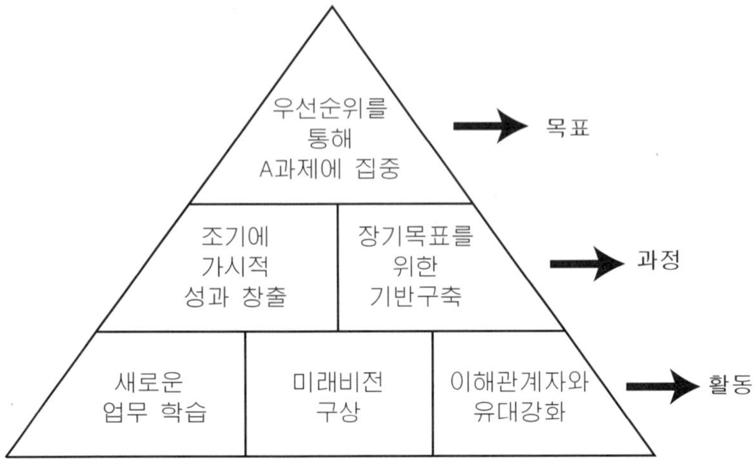

초기에 단기적인 실적을 내는 것은 구성원들에게 자신감을 불어넣고 상사로부터 신임을 얻는 데 있어서 대단히 중요하다. 활동은 새로운 업무에 대한 학습, 미래 비전에 대한 구상, 그리고 다양한 이해관계자들과의 유대 강화를 지속적으로 추진해 나간다. 모든 것을 리더 혼자 하는 것이 아니기 때문에 어떻게 업무분장을 하여 구성원들의 능력을 향상시킴과 동시에 목표를 달성할 수 있도록 할 것인가를 신경써야 한다.

신임 리더가 업무를 시작한 뒤 3개월간 성공적으로 조직을 이끌어가기

ABC 원칙

ABC 원칙은 관리하고자 하는 대상의 수가 너무 많아서 모든 아이템을 동일하게 관리하기가 곤란한 경우에 실시하는 중점 관리기법이다. 가장 중요하고 우선적으로 처리해야 할 과제나 아이템을 A등급으로 설정한다. ABC 등급을 선정하는 기준은 조직이 관리하고 있는 해당 아이템들의 중요성, 재고비용, 매출 혹은 순이익에의 기여도, 수량, 부피, 중량, 관리의 복잡성 등이다.

도표 10.17 신임 리더의 역할 점검표

핵심 영역	역할 점검을 위한 질문
사고방식	과거 업무의 관성을 버리고 새로운 업무에 맞는 마인드와 자세를 갖추고 있는가?
학습	무엇을 새롭게 학습해야 하며, 어떻게 학습을 신속하게 할 수 있는가?
전략	초기, 중기, 장기적 전략을 수립하였는가?
초기성과	장기적 목표달성을 위한 우선순위와 단기 성공을 균형 있게 추구하고 있는가?
상사와의 관계	상사와 원만한 관계를 유지하며, 조직의 기대를 효과적으로 관리하고 있는가?
일치도	전략, 구조, 시스템, 스킬 간의 균형과 조화를 이루고 있는가?
팀 빌딩	목표달성을 위해 상호보완적인 팀을 구축하여 운영하고 있는가?
유대관계	추진과제에 대해 대내외의 이해관계자들과 협조관계를 구축하였는가?

자료 : Watkins (2003)의 내용을 수정 인용함.

위하여 점검하여야 할 항목들을 수록하였다(〈도표 10.17〉 참조). 신임 리더는 자신의 정서적 안정을 꾀하면서 어떻게 조직의 기대에 부응할 것인가를 항상 고민해야 한다.

3분 토의를 해 봅시다

1. 여러분이 현재 소속되어 있는 20명 이상의 조직에 대하여 어떠한 변화를 도출할 수 있는지를 변화의 속도와 범위를 고려하여 토론해 보자.
2. 여러분이 혁신을 경험하였거나 주도한 적이 있는 지를 팀원들과 공유해 보자. 그 때 여러분의 감정이나 정서 상태는 어떠하였으며, 어떻게 대처하였는지를 중점적으로 이야기 한다.
3. 변화를 실행하는 데 있어서 조직 내 저항의 순기능과 역기능을 분류해보고, 이를 극복하기 위한 전략을 토의해 보자. 책에 있지 않은 창의적인 내용들이 나올 수 있도록 브레인스토밍 하는 것이 중요하다.

리 · 더 · 십 · 레 · 크 · 리 · 에 · 이 · 션

역발상을 통한 혁신 아이디어 찾기

목적 및 요약	개인의 창의적 사고를 촉진시키되, 팀원 상호간 창의적 사고를 장려하는 분위기 형성도 이끌어낼 수 있도록 설계된 게임이다. 팀워크가 대단히 중요하며, 발표자의 상황이 내 상황이라고 생각하고 진지하게 해결책을 찾으려는 노력이 있어야만 소기의 목적을 달성할 수 있다.
소요시간	30분
준비물	필기도구, A5 크기의 종이(인원 수 만큼)
팀 구성	5인 1조 (최대 7인 1조까지 가능)
진행요령	참석자에게 종이를 나누어준다(A5 size 종이를 인원수만큼 준비) 자신의 나쁜 성격이나 습관 혹은 결점에 대하여 쓴다(제한시간 3분) 각 팀의 리더가 각 결점에 대하여 읽어준다. 리더의 종이는 다른 사람이 읽어준다. 읽은 결점이나 나쁜 성격 / 습관이 사실은 그 사람의 장점, 강점이 될 수 있다는 근거를 생각하여 해당 팀원에게 설명해준다. 팀원이 납득하지 않을 경우, 다른 사람이 또 다른 생각을 설명한다. (팀원 1명당 주어지는 시간은 총 5분)
기타 아이디어	· 자신이 속한 조직의 안 좋은 점에 대하여 쓰고, 그것이 왜 좋은지를 설명하는 방식으로 응용하여도 좋다(변화실행시 저항극복을 위한 팀 미팅에서 활용 가능함) · 현재 잘 되고 있는 부분이 위기에 봉착했다고 가정하고, 어떠한 해결책을 찾을 것인가를 토의하는 방식으로 활용할 수도 있다.

글로벌 환경과 리더십

11

글로벌 환경변화의 본질에 대하여 이해하고, 글로벌 환경변화가 요구하는 인재상을 검토한다. 글로벌 경쟁시대에서 리더가 되기 위해서는 어떠한 역량을 계발해야 하는가에 대해 논의하고, 현재 자신의 역량정도를 자가진단 하여 계발목표를 설정할 수 있도록 돕는다.

글로벌 환경변화

오늘날에는 경영관리 보다는 리더십이라는 용어를 모든 조직에서 더 자연스럽게 사용하고 있다. 리더십이 최근의 가장 주요한 화두로 등장한 가장 큰 이유는 미래에 대한 불확실성과 변화의 속도가 엄청나기 때문에 보편타당하게 조직을 안정적으로 이끌어갈 수 있는 기술이 필요했기 때문으로 파악된다. 왜냐하면 특정 관리기술은 특정한 상황에만 효과적으로 적용되기 때문에 '최선의 사례(best practice)' 는 더 이상 존재하지 않는다고 암묵적으로 인정한 것이며, '최선의 사례' 를 능가하는 '보편적 사례(universal practice)' 로써 리더십을 하나의 대안으로 생각하는 것이다.

21세기에 들어서면서 급격한 변화의 원인이 된 중요한 요인으로는 7가지를 꼽을 수 있는데, 그것은 세계화의 진전, 컴퓨터 기반의 신기술, 고객영향력의 증대, 지식과 학습에 대한 관심, 노동자의 자질과 역할변화, 생명공학 기술, 변화의 속도 증가(카오스이론) 등이다.

세계화의 진전

우리는 이미 글로벌 시대에 접어들었다. 인간관계나 가치관, 행동이나 조직이 점점 더 글로벌화 되어가고 있다. 이에 따라 사회, 경제시스템, 가치관, 사람들의 기호, 사업기회 등이 전 세계 모든 지역에서 점점 동질적인 효과를 나타내고 있다.

글로벌 언어(영어)를 공유하고, 글로벌 커뮤니케이션 수단(인터넷)을 획득한 오늘날의 지구를 살아가는 사람들은 지리적으로 멀리 떨어져 있는 사람들과도 간단한 의사소통이 가능해졌다. 이러한 생활패턴의 변화가 사업기회를 변화시키고, 그러한 변화 속에서 살아남기 위하여 학교는 새로운 지식과 기술을 가르치고, 연구소에서는 새로운 원천기술을 확보하기 위하여 끊임없이 연구에 매진하고, 기업은 고객의 기호를 사로잡을 수 있는 신제품을 출시하게 되는 것이다. 그야말로 오늘 발명한 새로운 기술이나 제품은 언제 구식이 되어버릴 지 모르는 엄청난 환경변화 속에서 살아가는 세상이 온 것이다.

모든 조직의 장밋빛 미래는 세계에서 경쟁할 수 있는 힘이 있느냐에 달려 있다. 자국 내에서 아무리 큰 힘을 가지고 있더라도 세계에서 경쟁하지 못하면 살아남을 수 없는 것이다. 글로벌화가 되지 않으면 도태되며, 조직의 규모나 역사에 관계없이 이러한 세계화는 모든 조직이 추구해야만 하는 필수요건이 되어버렸다. 글로벌화를 일찍 추진하는 조직은 조직의 역사가 짧더라도 우월적 지위를 향유하고 있으며, 개방을 꺼렸던 조직들은 오늘날 흔적도 찾을 수 없는 경우도 생겨났다.

컴퓨터 기반의 신기술

앨빈 토플러(A. Toffler)는 "글로벌화가 진전된 사회에서 컴퓨터 기술 없이는 30초도 견디기 힘들 것이다"라고 말했다. 우리들은 이미 광전자공학, DVD, 정보고속도로, 기업 내 정보통신망, 광역통신망, 그룹웨어, 가상현실 및 e-Learning과 같은 컴퓨터에 기반을 둔 신기술을 가지고 있다.

기업조직에서도 과거 대형컴퓨터에서 탁상용(desk-top) 컴퓨터로, 노트북으로, 이제는 손바닥만한 크기의 팜탑(palm-top) 컴퓨터로 발전했다. 기업생산의 더 많은 부분이 점점 컴퓨터를 이용한 자동생산과 주문생산으로 변화되고 있다.

이러한 신기술들은 '정보의 홍수'를 조절할 필요를 제기하며 급속하게 변화하는 조직 속에서 더 빠르게 학습할 수 있는 능력을 요구한다.

글로벌 경제에서는 정보를 이용해 현상을 파악하여 제일 먼저 실행할 수 있는가의 여부가 1위, 2위의 우열을 결정짓는 요소가 된다. 컴퓨터 기반 신기술의 발전에 따라 조직의 관리자 및 리더들은 인적자원관리보다 지식 관리에 더욱 신경을 쓰게 될 것이다. 왜냐하면 학습방식과 학습 동기가 바뀌기 때문이다. 조직구성원들은 스스로 자기계발에 더욱 강한 욕구를 느끼게 될 것인데, 인터넷을 이용하여 우리는 보다 많은 학습의 기회를 갖게 되었으며, 정보공유도 원활히 이루어져서 간접체험을 쉽게 습득할 수 있기 때문이다.

컴퓨터 기반 신기술의 속도와 영향력은 점점 더 가속화 되어가고 있다. 이토록 급속히 변화하고 있는 신기술이 앞으로 어떠한 모양으로 활용될 지 그 방향성을 정확히 예측하기란 불가능할 정도이다. 따라서 21세기 리더는 신기술이 갖고 있는 힘과 의미를 이해하고 올바르게 평가할 수 있는 능력이 있어야 한다.

고객 영향력의 증대

통신과 마케팅의 세계화 추세에 따라 상품과 서비스에 대한 소비자의 욕구는 점점 증가하고 있다. 세계수준의 경쟁 때문에 고객은 다양하고 더 높은 품질의 선택을 할 수 있게 되었다. "소비자의 필요성과 기호" 때문에 새로운 제품의 탄생이 이루어진 것이다.

노키아(Nokia)의 CEO인 요르마 올릴라(J. Olilla)는 "21세기에는 기업보다 고객이 훨씬 더 많은 정보를 가지고 있으며, 충분한 네트워크의 혜택을 받게 되며, 문화적 의식이 강하기 때문에 새로운 기능과 독창적인 디자인을 가진 제품에 대한 욕구가 더욱 강해질 것"으로 전망하였다.

조직이 어떻게 전략을 수립하고, 실행해 나가는가를 결정하는 데 있어 고객의 영향력은 점점 더 커질 것이다. 기업의 리더가 가장 우선시 하는 대상은 종업원보다는 고객이 될 것이다. 지속적인 혁신을 통해서 고객에게 어떻게 더 좋은 서비스를 제공하는가는 21세기 리더의 가장 중요한 과제임에 틀림없다.

이야기 보따리

진실의 순간(Moment of Truth)

1980년 1,000만 명의 여객이 1인당 평균 5명의 스칸디나비아 항공사 직원과 접촉했다. 1회 평균 고객응대시간은 15초였다. 따라서 고객의 뇌리에 1회 15초로 1년간 5,000만 번 스칸디나비아 항공사의 인상이 새겨진 셈이다. 이 5,000만 번의 순간이 스칸디나비아 항공사의 이미지를 결정하고, 성패를 좌우한다. 이러한 진실의 순간이야말로 고객들에게 "스칸디나비아 항공사를 택한 귀하의 결정이 가장 훌륭한 선택이었습니다."라고 입증시켜야 하는 것이다.

지식과 학습에 대한 관심

신기술의 발전과 세계화의 진전에 따라 지식에 기반을 둔 세계경제의 시대가 등장하였다. 지식근로자(gold-collar)와 공장근로자(blue-collar)의 비율은 지금 3 : 1 정도이다. 노동의 주체는 손으로 일하는 것으로부터 두뇌로 일하는 것으로 이동하였다. 지속적인 학습과 지식의 생산은 부를 창출하고, 조직과 개인의 힘을 결정짓는 원천이 되었다.

지식과 지혜는 갑자기 세계에서 가장 중요한 자원이 되었다. 과거의 육체노동이나 천연자원, 에너지가 세계사에서 담당했던 중요한 역할을 이제부터는 지식과 지혜가 담당하게 될 것이다. 이는 두뇌의 힘(brain power)이 기업의 가장 귀중한 자산이고, 시장에서 강력한 경쟁력을 발휘할 것이라는 의미이다. 따라서 기업조직에서는 인적자본에 대한 엄청난 관심을 가지고 있으며, 이를 중점 육성하기 위한 계획들을 수립하는 데 박차를 가하고 있다.

일한다는 것과 배운다는 것은 점차적으로 동일한 것으로 되어가고 있다. 쥬보프 (Zuboff)는 "배운다는 것은 노동의 새로운 형태"라고 주장하였

도표 11.1 자료가 정보, 지식, 그리고 아이디어로 전환되는 과정

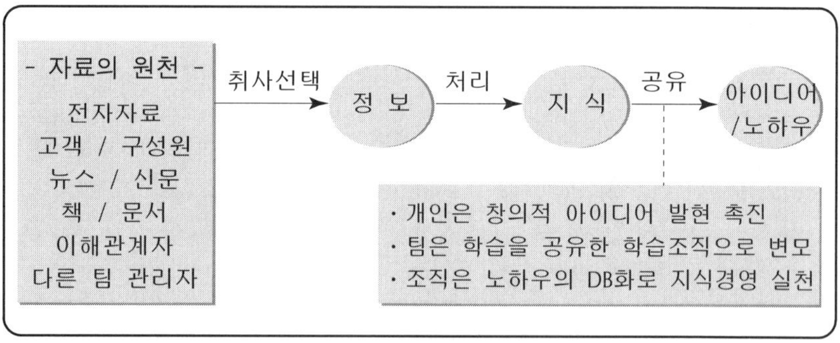

자료 : 김영천 (2006b)을 수정 인용함.

> **지식체증법칙**
>
> 지식은 3년 이하의 수명을 가지고 있으며, 배워야 할 지식은 매 18개월마다 계속해서 2배로 증가하는 특성을 가진다.

다. 새로운 글로벌 경제가 지식노동과 혁신에 기반을 두면서 일과 배우는 것 사이의 경계는 사라지고 있다. 지식노동의 수행은 동시에 배우는 것이 되기도 하여 지식노동을 효과적으로 수행하기 위해서는 쉴 새 없이 배워야만 한다.

배움은 평생과정임과 동시에 평생도전이 되어가고 있다. 대부분의 지식은 3년 또는 그 이하의 수명을 가지고 있으며, 배워야 할 지식은 매 18개월마다 계속해서 2배로 증가하는 특성을 가진다.

지식이 중시될 앞으로의 경제시스템에서는 기업 내 모든 계층의 사람이 새로운 지식을 획득하고 책임지고 아이디어를 창출해 내며 그 실현을 위해 최대한 노력해야만 할 것이고, 리더는 구성원들이 학습할 수 있는 환경을 조성해 줄 뿐 아니라 스스로도 계속 배워나가야만 할 것이다.

노동자의 자질과 역할변화

산업사회에서 지식사회로 변모함에 따라 업무에 필요한 자질도 변화되고 있다. 예를 들면, 분업화에 기초한 반복되는 업무수행에서 돌발 사태에 대응하는 능력을 필요로 하게 되었고, 기억과 사실에 의존하던 것에서 유연하고 창조적인 활동으로, 위험(risk)을 피하는 것이 아니라 위험(risk)에 도전하는 것으로, 방침과 절차에 매달리는 것에서 사람들과의 협력적 작업에 중점을 두는 것 등이다.

피터 드럭커(P. Drucker)에 의하면 21세기 노동자들은 점점 많은 지식근로자들로 구성될 것으로 보고 있다. 지식근로자의 강점은 생산방법을 스스로 알아내며, 마음먹기에 따라 업무관련 지식을 가지고 회사를 나올 수도 있다는 점이다. 따라서 리더는 지식근로자들을 매료시키고, 일할 동기를 부여해 주어야 한다. 구성원들의 일에 대해 공정하게 보상하고, 능력을 평가하고 계발할 기회를 주며, 구성원들을 유인해두어야 한다.

다니엘 골먼(D. Goleman)에 의하면 감성지능(emotional intelligence)에는 자신감, 결과를 얻으려는 욕구, 끊임없는 혁신, 영향력, 봉사지향, 갈등해결, 성취지향성, 직관주의, 솔선수범, 팀워크 등의 요소가 포함되어 있다고 한다.

최근 들어서야 최고경영자들은 감성지능이 구성원들의 성공에 얼마나 중요한 영향을 미치는가를 인식하기 시작했다. 감성지능을 기반으로 하는 능력은 모든 종류의 일을 수행하는 데 영향을 주며, 지능과 전문기술을 합한 것보다도 두 배 이상 중요하다고 한다.

21세기형 리더에게는 지식근로자들의 마음을 끌어당기고 조직에 잔류하도록 어떻게 유도하는가, 구성원들의 감성지능을 어떻게 향상시킬 것인가가 중요한 과제가 되며, 그 과제를 해결하기 위해서는 리더이면서 동시에 '하인(servant)' 이 될 수 있는 자질을 필요로 한다.

지식근로자들이 가져야 할 역량

- 자신감
- 결과를 얻으려는 강한 욕구
- 끊임없는 혁신
- 긍정적 영향력
- 봉사 지향적 행동
- 성취 지향적 행동
- 솔선수범
- 팀워크 향상을 위한 협력 자세

생명공학기술

게놈연구소 소장이며 인간 게놈지도 프로젝트 및 유전자 발견의 선구자인 크레이그 벤터(C. Venter) 박사는 "21세기는 생물학 세기의 출발이다"라고 말했다. 이미 생명공학 분야의 선도적 입지를 구축한 게놈연구소에서는 콜레라균과 결핵균의 DNA 코드를 안전 해독했으며, 그 치료법과 백신개량의 길을 발견하였다. 이러한 추세라면 세균과의 전쟁을 승리로 이끌어낼 수 있을 것으로 생각한다.

생명공학기술은 21세기를 좌우하는 지배적인 요소로서 널리 예견되고 있다. 생명공학기술의 발전으로 인하여 인간의 수명은 훨씬 늘어나고 더 생산적인 삶을 살 수 있게 될 것이다. 사람들은 조만간 신체의 기능을 모니터해주고 보조해주는 칩을 몸 안에 심고 다니게 될 지도 모른다.

이야기 보따리

생쥐 세 마리가 1천억원!

대한상공회의소는 바이오산업의 중요성을 역설하기 위한 보고서에서 "암 유전자가 제거된 생쥐의 특허권은 다국적 기업인 파마시아 사에 5,800만 달러, 비만모델 생쥐는 이를 이용해 제품을 개발할 수 있는 권리가 암젠 사에 2,000만 달러, 치매모델 생쥐는 미국의 엘리-릴리 사에 600만 달러에 각각 팔려 생쥐 3마리의 가치가 우리 돈으로 1천억 원 가까이 되는 등 바이오 산업이 각광을 받고 있다"고 밝혔다.

바이오 산업에 대한 기대감이 커지면서 미국의 대표적 바이오테크 기업들의 주가가 크게 올랐고 게놈 프로젝트 장비제공업체인 어플라이바이오 시스템즈 사는 설립 7년 만에 매출액 12억 달러, 순이익 2억 3,000만 달러를 기록했으며, 미국의 대표적인 바이오테크 기업은 기술주를 대표하는 S&P500 지수 대비 221% 상승이라는 놀라운 실적을 보였다.

생명공학 분야의 과학자들은 생명을 이해할 뿐만 아니라 조작할 수 있는 단계까지 접어들고 있다. 그들은 병 치료를 위해 새로운 유전자를 이식하고, 수확량을 늘리기 위해 식물이나 동물에 유전자 조작을 하며, 생명공학기술을 이용하여 플라스틱이나 신약을 개발하기도 한다.

생명공학기술의 약진은 새로운 경제기반을 닦는 것이기도 하지만, 이러한 긍정적 측면 이면에는 리더에게 중대한 윤리의식을 제기하기도 한다.

변화의 속도 증가

최근 3세기 동안 자연 및 비즈니스 세계는 뉴턴의 역학이론 위에 구축되어 왔다. 즉 원인과 결과가 있고, 예측가능하며, 확실성이 있고, 전체와 부분이 명백하며, 본 것이 그대로 현실이라는 과학이다. 뉴턴의 역학이론은 정량화, 선형적(線形的) 사고, 미래에 대한 통제가 가능하다는 과학이다.

실제 경영학에서도 뉴턴의 역학이론을 근간으로 한 사고방식으로 미래를 예측 가능한 것으로 여기고 주도면밀한 계획을 세우는데 노력을 해 왔다. 하지만 1920년대에 뉴턴 물리학을 반증하는 양자역학이 아인슈타인에 의해 학계에 보고 되었다.

양자역학은 세계를 원자보다 작은 레벨에서 다루고 있으며 외관상 개개의 일로 보이는 것에서 복잡한 패턴을 풀어내는 과학이다. 양자물리학이 보는 우주는 단지 대상물과 사물로 구성된 세계가 아니라 혼돈과 움직임이 계속되는 세계이다. 예측할 수 있는 것이 아닌 혼돈을 다루는 과학으로 볼 수 있는 것이다.

최근 비즈니스 세계에서도 '카오스 이론(Chaos Theory)'이 적용되고 있다. 그렇기 때문에 사고방식과 문제에 접근하는 방식을 바꾸기 위해 노력하고 있고, 질서가 아닌 변화, 통제가 아닌 자율, 치밀한 계획이 아닌 융

도표 11.2 과거와 현재의 질서 변화

과거의 룰		현재의 룰
질서 통제 치밀한 계획 선형적 사고 계량화	→	변화/혁신 자율 융통성 / 유연성 창의적 / 복합적 사고 비계량화

통성이 요구되는 것이다(〈도표 11.2〉 참조). 리더는 복잡한 세상을 분석하여 통찰력을 가지고, 사람들을 이끌어 갈 수 있는 비전 제시 및 실행능력이 반드시 필요하다.

글로벌 환경변화가 요구하는 인재상

이제 세계는 단일화된 글로벌 경제시스템 하에 구도가 재편되고 있으며 불확실성이 나날이 증가하고 있다. 기술의 변화, 고객의 욕구 다양화 등으로 인하여 한 치 앞을 내다볼 수 없는 상황 속에서 무엇을 어떻게 이끌어 가야 할지를 쉽게 결정할 수 없다. 하지만 모든 문제에는 해결책이 반드시 있다. 미래에 대한 통찰력, 끊임없는 자기쇄신, 지속적인 학습을 위한 열정 등은 해결책을 쉽게 찾을 수 있도록 하는 든든한 기반이 된다.

기술패턴은 지금까지 경제시스템에 많은 영향을 끼쳐 왔다. 기술패턴은 가시적 패턴과 비가시적 패턴으로 나눌 수 있다. 산업혁명이나 전기, 철도, 항공 등의 발전에 따른 변화는 가시적인 기술패턴으로서, 대응하고 준

이야기 보따리

글로벌 시대에는 잡종성이 대세

잡종성(hybridity)은 근대주의와 순수 이데올로기 속에서 형성된 양극화의 논리, 대립과 갈등의 세계, 폐쇄적인 편가름과 타자(他者)에 대한 억압을 극복할 수 있는 하나의 가능성이며, 21세기 문화의 향방을 드러내는 중요한 개념이다. 남성우월, 여성우월을 외치기보다는 중성인, 양성인도 필요한 때가 되었다. 대립적인 두 영역의 중간에서 양쪽을 넘나들며 경계를 낮추는 잡종적 존재는 늘 새로운 창조적 진화를 위한 매개체가 될 수도 있다.

글로벌화가 진전되면서 이종(異種)문화간의 접합은 더욱 다양하고 복합적으로 일어날 것이며, 그 결과 끊임없이 새로운 변종들이 생겨날 것이다. 잡종성의 존재는 타자(他者)에 대한 인정을 통해 조화를 추구하는 디딤돌이자 창조성의 씨앗이 된다.

비할 시간적 여유가 있었다. 하지만 인터넷이나 소프트웨어, 바이오 혹은 신소재 등의 변화는 비가시적인 기술패턴으로서, 어느 날 갑자기 새로운 발견에 의한 방식으로 이 세상에 나타나서 급격한 변화를 초래하였다. 오늘날에는 비가시적 패턴의 기술변화가 더욱 빈번하게 발생하고 있기 때문에 미래에 대한 통찰력과 지속적인 학습을 위한 열정을 더욱 필요로 한다.

또한 모든 조직에서 글로벌 감각과 경영능력으로 조직을 이끌어갈 수 있는 글로벌 리더를 필요로 하고 있다. 글로벌이라는 용어는 이미 일상 경영활동에서 익숙한 용어가 되었으며, 미래의 인재를 육성하는 대학에서도 '글로벌'이 포함된 캐치프레이즈로 학생들을 교육시키기 위한 방안들을 마련하여 차별화에 박차를 가하고 있는 실정이다.

글로벌 리더십이란 글로벌 차원에서 기회와 위협요소를 간파하여 이를 기술개발과 사업전략, 그리고 조직운영에 통찰력 있게 연계시키는 역량을 의미한다. 글로벌 리더십을 위해서는 먼저 글로벌 마인드, 즉 세계 어느 곳에서도 통할 수 있는 폭넓은 마음가짐과 열린 사고를 가져야만 한다. 자신 또는 자국 중심적 관점에서 가치관이나 사고방식, 행동규범 등의 우월성을 따지기 보다는 국가적, 문화적 다양성을 인정하는 자세가 필요한 것이다.

MIT대학에서 〈포춘(Fortune)〉지 선정 500대 기업을 대상으로 정리한 글로벌 리더의 요건을 보면, 호기심, 특정 상황에 대한 판단과 적응력, 일반적인 리더십 역량, 다른 문화권에서 일하는 데 따른 스트레스 극복능력, 모험가 정신과 도전의식, 사람에 대한 이해 능력 등을 높은 우선순위로 꼽고 있다.

미국에서는 이처럼 대학이 기업에서 요구하는 인재상을 분석하여 학생들의 교육방향을 정립하는 것이 보편화되어 있다. 따라서 기업들이 글로

도표 11.3 MIT 대학이 제시한 글로벌 리더의 요건

마인드 측면	포용성	글로벌 조직의 다양한 문제와 환경의 복잡성을 원만하게 처리하고 다각적 관점에서 포용함
	유연성	빠르게 변화하는 환경에 적응할 수 있는 조직구조와 조직문화를 조성
	민감성	문화적 다양성에 대한 비판이 아닌 이해와 수용
	판단력	불확실성 속에서 자신감 있고 신속하게 대처하는 지적 능력
	혁신의지	지속적으로 자신과 자신이 속한 조직을 개선, 혁신시키려는 능력
역량 측면	복잡성 관리능력	글로벌 환경에서 발생하는 반대의견과 갈등을 관리하는 능력 및 미래에 대한 통찰력
	적응력	복잡한 환경에 대응할 수 있는 가치관, 신념, 시스템의 정비
	팀 관리능력	다양한 문화배경을 가진 사람을 관리하고 이끌어갈 수 있는 기술
	불확실성 대처능력	불확실한 환경에 대응하는 동시에 새로운 기회를 탐색하는 능력
	학습촉진능력	구성원들이 글로벌 환경에 적응하고 학습하도록 촉진하는 능력

벌 인재 및 리더를 육성하는 방안을 살펴보면 미래 핵심인재로 성장할 학생 및 사회초년생들을 어떻게 교육시키고, 경험을 쌓게 해야 하는가에 대한 시사점을 얻을 수 있을 것으로 생각한다.

인텔(Intel)의 경우 각 법인별로 현지인을 교육담당자로 선발하여 각 지역의 문화적 특성에 대한 정보를 제공하고 경영상의 시사점을 도출하거나 다른 국가 사람들과의 공동 업무수행이나 인간관계 형성방법을 교육하는 글로벌 교육 · 훈련 프로그램을 제공하고 있다(〈도표 11.4〉 참조).

인텔의 사례에서 다른 국가의 문화에 대한 포괄적인 이해와 수용 외에도 눈에 띄는 것이 하나 있는데, 글로벌 리더십을 갖춘 인력 풀(pool)을 확보하고 인적 네트워크를 구축해야 한다는 점이다. 이를 위해서는 해외에서 두각을 나타내고 있는 내국인이나 국내의 특성을 잘 이해하고 있는 외국인들을 위주로 풀을 선정하는 것이 대단히 효과적일 것이다.

외국 문화적응 프로그램이나, 해외와의 인적 네트워크를 구축하는 것도 대단히 바람직한 방법이지만, 그 이전에 내부적으로 글로벌 리더십을 개

도표 11.4 인텔(Intel)의 글로벌 문화적응 프로그램(global training)

세부명칭	내 용
다문화 학습	일선 관리자, 임원을 대상으로 특정 문화에 대한 정보와 '해야 할 것과 하지 말아야 할 것(Do & Don't)'에 대한 정보를 제공하여 다른 문화권의 특수성을 파악하고 경영상의 시사점을 도출
다문화 통합	해외 출신 전문가를 대상으로 커뮤니케이션 기술 향상 및 경력계발에 초점을 맞추어 교육시킴(해외 출신으로 인텔에서 성공한 사람이 모범케이스가 되어 성공담을 공유함)
특정문화 훈련	서로 다른 문화권 사람들과 관계를 맺는 방법을 교육시킴. 그리고 실습교육으로 특정 국가에 대한 정보습득을 위한 견학 실시함
해외파견 교육	해외 파견자를 대상으로 언어교육 및 오리엔테이션을 제공함. 해당 국가에 정통한 외부 컨설턴트를 활용
팀 빌딩 훈련	프로그램 초기에 각종 팀 빌딩 훈련 및 조직개발 훈련을 제공함

발하기 위한 훈련을 제공하는 것도 필요하다. 이를 위해서는 글로벌화 수준을 정하여 리더의 자격요건으로 설정하는 방안이 있다.

실제로 GE, 인텔(Intel), 소니(Sony) 등의 선진기업들은 글로벌 리더의 요건으로 어학능력과 글로벌 리더 육성 프로그램의 이수 여부, 해외여행 혹은 해외견학 경험 등으로 세분화하여 글로벌 리더 평가점수제를 시행하고 있다. 또한 모토롤라(Motorola)는 문화적 다양성에 대한 편견 제거정도, 다른 국가의 사람들과 상호작용하면서 학습하는 능력, 유머감각, 개인기, 문화적 다양성에 대한 정보 획득, 조직의 비전에 대한 몰입, 자발적 참여를 통한 목표달성 의지 등을 글로벌 리더의 주요 평가지표로 활용하고 있다.

글로벌 리더를 육성하기 위해 외국 선진기업들이 사용하는 제도

- 외국문화를 이해하고 수용할 수 있는 '문화적응 프로그램'
- 유능한 외국 사람들과의 교류를 통한 학습촉진이 목적인 '인적 풀(pool) 제도'
- 내부 육성을 위한 교육 · 훈련 '글로벌 리더 자격제도'

그 외에도 AT&T는 '메타컴피턴시(Meta-Competency)' 라는 리더십 모델을 수립하여 기업의 인재상을 효과적으로 활용하고 있다(〈도표 11.5〉 참조). 또한 AT&T는 '글로벌 인재는 자기 자신과 타인에 대한 이해에서 출발한다.' 는 판단 하에 이질적인 문화에 대한 구성원들의 학습역량을 리더의 핵심요건으로 생각하고 인재를 육성하고 있다.

인재육성 전문가들이 이야기하는 새 시대의 인재상은 크게 3가지로 압축된다. 첫째는 스페셜리스트(specialist)이고, 둘째는 제너럴리스트(generalist)이며, 셋째는 휴머니스트(humanist)이다. 이러한 내용은 언뜻 보면 모순적이기도 하지만 자신의 분야에서 최고의 전문가가 됨은 물론

도표 11.5 AT&T사의 '메타컴피턴시와 리더십' 모형

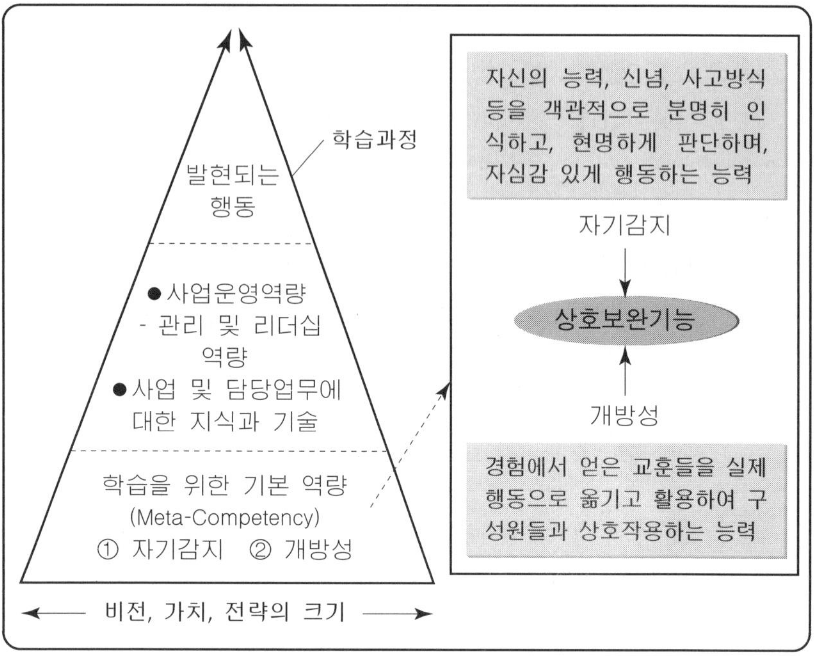

자료 : Briscoe & Hall (1999)의 그림을 인용함.

이고, 다방면에 걸쳐서도 많이 알아야 하며, 사람들에게 따뜻해야 한다는 것을 의미한다.

토마스 헉슬리(T. H. Huxley)는 "We should know something of everything and everything of something.(우리는 모든 것에 대해 조금씩 알아야 하고, 어떤 것에 대해 전부를 알아야만 한다)"라고 했다. 이 말이 곧 제너럴리스트도 되어야 하고, 스페셜리스트로 되어야 하는 이유가 될 것이다.

'T자형 인재론'을 주장한 성균관대 신완선 교수는 전문분야의 깊이 있는 지식과 다른 분야의 지식을 두루두루 많이 아는 사람이 탁월한 리더가 될 수 있는 인재상이라고 하였다. 이 말은 곧 기업에서 기술자는 경영을 알아야 하고, 관리자는 기술을 공부해야 한다는 것을 의미한다. 도깨비의

T자형 인재와 ⊕자형 인재

- T자형 인재 (성균관대 신완선 교수)
  자신의 분야에서 전문화된 지식을 쌓고 다른 분야의 지식도 두루 알고 있어야 함.
- ⊕자형 인재 (본 책의 저자)
  세로의 'l'는 전문지식의 깊이를, 가로의 '-'는 다방면에 걸쳐 많은 지식을 가지되, 준 전문가 정도의 지식을 갖는 것을, 'o'은 폭넓은 인적 네트워크를 의미함.

이야기 보따리

삼성 이건희 회장의 '인재론'

"나는 선친으로부터 기업은 곧 사람이라는 말을 수없이 들어왔다. 회장으로서 제일 힘든 일이 사람을 키우고, 쓰고, 평가하는 일이다"라고 말하고 조직 내의 구성원들을 유형별로 분류하여 평가했다.

이 회장은 예스맨과 소신파로 크게 나누고, 또 구체적으로 스파이더맨, 관료형 인간, 화학비료형 인간, 퇴비형 인재로 나누었다.

예스맨은 해바라기형으로 항상 좋은 말만 한다. 그러나 소견은 없다. 문제는 숨기고 본질에 대해서는 모르거나 알더라도 아예 말을 하지 않는다. 반면에 소신파는 자부심도 강하고 프로기질과 책임감마저도 갖추어 주장을 당당하게 편다. 고집이 세서 타협이 어렵다는 단점이 있지만 어려울 때 힘이 되는 쪽은 역시 소신파이다.

스파이더맨은 학연, 지연, 혈연을 부지런히 찾아 연줄을 만들어 모든 문제를 해결하려는 유형이다. 이 유형은 파벌을 조성하여 조직 내 인화(人和)를 해칠 우려가 있으니 경계해야 한다. 관료형 인간은 권위주의에 젖어 있다. 관료형 인간 밑에는 권위를 중요시하는 형식주의자들이 많이 모이고 또한 큰 인물이 자랄 수 없다. 그리고 자율과 창의가 꽃피울 수 없다. 화학비료형 인간은 어떤 일에 생색이나 내고 자기를 과시하는 데에만 열중한다. 반면, 퇴비형 인간은 조직의 음지에서 묵묵히 일하는 사람이다.

눈처럼 외눈박이가 되어서는 특정분야의 전문가는 될 수 있을지 모르나 글로벌 환경 변화에 잘 적응하기는 어렵다. 아는만큼 보이기 마련이며, 모르는 것은 배우기 전에는 알 수 없고, 느낄 수도 없다.

휴머니스트는 타인의 입장을 헤아릴 줄 알고, 협력할 때는 기꺼이 협력하려는 사람이다. 또한 언제든 상대로부터 흔쾌히 협력을 얻어낼 수 있는 인간미 넘치는 사람이다. 이러한 사람의 장점은 폭넓은 휴먼 네트워크를 가지고 있기 때문에 오늘날과 같이 새로운 지식을 결합하여 또 다른 지식을 만들고자 할 때, 대단한 강점을 지니게 된다.

컨버전스(convergence)라는 용어가 요즘 자주 등장하고 있다. '이종(異種)간의 결합' 이라는 뜻인데, 여기에는 모든 것의 경계는 허물어지고 있다는 의미가 포함된다. 이제 이러한 컨버전스 시대에서 도태되지 않는 인재가 되기 위해서는 전문적 지식을 기반으로 한 냉철한 이성과 따뜻한 마음에서 우러나오는 감성이 조화를 이루어야 하며, 스페셜리스트로서의 지적 깊이와 제너럴리스트로서의 지적 깊이를 모두 증가시키려는 학습자세가 필요하다.

글로벌 리더의 핵심역량

앞으로 독자 여러분들은 글로벌을 직접 체험하면서 다양한 문화권의 사람들과 경쟁해야 할지도 모른다. 지리적 거리와 국가, 문화의 무경계에서 글로벌 리더로 성공하기 위해서는 다른 사람들의 눈을 통해 세상을 볼 줄 알아야만 한다. 최소한 다른 사람들의 시각과 여러분 자신의 시각이 다르다는 사실은 알아야 하며, 다른 시각은 틀린 시각이 아니라는 것 또한 인정할 수 있어야 한다.

글로벌 리더가 되고자 한다면 다음과 같은 네 가지 핵심역량을 갖추어야 한다. 네 가지 핵심역량은 여러분이 세계를 무대로 활동하는데 있어서 든든한 버팀목의 역할을 하게 될 것이다. 네 가지 핵심역량에 대한 정확한 이해를 돕기 위하여 각 핵심역량을 구성하는 지식이나 행동들을 〈도표 11.6〉에 제시하였다.

도표 11.6 글로벌 리더가 갖추어야 할 4대 핵심역량

국제 비즈니스 지식습득과 실천	1. 새로운 상품이나 서비스 개발을 위해 독창적이고 문화기반적인 지식과 정보를 활용하여 혁신적인 기업문화를 만든다. 2. 해당 지역의 성공적인 경영수행 방법을 신중하게 선택한다. 3. 여러 국가의 공공 규제조항 등에 관한 지식을 응용한다. 4. 문화적 차이를 조직의 강점으로 이용할 수 있는 방안을 강구한다. 5. 여러 장소에서 이루어지는 의사결정에 지역적 · 국제적 정보를 통합한다.
문화적응 능력	1. 문화적으로 중립적인 방법을 통해서 다른 사람의 업무를 평가한다. 2. 다른 문화적 배경을 가진 인력을 선별하고 개발한다. 3. 서로 알지 못하며 각기 다른 문화를 대표하는 사람들 사이의 정보 공유를 촉진한다. 4. 다양한 문화권의 사람들로 구성된 팀에 효과적으로 동기를 부여한다. 5. 구성원들의 문화적 기대에 부응할 수 있도록 경영스타일을 적용시킨다.
관점수용 능력	1. 타인의 의견을 경청한다. 2. 변화를 시도할 때 다른 사람들의 관심사항을 고려한다. 3. 다른 사람의 눈으로 상황을 볼 수 있어야 한다. 4. 자신이 가진 관점의 한계를 인식한다. 5. 서로 다른 문화적 협상(cross-cultural negotiation)을 효과적으로 수행한다.
혁신자 역할 수행능력	1. 참신한 생각, 아이디어를 통해서 새롭고 다양한 문제해결 방식을 만들어낸다. 2. 필요하면 기존의 사고와 행동에 대한 집단규범에서 탈피한다. 3. 새로운 접근방식을 시도한다. 4. 창의적인 기업가 정신을 가지며 새로운 기회를 포착하기 위해 노력한다. 5. 새로운 아이디어를 지속적으로 창출하거나 비전을 활성화할 수 있도록 설득력을 갖춘다.

글로벌 리더로서 갖추어야 할 네 가지 핵심역량

- 국제 비즈니스 지식습득과 실천 (international business knowledge & practice)
- 문화적응 능력 (cultural adaptability)
- 관점수용 능력 (perspective taking)
- 혁신자 역할 수행능력 (skill in the role of innovator)

국제 비즈니스 지식습득과 실천

유능한 글로벌 리더가 되려면 전문가에게 항상 조언을 구하고, 필요한 강의를 듣고, 다양한 분야의 서적을 탐독해야 한다. 국제 비즈니스 지식을 잘 파악하면 리더는 행동방식에 대한 정보나 지식을 얻기 때문에 문제가 발생하더라도 잘 해결할 가능성이 높다. 또한 광범위한 전략을 개발할 수 있으며, 의사결정에 대한 결과를 예측하여 미래에 추가로 발생할 수 있는 일들에 대하여 미리 대처방안을 만들 수도 있다.

하지만 지식만으로는 불충분하다. 머리로 아는 것과 체험하고 느끼고 실행하는 것은 별개의 문제이기 때문이다. 다양한 매체에서 얻은 지식을 활용하고, 적용하고 나서 새롭게 얻은 경험이나 통찰력 등을 다른 사람들과 공유하거나 다른 사람들도 그렇게 할 수 있도록 도와줄 때 그 지식은 노하우가 되어 효과를 발휘하게 된다.

그렇기 때문에 기업조직에서 최근에 조직구성원들에게 장려하고 있는 학습조직이나 지식경영에서도 지식과 노하우의 공유를 대단히 강조하는 것이다. 오늘날 요구되는 인재는 많은 지식을 지닌 사람이 아니라 알고 있는 것을 실천할 수 있는 사람임을 명심해야 한다.

문화적응 능력

앞으로 대부분의 조직에서는 다양한 문화권의 사람들이 함께 팀을 형성하여 업무나 프로젝트를 수행할 가능성이 대단히 높기 때문에, 기본적으로 다른 문화권에 대하여 순수한 관심을 가지고 이해하기 위하여 노력해야 한다.

리더의 '문화적응 능력'은 문제해결이나 의사결정 할 때 가늠해 볼 수 있다. 문화의 차이와 이질성에서 오는 스트레스를 얼마나 잘 극복할 수 있는가, 문화적 차이를 감안하여 상대의 의견을 이해할 수 있는가, 다른 문화권의 사람들을 진정으로 설득할 수 있는가는 언어를 사용하고 못하고의 문제를 떠나서 문화적 배경을 이해하고 있는가에서 비롯되는 중요한 요인이다.

이야기 보따리

문화적응에 실패한 글로벌 기업들의 촉진전략

유나이티드 항공사(UA)가 서울 취항을 축하하기 위해 승무원들이 승객들에게 흰색 카네이션을 달아주었다. 그러나 한국인 승객들은 대부분 거절하였다. 서구에서는 검정색이 죽음과 장례식의 상징이지만, 한국을 비롯한 동북아권 국가에서는 흰색이라는 사실을 유나이티드 항공사는 모르고 있었던 것이다. 물론 가슴에 꽃 달아주기 행사는 취소되었다.

EXXON 사에서 슈프림 무연휘발유를 개발하여 전세계에 광고를 냈다. "당신 차의 연료탱크에 호랑이를 넣으십시오." 그러나 호랑이가 신성하게 여겨지는 동남아 불교국가의 국민들은 자신들의 호랑이 신이 자동차 연료탱크로 들어갔다가 차 앞의 레지에이터로 빠져나가는 광고장면을 보고서는 아무도 그 연료를 구입하지 않았다.

관점수용 능력

다른 문화적 배경을 가진 사람들의 관점을 이해하기 위해서는 그들의 눈으로 문제를 보려고 노력하고, 머릿속에 그들의 문화체계를 넣어야 한다. 북미지역 사람들이 관점수용 능력의 뜻을 전달하는 데 사용하는 말이 몇 가지 있다. "당신은 어디 출신이군요.", "무슨 말인지 압니다.", "타인의 입장이 되어 보십시오." 등이 바로 그것이다. 관점수용은 감정이입의 한 유형이며, 글로벌 리더로서 관점수용능력이 있다는 것은 진정한 문화적 공감대를 형성하였다고 볼 수 있다.

누구나 각자의 관점을 가지고 있다. 일정한 관점이 있다는 것은 무엇이 어떤 식으로 존재하거나 행해져야 한다는 식의 상(像)이나 믿음을 가지는 것을 의미한다. 타인의 관점을 수용하는 일은 그가 생각하는 사물의 상태와 당위성을 이해하고, 그의 관점으로 사물을 보는 것이다.

이야기 보따리

문화적 배경이나 상황에 따라 다르게 보여요

여러분이 친구와 함께 등산을 한다고 가정하자. 현재 여러분의 친구는 10미터 정도 앞서 가고 있다. 두 사람은 숨이 차서 동시에 멈추게 되었는데, 둘이 함께 주변을 둘러보고 있는데, 친구가 말한다. "저기 계곡 아래 마을 경치가 정말 아름답네." 여러분도 둘러보지만 빽빽한 나무들만이 눈에 들어올 뿐이다. 두 사람이 서 있는 위치(상황)가 다르기 때문에 눈에 보이는 것도 실제로 다르고, 느낌도 다른 것이다.

뉴욕 타임스에서 일본 관리자와 미국 관리자들을 대상으로 한 실험결과를 살펴보자. 같은 그림을 본 다음, 그림을 설명하도록 지시를 받았는데, 미국 관리자는 그림에 등장한 개인들을 각각 설명했지만 일본 관리자는 그림의 전체적 배경을 설명했다. 관심이 끌리고 두드러져 보인 것이 서로 다르기 때문에 같은 그림을 서로 다르게 설명한 것이다.

나와 다른 문화적 배경을 가진 동료, 고객, 부하직원의 사고에 뿌리 깊게 자리 잡은 가치나 믿음을 그들의 관점으로 보고, 어떤 식으로 행동하고 의사소통하고 리더십을 발휘할 지를 구상하는 것은 대단히 어렵다. 그렇기 때문에 관점수용 능력을 기르기 위해서는 남의 의견을 잘 듣는 능력, 상황을 보는 시각에 대한 차이를 인정하는 마음, 사물의 상태와 당위성에 대한 생각의 차이를 인정하는 자세, 타인의 관점을 자진해서 듣는 의향, 자신이 가진 관점의 한계를 인정하는 태도 등이 필요하다.

혁신자 역할 수행능력

노련한 혁신자는 새로운 것을 시도하고, 새로운 연상을 창조하고, 새로운 기회를 포착하고, 다른 이들의 참여를 이끌어 낸다. 글로벌 리더에게는

이 야 기 보 따 리

혁신적 팝 아티스트 : 비틀즈와 폴 사이먼

비틀즈와 폴 사이먼은 세대를 넘어 많은 이들에게 사랑 받고 있는 팝 아티스트이다. 이들을 수많은 앨범을 발표하였는데, 그럴 때마다 새롭다는 느낌을 많이 받는다. 이들은 매 앨범을 제작할 때 몇몇 곡에 특별한 악기들을 사용하여 앨범의 색깔을 차별화하였기 때문에 혁신적 팝 아티스트라고 할 수 있다.

비틀즈는 인도로 가서 라비 상카(Ravi Shankar)와 시타르(Sitar)라고 하는 현악기를 발견하여 곡을 연주할 때 사용하였더니 서양풍도 동양풍도 아닌 완전히 새로운 비틀즈만의 음색을 창조해 내게 되었다.

폴 사이먼은 남아프리카에서 레이디스미스 블랙 맘바조(Ladysmith Black Mambazo)를 접하게 되었는데, 이후 그의 음악은 미국의 소리와 남아프리카 소리의 결합을 넘어선 초월적인 소리가 되었다.

혁신자 역할이 나머지 세 가지 핵심역량의 가장 기본적 능력이 된다.

혁신은 매번 저항을 동반한다. 구성원들을 혁신시키기 위해 밀어붙이는 것은 리더십이 아닌 헤드십(headship)을 발휘하고 있음을 알아야 한다. 어떻게 구성원들이 혁신에 통참할 수 있도록 만들것인가가 중요하며, 그런 측면에서 글로벌 리더는 '외줄타기를 하는 곡예사'와 같다.

새로운 것을 창조하는 능력은 유능한 리더가 되기 위해서 반드시 갖추어야 하는 자질이다. 그러므로 창의적 능력은 글로벌화란 상황을 감안하지 않더라도 필요하며, 지금의 상태에 안주하지 않고 끊임없이 새롭게 바뀌는 능력 또한 모든 조직에서 요구되는 기본적 자질이기 때문에 다른 세 가지 핵심역량의 기본이 된다.

핵심역량의 진단과 해석방법

앞에서 살펴보았던 글로벌 리더가 가져야 할 네 가지 핵심역량을 여러분이 어느 정도 가지고 있는가, 어떤 역량을 더욱 계발하여야 할 것인가에 대한 지침을 제공하고자 한다. 크게 두 가지의 자가진단이 포함되어 있는데, 첫 번째는 앞 절에서 살펴보았던 글로벌 리더의 핵심역량 수준을 진단하는 것이고, 두 번째는 기업에서 최근에 많이 실시하고 있는 성격검사유형인 Big 5 성격유형에 대한 진단이다. 성격유형은 개인의 품성을 판단할 수 있는 유용한 기준이어서 심리학 분야에서는 대단히 중요한 연구주제로 받아들여지고 있으며, 다양한 학문분야로 적용되고 있다.

자가진단을 할 수 있도록 검사지와 결과해석까지 포함되어 있기 때문에 스스로 해보고 결과해석까지 살펴보기를 권장한다.

자가진단뿐만 아니라 여러분의 글로벌 핵심역량에 대해 상사, 동료, 부하직원들은 어떻게 평가하고 있는가를 측정할 수도 있다. 학생인 경우 지

도표 11.7 글로벌 리더 핵심역량 자가 진단지

역 량	세부질문	평가점수
국제 비즈니스 지식	· 여러 곳에서 의사결정을 내릴 때, 로컬 및 글로벌 정보를 통합할 수 있다.	
	· 문화가 경영관행과 마케팅에 주는 영향력을 식별하고 관리한다.	
	· 혁신적인 기업문화를 창조하여 독특한 문화기반 지식과 정보를 활용해 신제품이나 서비스를 개발한다.	
	· 다른 비즈니스 환경(시차, 언어적 환경)에서도 효과적으로 협상한다.	
	· 주어진 장소에서 성공적으로 사업을 수행하는 방법에 관해 신중히 선택할 수 있다.	
	· 평균점수 = 5문항 합계 점수 / 5	
문화 적응 능력	· 다른 문화적 배경에서 인력을 효율적으로 선발하고 개발한다.	
	· 사람들의 업적을 문화 중립적인 입장에서 평가할 수 있다.	
	· 다양한 문화적 배경을 가진 사람들로 구성된 팀(multi-cultural team)에 효과적으로 동기를 부여할 수 있다.	
	· 서로 모르고, 본 적도 없고, 다른 문화를 대표하는 사람들 사이에서 정보공유를 촉진시킬 수 있다.	
	· 경영스타일을 적응시켜 문화적 기대욕구를 충족시킬 수 있다.	
	· 평균점수 = 5문항 합계 점수 / 5	
관점 수용 능력	· 타인의 입장을 잘 이해하고 배려한다.	
	· 변화를 주도하고자 할 때 다른 사람들의 관심사항을 고려한다.	
	· 다른 사람의 시각으로 상황을 객관적으로 인식할 수 있다.	
	· 자신의 관점이 가지고 있는 한계를 인정할 줄 안다.	
	· 다른 사람이 이야기 하는 것을 잘 경청한다.	
	· 평균점수 = 5문항 합계 점수 / 5	
혁신자 역할 수행능력	· 참신한 아이디어를 생각하여 새로운 문제해결방법을 창안한다.	
	· 필요하다면, 사고나 행동방식에 대해 규범에서 벗어날 수도 있다.	
	· 새로운 접근법을 시도할 수 있다.	
	· 기업가적으로 새로운 기회를 잡고 아이디어를 창출할 줄 안다.	
	· 아이디어나 비전을 홍보하기 위하여 타인을 잘 설득한다.	
	· 평균점수 = 5문항 합계 점수 / 5	

금까지 수행하였던 팀 프로젝트의 동료에 대한 평가로 진행하면 된다. 이러한 진단을 통하여 여러분은 360도 피드백(360-degree feedback)에 참여할 수 있다. 그리하여 여러분이 잘하고 있는 분야와 앞으로 더 계발해야 할 분야에 대해 이해할 수 있을 것이다(〈도표 11.7〉의 자가 진단지 참조).

진단 결과는 다른 사람과 함께 비교하면 더욱 유용하게 활용할 수 있다. 상대적으로 내가 어떤 역량이 부족한지를 깨닫게 된다면 어떻게 계발할 것인지를 동료나 상사와 상의할 수도 있고, 나아가 외부 전문가에게 상담을 의뢰할 수도 있기 때문이다.

도표 11.8 글로벌 리더 핵심역량 자가진단을 수행하는 방법

목 적	본 진단은 네 가지 핵심역량에 대한 여러분의 수준을 측정하기 위해 창의적 리더십센터(Center for Creative Leadership)에서 고안한 것을 다소 수정하고 4개의 문항을 추가하여 20개 문항으로 만들었다. 먼저 각 문장을 읽고 상사나 동료, 고객 또는 경쟁자와 같은 외부 관계자들에게서 얻은 피드백을 생각하여야 한다. 다음으로 아래의 표기요령을 참조하여 여러분의 능력수준을 1~5점까지 표기한다. 타인으로부터 피드백을 받은 적이 없으면 직접 물어보는 것도 좋다. 각 행동집합에 대하여 산술평균을 구하면 된다.
표기요령	정말 못하는 일 (1점), 할 수 있지만 큰 개선이 필요한 일 (2점), 할 수 있지만 약간의 개선이 필요한 일 (3점), 잘 하는 일 (4점), 가장 큰 장점 (5점)
결과해석	3점 이상이면 양호, 4점 이상이면 우수한 것이다.

¤ 3분 토의를 해 봅시다

1. 글로벌 환경변화에 대하여 책에 있는 내용 외에 다른 요인이 있는지를 토의해 보자.
2. 글로벌 리더가 가져야 할 핵심요인 네 가지 중에서 여러분이 어떤 내용이 취약한지를 스스로 지적하고 어떻게 계발할 것인가를 논의해 보자.
3. 다른 문화에 대한 이해나 관점수용에 대한 경험담을 동료에게 이야기해보자.

영문 이름으로 창의력과 사고력 키우기

목적 및 요약	팀 단위로 팀원 각자 이름의 영문 글자들을 사용하여 새로운 단어나 구문을 만들어 낸다. 빠르게 창의적으로 사고할 수 있도록 자극하는 것이 중요하다.
소요시간	15~20분
준비물	플립차트나 화이트보드, 핸드아웃 복사물, 참가자들은 펜과 연습장, 이긴 팀에 줄 작은 상품
팀 구성	1조 5명 이하
진행요령	팀 별로 핸드아웃 복사물을 한 장씩 나눠주고 지시사항을 훑어보게 한다. 우선 각 그룹의 모든 구성원은 자신의 이름을 주어진 칸에 영문으로 적는다. 그런 다음 그 글자들을 사용하여 10분 안에 가급적 많은 난어와 구문들을 반들어낸다. 글자는 중복 사용할 수 있지만 한 단어나 구문에 구성원 이름의 영문 글자를 초과할 수는 없다. 팀에서 한 사람은 서기로 정하고, 다른 사람들은 구두로 단어를 부르도록 하는 것이 효율적이다. 사람 이름이나 분사형, 복수형 단어는 인정하지 않지만 국가나 도시 이름은 단어로 인정한다. 연습장을 활용해 단어를 조합해보고 나서 결과를 핸드아웃에 기록해도 상관없다. 10분 정도 게임을 진행한 뒤 그룹별로 결과를 보고하도록 한다.
기타 아이디어	· 참가자들의 창의력과 빠른 사고력에 대해 칭찬하고 상품을 준비했다면 간단히 시상과 함께 나누어준다. · 그룹이 만들어낸 일곱 글자 이상의 단어는 개당 2점으로 환산(나머지는 개당 1점)한다고 주지하면 더 재밌게 게임이 진행될 수 있다. · 게임 후에 새로운 단어나 구문을 빠르게 생각할 수 있는 테크닉을 개발한 그룹이 있는지 묻는다. · 집단 형성 시에 창의성 발휘가 더욱 용이한가를 토론하고, 아이디어 공유의 장점에 대해 토론을 유도한다.

참고문헌

김영천 (2006a), "리더십에 대한 통찰력을 길러보자,"「리더십시리즈」, no.1, 포항공과대학교 포스텍리더십센터.

김영천 (2006b), "임파워먼트를 통한 창의적 업무수행의 촉진,"「리더십시리즈」, no.2, 포항공과대학교 포스텍리더십센터.

김영천 (2006c), "리더십 유형진단과 역량분석,"「리더십시리즈」, no.3, 포항공과대학교 포스텍리더십센터.

김영천 (2006d),「조직사회와 리더십」, 포항공과대학교 포스텍리더십센터.

김홍기 (2004),「디지털 인재의 조건」, 21세기북스.

데일 카네기(저), 최염순(역) (2004),「카네기 스피치 & 커뮤니케이션」, 씨앗을 뿌리는 사람.

데일 카네기(저), 최염순(역) (2004),「카네기 인간관계론」, 씨앗을 뿌리는 사람.

로이 G. 윌리엄스 & 테렌스 E. 딜(저), 김광수(역) (2005),「리더십 교과서 : 오피니언 리더 12인이 말하는 성공하는 리더의 조건」, 해바라기.

박광량 (1994),「조직혁신 - 조직개발적 접근」, 경문사.

신완선 (2005),「테크노 리더십」, 김영사.

신원동 (2005),「삼성의 팀 리더십」, 한국경제신문.

이승주 (2005),「전략적 리더십」, 시그마인사이트.

임창희 & 김영천 (2003), "임파워먼트와 절차공정성이 조직시민행위에 미치는 영향,"「인적자원개발연구」, 5권, 1호, 한국인적자원개발학회.

임창희 (1995),「한국형 팀제」, 삼성경제연구소.

임창희 (2004),「조직행동」, 제3판, 학현사.

주샤오지에(저), 정우석(역) (2005),「핵심인재를 만드는 경영우화 77」, 팜파스.

최병권 (2005), 「미래기업의 인재코드」, 새로운 제안.

칸노 히로시(저), 보스턴컨설팅그룹(역) (2006), 「보스턴컨설팅그룹의 리더십 테크닉」, 비즈니스맵.

포항공과대학교 포스텍리더십센터 (2006), 「혁신적 글로벌 리더 양성을 위한 POSTECH 리더십 프로그램 개발」, 연구보고서 06-1.

홍하상 (2005), 「이건희」, 한국경제신문.

Argyris, C., & D. A. Schon (1978), *Organizational Learning*, Addison-Wesley.

Bales, R. F. (1958), "Task Roles and Social Roles in Problem Solving Groups," in E. E. McCoby, T. M. Newcomb, & E. L. Hartley, eds., *Reading in Social Psychology*, Holt, Rinehart, & Winston.

Barnard, C. I. (1938), *The Function of the Executive*, Sage Publication.

Bass, B. M. (1990), "From Transactional to Transformational Leadership : Learning to share the vision," *Organizational Dynamics*, winter.

Bennis, W., & B. Nanus (1997), *Leader-Strategies for Taking Change*, Harper Business.

Blake, R. R. & J. S. Mouton (1964), *The Managerial Grid*, Gulf Publishing.

Blake, R. R. & J. S. Mouton (1968), *Corporate Excellence through Grid Organization Development*, Gulf Publishing.

Briscoe, J. P., & D. T. Hall (1999), "Grooming and Picking Leaders Using Competency Frameworks : Do they work? An alternative approach and new guidelines for practice," *Organizational Dynamics*.

Charan, R., S. Drotter, & J. Noel (2001), *The Leadership Pipeline : How to build the leadership powered company*, John Wiley & Sons.

Chung, Y. H., & Y. C. Kim (2005), "A Relationship among Strategic

Human Resource Management, Intellectual Capital, and Core Competency," *The Journal of Global Business & Trade*, vol.1.

Cohen, M. D., J. G. March, & J. P. Olsen (1971), "A Garbage Can Model of Organizational Choice," *Administrative Science Quarterly*, March.

Conger, J., & R. N. Kanungo (1988), "The Empowerment Process : Integrating theory and practice," *Academy of Management Review*, vol.13, no.3.

Daft, R. L. (2004), Organization Theory and Design, 8th eds., Thompson.

Drucker, P. (1998), "The Management's New Paradigms," Forbes, October.

Fiedler, F. E. (1967), *A Theory of Leadership Effectiveness*, McGraw-Hill.

Fleishmann, E. A. (1951), *Leadership Climate and Supervisory Behavior*, Ohio State University Personnel Research Board, Columbus.

Fleishmann, E. A., & E. F. Harris (1962), "Patterns of Leadership Behavior Related to Employee, Grievance and Turnover," *Personnel Psychology*, vol.15.

Gabarro, J. (1987), *The Dynamics of Taking Change*, Harvard Business School Press.

Gersick, C. J. G. (1989), "Making Time : Predictable transitions in task groups," *Academy of Management Journal*, vol.32.

Goleman, D. (1997), "What Makes a Leader," *Harvard Business Review*, Nov-Dec.

Goleman, D., R. Boyatzis, A. McKee (2002), Primal Leadership : Realizing the *power of emotional intelligence*, Harvard Business School Press.

Guilford, J. (1950), "Creativity," *American Psychologist*, vol.5.

Heifetz, R. A. & D. L. Laurie (1997), "The Work of Leadership," Harvard Business *Review*, Jan-Feb.

Herbert, C. K. (1958), "Compliance, Identification, and Internalization : Three processes of attitude change," *Journal of Conflict Resolution*.

House, R. J. (1971), "A Path Goal Theory of Leader Effectiveness," *Administrative Science Quarterly*, vol.16.

Humber, G. P. (1980), *Managerial Decision Making*, Foresman.

Jago, A. G. (1982), "Leadership : Perspectives in theory and research," *Management Science*, vol.28.

Janis, I. L. (1972), *Victims of Group-think*, Houghton Mifflin.

Kouzes, J. M. & B. Z. Posner (1995), *The Leadership Challenge : How to deep getting extraordinary things done in organizations*, Jossey-Bass.

Krames, J. A. (2004), *Jack Welch and the 4E's of Leadership*, McGraw-Hill.

Leavitt, H. J. (1966), "Unhuman Organizations," in Leavitt, H. J., & L. Pondy (eds.), *Readings in Managerial Psychology*, University of Chicago Press.

Lewin, K. (1951), *Field Theory in Social Science*, Harper.

Likert, R. (1961), "An Emerging Theory of Organization Leadership and Management," in L. P. B. Bass, ed., *Leadership and Interpersonal Behavior*, Holt, Rinehart, & Winston.

Lindell, M. & G. Rosenqvist (1992a), "Is There a Third Management Style?" The *Finnish Journal of Business Economics*, vol.3.

Lindell, M. & G. Rosenqvist (1992b), "Management Behavior Dimensions and Development Orientation," *Leadership Quarterly*, Winter.

MacCrimmon, K. R., & R. M. Taylor (1976), "Decision Making and Problem Solving," in Dunnette, M. D. (eds.), *Handbook of Industrial and Organizational Psychology*, Rand-McNally.

Mann, R. D. (1959), "A Review of the Relationships between Personality and Performance in Small Groups," *Psychological Bulletin*, July.

Moreno, J. L. (1953), *Who Shall Survive?*, 2nd ed., Beacon House Inc.

Murrell, K. L., & M. Meredith (2001), *Empowering Employee*, McGraw-Hill.

Nadler, D., R. Shaw, & E. Walton (1995), *Discontinuous Change*, Jossey-Bass.

Nanus, B. (1992), *Visionary Leadership*, Jossey-Bass.

Nonaka, I. (1991), "Redundant, Overlapping Organization : A Japanese approach to managing the innovation process," *Harvard Business Review*, Nov-Dec.

Pfeffer, J. (2001), "Fighting the War for Talent is Hazardous to Your Organizational' s Health," *Organizational Dynamics*.

Rahim, M. A. (1985), "A Strategy for Managing Conflict in Complex Organizations," *Human Relations*.

Senge, P. M. (1990), *The Fifth Discipline : The art and practice of the learning organization*, Doubleday.

Simon, H. A. (1957), *Administrative Behavior : A story of decision-*

making process in administrative organization, The Free Press.

Spears, L. C. (1995), *Reflections on Leadership : How theory of servant-leadership influenced today?*, John Wiley & Sons.

Steiner, I. D., & H. H. Johnson (1964), "Relationships Among Dissonance Reducing Responses," *Journal of Abnormal Social Psychology*, vol.68.

Stogdill, R. M. (1974), *Handbook of Leadership : A survey of the literature*, Free Press.

Tannenbaum, R. & W. H. Schmidt (1973), "How to choose a Leadership Pattern," *Harvard Business Review*, vol.51.

Tuckman. B. W., & M. A. Jensen (1977), "Stages of Small Group Development Revisited," *Group and Organization Studies*, vol.2.

Turknett, R. L. & C. N. Turknett (2005), *Decent People, Decent Company : How to lead with character at work and in life*, Davies-Black Publishing.

Tversky, A., & K. Kahneman (1974), "Judgement Under Uncertainty : Heuristic and biases," *Science*, September.

Vollman, T. (1996), *The Transformation Imperative*, Harvard Business School Press.

Watkins, M. (2003), *The First 90 Days*, Harvard Business School Press.

Wiener, N. (1948), *Cybernetics*, Wiley & Sons.

Xin, K. R. & A. S. Tsui (1996), "Different Strokes for Different Folks? : Influence tactics by asian-american and caucasian-american managers," *Leadership Quarterly*, Spring.

Yukl, H. K. & C. M. Falbe (1996), "Antecedents of Influence Outcomes," *Journal of Applied Psychology*, June.

Zeira, Y., & J. Avedisian (1989), "Organizational Planned Change : Assessing the change for success," *Organizational Dynamics*, Spring.